पाश्चात्य राजनीतिक विचारक

पाश्चात्य राजनीतिक विचारक

डॉ. सतीश गुप्ता

इशिका पब्लिशिंग हाउस
जयपुर दिल्ली

इशिका पब्लिशिंग हाउस

ए -25, ''गणेश सदन'', गली न. 4, आदर्श बस्ती,
बी.एल. हाउस के पास, टोंक फाटक,
जयपुर-302018 (राजस्थान) भारत
फोन : 0141-2761280, Mob. 9887532741
Email: ishikapublishinghouse@yahoo.in

दिल्ली कार्यालय : 102, प्रथम मंजिल, 'सत्यम हाउस'
4324/3, अंसारी रोड़, दरियागंज, नई दिल्ली - 110 002
फोन : 011-45652440

ISBN: 9788189471071

टाइपसेटिंग : बी.एस. कम्प्यूटर्स, जयपुर

मुद्रक : थॉमसन प्रेस, नई दिल्ली

भूमिका

मानव समाज के राजनीतिक विकास के साथ-साथ मनुष्य के राजनीतिक संगठन के रूप से सम्बन्धित विचार भी बदलते रहे हैं तथा मनुष्य व उसके राजनीतिक संगठन का परस्पर क्या सम्बन्ध हो, मनुष्य के राजनीतिक संगठन-राज्य-की सत्ता का मनुष्य की स्वतन्त्रता का नियमन कैसे हो, राज्य की उत्पत्ति कैसे हुई, राज्य का स्वरूप कैसा रहा है और कैसा होना चाहिए, राज्य का उद्देश्य क्या हो रहा है और क्या होना चाहिए, राज्य के उद्देश्य की सिद्धि के अनुरूप राज्य के क्या कार्य हैं अथवा होने चाहिए, मनुष्य व राज्य के क्या अधिकार व दायित्व होने चाहिए, राज्य के उद्देश्यों की सिद्धि के अनुरूप शासन के कौन-कौन से विविध रूप अस्तित्व में रहे हैं तथा उनमें से कौन-सा रूप अधिक उपयुक्त है, आदि ऐसे प्रश्न हैं जिन पर अनेक राजनीतिक विचारकों ने समय-समय पर अपने-अपने मूल्यवान विचार व्यक्त किये हैं। **'पाश्चात्य राजनीतिक विचारक'** नामक प्रस्तुत पुस्तक ऐसे ही कुछ प्रमुख राजनीतिक विचारकों के विचारों को पाठकों के समक्ष रखने का प्रयास है।

पुस्तक में विविध राजनीतिक विचारकों के विचारों को अधिक से अधिक स्पष्टता के साथ प्रस्तुत करने का प्रयत्न किया गया है। इस दृष्टि से विषय-सामग्री को विविध शीर्षकों व उपशीर्षकों में विभक्त किया गया है। भाषा को यथा-सम्भव सरल रखकर भावों को सुबोध बनाने का प्रयास किया गया है तथा विषय में विवेचन समालोचनात्मक दृष्टिकोण से किया गया है। फिर भी ऐसा करने का हमारा प्रयत्न कहाँ तक सफल हुआ है, इसका निर्णय केवल पाठक ही कर सकेंगे।

राजनीतिक विचारकों के विचार पाठकों के समक्ष सही एवं सरल रूप से प्रस्तुत किये जा सकें, इसके लिए पश्चिम व पूर्व दोनों के ही विचारकों की मूल कृतियों तथा अन्य अनेक महान लेखकों व राजनीति शास्त्र के विचारकों के ग्रन्थों से सहायता ली गयी है तथा यथासम्भव उनके उद्धरणों के मूल भी इस आशा से दिये गये हैं कि विद्यार्थीगण उन महान लेखकों से परिचित हो सकेंगे और उनमें उन महान लेखकों की रचनाओं के प्रति रुचि उत्पन्न हो सकेगी। भारत के राजनीतिक विचारकों की जो दृष्टि देखने को मिलती है वह समाज के हर वर्ग के लिए प्रेरणा प्रदान करने वाली है सामाजिक दृष्टि के साथ-साथ राजनीतिक चिन्तन परम्परा वैचारिक प्रभावों से परिपूर्ण है पुस्तक को मौलिकता प्रदान करने श्रेय जिन लेखकों कृतियों का परोक्ष रूप से सहारा लिया है उनका मैं कृतज्ञ हूँ।

लेखक

अनुक्रमणिका

1

प्लेटो

प्लेटो एथेन्स में व्याप्त स्वार्थवादिता व व्यक्तिवादिता का आन्तरिक समाधान देने का प्रयत्न करता है। यह आन्तरिक समाधान है–व्यक्ति का आत्मसंयम। यह विवाद का विषय हो सकता है कि प्रत्येक व्यक्ति को आत्मसंयमी बनाना संभव है या नहीं लेकिन यदि वर्तमान माहौल में इस संयम (Self-control) की आवश्यकता को परखा जाए तो प्लेटो के न्याय की प्रासंगिकता बहुत अधिक बढ़ जाती है। आज प्रत्येक व्यक्ति दूसरों की आक्रामकता (Aggressiveness) व हस्तक्षेप (Interference) से संत्रस्त है। ऐसे में इस समस्या का अगर कोई समाधान दिखलाई देता है तो वह है–आत्मसंयम, क्योंकि कानून, पुलिस, न्यायालय की सारी व्यवस्थाओं के बाद भी इंसान एक-दूसरे के लिए भय का कारण बने हुए हैं। प्लेटो के न्याय की सैद्धान्तिक आलोचना चाहे कितनी भी कर ली जाए किन्तु उसकी इस सद्इच्छा (Good Will) का हमें सम्मान करना चाहिए कि वह अच्छे मानव (Good Man) के आधार पर अच्छे समाज (Good Society) की स्थापना करना चाहता है। उसका न्याय सिद्धान्त इस उद्देश्य की प्राप्ति का एक पवित्र साधन है, जिसे बनाए रखने की जिम्मेदारी अन्ततः दार्शनिक शासक पर है।प्लेटो का न्याय सिद्धान्त पूर्णतया निरर्थक है। हमारी समस्या यह है कि हम उसके न्याय सम्बन्धित विचारों का मूल्यांकन आधुनिक दृष्टिकोण से करते हैं और

उस प्रक्रिया में प्लेटो के युग व परिस्थितियों को पूरी तरह नजरअंदाज़ कर देते हैं। प्लेटो जिस आदर्श राज्य की नींव रख रहा है वह वर्तमान राज्यों से मौलिक रूप से अलग है। वहाँ राज्य की प्रत्येक बुराई का नैतिक समाधान देने का प्रयास किया गया है। यह एक सर्वमान तथ्य है कि बुराई सबसे पहले मन में पैदा होती है अत: बाह्य आचरण की दुर्बलताओं को नियन्त्रित करने के लिए मन को नियन्त्रित करना होगा।

यूनानी परम्परा के अनुरूप प्लेटो ने भी शिक्षा को एक 'मूल्य' (Worth) के रूप में स्वीकार किया है। चार मूलभूत सद्‌गुणों (Virtue) में शिक्षा सम्मिलित नहीं है तथापि प्लेटो इस तथ्य को बलपूर्वक स्थापित करना चाहता है कि शिक्षा के अभाव में उपरोक्त सद्‌गुणों की व्यावहारिक उपलब्धि असंभव है। समाज में उत्पन्न होने वाली समस्त बुराइयों (कहने की आवश्यकता नहीं है कि अच्छाइयाँ भी) का केन्द्र व्यक्ति की आत्मा (Soul) है। अत: यदि आत्मा को सदाचार युक्त कर दिया जाए तो नगर-राज्य स्वत: ही सद्‌गुण-सम्पन्न हो जायेगा। इसीलिए प्लेटो का कहना है कि "एक महान चीज़ है शिक्षा व पालन-पोषण : अगर नागरिकों को उचित शिक्षा मिल जाए तो वे दूसरे मामले सरलता से हल कर सकेंगे।"इस विश्वास के कारण ही वह 'The Republic' के पाँच खण्डों (II, III, IV, VI & VII) में शिक्षा के विविध पक्षों पर व्यापक विचार-विमर्श करता है। यह विवेचना इतनी सुव्यवस्थित है कि रूसो (1712-78) को कहना पड़ा कि रिपब्लिक "शिक्षा पर लिखा गया अब तक का सर्वश्रेष्ठ ग्रन्थ है।"

शिक्षा का उद्देश्य

शिक्षा का मूल उद्देश्य 'न्याय' को स्थापित करना है। न्याय का सामान्य अर्थ है- प्रत्येक व्यक्ति व वर्ग द्वारा अपने कर्त्तव्यों का पूर्ण कुशलता के साथ संपादन करना। शिक्षा प्रत्येक सदस्य में उसकी योग्यतानुसार निर्धारित कार्यों को करने की सहज प्रेरणा उत्पन्न करती है जिससे अनुदेशित होकर व्यक्ति एकमात्र उसी कार्य को करते हैं जो उनकी प्राकृतिक क्षमता के अनुरूप हो। यहाँ इस तथ्य की पुनरावृत्ति आवश्यक है कि व्यक्ति का 'वर्ग'-शासक, सैनिक या उत्पादक - इस बात पर निर्भर करता है कि उसकी आत्मा में किस तत्व-विवेक, साहस या क्षुधा- की प्रधानता है? प्लेटो की शिक्षा योजना व्यक्तियों की वर्ग-स्थिति को निर्धारित करती है। साथ ही यह व्यक्तियों की आत्मा की इस प्रकार प्रशिक्षित करती है कि प्रत्येक व्यक्ति केवल अपने ही कार्य को करे और दूसरों के कार्यों में हस्तक्षेप करने की भावना ही उसके मन में उत्पन्न न हो। बार्कर के शब्दों में, "राज्य का प्राण है न्याय। जब हम न्याय से हटकर उन साधनों पर विचार करने लगते हैं जिनके द्वारा इसकी सिद्धि हो सकती है, तब हम देखते हैं कि प्लेटो ने दो महान् संस्थाओं का सुझाव दिया है। एक है-राज्य द्वारा

दी जाने वाली सामान्य शिक्षा-प्रणाली, दूसरी है–साम्यवाद की सामाजिक व्यवस्था। सामान्य शिक्षा प्रणाली से विशिष्ट काम का वह प्रशिक्षण मिलेगा जिससे उसे पूरा करने में नि:स्वार्थ भाव से जुटे रहने की वह सहज वृत्ति जागेगी जो न्याय की दृष्टि से आवश्यक है।" बार्कर के शब्दों में उसने अपनी अकादमी में "एक दार्शनिक प्रशिक्षण क्रम द्वारा प्रशिक्षित शासकों का सम्प्रदाय तैयार करने का बीड़ा उठाया। रिपब्लिक में यही प्रशिक्षण क्रम परिलक्षित होता है। लेकिन, इस क्रम में प्रशिक्षित व्यक्ति वंशागत विधि में व्यस्त, समाज के नैतिक आधार से आगे बढ़ते–उस शाश्वत आधार को प्राप्त कर लेते हैं जो न समाज के साथ बदलता है और न ही समय के साथ।"[1] इस प्रक्रिया में एक प्रशिक्षित व उत्साही सैनिक वर्ग तथा सर्वगुण-सम्पन्न शासक–दार्शनिक शासक, का आविर्भाव होता है। लेटो की शिक्षा योजना उसके न्याय-सिद्धान्त का स्वाभाविक परिणाम है किन्तु इसके अतिरिक्त शिक्षा सुयोग्य संरक्षकों–विशेषत: दार्शनिक शासक की खोज का उद्देश्य भी साथ-साथ रखती है। जिस प्रकार प्लेटो ने साम्यवाद की तुलना में शिक्षा को अधिक महत्व दिया है, उसी प्रकार वह अपने आदर्श राज्य में संरक्षक वर्ग को उत्पादक वर्ग की अपेक्षा अधिक महत्ता प्रदान करता है। उसके अनुसार राज्य की एकता, स्थिरता व स्वास्थ्य संरक्षक वर्ग पर अपेक्षाकृत अधिक निर्भर करती है जिसका मुख्य स्तम्भ है- शासक। प्लेटो के अनुसार सामान्य शासक नगर-राज्य के आधारभूत सिद्धान्तों को समझने में सक्षम नहीं होते हैं। इस अक्षमता को दूर करने के लिए द्वन्द्ववाद, गणित व दर्शन की शिक्षा व प्रशिक्षण आवश्यक है। जो व्यक्ति इस प्रशिक्षण को इसकी सम्पूर्णता के साथ आत्मसात् कर सकेगा वह व्यक्ति अन्तिम सत्य (Ultimate Truth) अर्थात् शिव के विचार (Idea of Good) को प्राप्त कर सकता है। ऐसे व्यक्ति (दार्शनिक) को ही शासक बनना चाहिए क्योंकि दर्शनशास्त्र उसे यह क्षमता प्रदान कर देता है कि वह राजनीतिक समाज के आधारभूत सिद्धान्तों को समझ सके। शिक्षा इस उद्देश्य को पूरा करती है।

प्लेटो आह्वान करता है कि "मनुष्य को ऐसे सारे कष्ट सहने के लिए तैयार रहना चाहिए (जैसे कि कानून से बहिष्कृत या देश से निष्कासित कर दिया जाना) परन्तु ऐसी शासन-प्रणाली स्वीकार नहीं करनी चाहिए जो मनुष्य के चरित्र को गिराए।"[1] प्लेटो का व्यक्तिगत अनुभव उसे बता रहा था कि एथेन्स के लोग अपने संकीर्ण स्वार्थों के कारण न केवल नैतिक दृष्टि से पतित हो चुके थे बल्कि वे राज्य हित व निजी हित में विरोध भी देखने लगे थे। शिक्षा के द्वारा यह अलगाव दूर होगा व व्यक्तियों का नैतिक उत्थान अन्तत: राज्य की उन्नति का पर्याय बनेगा। इसका तात्पर्य यह नहीं है कि शिक्षा का उद्देश्य संरक्षक वर्ग को मात्र सैनिक व प्रशासकीय प्रशिक्षण देना है। यद्यपि सुकरात के समान प्लेटो के लिए भी शिक्षा व शासन एक-दूसरे के समानार्थी (Synonym) हैं तथापि शिक्षा का एक उच्चतर लक्ष्य और भी है–नागरिकों का चरित्र

उन्नत करना। ''राज्य व्यक्तियों का विराट रूप है (The State is the individual writ large)।'' व्यक्तियों का चरित्र ही राज्य का चरित्र निर्धारित करता है। अत: राज्य का एक प्रमुख उद्देश्य है–शिक्षा देना। यह शिक्षा ऐसी होगी जो व्यक्तियों में सद्गुणों का विकास करे जिससे व्यक्ति न केवल नैतिक, बौद्धिक व भौतिक दृष्टि से आत्मनिर्भर बनें बल्कि राज्य (समाज) के साथ समरसतापूर्ण सम्बन्धों को समझ सकें व राज्य के सार्वभौमिक उद्देश्यों को अपना वैयक्तिक उद्देश्य बना सकें। इस प्रकार शिक्षा एक सामाजिक-प्रक्रिया (Social Process) भी है जो व्यक्ति को समाज के संग संतुलन व सामंजस्य (Balance and Harmony) स्थापित करने का अवसर उपलब्ध कराती है। अत: श्रेष्ठ शिक्षा की व्यवस्था करना प्रत्येक शासन के लिए आवश्यक है।

राजनीतिक व सामाजिक सफलता के तथ्यों की पूर्ति इस तथ्य पर निर्भर करती है कि शासक वर्ग–विशेषत: दार्शनिक शासक–वास्तविक ज्ञान को किस सीमा तक प्राप्त कर पाता है। प्लेटो के अनुसार दृश्यगत जगत् को वास्तविकता के रूप में स्वीकार करना हमारी अज्ञानता का प्रमाण है। वास्तविक सत्य इस भौतिक अस्तित्व के पृष्ठभूमि में अन्तर्निहित है जिसे 'विचार' (Idea) कहा जाता है। प्रत्येक वस्तु अपने 'विचार' का ही परिणाम होती है। उदाहरण के लिए दुनिया में हजारों किस्म के लाखों अश्व हैं जो रूप, रंग, आकार व क्षमता में अलग-अलग होने के साथ नश्वर भी हैं। लेकिन समस्त अश्वों का मूल कारण 'अश्वता' (Horsiness) का 'विचार' त्रुटिहीन व शाश्वत होता है। यही बात अन्य वस्तुओं या जीवों के संदर्भ में भी लागू होती है। इन विभिन्न वस्तुओं के विचारों के पीछे भी एक कारण (अन्तिम कारण) उपस्थित है जिसे 'शिव का विचार' (Idea of Good) कहते हैं। यही समस्त सृष्टि का कारण है, स्वयं इसका कोई कारण नहीं है। अत: यही 'अन्तिम सत्य' है; यही 'अन्तिम ज्ञान' है जिसकी प्राप्ति भाग्य या कल्पना से नहीं बल्कि उचित शिक्षा प्रणाली की अनुपालना से होगी।

शिक्षा-योजना में शारीरिक, मानसिक व नैतिक प्रशिक्षण का समायोजन किया गया है। मैक्सी के शब्दों में, ''शारीरिक शिक्षा द्वारा आप शरीर को मज़बूत, साहस को सुदृढ़ व युद्ध कला को तीव्र कर सकते हैं; मानसिक शिक्षा से आप ज्ञान को व्यापक व विवेकशीलता को गहन कर सकते हैं; नैतिक शिक्षा द्वारा आप आत्म-नियंत्रण, संयम व परोपकारिता की प्रवृत्ति को उत्पन्न कर सकते हैं ।'' अब हम देखेंगे कि प्लेटो की शिक्षा प्रणाली के दार्शनिक आधार क्या हैं। अन्त में यह भी कहा जा सकता है कि शिक्षा संरक्षकों में एक विशिष्ट प्रकार की प्रकृति का विकास करने के लिए प्रस्तुत की गई है। ग्लूकॉन (Glaucon) के साथ तर्क-वितर्क के क्रम में सुकरात सफलतापूर्वक प्रमाणित करता है कि राज्य में संरक्षकों का उत्तरदायित्व (कार्य) सर्वाधिक

महत्वपूर्ण है अतः उनमें, शासन के दृष्टिकोण से, सर्वोत्तम योग्यता व व्यावहारिक क्षमता होनी चाहिए। प्रहरी कुत्ता (Watch dog) के समान उनके स्वभाव में वह दार्शनिक तत्व होना चाहिए कि वे अपने शत्रुओं व मित्रों की पहचान कर सकें तथा अपने लोगों (Own People) की सुरक्षा व शत्रुओं का दृढ़तापूर्वक सामना कर सकें। इसके लिए उन्हें शक्तिशाली, साहसी, भयमुक्त व अदमनीय होना चाहिए। साथ ही अपने लोगों के प्रति सौम्य (Gentle) होने के लिए उनमें 'विवेकशीलता व समझ' के प्रति स्वाभाविक प्रेम भी होना चाहिए।

शिक्षा के दार्शनिक आधार

प्लेटो यह मानकर अपनी शिक्षा प्रणाली प्रस्तुत कर रहा है कि मन या आत्मा एक निष्क्रिय पदार्थ न होकर एक सतत् सक्रिय तत्व है जो स्वतः ही विषयों के प्रति आकर्षित होता है। अतः शिक्षा व्यक्तियों के मस्तिष्क में 'तथ्य' भरने का साधन नहीं हो सकती। इसके विपरीत शिक्षा एक ऐसे सुन्दर परिवेश का निर्माण करती है जिसके परिणामस्वरूप आत्मा में अन्तर्निहित श्रेष्ठतम तत्व स्वयं ही बाहर आ जाएँ। शिक्षक चाहे भी तो इस आत्म-तत्व का स्पर्श नहीं कर सकता। उसे सिर्फ़ वातावरण को सुन्दर बनाने का प्रयास करना चाहिए और यदि ऐसा संभव हो जाता है तो आत्मा 'शिव के विचार' को सहजता से प्राप्त कर लेगी। यदि वह परिवेश, जिसमें आत्मा क्रियाशील है, असुन्दर है तो शिक्षा अपने किसी भी उद्देश्य में सफल नहीं होगी और इसका नकारात्मक प्रभाव राज्य की स्थिरता पर पड़ेगा। अतः शिक्षा आत्मा की वातावरण के प्रति प्रतिक्रिया है। बार्कर के शब्दों में, "आत्मा अपने परिवेश के अनुरूप अपने को ढालती है और इस अर्थ में देखा जाए तो आत्मा का निर्माण परिवेश द्वारा होता है। जो अपनी आत्मा को सुन्दर-सुघर बनाना चाहे, उसे चाहिए कि वह उसे अभिराम वन-प्रान्तर में उन्मुक्त विचरण करने दे ताकि अस्फुट उच्चार से युक्त सौन्दर्य तथा मर्मररव से उत्पन्न सुषमा से उसका अंतरंग ओत-प्रोत हो जाए।"[1] आत्मा 'स्वतः सक्रिय मानसिक शक्ति' है जिसे प्रत्यक्ष रूप से स्पर्श करने का प्रयास (शिक्षक द्वारा) नहीं किया जाता। प्लेटो की शिक्षा-योजना 'एक' व्यक्ति के चित्त की चंचलता (Whim) का स्वच्छन्द प्रतिफल न होकर कुछ निश्चित दार्शनिक मान्यताओं की स्वाभाविक निष्पत्ति है। 'रिपब्लिक' के बुक छह और सात में शिक्षा-सिद्धान्त के दार्शनिक पक्षों की विवेचना की गई है।

शिक्षक आत्मा में प्रकाश(ज्ञान) नहीं भरता बल्कि अन्तर्निहित प्रकाश को प्रस्फुटित होने का परिवेश (अवसर) उपलब्ध कराता है। अतः "शिक्षा के वे आचार्य ग़लत हैं जो कहते हैं कि हम आत्मा में वह ज्ञान भी भर सकते हैं जो उसमें पहले से विद्यमान न हो; जैसे वे अन्धी आँखों को रोशनी दे सकते हैं।" वास्तविकता यह

है कि "ज्ञान प्राप्त करने की शक्ति या क्षमता आत्मा में पहले से ही विद्यमान होती है।" इसका एक अन्य कारण आत्मा के संस्मरण (Reminiscence of the Soul) के सिद्धान्त में ढूँढ़ा जा सकता है। इस सिद्धान्त की व्यापक व्याख्या उसने अपनी पुस्तक मैनो (Meno) एवं फेडो (Pheaedo) में की है। यहाँ संस्मरण से तात्पर्य है पूर्व-जन्म के संस्कारों की स्मृति। प्लेटो के इस सिद्धान्त का मूलाधार आत्मा के अमरता की मान्यता है। उसके अनुसार स्वत: गतिमान आत्मा अनश्वर व अपरिवर्तनीय होती है। 'फेडो' में वह लिखता है कि "आत्मा असीम रूप से अपरिवर्तनशील है यहाँ तक कि सर्वाधिक मूढ़ व्यक्ति भी इसे इन्कार नहीं कर सकेगा।" अत: मृत्यु शरीर का अन्त करती है, आत्मा का नहीं। अनश्वर आत्मा एक शरीर का परित्याग कर अपने कर्मों के अनुसार नये 'जीव' के शरीर में प्रवेश करती है। किन्तु नवीन शरीर धारण करने से पूर्व आत्मा विचारों की दुनिया (World of Ideas) में विचरण करती है। जब नये जीवन के वर्तमान परिवेश की कोई वस्तु 'विचारों के जगत्' के अनुरूप होती है तो आत्मा स्वत: ही ज्ञान के प्रकाश से (संस्मरण से) कौंध जाती है और उस वस्तु को ग्रहण कर लेती है। यही सच्चा ज्ञान है और यही वह प्रक्रिया भी है जिसके द्वारा अन्तिम ज्ञान (Ultimate Knowledge) की प्राप्ति की जा सकती है। अत: स्पष्ट है कि ज्ञान या विचार आत्मा में पहले से ही उपस्थित होते हैं; सुन्दर-सुघर परिवेश के साथ आत्मा की प्रतिक्रिया इस ज्ञान का संस्मरण करा देती है। शिक्षा का उद्देश्य व्यक्तियों के ज्ञान चक्षुओं को प्रकाश की तरफ उन्मुख करना है।

बार्कर के शब्दों में, "जब तक व्यक्ति में किसी भी नये उद्दीपन (Stimulus) के प्रति चेष्टा की सामर्थ्य होती है, जब तक उसमें अनुभव के प्रति प्रतिक्रिया होती है और उससे वह नित्य नवीन साँचे में ढलता जाता है, तब तक उसका शिक्षा-क्रम चलता रहता है।' लेकिन जिस प्रकार उम्र (Age) के अनुसार व्यक्तियों को अलग-अलग प्रकार के भोजन की जरूरत होती है उसी प्रकार शिक्षा का पाठ्यक्रम भी अवस्था के अनुरूप ही निर्धारित होना चाहिए। कम उम्र में बालक-बालिकाओं का मन कोमल और जटिलता से मुक्त होता है; युवावस्था में एक तरफ भावनाएँ व दूसरी तरफ साहस की प्रवृत्तियों को संतुलित करने की आवश्यकता पड़ती है; जबकि प्रौढ़ावस्था में मन-मस्तिष्क गणित व दर्शन की तरफ आकृष्ट होने लगते हैं। 'अन्तिम सत्य' की प्राप्ति 'दर्शन' के माध्यम से ही संभव है। अत: यह तथ्य भी स्पष्ट है कि 'सर्वोच्च ज्ञान' की उपलब्धि 'अन्त' में होती है। व्यक्ति सर्वप्रथम 'गोचर जगत्' (World of Being) की वास्तविकता को पहचानता है और एक लम्बी शिक्षण-प्रक्रिया की सहायता से अन्त में वह 'तात्विक जगत्' (World of Becoming) को समझ पाता है। स्वयं प्लेटो के शब्दों में, "ज्ञान जगत् में श्रेयस् या 'शिव' (Idea of Good) की प्रतीति सबसे अन्त में होती है, और उसके लिए साधना करनी पड़ती है। उसका साक्षात्कार हो

जाने पर यह निष्कर्ष निकलता है कि वही समस्त 'सत्यं' व 'सुन्दरं' का सार्वजनिक प्रणेता है; वही इस दृश्य जगत् में ज्योति का उद्गम भी है और ज्योति का सम्राट भी।''[1] इसको, दूसरे शब्दों में, इस प्रकार से भी कह सकते हैं कि विवेकशील आत्मा का अन्तिम उद्देश्य 'शिव के विचार' (Ideal of Good) को प्राप्त करना है। जब आत्मा इस 'श्रेयस्' (The Good) को प्राप्त कर लेती है तो व्यक्ति (संरक्षक-शासक) लोभ, मोह, भय व असत्य से विमुक्त होकर सार्वजनिक हित के प्रति समर्पित हो जाते हैं। चूँकि आत्मा एक सतत् सक्रिय सजीव सावयव है, अतः शिक्षा भी निरन्तर चलने वाली एक अन्तहीन प्रक्रिया है। जिस प्रकार शरीर या पेड़-पौधों को आजीवन भोजन या मिट्टी-पानी की जरूरत होती हैं, उसी प्रकार आत्मा को शिक्षा की आवश्यकता होती है। इसकी परिधि में बचपन या युवावस्था मात्र नहीं है बल्कि इसका (शिक्षा) विस्तार व्यक्ति के 'जीवन' तक है। प्लेटो अपनी शिक्षा-योजना प्रस्तुत करने से पूर्व प्रश्न उठाता है कि ''यह शिक्षा कैसी होगी?'' (What is this education to be?) इसका जवाब देते हुए वह कहता है, ''संभवतः, हम उससे बेहतर प्रणाली की खोज मुश्किल से ही कर सकेंगे जिसे लम्बे अनुभव ने स्वयं तैयार किया है; मस्तिष्क व शरीर के विकास हेतु इसकी दो शाखाओं के साथ और मैं सोचता हूँ कि शारीरिक प्रशिक्षण के प्रारम्भ से पूर्व हमें मस्तिष्क से शुरुआत करनी चाहिए।'' अध्ययन की सुविधा के दृष्टिकोण से प्लेटो की शिक्षा-योजना को दो चरणों में विभाजित किया जा सकता है-प्राथमिक शिक्षा व उच्च शिक्षा। आदर्श राज्य में बहुसंख्यक उत्पादक वर्ग की उपस्थिति के बावजूद प्लेटो की शिक्षा-योजना का केन्द्र संरक्षक वर्ग है क्योंकि राजनीतिक समाज का अस्तित्व प्रधानतः शासक वर्ग पर ही निर्भर होता है। इस वर्ग (संरक्षक-सैनिक) का उत्तरदायित्व 'शासन' करना मात्र नहीं बल्कि 'अच्छा शासन' करना है ताकि राज्य सभी प्रकार की बुराइयों व अमंगलों से दूर रहे और प्रत्येक व्यक्ति सद्जीवन (Good Life) के लक्ष्य की प्राप्ति कर सके। संरक्षक वर्ग विशिष्ट वर्ग है; इसके कर्त्तव्य भी विशिष्ट हैं; अतः इनके शिक्षण-प्रशिक्षण हेतु एक विशिष्ट शिक्षा योजना तार्किक दृष्टि से अपरिहार्य हो जाती है।

प्राथमिक शिक्षा

संगीत–प्लेटो के अनुसार संगीत में भी सबसे पहले कहानियों (Stories) को लेना होगा। कहानियों के संदर्भ में हमें ध्यान रखना होगा कि ''प्रथम कहानी जिसे बच्चा सुनेगा वह ऐसी होगी जो उसके चरित्र पर सर्वोत्तम संभव प्रभाव उत्पन्न करे।'' युवा व कोमल मन वाले बच्चों के लिए शुरुआत हमेशा ही अत्यन्त महत्वपूर्ण होती है क्योंकि ''यह वह समय है जब चरित्र अपनी आकृति ग्रहण करता है और कोई भी छाप लेने के लिए तैयार होता है।'' अतः प्लेटो कहता है कि भावी संरक्षकों

के समक्ष ऐसा साहित्य (कथा, मिथक या काव्य) नहीं प्रस्तुत होना चाहिए जिससे उनके चरित्र के कमज़ोर या विकृत होने की संभावना हो। यह उत्तरदायित्व राज्य का है कि वह 'कथाओं व मिथकों' (Fables and Legends) की रचना का निरीक्षण करे तथा जो असंतोषजनक हो उसे निरस्त कर दे। आदर्श राज्य की 'माताओं व नर्सों (Nurses)' को भी इस बात का निर्देश होगा कि वे बच्चों को केवल वहीं कथाएँ सुनाएँ जो राज्य द्वारा अनुमोदित (Approved) हैं। किन्तु सर्वप्रथम संगीत की शिक्षा दी जायेगी। इसकी शुरुआत छह वर्ष की अवस्था से होगी।

यहाँ इस तथ्य को ध्यान में रखना आवश्यक है कि यूनान में संगीत से तात्पर्य मात्र नृत्य व गान से नहीं था। इसमें साहित्य, काव्य व कलाएँ भी सम्मिलित थीं। इस उम्र में बालक-बालिकाओं को वैज्ञानिक या सैद्धान्तिक ज्ञान प्रदान करना संभव नहीं होता। अत: संगीत के माध्यम से बालकों के चरित्र व नैतिकता को परिष्कृत किया जायेगा ताकि आगे चलकर वे सुन्दर-असुन्दर के सम्बन्ध में मत (Opinion) बनाते वक्त सुन्दर पक्ष को स्वीकार करें। 'संगीत' को शिक्षा का माध्यम बनाने का एक कारण यह भी है कि सुकोमल मन संगीत के लालित्य की तरफ स्वभावत: आकृष्ट होता है। संगीत की मधुरता से 'आत्मा' भी मधुर बनती है, स्वरों का सामंजस्य आत्मा में भी सामंजस्य उत्पन्न करता है। इस प्रकार ''यदि युवा वर्ग को अपने कर्त्तव्य का निर्वाह करना है तो यह लालित्य व सामंजस्य उनका शाश्वत लक्ष्य'' होना चाहिए। इन तत्वों का अभाव चरित्र का 'पतन' करता है। प्लेटो के शब्दों में, ''प्रकृति में पशु-पक्षियों और पेड़-पौधों में भी या तो लालित्य होता है या नहीं होता है। कुरूपता, कर्कशता और बेसुरापन प्राय: बुरी शब्द-योजना व बुरी प्रकृति के साथ वैसे ही जुड़े होते हैं, जैसे लालित्य व स्वर-सामंजस्य उत्कृष्टता व गुणवत्ता के सहोदर हैं और उनका स्वरूप भी एक जैसा है।'' जो मापदण्ड कहानी के लिए है वही शर्त काव्य व नाटक के लिए भी लागू है। प्लेटो के अनुसार, ''एक कवि, चाहे वह कहानी लिखे अथवा कविता या नाटक, को सदैव ही दैवीय प्रकृति (Divine Nature) को उसके वास्तविक रूप में रखना चाहिए और सत्य यह है कि प्रकृति (Nature) अच्छी (Good) होती है और उसे इसी रूप में वर्णित करना चाहिए।'' अत: जहाँ कहीं भी इस दैवीय प्रकृति (Divine Nature) की उपेक्षा हुई है या उसका विकृत रूप प्रस्तुत किया गया है, उसे 'निषिद्ध' किया जाना चाहिए। इस मापदण्ड के अपवाद हेसियाड व होमर (Hesiod and Homer) भी नहीं हैं जिन्हें स्वयं प्लेटो ने 'महान' (The Great Ones) कहा है। इस प्रकार प्लेटो की शिक्षा योजना में शिक्षा पर राज्य का पूर्ण नियन्त्रण है जो असंतोषप्रद साहित्य व कला को प्रस्तुत होने से प्रतिबंधित करेगा। प्लेटो के अनुसार वह साहित्य संतोषजनक नहीं है जो–

1. भद्दा व अनैतिक (Ugly and Immoral) हो,
2. देवताओं (Gods) की प्रकृति को विकृत रूप में प्रस्तुत करता हो,
3. महानायकों (Heroes) के स्वभाव को ग़लत ढंग से पेश करता हो,
4. दु:ख व विपत्तियों की भयानकता द्वारा भय उत्पन्न करता हो,
5. साहस को कमज़ोर करता हो,
6. मृत्यु का डर पैदा करता हो,

प्लेटो की शिक्षा-योजना में आत्मा (मस्तिष्क) के विकास के लिए 'संगीत' और शारीरिक विकास हेतु 'व्यायाम' का प्रावधान किया गया है। निश्चित रूप से आत्मा की महत्ता शरीर से अधिक है क्योंकि सर्वोच्च सद्‌गुण अर्थात् 'ज्ञान' की प्राप्ति 'आत्मा' से ही होती है तथापि 'शरीर' की उपेक्षा नहीं की जा सकती क्योंकि यदि 'दिव्य ज्ञान' को छोड़ दिया जाए तो "आत्मा के अन्य तथाकथित सद्‌गुण तो शारीरिक उत्कृष्टता के सजातीय प्रतीत होती हैं, क्योंकि वे सहज नहीं होते बल्कि अभ्यास व साधना के द्वारा स्थापित किए जाते हैं।" उदाहरण के लिए साहस व संयम। साथ ही हमें इस बात को भी विस्तृत नहीं करना चाहिए कि आत्मा का निवास स्थान शरीर ही है। अत: स्वस्थ आत्मा के लिए स्वस्थ शरीर आवश्यक है, और स्वस्थ शरीर के लिए व्यायाम।

7. असंयम या भोग-विलास को बढ़ावा देने वाला हो, इत्यादि।

बार्कर के शब्दों में, "उसे (राज्य) चाहिए कि वह विभिन्न वाद्य यंत्रों में सोच-समझकर अन्तर करे–वीणा को स्वीकार करे और बंशी को अस्वीकार। वह संगीत की शैली व सुर-ताल को सरल भेदों तक ही सीमित रहने दे। संगीत का तो इसलिए और भी सावधानी से नियमन करना चाहिए क्योंकि संगीत की शिक्षा अन्य किसी भी साधन की अपेक्षा अधिक प्रबल साधन है।"[1] प्लेटो संगीत को कितना अधिक महत्व देता है यह उसके इस कथन से समझा जा सकता है जिसमें वह कहता है कि "जब संगीत के राग बदलते हैं तो उनके साथ राज्य के आधारभूत कानून भी सदैव परिवर्तित हो जाते हैं ।"प्लेटो ने संगीत के परम्परागत पक्षों–नृत्य, गायन व वाद्य पर भी विचार किया है प्रत्येक स्थल पर वह अत्यन्त सतर्क है। इन पक्षों को भी राज्य के सार्वभौम निरीक्षण में रखता है। ब

व्यायाम–बार्कर के शब्दों में, प्लेटो ने "रिपब्लिक में चिकित्सकों का एकदम बहिष्कार ही कर दिया है। बीमार शरीर को स्वस्थ करने की बात कहकर वे रोग को

प्रोत्साहन ही देते हैं; और स्वस्थ समाज में उनकी प्रतिभा के लिए कोई स्थान नहीं हो सकता।''[1] उसने यहाँ तक कहा है कि रोगग्रस्त शरीर की चिकित्सा करवाने की अपेक्षा मृत्यु अधिक श्रेष्ठ है। सर्वोत्तम स्थिति यह है कि संरक्षकों के व्यायाम व भोजन को इस प्रकार संतुलित किया जाए जिससे उन्हें कभी दवा लेने की आवश्यकता ही न पड़े। संगीत (Music) के समान व्यायाम (Gymnastics) भी व्यापक अर्थों में प्रयुक्त हुआ है। उसमें शरीर सौष्ठव के लिए कसरत के अतिरिक्त संतुलित भोजन पद्धति (आहार शास्त्र) व चिकित्साशास्त्र भी सम्मिलित है। प्लेटो चाहता है कि भावी संरक्षक इतने स्वस्थ व नीरोग हों कि आदर्श राज्य से चिकित्सकों का अस्तित्व ही समाप्त हो जाए क्योंकि चिकित्सकों की उपस्थिति राज्य की अस्वस्थता का प्रतीक है। प्लेटो के शब्दों में, ''मानव प्रकृति के दो सिद्धान्त हैं–एक स्फूर्ति का, दूसरा बुद्धिमता का।'' इसके लिए व्यायाम व संगीत दो कलाएँ हैं किन्तु मानव प्रकृति अपनी आदर्श पूर्णता को तब प्राप्त करती है जब इन दोनों कलाओं में उचित सामंजस्य स्थापित होता है। ''अत: जो व्यक्ति संगीत व व्यायाम का उचित अनुपात में मिश्रण कर लेता है और अपनी आत्मा को उसमें प्रवीण कर लेता है, उसे केवल तार झंकृत करने वाले की तुलना में अधिक सच्चा संगीतज्ञ और स्वर-साधक कहना उचित होगा।'' व्यायाम आत्मा के लिए शरीर को साधता है। दूसरे शब्दों में, व्यायाम का सर्वाधिक महत्वपूर्ण प्रभाव चरित्र-निर्माण से सम्बन्धित है क्योंकि इसके द्वारा स्फूर्ति, उत्साह व साहस के तत्वों को विकसित व संतुलित किया जाता है। विकसित इसलिए कि राज्य के लिए 'कुशल' सैनिकों की खोज की जा सके और संतुलित इसलिए कि वे संयमित आचरण द्वारा अपने निर्धारित कर्त्तव्य पथ (अर्थात् न्याय) से विचलित न हों।किन्तु 'आत्मा' के संदर्भ में 'शरीर' की स्वाभाविक महत्ता के कारण प्लेटो जैसे नैतिक विचारक के लिए यह संभव ही नहीं था कि वह 'व्यायाम' को मात्र आहार शास्त्र या शारीरिक शिक्षा के 'भौतिक लक्ष्यों' तक सीमित कर देता। प्लेटो स्पष्टत: स्वीकार करता है कि व्यायाम का एक नैतिक उद्देश्य भी है और यह उद्देश्य है– चरित्र निर्माण में सहायक होना। व्यायाम यह उत्तरदायित्व संगीत के साहचर्य में पूरा करता है। संगीत व व्यायाम की शिक्षा अठारह वर्ष की आयु तक चलेगी। आगे आने वाले दो वर्षों (18 से 20 वर्ष) तक प्रत्येक छात्र को अनिवार्य सैनिक प्रशिक्षण प्रदान किया जायेगा। इस प्रशिक्षण की अवधि समाप्त होने पर एक परीक्षा आयोजित की जायेगी जिसमें असफल होने वाले शिक्षार्थी सहायक संरक्षक अर्थात् सैनिक वर्ग का निर्माण करेंगे। शेष सफल छात्र शिक्षा-प्रणाली के द्वितीय स्तर में प्रवेश करेंगे जिनसे समाज का शासक वर्ग सामने आयेगा। संगीत व व्यायाम के संतुलन का यह सिद्धान्त प्लेटो के उस विचार के अनुरूप ही है जिसमें संरक्षकों की प्रकृति (Gardian's Temperament) को प्रचण्डता व सौम्यता के मिश्रण के रूप में देखने का प्रयास किया गया है। संरक्षकों को आदर्श राज्य के

शत्रुओं के प्रति 'कठोर' व अपने नागरिकों के प्रति 'कोमल' व्यवहार करना चाहिए लेकिन यह उसी स्थिति में संभव है जब शिक्षा में व्यायाम व संगीत का उचित समायोजन किया जाए। प्लेटो की धारणा है कि "अधिक व्यायाम चरित्र को अत्यधिक कठोर बना देता है और अत्यधिक संगीत उसे अत्यधिक कोमल बना देती है।"[1]

उच्च शिक्षा

बार्कर का कहना है, "प्लेटो चाहता है कि शिक्षा के पूर्ववर्ती चरण में ही नौजवानों को विज्ञान के मूलभूत तत्वों का ज्ञान हो जाए।"[2] इसलिए 'संगीत' के माध्यम से बच्चों को अंकगणित, ज्यामिति व विज्ञान का प्रारम्भिक ज्ञान प्रदान किया जाता है। उच्चतर शिक्षा में यह अध्ययन व्यापक व गंभीर स्वरूप धारण करता है क्योंकि यह स्तर आत्मा को सर्वोच्च चिन्तन प्रक्रिया से सम्बद्ध करता है। इसीलिए इस द्वितीय चरण में प्रत्येक व्यक्ति को प्रवेश नहीं मिल सकता। यह सौभाग्य सिर्फ़ उन्हीं युवकों-युवतियों को प्राप्त होता है जो प्राथमिक शिक्षा के अन्त में होने वाली चयन प्रतियोगिता में अपनी योग्यता प्रमाणित कर पाते हैं। शिक्षा का प्राथमिक स्तर स्वस्थ मन, नीरोगी तन व सामाजिक अनुकूलन के उद्देश्य की पूर्ति करता है जबकि उच्चतर शिक्षा वैज्ञानिक ज्ञान के माध्यम से पूर्ण संरक्षकों (शासक वर्ग) को इस योग्य बनाती है कि वे 'शिव के विचार' (Idea of Good) अर्थात् अन्तिम सत्य को प्राप्त कर सकें। इसका यह तात्पर्य नहीं है कि प्राथमिक शिक्षा के अन्तर्गत विद्यार्थियों को किसी प्रकार का वैज्ञानिक ज्ञान नहीं मिलता है। उच्चतर शिक्षा के प्रथम चरण (20 से 30 वर्ष) में अंकगणित, ज्यामिति-सरल ज्यामिति व घन ज्यामिति -खगोल-विज्ञान व स्वर-विज्ञान सम्मिलित थे। भावी शासकों को अंकगणित जानना आवश्यक है। इसकी उपयोगिता न केवल सेना व व्यूह रचना में तथा निजी जीवन की आवश्यकताओं की पूर्ति में है बल्कि इसके अभाव में दर्शन का अध्ययन संभव ही नहीं हो सकता। प्लेटो की 'अकादमी' के द्वार पर लिखा था कि "जो ज्यामिति नहीं जानता है वह यहाँ प्रवेश न करे।" कोई भी ऐसा व्यक्ति जिसे ज्यामिति का ज्ञान नहीं है वह युद्ध-संचालन व व्यूह रचना भली-भाँति नहीं कर सकता। किन्तु गणित के समान ज्यामिति का वास्तविक महत्व तो इस तथ्य में अन्तर्निहित है कि इससे 'शिव के विचार' की प्राप्ति में सहायता मिलती है। प्राकृतिक विज्ञान व गणित की शिक्षा प्रदान करने के उपरान्त राज्य द्वारा एक अन्य चयन-प्रतियोगिता आयोजित की जायेगी। इसी परीक्षा में असफल छात्र निम्न प्रशासकीय पदों पर कार्य करेंगे जबकि वे विद्यार्थी जो विज्ञान व गणित में अपनी विशेष योग्यता प्रमाणित करने में सफल हुए हैं उन्हें उच्चतर शिक्षा के अगले चरण (30 से 35 वर्ष) में प्रवेश करना होगा। सैद्धान्तिक ज्ञान की दृष्टि से यह चरण सर्वाधिक महत्वपूर्ण एवं दुष्कर होगा। इस चरण में उन्हें द्वन्द्ववाद (Dialectic) या 'तर्क-शास्त्र'

की शिक्षा दी जाएगी। ''यदि गणित गोचर विषयों से चिन्तनात्मक विषयों तक पहुँचने की सीढ़ी है तो 'द्वन्द्ववाद' वह माध्यम है जिसके सहारे हम स्वयं चिन्तन के विषयों का शुद्ध भावों और अन्ततः चिन्तन के परम् विषय-श्रेय के भाव का ज्ञान प्राप्त कर सकते हैं।'' इस प्रकार द्वन्द्ववाद में प्रवीण होने पर संरक्षकों में वास्तविक सत्य को पहचानने की क्षमता आ जाती है। लेकिन प्लेटो अब भी संतुष्ट नहीं है। भावी दार्शनिक शासक व संरक्षकों को सिर्फ़ सैद्धान्तिक ज्ञान की दृष्टि से ही 'पूर्ण' नहीं रहना चाहिए बल्कि उन्हें समाज व शासन के व्यावहारिक पक्ष में भी दक्ष होना चाहिए। अतः द्वन्द्वात्मक शिक्षा प्राप्त करने के बाद आगामी 15 वर्षों तक उन्हें स्वर्ण (Gold) के समान अनुभव की आग (Fire) में तपना होगा। उनके समक्ष लोभ, मोह तथा भय की परिस्थितियों को प्रस्तुत करके उनके चरित्र की सुदृढ़ता को बारम्बार जाँचा-परखा जायेगा। इस सुदीर्घ परीक्षण व शिक्षाक्रम के बाद जो व्यक्ति सभी मापदण्डों पर खरा उतरेंगे, वे ही अपनी बारी (Term) आने पर राज्य का नेतृत्व करेंगे। अवशेष समय में वे चिन्तन-मनन करते रहेंगे। प्लेटो के शब्दों में, इसमें से ''प्रत्येक को, अपनी बारी आने पर स्वयं को सार्वजनिक जीवन के कठोर कर्त्तव्यों के प्रति समर्पित करना है, और अपने देश के लिए पद ग्रहण करता है -- वांक्षित समझकर नहीं, एक अत्याज्य व्यवसाय मानकर ।'' इस प्रकार ''आदर्श राज्य की व्यावहारिक अनुभूति होगी जिसके सदस्यों की आत्मा में संतुलन होगा और परिणामस्वरूप वे न्यायी व प्रसन्न होंगे।''[1]

प्लेटो की शिक्षा-योजना का मूल्यांकन

स्पार्टा की शिक्षा प्रणाली में एक बहुत बड़ी कमी भी थी। वहाँ युवकों-युवतियों को 'सैनिक' के दृष्टिकोण से ही प्रशिक्षित किया जाता था जिसके फलस्वरूप वे साहसी, बलिष्ठ व कठोर तो बन जाते थे; उनका शारीरिक विकास भी हो जाता था; लेकिन उनकी मस्तिष्क व आत्मा उपेक्षित रह जाती थी। प्लेटो इस अपूर्णता को एथेन्स की शिक्षा व्यवस्था से दूर करता है। एथेन्स में शिक्षा एक व्यक्तिगत या पारिवारिक मामला थी जिसमें व्यक्ति के सर्वांगीण विकास पर बल दिया जाता था। प्लेटो भी चाहता है कि उसके आदर्श राज्य के संरक्षक न केवल शारीरिक बल्कि बौद्धिक व नैतिक दृष्टि से भी विकसित हों। अतः वह 'व्यायाम' के साथ-साथ 'संगीत' की शिक्षा भी प्रदान करता है जिसे प्राकृतिक विज्ञान व द्वन्द्ववाद पूर्णता प्रदत्त करते हैं।

प्लेटो की शिक्षा-योजना के सकारात्मक व नकारात्मक पक्षों की विवेचना के पूर्व इस तथ्य का उल्लेख करना आवश्यक है कि वह इस संदर्भ में क्रान्तिकारी न होकर एक परम्परावादी है जो तत्कालीन यूनान में प्रचलित शिक्षा पद्धतियों के श्रेष्ठतम अंशों को समायोजित करने का प्रयत्न करता है। इस प्रक्रिया में उसने एथेन्स व स्पार्टा को विशेष महत्व दिया है। स्पार्टा (Sparta) में शिक्षा का उद्देश्य राज्य की आवश्यकताओं

की पूर्ति करना था। चूँकि स्पार्टा एक सैनिकतंत्रीय शासन के अधीन शासित होता रहा इसलिए उसकी सबसे बड़ी आवश्यकता श्रेष्ठ सैनिकों को प्रशिक्षित करना था ताकि स्पार्टा अपनी आक्रामक नीतियों को जारी रख सके और अपने शत्रुओं (विशेषत: एथेन्स) का सफलतापूर्वक सामना कर सके। प्लेटो शिक्षा के इस सामाजिक पहलू से आकर्षित होता है। परिणामत: उसकी आदर्श शिक्षा प्रणाली में शिक्षा व्यक्तिगत या पारिवारिक उत्तरदायित्व न होकर राज्य का कर्त्तव्य बन जाती है। इसके अतिरिक्त प्लेटो स्पार्टा के ही समान युवकों के साथ युवतियों को भी सार्वजनिक कर्त्तव्यों की पूर्ति हेतु शिक्षित व प्रशिक्षित करना चाहता है।

इस सम्मिश्रण के द्वारा प्लेटो यूनानी जीवन की उस असंगति को समाप्त कर देना चाहता है जो व्यक्तिगत और सार्वजनिक जीवन के मध्य विद्यमान थी। व्यक्ति की निजी महत्वाकांक्षाएँ हो सकती हैं लेकिन उसे यह बात सदैव याद रखनी चाहिए कि वह राज्य से अलग न होकर उसका ही एक 'अभिन्न अंग' है। एथेन्स में प्रचलित शिक्षा, जिस पर प्रधानत: तार्किक विचारकों (Sophists) का नियंत्रण था, एथेन्स के नागरिकों के व्यक्तिगत स्वार्थों की पूर्ति का साधन बन गई थी। साम्यवादी व्यवस्था के माध्यम से प्लेटो संरक्षक वर्ग को स्वार्थपरता (Selfishness) की भावना से दूर रखने का एक 'बाहरी' प्रबन्ध करता है लेकिन शिक्षा-व्यवस्था संरक्षकों के मस्तिष्क को इतना 'पवित्र' कर देगी कि वे तुच्छ भौतिक वस्तुओं के प्रति आकर्षित ही नहीं होंगे। इसीलिए बार्कर कहते हैं कि "यह (शिक्षा) जीवन के सम्पूर्ण दृष्टिकोण को परिवर्तित कर बुराई की जड़ पर प्रहार करने और जीवनयापन के ग़लत तौर-तरीकों में सुधार करने का एक प्रयत्न है। यह मानसिक रोग के मानसिक दवा के द्वारा उपचार का एक प्रयास है।"

प्लेटो की शिक्षा योजना इस दृष्टि से भी महत्वपूर्ण है कि यह व्यक्तित्व के सर्वांगीण विकास की संभावना प्रस्तुत करती है। उसे विश्वास है कि आदर्श राज्य के नागरिकों को भी 'आदर्श' होना चाहिए इसीलिए वह संरक्षकों के शारीरिक सुदृढ़ता के साथ उनके मानसिक विकास को अपनी शिक्षा-प्रणाली का एक प्रमुख लक्ष्य बनाता है। उसके भावी समाज में अधिवक्ताओं (Advocates) के साथ-साथ चिकित्सक भी नहीं होंगे क्योंकि इन दोनों की उपस्थिति राज्य की अस्वस्थता व अपूर्णता का प्रतीक है। फिर भी इस तथ्य में किसी को संदेह नहीं होना चाहिए कि प्लेटो शारीरिक विकास को महत्वपूर्ण मानते हुए भी 'आत्मा' के विकास को सर्वोच्च स्थान प्रदान करता है। प्लेटो को विश्वास है कि संरक्षकों की आत्मा का संतुलन राज्य के सम्पूर्ण अंगों के संतुलन का पर्याय बन जायेगा। जब संरक्षकों की प्रथम पीढ़ी इस व्यापक शिक्षा प्रणाली से गुजरते हुए शासन संचालन तक पहुँच जायेगी, तब आने वाले भव्य समाज का

निर्माण-पथ सहज ही आलोकित हो जायेगा क्योंकि संरक्षक अपने समाज को भी इसी शिक्षा से समृद्ध करेंगे। सैनिक व शासक वर्गों का व्यावसायिक विभाजन होगा ही साथ ही वे अपने कर्त्तव्य के प्रति इतने समर्पित व अपने कार्य-क्षेत्र में इतने कुशल होंगे कि राज्य में आनन्द व न्याय का अखिल साम्राज्य स्थापित हो जायेगा। सेबाइन के शब्दों में, ''शिक्षा वह सकारात्मक साधन है जिसके द्वारा शासक एक समरूप राज्य के निर्माण के लिए मानव प्रकृति को उचित दिशा में ढ़ाल सकता है।

फिर भी प्लेटो की शिक्षा-योजना का सर्वाधिक उल्लेखनीय पक्ष यह नहीं है कि वह शारीरिक व मानसिक, दोनों विकासों पर बल देता है या उसकी योजना एक ऐसे शासक वर्ग को प्रशिक्षित करने में सफल होगी जिसके सदस्य इस दृश्यमान जगत् के मूल में अन्तर्निहित वास्तविक सत्य को समझ सकते हैं। सर्वाधिक महत्वपूर्ण पक्ष है-स्त्री-पुरुष समानता के सिद्धान्त का प्रतिपादन। एक ऐसे समाज (एथेन्स) का प्रतिनिधि होकर जिसमें स्त्रियों को सार्वजनिक जीवन से दूर रखा जाता था, उन्हें पुरुषों के समान ही शिक्षित करने का प्रस्ताव अत्यन्त क्रान्तिकारी कदम था। उसके अनुसार क्षमता के विचार से स्त्री-पुरुष में कोई अन्तर नहीं है अत: मानवता के आधे भाग की योग्यता को नष्ट होने देना अबुद्धिमत्ता ही होगी। यह अलग बात है कि उसका महान् शिष्य अरस्तू इस समानता का विरोध करता है। प्लेटो की शिक्षा-योजना स्त्रियों व पुरुषों के मध्य किसी गुणात्मक विभेद को स्वीकार नहीं करती।

दार्शनिक शासक
(The Philosopher King)

प्लेटो के 'Seventh Letter' से स्पष्ट होता है कि वह तत्कालीन राजनीतिक स्थिति से अत्यन्त क्षुब्ध था। उसे लगता है कि सार्वजनिक नैतिकता (Public Morality) व कानून अपने पतन के अधोबिन्दु तक पहुँच गए हैं। यह पतन इतना व्यापक है कि तत्कालीन राजनीतिक नेतृत्व की उपस्थिति में किसी अच्छे शासन की स्थापना करना लगभग असंभव होती। शासन का संचालन असक्षम व अज्ञानी लोगों के द्वारा हो रहा है जो 'स्व-हित' में सत्ता का दुरुपयोग कर रहे हैं। इस परिवेश से दु:खित प्लेटो 'Seventh Letter' में ही आगे लिखता है कि ''.....अन्तत: मैं इस निष्कर्ष पर पहुँचा कि सभी नगर राज्य, बिना किसी अपवाद के, बुरी तरह शासित हैं और सभी जगहों पर व्यवस्थापन की स्थिति (State of Legislation) इतना चिन्तनीय है कि व्यापक पुनर्निर्माण व कुछ श्रेष्ठ भाग्य के सम्मिश्रण के बिना कोई शासन संभव नहीं है और इसीलिए मैं सच्चे दर्शन की अति प्रशंसा (Extolation) करने और यह घोषित करने के लिए विवश हुआ कि केवल इसके माध्यम से ही, राज्य व व्यक्ति दोनों के लिए, वास्तविक न्याय (Real Justice) को अन्वेषित व लागू किया जा सकता है ।''प्लेटो

ने आदर्श राज्य में शासन संचालन का सूत्र दार्शनिक शासक को सौंपने का विचार व्यक्त किया है। इस बिन्दु पर प्लेटो की मौलिकता अपने चरम सीमा पर पहुँच जाती है क्योंकि राजनीतिक चिन्तन के इतिहास में ऐसी अवधारणा का अभाव रहा है। यहाँ तक कि सुकरात भी ऐसा विचार व्यक्त नहीं करता यद्यपि उसने भी लोकतंत्र के शासन को अज्ञानियों का शासन कहा है। इस प्रकार दर्शन की सत्ता (Rule of Philosophy) की स्थापना का प्रमुख उद्देश्य वास्तविक न्याय (Real Justice) को स्थापित करना है। प्लेटो ने न्याय की जो अवधारणा प्रस्तुत की है, उसमें 'विवेक' की भूमिका अत्यन्त महत्वपूर्ण है क्योंकि विवेक ही 'साहस' व 'क्षुधा' को उनके उचित कार्यक्षेत्र में सीमित व निर्देशित कर सकता है। व्यापक सामाजिक व राजनीतिक संदर्भों में यही 'विवेक' दार्शनिक शासक के रूप में अवतरित होता है। सौभाग्य से प्लेटो उस युग में जन्म लिया है जिसमें सुकरात था जिसके विचारों से ही, वास्तव में, दार्शनिक शासक के सिद्धान्त का पथ प्रशस्त होता है। सुकरात का ज्ञान-सिद्धान्त प्लेटो के समस्त दर्शन का मूल आधार है। दार्शनिक शासक को शासन सूत्र सौंपने की आवश्यकता व औचित्य का प्रतिपादन भी इसी आधार पर किया गया है।

दार्शनिक शासक का औचित्य

सुकरात ने ज्ञान को सर्वोच्च स्थान देते हुए प्रतिपादित किया है कि ज्ञान ही सद्‌गुण है (Knowledge is Virtue) । यहाँ ज्ञान से तात्पर्य वास्तविक ज्ञान (Real Knowledge) से है, मत या राय (Opinion) से नहीं। वास्तविक ज्ञान तभी प्राप्त हो सकता है जब उसको प्रमाणित किया जा सके या उसके पक्ष में तर्क प्रस्तुत किया जा सके। यदि ऐसा नहीं किया जा सकता है तो यह एक मत तो कहला सकता है, वास्तविक ज्ञान नहीं। सद्‌गुण का सम्बन्ध इसी वास्तविक ज्ञान से है। यह ज्ञान व्यक्ति को यह क्षमता प्रदान करता है कि वह सत्-असत्, उचित-अनुचित व भलाई-बुराई (Good-evil) की पहचान कर सके तथा सत्य, उचित व भलाई के पथ का अनुकरण कर सके। ज्ञान को सद्‌गुण कहने का कारण यही है कि एक बार भलाई-बुराई का ज्ञान (बोध) होने के उपरान्त कोई भी विवेकवान व्यक्ति बुराई के मार्ग पर चलना नहीं चाहेगा। बुराई के पथ पर वही अग्रसर होता है जो अज्ञानी है।

प्लेटो बुद्धि की श्रेष्ठता में असीम विश्वास रखता है किन्तु वह यह यथार्थ भी अच्छी तरह समझता है कि प्रत्येक व्यक्ति को सच्चा ज्ञान प्रदान करना असंभव है। यह सत्य है कि प्रत्येक व्यक्ति की आत्मा में विवेक, साहस व क्षुधा (Reason, Spirit and Appetite) तत्व पाया जाता है लेकिन ऐसे व्यक्तियों की संख्या बहुत कम होती है जिनकी आत्मा में विवेक का तत्व शेष तत्वों से अधिक हो। समाज के इस छोटे से वर्ग को ही विज्ञान, गणित व दर्शन की शिक्षा प्रदान की जानी चाहिए ताकि

वे सच्चे ज्ञान को प्राप्त कर सकें। यही वर्ग शासक वर्ग होगा और इसमें से जो व्यक्ति बौद्धिक दृष्टि से सर्वश्रेष्ठ हो उसे ही शासक बनाया जाना चाहिए, क्योंकि यही व्यक्ति सबसे अच्छी तरह यह जान सकता है कि समाज का कल्याण किन बातों में है या कौन से कार्य व्यक्ति व समाज के सद्जीवन के मार्ग में बाधा उत्पन्न करने वाले हैं। साधारण व्यक्ति में यह क्षमता नहीं होती है अतः सार्वजनिक हित की माँग यह है कि सामान्य व्यक्ति (अज्ञानी) को शासक नहीं बनाया जाना चाहिए। शासक दार्शनिक ही होना चाहिए।

यहाँ एक प्रासंगिक सवाल उठाया जा सकता है कि वास्तविक ज्ञान का धारक अर्थात् दार्शनिक व सामान्य व्यक्ति की प्रकृति में ऐसा कौन सा गुणात्मक अन्तर है जिसके कारण दार्शनिक को अधिक महत्व मिलना चाहिए? प्लेटो का जवाब यह है कि दार्शनिक ऐसा व्यक्ति होता है–"जिसका मन सत्य-तत्व पर केन्द्रित होगा, उसे इतना समय नहीं होगा कि वह मोह-माया में पड़े या मन में ईर्ष्या-द्वेष को स्थान दे और दूसरों के साथ कलह करे। उसकी दृष्टि तो सदैव नित्य और शाश्वत तत्व की ओर रहेगी जहाँ वह न किसी को क्षति पहुँचाते हुए देखता है और न क्षति पहुँचते हुए बल्कि समस्त जगत् को तर्क बुद्धि के संकेतों पर चलते हुए पाता है। वह इसी का अनुसरण करता है और जहाँ तक संभव होता है स्वयं को उसी के अनुरूप ढ़ालता है। मैक्सी के शब्दों में–"सच्चा दार्शनिक ज्ञान का प्रेमी होता है, न कि किसी मत का। वह समस्त क्षुद्रता, क्रोध, अहंकार, ईर्ष्या व घृणा से ऊपर होता है; मृत्यु से नहीं डरता बल्कि अपने स्वयं के जीवन को नगण्य समझता है, उदार, मित्रवत्, अनुकूल व न्यायी होता है, वह सौन्दर्य के सम्पूर्ण रूपों की उपासना करता है " संक्षेप में ज्ञान ही सद्गुण होता है। चूँकि दार्शनिक को वास्तविक ज्ञान प्राप्त होता है इसलिए वह सच्चे अर्थों में सद्गुणी होता है। अतः यदि राज्य को नैतिक दृष्टि से सद्गुण-सम्पन्न बनाना है तो दार्शनिकों को ही शासक बनाया जाना चाहिए क्योंकि विवेकवान होने के कारण उनमें न केवल अच्छाई (Goodness) को पहचानने की क्षमता होती है अपितु इस अच्छाई को लागू करने की आवश्यक संकल्प-शक्ति (Will Power) भी होती है।

दार्शनिकों को शासन सत्ता सौंपना इसलिए भी आवश्यक है क्योंकि शासन एक विशिष्ट कला (Specific Art) है और इस रूप में यह अन्य कलाओं से अलग है। उदाहरण के लिए एक बढ़ई (Carpenter) बहुत अच्छी कुर्सी बना सकता है या एक लोहार (Ironsmith) बहुत अच्छी तलवार बना सकता है किन्तु 'कुर्सी' या 'तलवार' की श्रेष्ठता केवल उसी व्यक्ति को सुख प्रदान कर सकती है जो इन्हें निर्मित करता है अथवा जो इनको खरीदता है। शेष समाज इससे लगभग अप्रभावित रहेगा। दूसरी बात यह कि यदि बढ़ई या लोहार अपनी कला का प्रदर्शन करते समय कोई असावधानी

प्रदर्शित करते हैं तब भी इससे समाज का विशेष नुकसान नहीं होगा। कहने का तात्पर्य यह कि इन कलाओं का स्वरूप वैयक्तिक है। शासन-कला इन सामान्य कलाओं से अलग है क्योंकि इसका सम्बन्ध किसी वर्ग या व्यक्ति-विशेष से नहीं होता। इसका उद्देश्य किसी व्यक्ति या वर्ग का हित-साधन नहीं है। यह सम्पूर्ण समाज के कल्याण के लिए प्रयत्नशील होती है। दूसरे शब्दों में, इसका स्वरूप सार्वजनिक है। इसलिए अगर शासन के स्तर पर कोई ग़लती होती है तो इससे समाज की व्यापक हानि होती है। स्पष्ट है कि शासन की कला अन्य कलाओं से प्रकृति व प्रभाव, दोनों ही दृष्टियों से विशिष्ट है। अत: शासन संचालन का उत्तरदायित्व किसी विशिष्ट व्यक्ति को ही सौंपा जाना चाहिए जो समूचे समाज (Society as a Whole) के सामान्य हित (General Good) को समझे तथा उसका साधन करे। यह क्षमता विवेकवान लोगों में ही होती है। चूँकि दार्शनिक सबसे बुद्धिमान होता है इसलिए उसे ही शासन संचालित करने का कार्य सौंपा जाना चाहिए।

जिस प्रकार ज्ञान सर्वोच्च सद्गुण है इसी प्रकार अज्ञान सबसे बड़ा अवगुण है। व्यक्ति व समाज का कल्याण इस तथ्य में अन्तर्निहित है कि समाज का निर्देशन ज्ञान द्वारा हो। अत: शासन सत्ता बुद्धिमान व्यक्तियों के हाथों में केन्द्रित होनी चाहिए क्योंकि सद्गुण-सम्पन्न व्यक्ति ही एक नैतिक राज्य की स्थापना कर सकते हैं। दार्शनिक राजा की अवधारणा के समर्थन का एक सैद्धान्तिक पक्ष (Theoratical Aspect) और भी है। यह पक्ष उस समय सामने आता है जब प्लेटो नागरिकों के शिक्षण के संदर्भ में सुकरात व ग्लूकॉन के मध्य वाद-विवाद को प्रस्तुत कर रहा है। यहाँ सुकरात के माध्यम से प्लेटो ने एक प्रश्न उठाया है कि उनमें (शिक्षण प्राप्त कर रहे नागरिकों) शासक कौन होंगे और शासित कौन होंगे? इस प्रश्न का उत्तर देने की प्रक्रिया में वह कहता है कि-''इस बात में तो कोई संदेह नहीं हो सकता कि बड़ों को छोटों पर शासन करना चाहिए।'' यहाँ बड़ा होने से तात्पर्य है श्रेष्ठ होना, और श्रेष्ठ होने का एक ही मतलब है-बुद्धिमान होना।

यहाँ इस बात का ध्यान रखना आवश्यक है कि दार्शनिक शासक स्वयं शासक वर्ग का एक सदस्य होता है क़िन्तु सबसे अधिक विवेकवान होने के कारण इसकी सत्ता न केवल सैनिक वर्ग व उत्पादक वर्ग पर होती है बल्कि शेष शासक वर्ग भी उसी के निर्देशन में सम्पूर्ण समाज के संगठन व कल्याण की देख-रेख करता है।

एथेन्स व अन्य यूनानी नगर राज्यों की अव्यवस्था, संघर्ष व अशान्ति को देखकर प्लेटो इस निष्कर्ष पर पहुँचता है कि-''जब तक दार्शनिक राजा नहीं बन जाते या विश्व के राजा व युवराज दर्शन के तत्व व शक्ति को आत्मसात् नहीं कर लेते; जब तक एक ही तरह के लोगों में राजनीतिक सत्ता (Political Authority) और

बुद्धिमता (Rationality) का संगम देखने को नहीं मिलता और इनमें से एक का त्याग करके दूसरी की साधना करने वाले विविध प्रकृति के लोगों को ऐसा न करने के लिए विवश नहीं कर दिया जाता, तब तक न तो राज्यों को अपनी बुराइयों से मुक्ति मिल सकती है और न मानव जाति (Mankind) को।[1]" स्पष्ट है कि प्लेटो केवल एथेन्स की बात नहीं कर रहा है, वह चाहता है कि विश्व के प्रत्येक राज्य में राजनीतिक सत्ता दर्शन में निष्णात (Perfect) व्यक्तियों के हाथों में हो, तभी व्यक्ति व समाज सुखी व आत्मनिर्भर जीवन की प्राप्ति के अपने वास्तविक लक्ष्य में सफल हो सकते हैं अन्यथा नहीं। प्लेटो द्वारा दार्शनिकों को राजनीतिक सत्ता सौंपे जाने का एक व्यावहारिक कारण भी था जिसका उल्लेख प्लेटो के जीवन परिचय के संदर्भ में आ चुका है। यह कारण एक घटना के रूप में 399 (BC) में उस समय उपस्थित होता है जब 'तीस व्यक्तियों के शासन (Rule of the Thirty)' के द्वारा सुकरात को मृत्युदण्ड दिया गया। सुकरात पर दो आरोप लगाए गए थे–(1) राजकीय देवताओं की पूजा-आराधना का विरोध करना और (2) युवकों को पथभ्रष्ट (currupting the youth) करना। ये दोनों ही आरोप निराधार थे। वास्तविक कारण यह था कि सुकरात आम जनता के शासन (लोकतंत्र) को मूर्खों का शासन मानता था जिससे क्रोधित होकर एथेन्स की कथित लोकतान्त्रिक सरकार ने सुकरात को ज़हर पीकर मरने का दण्ड दिया। प्लेटो को लगा कि वर्तमान शासन व्यवस्था पूरी तरह से भ्रष्ट हो चुकी है और जब तक राजनीतिक व्यवस्था में मौलिक परिवर्तन नहीं किया जायेगा तब तक समाज का कल्याण संभव नहीं है। दार्शनिक शासक इसी मौलिक परिवर्तन की खोज का एक प्रतिफल है।

गणित, ज्यामिति, खगोलशास्त्र, द्वन्द्ववाद व दर्शन के शिक्षण के माध्यम से प्लेटो एक ऐसे शासक वर्ग का निर्माण करना चाहता है जिसमें शुभ के विचार (Idea of the Good) को जानने की क्षमता हो। 35 वर्ष की आयु तक सैद्धान्तिक शिक्षा के बाद शासक वर्ग अगले 15 वर्षों तक समाज की समस्याओं की व्यावहारिक जानकारी प्राप्त करेंगे तथा इस अवधि में उन्हें भय, कष्ट व प्रलोभन की स्थितियों में डालकर उनकी मानसिक दृढ़ता की जाँच की जायेगी। जो व्यक्ति इन परीक्षाओं में खरा उतरेगा वही सच्चा दार्शनिक होगा और उसे ही शासन संचालित करने का दायित्व सौंपा जायेगा। ऐसा व्यक्ति, जो 'शुभ के विचार' (The Idea of the Good) को जानता है, सच्चे ज्ञान (Real Know) को पहचानता है; भय व प्रलोभन से मुक्त है तथा स्वहित (Self-good) के स्थान पर सर्वहित (Common-good) की साधना करना चाहता है, वह मिलेगा कैसे? और अगर मिल भी जाए तो उसे भविष्य में भ्रष्ट होने से कैसे रोका जाएगा? प्लेटो इन दोनो उद्देश्यों की पूर्ति के लिए व्यापक योजनाएँ प्रस्तुत करता है। पहली योजना है– राज्य नियन्त्रित शिक्षा-व्यवस्था (State Controlled Education

System) । इसका प्रारम्भ 6 वर्ष की उम्र (Age) से होता है। छह से बीस वर्ष की अवस्था तक चलने वाली शिक्षा, प्रारम्भिक शिक्षा है जिसमें विशेष रूप से व्यायाम (आहारशास्त्र, चिकित्साशास्त्र व व्यायाम) तथा संगीत (कला, साहित्य, संगीत) की शिक्षा प्रदान की जाएगी। दार्शनिक शासक के दृष्टिकोण से उच्च शिक्षा (20 वर्ष से 35 वर्ष व 35 वर्ष से 50 वर्ष) का अधिक महत्व है। वस्तुत: उच्च शिक्षा का अन्तिम उद्देश्य ही दार्शनिक शासक का निर्माण करना है। दूसरी योजना को साम्यवाद कहा गया है। शिक्षा सद्गुण हासिल करने का आन्तरिक साधन है किन्तु प्लेटो चाहता है कि संरक्षक वर्ग (दार्शनिक शासक सहित) भविष्य में भी नैतिक पथ से विचलित न हो। इसलिए वह उन बाह्य बाधाओं का भी उन्मूलन करना चाहता है जो इस वर्ग की आत्मा का पतन कर सकती हैं। इस संदर्भ में प्लेटो निजी परिवार व निजी सम्पत्ति को सबसे बड़ी बाधाएँ मानता है। अत: उसके आदर्श राज्य में शासक व सैनिक वर्ग का न तो अपना व्यक्तिगत परिवार होगा और न ही व्यक्तिगत सम्पत्ति। सम्पत्ति व परिवार के मोह-माया से मुक्त व सच्चे ज्ञान (Real Knowledge) को धारण करने वाला दार्शनिक शासक अपनी तर्क-बुद्धि के आधार पर समाज का संचालन करेगा।

इसका एक निहितार्थ यह है कि दार्शनिक राजा कानून के ऊपर होगा। वह किसी लिखित विधि या परम्परा के आधार पर शासन नहीं करेगा बल्कि अपने विवेक के अनुसार कार्य करेगा। कानून के विरुद्ध उसका तर्क यह है कि-"कानून अपने भीतर वह सब कुछ भली-भांति नहीं समाहित कर सकता जो सबसे न्यायसम्मत है। अत: वह सर्वोत्तम का प्रवर्तन नहीं कर सकता। मनुष्यों व उनके क्रिया-कलापों में इतनी भिन्नताएँ पाई जाती हैं; उनकी गतिविधियाँ इतनी अनिश्चित होती हैं कि उनके लिए कोई सार्वजनिक व सरल नियम बनाया ही नहीं जा सकता। इस प्रकार प्लेटो का दार्शनिक शासक कानूनों से ऊपर है। अत: कहा जा सकता है कि "रिपब्लिक का वास्तविक 'रोमांस' स्वतंत्र बुद्धि का 'रोमांस' है, जो न तो रूढ़ियों से सीमित होती है और न ही मनुष्य की मूढ़ता व स्व-इच्छा से मर्यादित। ..... रिपब्लिक विद्वान की शाश्वत आवाज़ है, (यह) उस बुद्धिजीवी के विश्वास की योजना है जो ज्ञान व प्रबोध में ही उन शक्तियों को देखता है जिन पर सामाजिक प्रगति आधारित होती है।"प्लेटो यह प्रतिपादित कर रहा है कि परिवर्तनशील सामाजिक परिस्थितियों का सामान्यीकरण असंभव है। एक विशेष समय में जो कानून बनाया जाता है वह उस समय भले ही उचित हो किन्तु कुछ समय बाद उसकी उपयोगिता समाप्त हो जाती है क्योंकि समय के साथ मानव व्यवहार व क्रिया-कलाप में परिवर्तन आ जाते हैं। अत: समाज का निर्देशन बंधे-बंधाए कानूनों से नहीं हो सकता। इसे विवेक से संचालित करना होगा जो परिस्थितियों के अनुरूप समस्या का समाधान खोज लेने में समर्थ होता है। दार्शनिक विवेक की साक्षात मूर्ति है इसलिए यह कहना कि वह कानूनों से

बंधा हुआ है, सर्वथा अनुचित है क्योंकि उसे कानूनों से बांधने का मतलब है विवेक को बंधन में डाल देना।

यही वह विचार-बिन्दु है जिसके आधार पर प्लेटो को अधिनायकवाद (Dictatorship) या सर्वाधिकारवाद (Totalitarianism) का समर्थक माना जाता है। लेकिन इस आरोप की सत्यता पर विश्वास करने से पूर्व कुछ बातों को ध्यान में रखना जरूरी है–

विधि की सत्ता (Rule of law) को अस्वीकार करने के बाद भी प्लेटो दार्शनिक शासक को कुछ मूलभूत सिद्धान्तों (Fundamental Articles) की अवहेलना न करने की चेतावनी देता है। कानून से अप्रतिबंधित रहने के बावजूद दार्शनिक राजा निम्नलिखित सिद्धान्तों से बंधा है–

उसे न्याय के शासन को सुनिश्चित बनाए रखना होगा अर्थात् उसे यह देखना होगा कि समाज में प्रत्येक व्यक्ति व वर्ग केवल अपने कार्यों को ही करें, दूसरों के कार्यों में किसी प्रकार का हस्तक्षेप न करें। शासक राज्य के आकार को न तो बहुत ज्यादा घटाने का प्रयास करेगा और न ही बहुत अधिक बढ़ाने की कोशिश करेगा। दूसरे शब्दों में, उसे राज्य की आत्मनिर्भरता व एकता को बनाए रखना होगा। समाज में आर्थिक विषमता अधिक न हो। शिक्षा व्यवस्था में भी किसी प्रकार का परिवर्तन नहीं करना चाहिए।

इस प्रकार प्लेटो इस बात के लिए सतर्क है कि शासक स्वयं अत्याचारी व अन्यायी न हो जाए। कानूनों से मुक्ति का तात्पर्य स्वेच्छाचारिता नहीं है। शासक वर्ग समाज कल्याण (Social Good) के उद्देश्य से सीमित है। यदि शासक वास्तव में दार्शनिक है तो वह कभी भी अत्याचारी हो ही नहीं सकता। वह सबकी भलाई के लिए ही कार्य करेगा। सर्वाधिकारवादी शासन का एक प्रधान लक्षण साम्राज्यवाद (Imperialism) है। साम्राज्य के विस्तार के लिए युद्ध (War) अनिवार्य होता है। यदि प्लेटो सर्वाधिकारवादी होता तो स्वभावतः वह युद्धों का व राज्य के क्षेत्र-विस्तार का समर्थन करता किन्तु वास्तविकता इसके विपरीत है। उसने शासकों पर राज्य का अत्यधिक विस्तार न करने का प्रतिबंध लगाया है। साथ ही वह स्पार्टा की लड़ाकू प्रवृत्ति की भी आलोचना करता है। अतः प्लेटो को अधिनायकवाद का समर्थक कहना उसके साथ अन्याय करना है। यह संभव है कि दार्शनिक शासक आधारभूत सिद्धान्तों की अवहेलना करके तानाशाह बन जाए किन्तु इससे प्लेटो को प्रसन्नता नहीं होती, उसे अपनी शिक्षा योजना की असफलता पर दुःख होता। जहाँ तक नगर-राज्य में सैनिक वर्ग की उपस्थिति का प्रश्न है, यह वर्ग आक्रमण के लिए नहीं बल्कि सुरक्षा

के लिए है।

राजनीति विज्ञान के आदर्शवाद और विचारों की उच्चत्तर श्रेणी के रूप में प्लेटो को जाना जाता है। प्लेटो का दर्शन आदर्शवाद की उच्चत्तर गतिमा को व्यक्त करता है। इनके इसी आदर्श से प्रभावित होकर एमर्सन ने विचार व्यक्त करते हुए कहा है कि-"प्लेटो दर्शन है और दर्शन प्लेटो है।" (Plato is philosophy and philosophy is Plato)यह कथन राजनीतिक चिन्तन के इतिहास में उसकी उच्चतर गरिमा को व्यक्त करता है। प्राचीन यूनान का अत्यन्त प्रतिभाशाली दार्शनिक के रूप में प्लेटो को जाना जाता है। प्लेटो का जन्म एथेन्स के एक कुलीन परिवार में हुआ था अत: राजनीतिक उत्तराकांक्षा उसे उत्तराधिकार में मिली थी। उसका जन्म 428 BC में एथेन्स नगर राज्य में हुआ था (एम.बी. फॉस्टर व एम.क्यू. सिबली के अनुसार यह तिथी 427 BC है) ऐतिहासिक दृष्टि से यह समय एथेन्स के 'स्वर्णकाल' (Golden Age) के पराभव का समय था।

ऐसा विश्वास किया जाता है कि उसने अपनी यात्रा 398 BC में प्रारम्भ की तथा इटली व सिसली के अलावा उसने अफ्रीका व मिस्त्र का भी भ्रमण किया। सिसली की भोग-विलास की ज़िन्दगी से वह क्षुब्ध दिखाई देता है। इस विलासिता के बारे में वह लिखता है कि .... "यह जीवन जिसमें इटली व सिसली का भोजन मिलता है - एक दिन में दो बार बड़ा खाना खाया जाता है और रात के बिस्तर पर कोई अकेला नहीं सोता। यह जीवन के सारे भोग-विलास व मनोरंजन प्रदान करता है जो इस तरह की ज़िन्दगी के साथ चलते हैं।"

प्लेटो सुकरात के सान्निध्य प्राप्ति पर गर्व प्रदर्शित करते हुए कहता है कि "मैं अपने भाग्य की इसलिए सराहना करता हूँ कि मैं एक यूनानी के रूप में पैदा हुआ हूँ, बर्बर नहीं .... और उससे भी अधिक इसलिए कि मैं सुकरात के युग में पैदा हुआ हूँ।" सुकरात की मृत्यु के बाद प्लेटो ने अपना जीवन सार्वजनिक क्षेत्र के स्थान पर चिन्तन-मनन व यात्रा में लगाने का निश्चय किया। प्रारम्भ में दियोनिसियस द्वितीय ने प्लेटो की शिक्षाओं में अभिरुचि प्रदर्शित की लेकिन जल्दी उसे गणित व दर्शन नीरस, निरर्थक व इसी कारण बोझिल लगने लगे और प्लेटो को अन्ततः खाली हाथ ही वापस लौटना पड़ा। यह असफलता प्लेटो के विचारों पर एक बहुत बड़ा प्रश्नचिह्न खड़ा करती थी क्योंकि राजाओं को दार्शनिक बनाने के जिस सिद्धान्त का प्रतिपादन **'रिपब्लिक'** में किया गया था उसमें स्वयं उसे ही सफलता नहीं मिली तो दूसरों से वह ऐसी अपेक्षा कैसे कर सकता था? स्वाभाविक रूप से प्लेटो दार्शनिक शासक के सिद्धान्त की व्यावहारिकता पर पुनर्विचार करने को बाध्य हुआ जिसकी अभिव्यक्ति 'लॉज' (Laws) में होती है जहाँ वह दार्शनिकों के शासन के स्थान पर

कानून के शासन को स्वीकार करता है। सिसली के सिराक्यूज राज्य में उसकी मित्रता दियोन (Dion) नामक व्यक्ति से हुई जो वहाँ के शासक दियोनिसियस प्रथम का बहनोई था। यहाँ प्लेटो ने दियोनिसियस के अत्याचारों को देखा और स्वभावतः उसकी कटु आलोचना की जिससे क्रोधित होकर दियोनिसियस ने प्लेटो को गुलाम के रूप में बेच दिया। बाद में दियोन की सहायता से उसके मित्रों ने प्लेटो को स्वतंत्र कराया। किन्तु इस घटना के बाद भी सिराक्यूज की राजनीति में प्लेटो की दिलचस्पी कम नहीं हुई। इसका सबसे प्रधान कारण दियोन से उसकी मित्रता थी। यह मैत्री सम्बन्ध 356 BC तक चला जबकि दियोन की हत्या कर दी गई। प्लेटो 'रिपब्लिक' के विचारों के चलते काफी प्रसिद्ध हो चुका था। दियोन ने प्लेटो को सिराक्यूज आने का निमन्त्रण दिया ताकि वह दियोनिसियस द्वितीय को दर्शन की शिक्षा प्रदान कर दार्शनिक शासक के अपने सिद्धान्त को व्यावहारिक रूप प्रदान कर सके। एथेन्स व सिराक्यूज के शासन के कटु अनुभवों के बाद प्लेटो इस निश्चित निष्कर्ष पर पहुँचा कि तत्कालीन यूनानी नगर राज्य अज्ञान से शासित हैं और अकादमी का शोध वह ज्ञानज्योति जगा पाएगा जिसके अभाव में किसी नैतिक राज्य की स्थापना नहीं हो सकती। प्लेटो को यह विश्वास भी था कि सुकरात की पद्धति का प्रयोग करके वह और उसकी अकादमी वास्तविक ज्ञान को प्राप्त कर सकती है। 388 BC से अपनी मृत्यु तक वह अकादमी के अध्ययन-चिन्तन में डूबा रहा। प्लेटो को एक बार पुनः सिराक्यूज जाने का अवसर 367 BC में मिला। दियोनिसियस प्रथम के देहान्त के बाद उसके उत्तराधिकारी दियोनिसियस द्वितीय ने शासन संभाला। प्लेटो के जीवन की एक और महत्वपूर्ण घटना थी –अकादमी (Academy) की स्थापना। एम.बी.फॉस्टर (M.B.Foster) के अनुसार यह समय 388 BC से 369 BC के बीच था किन्तु सामान्य रूप से माना जाता है कि यह विद्यालय 388 BC में स्थापित किया गया। फॉस्टर के शब्दों में–''प्लेटो का विद्यालय उन सब विश्वविद्यालयों का जनक है जो उस समय के बाद स्थापित किए गये हैं।''[1] अकादमी का एक महान उद्देश्य भी था। वस्तुतः यह उस सद्गुण को प्राप्त करने का प्रयास था जिसे सुकरात ने 'ज्ञान' की संज्ञा प्रदान की थी। अन्ततः यह महान् दार्शनिक 347 BC में चिरनिद्रा में सो गया।

प्लेटो की प्रमुख रचनाएँ

(1) Republic (2) Statesman (3) Laws

इन सब में 'रिपब्लिक' को सर्वश्रेष्ठ रचना माना जाता है जिसमें प्लेटो एक ऐसे क्रांतिकारी चिन्तक रूप में सामने आता है जो समाज के प्रत्येक सम्बन्ध को उलट-पुलट देना चाहता हो।

सेबाइन (Sabine) के शब्दों में–"यह किसी एक प्रकार का शोध प्रबन्ध नहीं है और न ही यह राजनीति या नीतिशास्त्र या अर्थशास्त्र या मनोविज्ञान से सम्बन्धित है। यद्यपि इसमें यह सभी कुछ है और उससे अधिक भी क्योंकि कला, शिक्षा व दर्शन भी इससे बाहर नहीं हैं। यह सत्य है कि प्लेटो एक ऐसा आदर्श राज्य स्थापित करना चाहता है जो वर्तमान नगर राज्यों की सम्पूर्ण बुराइयों से मुक्त हो। फिर भी उसकी यह कल्पना इतनी मौलिक है कि व्यक्ति के जीवन का कोई भी पहलू ऐसा नहीं है जिसे स्पर्श किए बिना आदर्श राज्य की स्थापना संभव हो सकती। फलतः रिपब्लिक एक राजनीतिक ग्रंथ मात्र नहीं रह सका बल्कि इसमें व्यक्ति व राज्य के सम्बन्धों के साथ-साथ परिवार, विवाह, संतान की उत्पत्ति, शिक्षा, सम्पत्ति, धर्म, संगीत इत्यादि विषयों की भी व्यापक विवेचना की गई।

रिपब्लिक के प्रतिपादित संदर्भों की चर्चा के साथ एक प्रासंगिक प्रश्न यह भी उठता है कि इसकी रचना का मूल उद्देश्य क्या था? यह प्रश्न व्यक्तिगत नहीं बल्कि सार्वभौमिक प्रकृति का है क्योंकि कोई भी विचारक जब कोई विचार रखता है तो वह किसी लक्ष्य की प्राप्ति के लिए ही रखता है। कोई रचना निरुद्देश्य नहीं होती है। दूसरे शब्दों में, समाज से अज्ञानता, स्वार्थपरायणता, अशिक्षा, अन्याय व अनैतिकता की समाप्ति व एक न्यायपूर्ण राज्य की स्थापना करना ही प्लेटो का मुख्य उद्देश्य है। स्वाभाविक रूप से यहाँ यह प्रश्न भी उपस्थित होता है कि न्याय है क्या? क्योंकि इस प्रश्न का उत्तर दिए बिना न्यायपूर्ण राज्य की स्थापना संभव नहीं हो सकती। न्याय की समस्या ही रिपब्लिक की केन्द्रीय समस्या है। सबका कोई न कोई मंतव्य होता है। फलतः भारतीय विचारकों को सामाजिक व्यवस्था को लेकर अधिक परेशान होने की आवश्यकता कभी नहीं पड़ी। भारतीय राजनीतिक चिन्तन वस्तुतः बेहतर राजनीतिक व्यवस्था की खोज करना चाहता है जबकि पाश्चात्य राजनीतिक चिन्तन आदर्श राज्य की स्थापना के साथ-साथ सम्यक् सामाजिक संरचना को स्थापित करने के लिए भी प्रयासरत रहा है क्योंकि राजनीतिक व्यवस्था व्यापक सामाजिक व्यवस्था की एक उप-व्यवस्था (Sub-system) मात्र ही है। अतः अगर सामाजिक पर्यावरण में शांति व स्थिरता नहीं है तो राजनीतिक व्यवस्था भी व्यवस्थित व सुदृढ़ नहीं हो सकती। यही कारण है कि प्लेटो की रिपब्लिक की विषय-वस्तु अत्यन्त व्यापक है जिसका उद्देश्य अच्छे व्यक्ति (Good Man) के निर्माण के आधार पर एक अच्छे राज्य (Good State) की स्थापना करना है ताकि सद्जीवन (Good Life) के उद्देश्य की प्राप्ति संभव हो सके। अब प्रश्न यह उठता है कि क्या अज्ञानी व्यक्ति अच्छा व्यक्ति हो सकता है? क्या स्वार्थी व्यक्ति अच्छा व्यक्ति हो सकता है? क्या अन्यायी व अनैतिक व्यक्ति अच्छा व्यक्ति हो सकता है? क्या बुरे व्यक्तियों के द्वारा अच्छे राज्य का निर्माण हो सकता है? जवाब है–नहीं। स्पष्ट है अच्छे राज्य के निर्माण के लिए अच्छे व्यक्तियों

का होना अनिवार्य है। प्लेटो के भी कुछ अन्तर्निहित मंतव्य थे। उसी समय भारत में अनेक विचारक स्मृतियों की रचना कर रहे थे। चाणक्य 'अर्थशास्त्र' लिख रहे थे, इनका भी एक उद्देश्य था। लेकिन समकालीन भारतीय चिन्तकों व प्लेटो के चिन्तन में एक मूलभूत अन्तर है–भारतीय विचारकों की रचनाओं में क्रान्तिकारी परिवर्तन का अभाव है जबकि प्लेटो परिवर्तन के दृष्टिकोण से इतना क्रान्तिकारी है कि उसके अधिकांश विचार काल्पनिकता के प्रतीक बनकर रह गए। सवाल यह है कि प्लेटो व भारतीय राजनीतिक विचारकों के दृष्टिकोण (Approach) में यह मौलिक अन्तर क्यों है? मेरे विचार से भारत में सामाजिक व्यवस्था प्रारम्भ से ही स्थिरता से परिपूर्ण हो गई। वर्णव्यवस्था (जो कालान्तर में जाति व्यवस्था में बदल गई) की चाहे जितनी आलोचना की जाए किन्तु यह मानना पड़ेगा कि इसने सामाजिक सम्बन्धों में व्यापक स्थिरता का समावेश किया। ऋग्वेद के दसवें मण्डल (पुरुष सूक्त) ने जिस परम्परा की शुरुआत की वह आगे चलकर इतनी सुदृढ़ हो गई कि आज भी उसको उलटना-पलटना असंभव नहीं तो दुष्कर अवश्य है।

प्लेटो को पूर्ण विश्वास है कि न्याय के बिना आदर्श राज्य की स्थापना असंभव है। यहाँ इस बात को ध्यान में रखना अत्यन्त आवश्यक है कि जब यूनानी विचारक राज्य की बात करते हैं तब वे समाज व राज्य में कोई अन्तर नहीं देखते। दूसरे शब्दों में, प्लेटो प्रत्येक स्तर पर न्याय की स्थापना के लिए ही प्रयत्नशील है। उसके आदर्श राज्य की इमारत न्याय रूपी नींव पर ही खड़ी है। बार्कर के शब्दों में–"चाहे वह सोफिस्ट वर्ग की धारणाओं का विरोध कर रहा हो या समाज की विद्यमान व्यवस्था में सुधार के लिए प्रयत्नशील हो, न्याय प्लेटो के विचार का मूलाधार रहा है।"[1] यह निष्कर्ष इस बात से और भी प्रमाणित होता है कि रिपब्लिक का उपशीर्षक '**कंसर्निंग जस्टिस (Concerning Justice)**' है। न्याय को अत्यधिक महत्व प्रदान करने का एक ऐतिहासिक कारण भी था।

न्याय या डाइक (Dike) का प्रश्न ई.पू. आठवीं शताब्दी से एथेन्स के विद्वानों के लिए विवेचना का विषय था और हैसियाड से लेकर पाइथागोरस तक ने इसका उत्तर अपने-अपने ढंग से देने का प्रयास किया। प्लेटो भी इस समस्या से जूझता है। उसके समक्ष दो मूलभूत प्रश्न हैं–

(1) न्याय का स्वरूप क्या है?

(2) न्याय का निवास स्थान कहाँ है?

जहाँ तक न्याय के स्वरूप का सवाल है, हमें इस तथ्य को याद रखना बहुत जरूरी है कि ग्रीक में न्याय के लिए जिस 'Dike' शब्द का प्रयोग किया जाता है

उसका तात्पर्य अंग्रेजी के जस्टिस (Justice) से भिन्न व व्यापक है। आधुनिक युग में न्याय-अन्याय की अवधारणा प्रधानतः कानूनी है। वर्तमान में इसे ऐसे गुण के रूप में देखा जाता है जिसकी अभिव्यक्ति न्यायालयों में उस **वक्त** होती है जब कोई न्यायाधीश कोई फैसला सुनाता है। यदि न्यायाधीश का फैसला **कानूनी** प्रावधानों के अनुरूप होता है तो ऐसे न्यायाधीश को न्यायपरायण माना जायेगा, और अगर वह **कांनून** की उपेक्षा या अवहेलना करके किसी निरपराध को दण्डित करता है या अपराधी को बाइज्ज़त बरी करता है तो ऐसा न्यायाधीश अन्यायी कहलाता है। किन्तु प्लेटो के लिए न्याय कानूनी निर्णय न होकर एक नैतिक गुण है और व्यक्ति की आत्मा का अभिन्न तत्व है। इस अन्तर को अधिक स्पष्ट करने के लिए एक उदाहरण का सहारा लिया जा सकता है। मान लो 'क' नाम का कोई व्यक्ति 'ख' के यहाँ चोरी करता है। चोरी करने के कारण हम 'क' को अन्यायी कहेंगे और प्लेटो भी ऐसा ही मानेगा। लेकिन प्लेटो इससे भी आगे जाएगा और उस विचार को भी अन्याय कहेगा जिससे प्रेरित होकर 'क' ने 'ख' के यहाँ चोरी की। स्पष्ट है कि प्लेटो का न्याय 'जस्टिस' मात्र नहीं है बल्कि यह सदाचार (Righteousness) या नैतिकता से अपेक्षाकृत अधिक मिलता-जुलता है। प्लेटो ने इसी संदर्भ में न्याय को परिभाषित किया है किन्तु न्याय सम्बन्धी मान्यता को प्रतिपादित करने से पहले विशुद्ध **'साक्रेटिक पद्धति (Sacratic Method)'** का प्रयोग करते हुए तत्कालीन यूनान में प्रचलित न्याय के अनेक सिद्धान्तों का खण्डन किया है जिसमें प्रमुख निम्नलिखित हैं-

1. केफालस (Cephalus) का न्याय सिद्धान्त

रिपब्लिक में सर्वप्रथम केफालस की मान्यता का खण्डन किया गया है। केफालस एथेन्स के एक नगर पिरेयस का निवासी तथा पिरेयस चैम्बर ऑफ कामर्स का प्रतिनिधि है। वह कहता है कि "सदैव सत्य बोलना व अपने ऋणों को चुका देना ही न्याय है ।" मूल रूप से कवि सिमोनीदीस द्वारा दी गई इस परिभाषा को और अधिक स्पष्ट करते हुए केफालस का पुत्र पॉलीमार्कस (Polymarcus) कहता है कि-"न्याय वह कला है जो मित्रों का भला और शत्रुओं का बुरा करती है।" केफालस व पॉलीमार्कस के विरुद्ध प्लेटो निम्नलिखित तर्क प्रस्तुत करता है-

न्याय वह कला भी नहीं है जो मित्रों के प्रति भलाई व शत्रुओं के प्रति बुराई का व्यवहार करे। एक चिकित्सक बीमारी की स्थिति में अपने मित्रों का सही उपचार (भलाई) करके ठीक कर दे किन्तु शत्रुओं का ग़लत इलाज़ करके मार दे तो ऐसे डॉक्टर को न्यायी नहीं कहा जा सकता। न्यायी चिकित्सक वह है जो सबका सही उपचार करे। न्याय को एक सामान्य कला मान लेने का अर्थ है यह स्वीकार करना कि न्याय परस्पर विरोधी कार्य कर सकता है।

यदि ऋण लौटाने का मतलब यह है कि प्रत्येक व्यक्ति को वही दिया जाए जो उसे देय है तो यह न्याय नहीं हो सकता। उदाहरण के लिए कोई व्यक्ति 'क' विदेश यात्रा पर जाते समय अपनी तलवार एक दूसरे व्यक्ति 'ख' को सुरक्षित रखने के लिए दे देता है। कुछ समय बाद 'क' वापस आता है और 'ख' से अपनी तलवार माँगता है। यह भी मान लो कि इस समय 'क' अपने होशो-हवास में नहीं है। ऐसी स्थिति में न्याय की माँग यह है कि 'ख' द्वारा 'क' को उसकी तलवार (ऋण) लौटा दिया जाए किन्तु यदि ऐसा किया गया तो मानसिक संतुलन खो चुका व्यक्ति 'क' अपना और 'ख' का नुकसान कर सकता है। स्पष्ट है न्याय कोई ऐसी क्रिया नहीं है जो दोनों पक्षों को हानि पहुँचाए।

न्याय एक सार्वभौम सद्‌गुण है जो सामान्य रूप से सबके लिए हितकर होता है किन्तु पॉलीमार्कस की मान्यता को स्वीकार करने पर न्याय व्यक्तिगत सम्बन्धों पर निर्भर हो जाता है।

सच्चा न्याय भेदभाव नहीं करता। इस बात से कोई इन्कार नहीं करता कि प्रत्येक व्यक्ति को अपने मित्रों की भलाई करनी चाहिए किन्तु अपने शत्रुओं को नुकसान पहुँचाने का प्रयास कभी भी न्यायसंगत नहीं हो सकता क्योंकि जिस व्यक्ति के साथ बुराई की जाती है उसका पतन हो जाता है। साथ ही किसी का भी बुरा करना अपने मानवीय गुण अथवा रैशनलिटी (Rationality) से नीचे गिरना है। अत: शत्रुओं का भी बुरा नहीं किया जाना चाहिए क्योंकि नैतिकता एक मानवीय गुण है और यदि मानवता को नष्ट करने का प्रयत्न किया गया तो नैतिकता का पक्ष दुर्बल होगा। संभवत: प्लेटो यह कहना चाह रहा है कि जो चीज़ नैतिक रूप से ग़लत है वह किसी भी दृष्टि से सही नहीं हो सकती।

अनेक बार यह निष्कर्ष निकाल पाना कठिन होता है कि कौन मित्र है? कौन शत्रु? व्यवहार में ऐसा होता है कि जिसे हम अपना सबसे बड़ा हितैषी समझते हैं वही सबसे अधिक नुकसान पहुँचाने वाला सिद्ध होता है, और जिसके बारे में हमारी राय होती है कि यह हमारा शत्रु है या मित्र नहीं है, अवसर आने पर वह सहायक बन जाता है। अत: न्याय न तो ऋणों को चुकाना है और न ही मित्रों के साथ मित्रता व शत्रुओं के साथ शत्रुता प्रदर्शित करना है।

2. थ्रेसीमेकस (Thrasymachus) का न्याय सिद्धान्त

19वीं शताब्दी में कार्ल मार्क्स ने भी यह प्रतिपादित किया कि समाज का प्रभुत्वशाली वर्ग (Dominant Class) शासन पर अधिकार कर लेता है तथा राज्य-शक्ति का उपयोग करते हुए पराधीन वर्ग (Dependent Class) का शोषण करता है

और अपने हितों (लाभ) को बढ़ाता है। थ्रेसीमेकस मार्क्स से केवल इसलिए भिन्न है क्योंकि वह मार्क्स की तरह सिर्फ आर्थिक शोषण की बात नहीं करता है बल्कि सामान्य राजनीतिक प्रभुत्व की चर्चा करता है। लेकिन इस बिन्दु पर दोनों में समानता है कि शक्तिशाली व्यक्ति सत्ता का उपयोग अपने निजी हितों की पूर्ति के लिए करते हैं। थ्रेसीमेकस यह भी मानता है कि प्रत्येक व्यक्ति को छल, कपट या चाहे जैसे भी संभव हो, अपने हितों की साधना करनी चाहिए।

सोफिस्ट थ्रेसीमेकस का न्याय सिद्धान्त तत्कालीन एथेन्स की वास्तविक स्थिति को अभिव्यक्त करता है। शासन सत्ता की स्वेच्छाचारिता के समक्ष आम इंसान की असहाय स्थिति को देखकर कोई भी व्यक्ति स्वभावतः यह निष्कर्ष निकालेगा कि "न्याय शक्तिशाली का हित है (Justice is the interest of the stronger)।"[1] शासक समाज में सर्वशक्तिशाली होता है तथा उसके द्वारा बनाए गए कानून ही सब पर लागू होते हैं। इस स्थिति में यह सोचना ग़लत होगा कि शासक वर्ग कोई ऐसा कानून बनाएगा जो उसके अपने हितों के विरुद्ध हो। वास्तव में शासक वर्ग अपने हितों की पूर्ति के लिए ही कानून बनाता है और ऐसे कानूनों की अनुपालना ही न्याय है। अतः तार्किक दृष्टि से न्याय शक्तिशाली का हित ही हुआ। यहाँ थ्रेसीमेकस शक्ति सिद्धान्त का समर्थन करता प्रतीत होता है। जिसके अनुसार "शक्ति ही सत्य है (Might is Right)"। ऐसा करना उचित भी है और लाभदायक भी। थ्रेसीमेकस द्वारा प्रस्तुत न्याय की इस उग्रवादी धारणा के दो निहितार्थ हैं–

(1) शासक वर्ग (सरकार) सदैव अपने हितों को पूरा करता है।

(2) अन्याय, न्याय की तुलना में श्रेयस्कर है।

प्लेटो जैसा नैतिक विचारक थ्रेसीमेकस की इस धारणा को कभी भी स्वीकार नहीं कर सकता था। इस धारणा के प्रति प्लेटो की आपत्तियों को निम्न बिन्दुओं के अन्तर्गत व्यक्त किया जा सकता है–

शासन एक कला है और शासक एक कलाकार। जिस प्रकार एक सच्चे चिकित्सक का उद्देश्य अपनी चिकित्सा कला का प्रयोग कर, बीमार व्यक्ति को रोगों से मुक्त करना एवं उसे पूर्णतः स्वस्थ बनाना होता है, उसी प्रकार एक सच्चा शासक अपनी शासन कला के द्वारा नागरिकों (प्रजा) का कल्याण करता है। यदि कोई शासक अपने निजी हितों (स्वार्थों) की पूर्ति के लिए ही कार्य करता है तो उसे कभी भी न्यायी शासक नहीं कहा जा सकता।

प्रत्येक वस्तु का अपना एक निश्चित कार्य (Function) व गुण (Virtue) होता है जिसे उस वस्तु का धर्म कहा जा सकता है। जब कोई वस्तु अपने स्वाभाविक

धर्म से विरत हो जाती है तब उसका महत्व ही समाप्त हो जाता है क्योंकि तब वह अपना कार्य नहीं कर सकती। प्लेटो के इस तर्क को अग्नि के उदाहरण से समझाया जा सकता है। दाहकत्व अग्नि का धर्म है जिसका कार्य जलाना है। यदि अग्नि जलाने का अपना कार्य या गुण छोड़ दे तो फिर वह आग नहीं कहला सकती। ठीक इसी प्रकार आत्मा अपना कार्य उसी दशा में भली-भांति नहीं कर सकती है जब वह उत्तम जीवन (Good life) के गुण अर्थात् न्याय का पालन न करें। उत्तम जीवन ही व्यक्ति का अन्तिम ध्येय है और इसके बिना व्यक्ति सुखी नहीं रह सकता। दूसरे शब्दों में वास्तविक आनन्द की प्राप्ति सद्जीवन से होती है, सद्जीवन के लिए न्याय आवश्यक है अत: न्याय ही सुख का स्रोत है। इस प्रकार यह कहना गलत है कि अन्यायी व्यक्ति न्यायी व्यक्ति से सुखी होता है या अन्याय न्याय से श्रेयकर होता है क्योंकि अन्याय करने वाले की आत्मा कभी भी प्रसन्न नहीं रह सकती। थ्रेसीमेकस के विचारों का खण्डन करते हुए प्लेटो कहता है कि शक्तिशाली होने का तात्पर्य यह नहीं है कि व्यक्ति सदैव अपने हितों की पूर्ति में सक्षम हो। इसके ठीक विपरीत शक्तिसम्पन्न व्यक्ति द्वारा वहाँ ग़लती होने की संभावना अधिक होती है जहाँ पर उसका स्वार्थ जुड़ा हो। अनेक अवसरों पर शक्तिशाली वर्ग के लोग अपने-अपने हितों की पूर्ति के लिए परस्पर (एक-दूसरे से)संघर्ष भी करने लगते हैं और आपस में उलझकर अपनी हानि कर बैठते हैं। इस प्रकार शक्ति एक ऐसा उपादान है जो धारक को लाभ भी पहुँचा सकती है और हानि भी कर सकती है। किन्तु यह कैसे संभव है कि अपने हितों को बढ़ाना तथा उन्हें नुकसान पहुँचाना, ये दोनों ही स्थितियाँ न्यायपूर्ण मानी जाएँ? दूसरे शब्दों में, न्याय को शक्ति से जोड़कर देखने पर न्याय एक साथ ही गुण व अवगुण दोनों हो जाता है जो सही नहीं है। न्याय एक सद्गुण है, इसे किसी भी तर्क से अवगुण सिद्ध नहीं किया जा सकता। प्लेटो ने 'गॉर्जियाज' नामक अपनी रचना में भी न्याय के शक्ति सिद्धान्त का खण्डन किया है। कैलीक्लीज नामक पात्र की मान्यता का विरोध करते हुए वह कहता है कि "यदि हम यह सिद्धान्त स्वीकार कर लें कि शक्ति ही इस बात की कसौटी है कि न्याय क्या है और श्रेयस्कर क्या है, तो फिर यह निष्कर्ष निकलता है कि बहुत, जो सामूहिक रूप से थोड़ों की अपेक्षा अधिक शक्तिशाली होते हैं, सामूहिक रूप से अधिक अच्छे भी होते हैं और तर्क श्रृंखला को आगे बढ़ाएँ तो इसी आधार पर यह भी निष्कर्ष निकलता है कि अधिक शक्तिशाली होने के नाते उन्हीं का दृष्टिकोण अधिक अच्छा भी है।[1] किन्तु ऐसा निष्कर्ष निकालना ग़लत होगा।

3. ग्लूकॉन (Gloucon) का न्याय सिद्धान्त

रिपब्लिक में सुकरात के द्वारा जब थ्रेसीमेकस के शक्ति सिद्धान्त का खण्डन होता है तब ग्लूकॉन इस वार्तालाप में हस्तक्षेप करता है और एक प्रकार से थ्रेसीमेकस

के तर्क को ही आगे बढ़ाता है। यह एक स्वयं सिद्ध सत्य है कि शक्ति भय उत्पन्न करती है। थ्रेसीमेकस शक्ति को न्याय का आधार बनाता है जबकि ग्लूकॉन अपनी विचारधारा में भय को केन्द्रीय स्थान प्रदान करता है। उसके शब्दों में–"न्याय एक प्रकार का समझौता है जिसका एक पक्ष है–अन्याय करने की इच्छा, और दूसरा पक्ष है–अन्याय से उत्पन्न परिणामों का भय।"[1] इस कथन से दो बातें साफ़ तौर पर सामने आती हैं–

(i) न्याय एक समझौता है; और

(ii) न्याय की उत्पत्ति भय से होती है।

अब एक महत्वपूर्ण सवाल यह है कि न्याय से 'समझौता' व 'भय' किस प्रकार सम्बद्ध हैं? इसके उत्तर के लिए ग्लूकॉन जो तर्क प्रस्तुत करता है वह हॉब्स द्वारा प्रतिपादित प्राकृतिक अवस्था से पर्याप्त साम्य रखता है। ऐसा ही विवरण मनु व कौटिल्य भी राज्य की उत्पत्ति के संदर्भ में देते हैं। मनु, कौटिल्य व 17वीं शताब्दी के ब्रिटिश विचारक हॉब्स की भाँति ग्लूकॉन भी कहता है कि राज्य व समाज के निर्माण से पूर्व की प्राकृतिक अवस्था संघर्ष की अवस्था थी जिसमें शक्ति ही अस्तित्व का एकमात्र आधार थी। जो सबल थे वे अन्याय करते थे क्योंकि उन्हें नियन्त्रित करने वाला कोई नहीं था। दूसरी ओर निर्बल थे जो अन्याय व अत्याचार सहन करने के लिए बाध्य थे क्योंकि उनमें प्रतिकार की क्षमता का अभाव था।

ऐसा नहीं था कि निर्बलों पर किसी प्रकार का प्रतिबन्ध था लेकिन व्यवहार में कमज़ोर व्यक्ति जितना अन्याय करते थे उससे अधिक उन्हें सहना पड़ता था और सबलों के अत्याचार का भय निर्बलों को हमेशा सताया करता था। इस भय से मुक्ति के लिए व्यक्तियों ने आपस में एक समझौता किया जिसमें कहा गया कि–"न तो हम दूसरों पर अन्याय करेंगे और न ही दूसरों का अन्याय सहन करेंगे।" इस समझौते के आधार पर कुछ नियम व परम्पराएँ विकसित हुईं, इन परम्पराओं के आधार पर आचरण के नियम (Code of Conduct) बने और इन आचरण के नियमों के आधार पर न्याय किया जाने लगा। संक्षेप में इस विवरण से निम्नलिखित निष्कर्ष निकलते हैं–

(1) न्याय निर्बल की आवश्यकता है।

(2) न्याय की उपज भय से होती है (Justice is the Child of fear)।

(3) समझौते का परिणाम होने के कारण न्याय एक कृत्रिम वस्तु है।

(4) इस प्रकार न्याय कोई निरपेक्ष अच्छाई (Absolute Good) नहीं बल्कि

ऐसी वस्तु है जिसकी मान्यता अन्याय करने की अक्षमता के कारण होती है।

प्लेटो की रिपब्लिक का सुकरात इस मान्यता का भी खण्डन करता है किन्तु जैसा कि मलफर्ड क्यू.सिबली का विचार है, ग्लूकॉन का तर्क बहुत ही परिष्कृत है और सुकरात यह घोषणा करता है कि "वह तो इसका केवल अप्रत्यक्ष खण्डन ही कर सकता है।"[1] क्योंकि ग्लूकॉन की अवधारणा का खण्डन एक व्यापक सामाजिक संदर्भ की माँग करता है। फिर भी सामान्य रूप से प्लेटो ने सुकरात के माध्यम से निम्नलिखित बातें कही हैं–

(1) समझौता एक बाह्य वस्तु है जबकि न्याय एक आन्तरिक तत्व है। अतः समझौता न्याय का आधार नहीं हो सकता।

(2) समझौता सम्बन्धित पक्षों की इच्छा पर निर्भर करता है जबकि न्याय निरपेक्ष होता है।

(3) न्याय की अनुपालना भय से नहीं बल्कि इस विश्वास से की जाती है कि यह सबके लिए हितकर है।

4. प्लेटो का न्याय सिद्धान्त

तत्कालीन सोफिस्ट विचारकों की न्याय विषयक मान्यताओं का खण्डन करने के बाद प्लेटो न्याय की प्रकृति की विवेचना करता है अर्थात् इस प्रश्न का उत्तर देने का प्रयास करता है कि वास्तविक न्याय क्या है? प्लेटो यह मानने को तैयार नहीं है कि न्याय एक ऐसी कला है जो किसी के साथ भलाई और किसी के साथ बुराई का व्यवहार करे। उसके अनुसार न्याय न तो व्यक्तिगत इच्छा पर आधारित है और न ही किसी वर्ग विशेष के स्वार्थों की पूर्ति का साधन है। यह एक ऐसी सार्वभौम धारणा है जिसका जन्म व्यक्तिगत समझौते या भय से हो ही नहीं सकता।

जहाँ तक न्याय के निवास स्थान का प्रश्न है, प्लेटो को न्याय एक तरफ व्यक्ति-मानस (Human Soul) में दृष्टिगत होता है जबकि दूसरी तरफ समस्त नगर (राज्य) में भी इसके दर्शन होते हैं। नगर में न्याय की स्थिति को दर्शाने के लिए प्लेटो ने अवशेष विधि का सहारा लिया है। सर्वप्रथम उसने राज्य के चार मौलिक सद्गुणों–विवेक, साहस, संयम व न्याय को खोजा। प्रथम तीन सद्गुण क्रमशः शासक वर्ग, सैनिक वर्ग, व उत्पादक वर्ग में निहित हैं। चौथा सद्गुण (न्याय) के बारे में उसका कहना है कि राज्य के तीनों वर्गों (शासक वर्ग, सैनिक वर्ग व उत्पादक वर्ग) द्वारा अपने-अपने कार्य क्षेत्र में विशिष्टता प्राप्त कर लेना तथा अपने कर्त्तव्यों का समुचित

रूप से निर्वाह करने की भावना का नाम ही न्याय है। उसके शब्दों में–''आदर्श राज्य में इसके विभिन्न अंग अपना समुचित कार्य करते हैं इन अंगों द्वारा अपने क्षेत्र में सीमित रहते हुए तथा दूसरे अंगों से सहयोग करते हुए अपने निर्धारित कर्त्तव्यों को पूरा करना ही न्याय है।''

इस बिन्दु पर वह मौलिक प्रश्न पुन: उपस्थित होता है कि वास्तविक न्याय क्या है? प्लेटो के अनुसार न्याय मानवीय सद्‌गुण का एक अंश है। ग्रीक भाषा में इसके लिए अरेटी (Arety) शब्द का प्रयोग भी किया जाता है जिसका तात्पर्य 'उत्कृष्टता' है। दूसरे शब्दों में, सद्‌गुण उस गुण का प्रतीक है जिसके कारण कोई वस्तु या व्यक्ति अन्य वस्तुओं या व्यक्तियों से उत्कृष्ट या उत्तम हो जाते हैं। इस मानवीय सद्‌गुण में चार तत्व हैं– विवेक, साहस, संयम व न्याय। ये चारों तत्व व्यक्ति के व्यक्तित्व में अन्तर्निहित होते हैं अत: न्याय कोई बाह्य या कृत्रिम वस्तु न होकर आत्मा का अभिन्न अंग है। प्लेटो के शब्दों में–''न्याय मानवीय आत्मा की उचित अवस्था और मानवीय स्वभाव की स्वाभाविक माँग है।''

इस प्रकार प्लेटो की विचारधारा में न्याय के दो पक्ष हैं– सामाजिक व व्यक्तिगत। सामाजिक दृष्टि से न्याय समाज के विभिन्न अंगों द्वारा अपने कर्त्तव्यों का पालन करते हुए सामंजस्य व एकता बनाए रखना है। प्लेटो के शब्दों में–''जब प्रत्येक वर्ग–उत्पादक, सहकारी व अभिभावक– केवल अपने निश्चित कर्त्तव्यों को करता है और राज्य में अपने उचित कार्यों का सम्पादन करता है, यही न्याय है और इसी से न्यायपूर्ण समाज बनता है।'' सीधे व सरल शब्दों में इस सामाजिक न्याय का अभिप्राय यह है कि शासकवर्ग पूर्ण निष्ठा के साथ राज्य के सदस्यों के कल्याण के लिए शासन करे, सैनिक वर्ग साहस के साथ राज्य की सुरक्षा करे तथा उत्पादक वर्ग पूरी मेहनत व लगन से समाज की आर्थिक आवश्यकताओं की पूर्ति करे? साथ ही साथ एक वर्ग दूसरे वर्ग के कार्यों में किसी प्रकार का हस्तक्षेप भी न करे। यही न्याय है और इसके बिना समाज में न तो सामंजस्य होगा और न ही सद्‌जीवन (Goodlife) की प्राप्ति ही संभव होगी। सेबाइन के शब्दों में–''न्याय वह बंधन है जो समाज को व्यक्तियों का ऐसा सामजंस्यपूर्ण संगठन बनाता है जिसमें प्रत्येक व्यक्ति अपनी योग्यता एवं प्रशिक्षण के अनुरूप कार्य करता है।

प्रो. बार्कर न्याय के सामाजिक पक्ष की चर्चा करते हुए कहते हैं कि–''राज्य का न्याय नागरिक का अपने कर्त्तव्य क्षेत्र का ज्ञान है जो विश्व के समक्ष सार्वजनिक कार्यवाही के रूप में प्रकट होता है।''

न्याय के सामाजिक पक्ष के साथ-साथ प्लेटो ने व्यक्तिगत पहलू की भी चर्चा की है। दूसरे शब्दों में, न्याय केवल समाज में ही नहीं पाया जाता बल्कि इसका अधिवास (निवास) व्यक्ति में भी होता है। सबसे महत्वपूर्ण तथ्य यह है कि न्याय का व्यक्तिगत पहलू उसके सामाजिक पहलू का एक अभिन्न अंग है। इस अभिन्नता का रहस्य व्यक्ति व राज्य के सम्बन्धों में छुपा हुआ है। वास्तव में आदर्शवाद की विचारधारा में व्यक्ति और समाज में कोई अन्तर नहीं किया जाता है। यदि अन्तर है तो इकाई का। व्यक्ति समाज की तुलना में छोटी इकाई है। लेकिन व्यक्ति के बिना समाज या राज्य की कल्पना भी नहीं की जा सकती। प्लेटो मानता है कि राज्य व्यक्ति के मानस की विराट अभिव्यक्ति है (The state is a man writ large.)। राज्य का निर्माण तीन वर्गों से हुआ है-शासक वर्ग, सैनिक वर्ग व उत्पादक वर्ग जो व्यक्ति की आत्मा के तीन तत्वों-विवेक, साहस व क्षुधा (Reason, Spirit and Appetite) का प्रतिनिधित्व करते हैं। ये तीनों तत्व प्रत्येक व्यक्ति की आत्मा में उपस्थित होते हैं लेकिन इनका अनुपात भिन्न-भिन्न होता है। जिस व्यक्ति की आत्मा में विवेक-तत्व की मात्रा अधिक होती है वह शासक वर्ग का सदस्य बनता है; जिसकी आत्मा में साहस की अधिकता होती है वह सैनिक बनता है और इसी प्रकार जिस व्यक्ति की आत्मा में क्षुधा तत्व ज्यादा होता है वह उत्पादक वर्ग का निर्माण करता है। यही कारण है कि प्लेटो राज्य को विशाल व्यक्ति के रूप में देखता है।

व्यक्ति व राज्य में इस घनिष्ठता के कारण ही न्याय के सामाजिक पक्ष के साथ उसका व्यक्तिगत पक्ष भी उपस्थित है। पूर्व में यह स्पष्ट किया जा चुका है कि सामाजिक न्याय का तात्पर्य समाज के तीनों वर्गों द्वारा अपने-अपने कर्त्तव्यों को पूरा करना है। व्यक्ति के स्तर पर न्याय का स्वरूप दोहरा है। बार्कर के मतानुसार प्रथम तो यह कि व्यक्ति अपनी आत्मा के तीन गुणों-विवेक, साहस व क्षुधा- में संतुलन रखे। संतुलन रखने का अर्थ यह है कि साहस व क्षुधा को विवेक के अधीन रहना चाहिए। दूसरी तरफ व्यक्ति का न्याय इसमें है कि "वह समाज के अंग के रूप में अपनी प्राकृतिक क्षमता एवं प्रशिक्षण के आधार पर निश्चित क्षेत्र में कार्य करते हुए अधिक से अधिक विशिष्टता प्राप्त करने का अधिकतम प्रयास करेगा।" इस प्रकार प्लेटो का न्याय एक तरफ व्यक्ति की नैतिक अच्छाई (Moral Goodness) व दूसरी तरफ सामाजिक सदाचार (Social Righteousness) का प्रतिनिधित्व करता है।

राजनीतिक विचारकों का एक नवीन वर्ग भी सामने आया जो तत्कालीन सभी वैचारिक प्रवृत्तियों से अलग था जिसे आदर्शवाद (Idealism) के नाम से जाना जाता है। इस विचारधारा ने भी 'स्वतन्त्रता व सत्ता (Freedom and Authority)' के सम्बन्ध की विवेचना को अपने अध्ययन का केन्द्रीय-बिन्दु (Central-point) बनाया

किन्तु इनका दृष्टिकोण यान्त्रिक, क़ानूनी या भौतिकवादी नहीं था। आदर्शवाद राजनीति का वह सिद्धान्त है जो व्यक्ति-राज्य सम्बन्धों को नैतिक दृष्टि से विश्लेषित करता है और व्यक्ति की अपेक्षा राज्य को अधिक गरिमा (Dignity) प्रदान करता है। मानव समाज का विकास भौतिक तत्वों पर आधारित न होकर एक अभौतिक तत्व–विचार (Idea) या चेतना (Consciousness) को मानता है। इसी कारण इस विचारधारा को आधिभौतिक सिद्धान्त (Metaphisical Theory) भी कहा जाता है। चूँकि सभी आदर्शवादी सामान्य रूप से राज्य को सर्वोच्च संस्था के रूप में स्वीकार करते हैं अत: आदर्शवाद को निरपेक्ष सिद्धान्त (Absolutist Theory) भी कहते हैं। मैकाइवर ने इसे रहस्यवादी सिद्धान्त (Mystical Theory) का नाम दिया है व्यक्तिवाद–उपयोगितावाद की सैद्धान्तिक दूरियाँ चाहे जो हैं किन्तु व्यावहारिक दृष्टि से दोनों ने राज्य के 'न्यूनतम हस्तक्षेप' पर बल दिया। ये दोनों ही दर्शन मध्यमवर्ग की आवश्यकताओं की पूर्ति करते थे। किन्तु इस सिद्धान्त ने औद्योगिक क्रान्ति (Industrial Revolution) के साथ मिलकर समाज में असहनीय आर्थिक विषमता को जन्म दिया। समाज में एक वर्ग (पूँजीपति वर्ग) बिना श्रम किए अन्तहीन सम्पदा का स्वामी बन गया जबकि अधिकांश जनता श्रम बेचकर भी घोर दरिद्रता में जीने के लिए विवश थी। इस नई समस्या ने राजनीतिक विचारकों के एक नये वर्ग को जन्म दिया जिसे काल्पनिक समाजवादी (Utopian Socialist) कहा गया। सेण्ट साइमन (1760-1825 AD), फ्यूरिए (1772-1837AD) व राबर्ट ओवन (1771-1858 AD) इत्यादि समाजवादी विचारक तत्कालीन समाज की दशा–ग़रीबी, अशिक्षा, आपसी संघर्ष (वर्ग–संघर्ष)–से दु:खी थे और इसे समाप्त करना चाहते थे किन्तु इसके लिए उनके पास कोई ठोस कार्यक्रम नहीं था। वे एक ऐसे आदर्श समाज (Ideal society) का स्वप्न देखते रहे जिसमें 'निजी–सम्पत्ति' (Private Property) की अवधारणा से उत्पन्न किसी प्रकार की कोई बुराई नहीं होगी। सभी लोग समान, स्वतन्त्र व सुखी होंगे।

18वीं शताब्दी में आदर्शवादी परम्परा की शुरुआत जर्मन विचारक काण्ट (1724-1804 AD) व फिख्ते (1762-1814 AD) के चिन्तन से होती है। किन्तु इसका तात्पर्य यह नहीं है कि काण्ट (Kant) आदर्शवाद का प्रवर्तक है। ऐतिहासिक दृष्टि से यह परम्परा उतनी ही प्राचीन है जितना कि स्वयं राजनीति विज्ञान। प्लेटो (428-347 BC) को आदर्शवाद का जनक कहा जा सकता है। उसका शिष्य अरस्तू (384-322 BC) भी इसी परम्परा की एक कड़ी है। यूनानी विचारकों ने ही सर्वप्रथम राज्य को सर्वोच्च नैतिक संस्था (Supreme Moral Institution) के रूप में सैद्धान्तिक स्वीकृति दी थी। अरस्तू ने व्यक्ति को 'सामाजिक व राजनीतिक प्राणी' कह कर राज्य को व्यक्ति के अस्तित्व व विकास के लिए अनिवार्य सिद्ध किया। काल–क्रम के दृष्टिकोण से यूनानी आदर्शवाद को प्राचीन आदर्शवाद कहा जा सकता है।

प्लेटो व अरस्तू के उपरान्त आदर्शवाद की परम्परा बाधित हो गई। मध्ययुग के धर्म-प्रधान वातावरण में आदर्शवादी चिन्तन के लिए कोई अवसर नहीं था। यह अवसर 18वीं शताब्दी में उपलब्ध होता है जब वैचारिक विविधता का साक्षी इस शताब्दी में काण्ट का आगमन होता है। मध्ययुग व काण्ट के मध्य एक और विचारक हैं जिसकी उपेक्षा करना असंभव है क्योंकि नवीन आदर्शवाद पर सबसे अधिक प्रभाव इसी विचारक का है। यह विभूति है-रूसो (1712-78 AD)। रूसो (Rousseau) ने सामाजिक समझौता सिद्धान्त (Social Contract Theory) को अपने चिन्तन का आधार बनाया है किन्तु सामान्य इच्छा (General Will) की अवधारणा उसके राजनीतिक चिन्तन को आदर्शवादी स्वरूप प्रदान कर देती है। उसका राज्य यान्त्रिक या क़ानूनी न होकर एक नैतिक सावयव (Moral Organism) के रूप में प्रतिष्ठित होता है जिसमें व्यक्ति अपनी प्राकृतिक स्वतन्त्रता (Natural Liberty) का परित्याग कर नैतिक स्वाधीनता (Moral Freedom) की प्राप्ति करता है। राज्य व सामान्य इच्छा का यह सिद्धान्त आधुनिक आदर्शवादियों को व्यापक रूप से प्रभावित करता है।

आधुनिक आदर्शवाद के विकास के दो केन्द्र हैं-जर्मनी व इंग्लैण्ड। इसी कारण इस आदर्शवाद के दो रूप हो गए-

1. जर्मन आदर्शवाद, इसमें काण्ट, फिख्ते व हीगल को सम्मिलित किया जाता है।
2. ब्रिटिश आदर्शवाद, इसे आक्सफोर्ड सम्प्रदाय (Oxford School) के नाम से भी जानते हैं। जहाँ जर्मन आदर्शवाद मूलतः निरपेक्षवादी (Absolutist) है वहीं ब्रिटिश आदर्शवाद में उदारवाद का समन्वय है। इस उपधारा का महानतम् प्रतिनिधि टी.एच. ग्रीन (T.H. Green) है। इसके अतिरिक्त बोसांके (Bosanquest) व ब्रेडले (Bradley) प्रमुख हैं।

(1) जर्मन आदर्शवादी
(German Idealists)

इमैनुअल काण्ट (Immanual Kant)

जर्मनी के कोनिग्सबर्ग विश्वविद्यालय (University Konigsberg) में तर्कशास्त्र व आधिभौतिक शास्त्र (Metaphisics) के प्रोफेसर काण्ट (1724-1804 AD) को आधुनिक आदर्शवाद का जनक माना जाता है। उसकी अभिरुचि का प्रधान क्षेत्र आधिभौतिक शास्त्र था किन्तु इन रचनाओं ने राजनीतिक चिन्तन को व्यापक मात्रा में प्रभावित किया। आदर्शवाद के विकास के दृष्टिकोण से काण्ट का सबसे महत्वपूर्ण योगदान अनुभववाद, भौतिकवाद (Materialism) व बुद्धिवाद (Rationalism) का

खण्डन था। जॉन लॉक (1632-1704 AD) ने प्रतिपादित किया था कि 'ज्ञान अनुभवजन्य होता है'। ये अनुभव ज्ञानेन्द्रियों व प्रकृति या पदार्थ (Nature or Matters) की प्रतिक्रिया से उत्पन्न होते हैं। ह्यूम (Hume) ने मन (Mind) की सत्ता का खण्डन किया था जबकि बुद्धिवादी (Rationalists) यह मानते थे कि बुद्धि व विज्ञान द्वारा स्वीकृत सिद्धान्त ही अन्तिम 'सत्य' होते हैं। इस बुद्धिवाद का एक परिणाम धर्म व नैतिकता की उपेक्षा के रूप में सामने आया।

काण्ट बुद्धि (Reason) का विरोधी है। उसके अनुसार दृश्यगत जगत् (Phenomenon) का वास्तविक ज्ञान केवल इन्द्रियों (Senses) के माध्यम से सम्भव नहीं है। इसके लिए शुद्ध विवेक की आवश्यकता होती है। प्रो. मैक्सी के शब्दों में, ''काण्ट की मान्यता थी कि केवल शुद्ध बुद्धि Pure Reason) ही सत्य की तरफ ले जा सकती है और इस शुद्ध बुद्धि से उसने उस प्रत्येक वस्तु को बाहर रखा जो संवेदन व अनुभव (Sensation and Exper-ience) से प्राप्त होती हैं। इस प्रकार मूर्त विवेक (Concrete Reason) के स्थान पर अमूर्त विवेक (Abstract Reason) ज्ञान का पथ निर्मित करता है। यदि काण्ट यहीं तक रुक जाता है तो फिर वाल्टेयर के बुद्धिवाद व उसके ज्ञान-दर्शन (Philosophy of Knowledge) में कोई अन्तर ही नहीं रहता। किन्तु काण्ट को रूसो की 'भावात्मकता' (Emotionalism) को ही अपनाना था। अत: वह यह भी कहता है कि विवेक स्थान (Space), काल (Time) व कार्य-कारण सम्बन्ध (Cause effect Relationship) से सीमित है। कुछ बातें ऐसी हैं जिसे शुद्ध विवेक से भी नहीं समझा जा सकता जैसे-ईश्वर, आत्मा। इसी प्रकार मानव-जीवन में अनेक ऐसी विकट परिस्थितियाँ आती हैं जब विवेक कार्य करना बन्द कर देता है। ऐसी स्थितियों में व्यक्ति का अन्त:करण उसका मार्ग-निर्देशन करता है। इसे ही काण्ट मनुष्य की स्वतन्त्र-इच्छा (Free-will) की संज्ञा देता है।

इच्छा (Will) और स्वतन्त्रता (Freedom) का पारस्परिक सम्बन्ध बहुत ही गहरा है। रूसो से प्रभावित काण्ट न केवल उसकी सामान्य इच्छा (General Will) के विचार को अपनाता है बल्कि लगभग वही शब्दावली भी प्रयोग करता है। रूसो के समान वह मानवीय इच्छाओं के दो स्वरूपों का ज़िक्र करता है-

1. मनुष्य की कुछ इच्छाएँ उसे वासनामय निजी स्वार्थों की पूर्ति की प्रेरणा देती है। स्वार्थपूर्ण होने के कारण ये इच्छाएँ अनैतिक (Immoral) होती हैं। रूसो ने इस इच्छा को व्यावहारिक इच्छा (Actual Will) का नाम दिया था।

2. दूसरे प्रकार की इच्छाएँ वास्तविक इच्छाएँ (Real Wills) कहलाती हैं जो सर्वहित की प्रेरणा देने वाली व विवेकपूर्ण होती हैं। काण्ट इन्हें नैतिक इच्छा (Moral Will) भी कहता है।

काण्ट के शब्दों में, ''मनुष्य की नैतिक स्वतन्त्रता का आशय यह है कि नैतिकतापूर्ण आचरण से ही स्वतन्त्रता प्राप्त हो सकती है क्योंकि नैतिकता व्यक्ति पर बाहर से आरोपित वस्तु न होकर उसके अन्तःकरण का ही आदेश है।'' इस आदेश का उल्लघंन नहीं होना चाहिए। इस आदेश को वह कर्त्तव्य के परमादेश (Categorical Imperative of Duty) कहता है। ये आदेश अनिवार्यतः सार्वभौमिक व सर्वकल्याणकारी होते हैं। सबके हितों का ध्यान रखने वाली नैतिक इच्छा के आदेशों का स्वभावतः पालन करना ही वास्तविक स्वतन्त्रता है। व्यक्ति की सच्ची स्वतन्त्रता नैतिक इच्छा की अनुपालना में है। यही व्यक्ति की नैतिक स्वतन्त्रता (Moral Freedom) है। नैतिक इच्छा स्वार्थहीन होती है। इसका पालन किसी विशेष लक्ष्य की पूर्ति से प्रेरित होकर नहीं किया जाता बल्कि व्यक्ति इसका पालन इसलिए करते हैं कि यह उनके लिए नितान्त स्वाभाविक है क्योंकि यह व्यक्ति के अन्तःकरण से सम्बद्ध होती है।

महात्मा गाँधी ने भी कहा है कि ''अधिकारों का वास्तविक स्रोत कर्त्तव्य ही हैं। यदि हम कर्त्तव्यों का पालन करें तो अधिकार हमसे दूर नहीं रह पाएँगे। लेकिन यदि हम कर्त्तव्यों को अधूरा छोड़कर अधिकारों के पीछे भागेंगे तो अधिकार हमसे मृगतृष्णा (Mirage) के समान दूर होते चले जाएँगे।'' चूँकि कर्त्तव्य अधिकारों की व्यावहारिक प्राप्ति के लिए अनिवार्य है इसलिए काण्ट के अनुसार अधिकारों की तुलना में कर्त्तव्य अधिक महत्वपूर्ण हैं। स्वतन्त्रता व्यक्ति का नैतिक अधिकार भी है क्योंकि इसके अभाव में व्यक्ति की सम्पूर्णता एक कल्पना बनकर रह जाती है। उसके अनुसार मानवता (Humanity) एक साध्य है जिसका मूल आधार स्वतन्त्रता है। अतः मानवता के नाते स्वतन्त्रता व्यक्ति का स्वाभाविक अधिकार है। किन्तु यह स्वतन्त्रता स्वेच्छाचारिता पूर्ण आचरण में अन्तर्निहित नहीं है। प्रत्येक व्यक्ति को नैतिक दृष्टि से उचित कार्यों को करने की ही छूट है। ये कार्य ऐसे होते हैं जिनसे पड़ोसियों की किसी प्रकार की हानि नहीं होती है। इस प्रकार काण्ट के दर्शन में अधिकार व कर्त्तव्य एक दूसरे के पर्याय बन जाते हैं क्योंकि अपने अधिकार (स्वतन्त्रता) का उपभोग करते समय प्रत्येक व्यक्ति को दूसरे व्यक्तियों के हितों का ध्यान रखना होता है। इस बिन्दु पर काण्ट के विचारों की प्रतिच्छाया राष्ट्रपिता महात्मा गाँधी के चिन्तन पर परिलक्षित होती है।

व्यक्ति का सर्वप्रधान कर्त्तव्य अपने अन्तःकरण के निरपेक्ष परमादेशों (Catigorical Imperatives) का पालन करना है किन्तु व्यक्ति अपने हितों की पूर्ति करते समय समाज की उपेक्षा नहीं कर सकता। अतः उसका दूसरा कर्त्तव्य समाज के अन्य सदस्यों के प्रति है। इसके अतिरिक्त व्यक्ति के राज्य के प्रति भी कुछ कर्त्तव्य हैं जिनका पालन करना आवश्यक है। राज्य स्वतन्त्रता को सर्वसुलभ व सुरक्षित करने के लिए कानूनों का निर्माण करता है जिसके आधार पर वह उन व्यक्तियों को दण्डित

करता है जो अपनी वासनापूर्ण इच्छा से प्रेरित होकर दूसरे व्यक्तियों की स्वतन्त्रताओं का उल्लघंन करते हैं। लेकिन राज्य प्रत्यक्षत: स्वतन्त्रता को नहीं बढ़ा सकता क्योंकि स्वतन्त्रता नैतिक इच्छा के अनुसार कार्य करने में निहित है जो कि व्यक्ति के अन्त:करण से संबंधित है। राज्य इस अन्त:चेतना को नियन्त्रित नहीं कर सकता और उसे ऐसा करने का प्रयास भी नहीं करना चाहिए। राज्य का कार्य नैतिक इच्छा के क्रियान्वयन के मार्ग से आने वाली बाधाओं को दूर करना है। इससे यह भी स्पष्ट है कि राज्य के कानूनों को नैतिक व विवेकपूर्ण होने चाहिए। दूसरी और व्यक्ति का भी यह कर्त्तव्य है कि वह राज्य द्वारा निर्मित विवेकपूर्ण कानूनों का पालन करे।

रूसो व काण्ट में एक अन्तर यह है कि समझौता के बाद रूसो की सामान्य इच्छा (General Will) 'सम्प्रभु' के रूप में निरंकुश हो जाती है। काण्ट व्यक्ति की गरिमा की रक्षा करता है और राज्य को सर्वोच्च संस्था मानते हुए भी नैतिक दृष्टि से सीमित रखना चाहता था। समझौता-सिद्धान्त का उपयोग वह व्यक्तियों के पक्ष में करते हुए कहता है कि ''न्याय की दृष्टि से राज्य किसी भी व्यक्ति को कोई भी ऐसा कानून मानने के लिए बाध्य नहीं कर सकता जिसके लिए उसकी पूर्व सहमति नहीं हो।'' राज्य को सीमित कार्य सौंपने के दो प्रधान कारण हैं-प्रथम, वह व्यक्ति को साध्य मानता है। उसके अनुसार किसी भी व्यक्ति को साधन नहीं माना जा सकता, दूसरा, वह आदर्शवादी होते हुए भी रूसो के सामाजिक समझौता (Social Contract) से बहुत प्रभावित है। यद्यपि यहाँ इस बात को विशेष रूप से ध्यान में रखने की जरूरत है कि वह सामाजिक समझौता से राज्य की उत्पत्ति नहीं मानता। ऐतिहासिक दृष्टि से वह इस सिद्धान्त की वैसी ही आलोचना करता है जैसा कि बेन्थम ने किया है। फिर भी व्यक्ति-राज्य सम्बन्धों की व्याख्या में वह इसका प्रयोग करता है।

प्रो. वॉन (Vaughan) के शब्दों में, ''न्याय व व्यक्तिगत स्वतन्त्रता के बीच उसके मस्तिष्क में स्पष्टत: एक मानसिक संघर्ष चल रहा है और उसे दोनों में समन्वय स्थापित करने का मार्ग समझ में नहीं आता। वह इतना अधिक ईमानदार है कि दोनों में से किसी एक का भी बलिदान करने को प्रस्तुत नहीं है।'' लेकिन यह सामाजिक समझौता का सिद्धान्त काण्ट के समक्ष एक विकट सैद्धान्तिक समस्या उत्पन्न करता है जिससे वह पूरी तरह कभी भी मुक्त नहीं हो सका। समस्या तब उत्पन्न होती है जब काण्ट का सामना इस प्रश्न से होता है कि यदि राज्य व्यक्ति को नैतिक बनाने का प्रयत्न करने लगे या अविवेकपूर्ण आदेश जारी करने लगे या ऐसा क़ानून मानने के लिए विवश करने लगे जिसके लिए लोगों ने पहले से सहमति नहीं दे रखी है तो? काण्ट का उत्तर यह है कि व्यक्तियों को राज्य के विरुद्ध क्रान्ति का अधिकार नहीं है। ऐसा कहकर वह आदर्शवाद की परम्परा का समर्थन कर रहा है लेकिन व्यक्ति

को साध्य (An End in Itself) मानने का उसका सम्पूर्ण प्रयास खोखला सिद्ध हो जाता है। इस असमंजस का एक पक्ष उसके अन्तर्राष्ट्रीयतावाद में देखा जा सकता है। काण्ट युद्ध का पूर्ण विरोधी है। उसकी आकांक्षा समान नागरिक अधिकारों पर आधारित एक ऐसा विश्व-संघ (World Federation) स्थापित करने की है, जिसमें शाश्वत शान्ति (Eternal Peace) सम्पूर्ण मानवता के सुख व समृद्धता का मार्गदर्शन करेगी। उसने शान्ति सम्बन्धी अपने विचारों को 'Eternal Peace' में व्यक्त किया है। इसके अतिरिक्त उसकी प्रमुख रचनाएँ निम्नलिखित हैं–

1. The Critique of Pure Reason.
2. The Critique of Practical Reason.
3. The Critique of Judgement.
4. Metaphysical First Principle of the Theory of Law.

जोहान गॉटिलेब फिख्ते (Johann Gottileb Fichte)

फिख्ते (1762-1814 AD) के दर्शन में जर्मन आदर्शवाद राष्ट्रवादी स्वरूप धारण करता है। यद्यपि वह प्रारम्भ में काण्ट के उदारवादी व विश्वव्यापी दृष्टिकोण से प्रभावित था किन्तु अपने मातृभूमि के विरुद्ध नेपोलियन बोनापार्ट (1769-1821 AD) के अभियानों के प्रभाव में वह राष्ट्रवादी (Nationalist) होता गया। 1806 AD में जब फ्रांसीसी सेनाओं ने जर्मनी में प्रवेश किया उस समय फिख्ते जेना विश्वविद्यालय (University of Jena) में दर्शनशास्त्र (Philosophy) का प्रोफेसर था। युद्ध के बाद वह प्रशा (Prussia) चला गया और 1812 AD में बर्लिन विश्वविद्यालय में प्राध्यापक बना। प्रशा में उसने जर्मन जाति को एकताबद्ध करने का प्रयास किया। वस्तुत: जर्मन आदर्शवाद में राष्ट्रवादी तत्वों का समावेश करने का पूरा श्रेय फिख्ते को ही दिया जाता है जिसका चरम उत्कर्ष हीगल के दर्शन में होता है। बर्लिन विश्वविद्यालय में पद-ग्रहण से पहले फिख्ते ने अपनी प्रसिद्ध रचना 'Address to the German Nation (1808 AD)' पूर्ण की और ओजपूर्ण शैली में जर्मनी के एकीकरण की वकालत की। उसके अनुसार फ्रांस के हाथों प्रशा को असफलता का सबसे प्रधान कारण यहाँ के लोगों में राजनीतिक चेतना (Political Consciousness) का अभाव होना था। यदि यह चेतना लोगों में आ जाए तो जर्मनी विश्व का नेतृत्व करने में सक्षम हो सकता है। फिख्ते रूसो से भी बहुत प्रभावित था। लेकिन राज्य सम्बन्धित उसकी अवधारणा रूसो से काफी भिन्न है। वह व्यक्ति-राज्य तथा व्यक्तियों के पारस्परिक सम्बन्धों की व्याख्या के लिए समझौता सिद्धान्त का प्रयोग करता है किन्तु राज्य की उत्पत्ति के लिए सामाजिक समझौता सिद्धान्त को स्वीकार नहीं करता। एक आदर्शवादी के

दृष्टिकोण से वह राज्य को एक प्राकृतिक संस्था मानता है। उसके शब्दों में, ''धरातल के निश्चित भागों को, उसके निवासियों के साथ राजनीतिक इकाइयाँ निर्मित करने का विनिश्चय प्रत्यक्षतः प्रकृति के द्वारा होता है ।''

इस प्रकार प्रत्येक राज्य एक विशेष भौगोलिक परिवेश में स्थित होता है। यह भौगोलिक विशिष्टता व्यक्तियों के गुण व क्षमता को भी प्रभावित करती है। इसलिए फिख्ते का मानना है कि प्रत्येक राज्य का अपना एक विशेष उद्देश्य (Mission) होता है, जैसे–जर्मन जाति संगठित होकर विश्व का नेतृत्व करेगी। वह रूसो की इस मान्यता को भी अस्वीकार करता है कि राज्य व समाज के निर्माण के पूर्व कोई प्राकृतिक अवस्था (Stage of Nature) थी। उसके अनुसार, ''राज्य स्वयं ही व्यक्तियों की प्राकृतिक स्थिति है' (The state itself is man's natural condition)।'' इसी प्रकार व्यक्तियों के पास कोई प्राकृतिक अधिकार (Natrual Rights) भी नहीं होता।

व्यक्ति अपने सभी अधिकार राज्य में ही प्राप्त करते हैं जिनका आधार कुछ सामाजिक समझौते (Social Contracts) हैं। रूसो के दर्शन में केवल एक सामाजिक समझौता होता है। फिख्ते के अनुसार इनकी संख्या तीन (Three) है।

काण्ट ने अनुभववाद का खण्डन करते समय प्रतिपादित किया था कि वास्तविक सत्य की उपलब्धि के लिए ऐन्द्रिय ज्ञान अपूर्ण है। इसके लिए उसने शुद्ध विवेक को भी आवश्यक माना जो इन्द्रियों द्वारा प्राप्त अनुभवों का समन्वय करता है। फिख्ते के अनुसार मन (Mind) ही एक मात्र वास्तविकता है क्योंकि बाह्य जगत के सम्बन्ध में हमारे विचारों (Ideas) का एकमात्र कारण यही है। लेकिन व्यक्तियों का 'मन' अपने आप में कोई स्वतन्त्र इकाई नहीं है बल्कि यह ईश्वरीय 'मन' का एक अंग है। ईश्वरीय 'मन' स्वयं को विश्वव्यापी इच्छा (Universal Will) के रूप में अभिव्यक्त करता है। यह इच्छा सर्वव्यापक होने के साथ-साथ निरपेक्ष (Absolute) भी होती है। इसकी सर्वप्रधान विशेषता 'स्वतन्त्रता' है। चूँकि मानवीय 'मन' ईश्वरीय मन का ही एक अभिन्न अंग है अतः व्यक्ति की स्वतन्त्रता इस बात में निहित है कि वह अपनी व्यक्तिगत इच्छा को सार्वभौमिक ईश्वरीय इच्छा से एकीकृत कर दे। उसे विश्वास है कि जर्मन जाति संसार की सबसे अधिक धार्मिक जाति है इसलिए एकमात्र जर्मन लोग ही राष्ट्रवादिता के योग्य है। यहाँ इस तथ्य का उल्लेख करना प्रासंगिक होगा कि प्रारम्भ में फिख्ते भी काण्ट के समान अन्तर्राष्ट्रीयतावादी था। प्रो. मैक्सी के अनुसार, ''अपने चिन्तन के एक चरण में फिख्ते मानता था कि राजनीतिक प्रगति की पूर्णता राज्यों के एक विश्व संगठन के रूप में होगी। लेकिन जैसे-जैसे वह राज्य सम्बन्धी अपने विचारों में सर्वसत्तावादी (Autharitarian) होता गया वह उसी के साथ और अधिक राष्ट्रवादी भी बना ।''

1. सम्पत्ति-समझौता (Property-contract)

इसे परिभाषित करते हुए वह कहता है कि सम्पत्ति अनुबन्ध, 'विवेक के बाह्य जगत् में स्वतन्त्र कार्य के अधिकारों (Rights of free action in the external world of sense)' का समझौता है। इसके माध्यम से निजी सम्पत्ति की सीमा निर्धारित हो जाती है और प्रत्येक व्यक्ति इस सीमा (Boundary) का उल्लंघन न करने का वचन देता है।

2. संगठन-समझौता (Union-contract)

इस समझौते के माध्यम से प्रत्येक व्यक्ति, सम्पत्ति व सुरक्षा समझौतों के द्वारा निर्धारित लक्ष्यों की प्राप्ति के लिए स्वयं को एक पूर्ण (Whole) के रूप में संगठित होने की सहमति देता है। इस प्रकार तीन अलग-अलग अनुबन्धों के द्वारा सामाजिक समझौता पूरा होता है और एक शक्तिशाली शासन निर्मित होता है। यहाँ इस बात को ध्यान में रखना आवश्यक है कि कालान्तर में फिख्ते समझौता सिद्धान्त को पूरी तरह छोड़ देता है।

3. सुरक्षा-समझौता (Protection-contract)

यह समझौता प्रथम समझौते का तार्किक परिणाम है। सुरक्षा समझौते के द्वारा प्रत्येक व्यक्ति स्वीकार करता है कि वह, सम्पत्ति-समझौता द्वारा निर्धारित व्यवस्थाओं को बनाए रखने के लिए आवश्यक शक्ति में अपना अंशदान (Share) देगा जिससे सम्पत्ति की सीमा का उल्लंघन रोका जा सके।

राज्य के कार्यों के सन्दर्भ में भी उसके विचारों में परिवर्तन होता रहा। जब तक वह समझौता सिद्धान्त में विश्वास करता है तब तक राज्य के कार्यों को वह सीमित रखता है। प्रारम्भ में वह इस मान्यता को अस्वीकार करता है कि राज्य का उद्देश्य 'व्यक्तियों को सुखी, धनवान, स्वस्थ, सत्यधर्मावलम्बी, सद्गुणी (To Make man happy, rich, healthy, orthodox, virtuous) बनाना है। उसके शब्दों में, "सर्वप्रथम जो जिसका है राज्य वह उसे प्रदान करे, प्रत्येक को पहली बार उसकी सम्पत्ति में प्रतिष्ठित करे और तब सबसे पहले उसकी इस स्थिति में सुरक्षा करे"। किन्तु बाद में वह राज्य के कार्यों की व्याख्या विशुद्ध आदर्शवादी दृष्टिकोण से करता है। उसके अनुसार राज्य का मुख्य कार्य उन परिस्थितियों का निर्माण करना है जो व्यक्ति की इच्छा के सार्वभौमिक इच्छा के साथ एकीकृत होने तथा इस प्रकार व्यक्ति के स्वतन्त्र होने के लिए आवश्यक होती है। इस तरह प्रो. मैक्सी के मत में, राज्य का कार्य काफी विस्तृत हो जाता है क्योंकि राज्य न केवल व्यक्तियों की स्वतन्त्रता के मार्ग में आने वाली बाधाओं को दूर करेगा बल्कि इस साध्य की प्राप्ति के लिए

व्यक्तियों को उचित कार्य (Proper Course of Action) करने के लिए विवश भी कर सकता है। लेकिन फिख्ते भौतिक लक्ष्यों की उपलब्धि के लिए राज्य को सर्वोच्च साधन के रूप में ही स्वीकार नहीं करता है बल्कि स्वयं राज्य को ही सर्वोत्तम साध्य बना देता है।[1] व्यक्ति के सम्पूर्ण अधिकार व स्वतन्त्रताएँ राज्य में ही संभव हैं।

इन विचारों से न केवल हीगल प्रभावित हुआ बल्कि बीसवीं शताब्दी में मुसोलिनी ने भी इन सिद्धान्तों को व्यवहार में अपनाने का प्रयास किया। आदर्शवाद के सन्दर्भ में फिख्ते का सबसे महत्वपूर्ण योगदान यह है कि उसने व्यक्तिवादी-उदारवादी तत्वों को पूर्णतः खत्म कर दिया अन्यथा उसका सम्पूर्ण चिन्तन नितान्त अव्यवस्थित है जिसका प्रधान कारण उसकी वैचारिक परिवर्तनशीलता को माना जाता है। लेकिन उसमें कोई संदेह नहीं की वह एक प्रतिभाशाली लेखक है। उसकी प्रमुख रचनाएँ निम्नलिखित हैं-

1. The Selfcontained Commercial State.
2. The Theory of the State.
3. Address to the German Nation.
4. A System of Jurisprudence.
5. Contribution to the Justification of the Opinion of the Public On the French Revolution.
6. Foundation of Natural Law.

जी. डब्ल्यू. एफ. हीगल (G.W.F. Hegel)

जर्मन आदर्शवाद के 'शिखर पुरुष' स्टटगार्ड निवासी हीगल (1170-1831 AD) का मुख्य उद्देश्य एक ऐसा संश्लिष्ट दर्शन (Synthethic Philosophy) प्रस्तुत करना था जिसमें तत्कालीन चिन्तन की विभिन्न धाराओं का समन्वय इस प्रकार से हो जो जर्मन राष्ट्र की आवश्यकताओं की सम्पूर्ति करे। वैचारिक दृष्टि से हीगल की समस्या दर्शन की वह चिरस्थायी समस्या है जिससे बौद्धिक वर्ग शताब्दियों से जूझता आ रहा है अर्थात् वास्तविकता (Reality) व आदर्श (Idea) का आपसी सम्बन्ध क्या है? विवेक (Reason) व विज्ञान (Science) का धर्म (Religion) व नैतिकता के साथ संगति किस प्रकार संभव है? व्यक्ति (Individual) समाज (Society) की अधीनता में रहते हुए भी किस प्रकार स्वतन्त्र रह सकता है? इन प्रश्नों का उत्तर जानने से पहले उन परिस्थितियों का संक्षिप्त वर्णन जरूरी है जिनसे हीगल घिरा हुआ है। उसके जन्म से

छह वर्ष बाद दो अतिमहत्वपूर्ण रचनाओं का प्रकाशन हुआ–डेविड स्मिथ की 'The Wealth of Nations' और जेरेमी बेन्थम की 'The Fragment on Government' जो राज्य की भूमिका को नकारात्मक दृष्टि से देखती हैं। स्मिथ व बेन्थम दोनों ने ही राज्य के न्यूनतम कार्यक्षेत्र के सिद्धान्त का समर्थन किया था।[1] फिख्ते इस विचारधारा को बदलने की कोशिश करता है। हीगल इस प्रयास को पूर्णता प्रदान करता है। जब हीगल उन्नीस वर्ष का था तब उसने फ्रांसीसी क्रान्ति (1789 AD) के 'स्वतन्त्रता, समानता व बंधुत्व' के नारे को नज़दीक से सुना। युवावस्था में वह इस क्रान्ति व इसके प्रमुख प्रणेता रूसो का उत्साही प्रशंसक बना रहा किन्तु कालान्तर में क्रान्ति की असफलता से उत्पन्न भय, तनाव, ध्वन्स व निरंकुशता को देखकर वह इस महान घटना के वैचारिक प्रभाव से मुक्त होता गया। हीगल एडमण्ड बर्क (Edmund Burke) के समान ही फ्रांसीसी क्रान्ति का आलोचक बन गया। उसे विश्वास हो गया कि क्रान्ति का आदर्शवाद अबौद्धिक (Irrational) था। क्रान्तिकारियों के आदर्श व वास्तविकता में समायोजन नहीं था। ऐसे में हीगल इस निष्कर्ष पर पहुँचा कि वास्तविकता (Reality) से पृथक होकर आदर्शवाद एक सारहीन भावनावाद (Mausdlin Sentimentalism) बन जाता है। इसी प्रकार आदर्शवाद से असम्बद्ध होकर वास्तविकता एक अर्थहीन अव्यवस्था (Meaningless Muddle) का रूप धारण कर लेती है।

प्रो. मैक्सी के शब्दों में, अज्ञानता की इन अतियों के बीच, हीगल ने सोचा, एक स्वस्थ व सुदृढ़ मध्य-भूमि का होना आवश्यक है जहाँ आदर्श व वस्तुनिष्ठ तथ्यपूर्ण सामंजस्य के साथ उपस्थित होंगे (Between these extremes of folly there must, thought Hegal, exist a sane and solid middle ground where ideals and objective facts would be found in complete accord)।''[1] इस कार्य को उसने अभूतपूर्व बौद्धिकता से अंजाम दिया।

काण्ट इन्द्रियों (Senses) व विवेक दोनों को ही महत्व देते हुए विज्ञान व नैतिकता की, उनके अपने-अपने क्षेत्रों में, स्वायत्तता की रक्षा करता है। जैसा कि प्रो. सेबाइन का कहना है, काण्ट व ह्यूम (और रूसो भी) विश्लेषणात्मक सिद्धान्त (Analytic Principle) का उपयोग करते हैं जबकि हीगल ने दावा किया कि धर्म व नैतिकता को भी एक तार्किक औचित्य (Logical Justification) दिया जा सकता है बशर्ते एक नवीन व संश्लेषण के एक और अधिक शक्तिशाली तर्कशास्त्र की खोज की जा सके जो विज्ञान के विश्लेषणात्मक तर्कशास्त्र (Analytical Logic) का अतिक्रमण करने में सक्षम हो।[2] यह संश्लेषणात्मक दार्शनिक दृष्टि वहाँ भी देखने को मिलती है जहाँ वह विज्ञान का धर्म व नैतिकता के साथ समन्वय करना चाहता है। इसके माध्यम से वह डेविड ह्यूम के अनुभववाद का खण्डन करता है। ह्यूम (Hume) ने विवेक

(Reason) शब्द को संदिग्ध व अस्पष्ट मानते हुए ऐन्द्रिय अनुभव को वास्तविकता का एकमात्र स्रोत स्वीकार किया था।

निश्चित रूप से हीगल तत्कालीन चिन्तन को सर्वथा नवीन रूप प्रदान करता है किन्तु उसकी रचनाएँ प्रत्यक्षत: 'राजनीति' को अपना विषय-वस्तु (Subject-matter) नहीं बनातीं। काण्ट के समान ही उसकी मूल अभिरुचि धर्म व आधिभौतिक शास्त्र (Religion and Metaphysics) में थी। उसने 1790 AD में ट्यूबिनजेन विश्वविद्यालय (University of Tubingen) से पीएच.डी. (Doctor of Philosophy) की डिग्री तथा इसी विश्वविद्यालय से 1793 AD में धर्मशास्त्र में प्रमाण-पत्र (Certificate in Theology) प्राप्त किया। 1805 AD में जेना विश्वविद्यालय (University of Jena) में वह स्थायी प्राध्यापक बना। अगले ही वर्ष जेना में एक अतिमहत्वपूर्ण घटनाक्रम उपस्थित हुआ जिसने हीगल के दर्शन के राजनीतिक पहलू को उसी प्रकार प्रभावित किया जिस प्रकार फिख्ते को। 14 अक्टूबर, 1806 AD को जेना के युद्ध (Battle of Jena) में फ्रांस की विजय हुई और हीगल ने विजयी सम्राट-सेनापति नेपोलियन की सवारी को अपनी आँखों के सामने से गुजरते हुए देखा।

नेपोलियन की सफलता ने हीगल को दो प्रकार से प्रभावित किया। प्रथम, यह कि फिख्ते ने जर्मन-राष्ट्र का जो आन्दोलन प्रारम्भ किया था उसमें हीगल की अभिरुचि व आस्था बढ़ने लगी।[1] द्वितीय प्रभाव इस रूप में देखा जा सकता है वह नेपोलियन के शक्ति व साहस से अभिभूत हुआ तथा इस निष्कर्ष पर पहुँचा कि जर्मन राष्ट्र के निर्माण व गौरव की स्थापना तब तक नहीं हो सकती जब तक कि एक शक्तिशाली व सुदृढ़ अर्थात् निरपेक्ष सत्ता (Absolute Authority) की स्थापना न की जाए।

हीगल अपने समक्ष उपस्थित समस्त दार्शनिक व राजनीतिक समस्याओं का समाधान अपने इतिहास-दर्शन (Philosophy of History) के माध्यम से प्रस्तुत करता है। उसके अनुसार सृष्टि का विकास एक नियमबद्ध तरीके से आगे बढ़ता है। यद्यपि यह सीधी सरल न होकर टेढ़ी-मेढ़ी (Zig-Zag) प्रक्रिया है। इसे द्वन्द्वात्मक पद्धति (Dialectic Method) कहते हैं, जिसका मूलतत्व चेतना (Spirit) है। 'चेतना' (जिसके लिए हीगल ने 'Geist' शब्द का प्रयोग किया है) उसके राजनीतिक दर्शन का मूल आधार है। इसे वह दैवीय मन (Divine Mind) , विवेक (Reason), विचार (Idea) और विश्व-चेतना (World-spirit) भी कहता है। सृष्टि की प्रत्येक संरचना-जड़ व चेतन-इसी 'चेतना' के विकास-प्रक्रिया की देन है। चेतना का विकास दो दिशाओं में होता है-भौतिक (Physical) और आध्यात्मिक (Spiritual)। भौतिक क्षेत्र में चेतना छोटे-छोटे जीव-जन्तु, पदार्थों व पेड़-पौधों से होते हुए 'मानव' के रूप में विकसित

होती है। भौतिक दिशा में 'चेतना' का अन्तिम व सर्वश्रेष्ठ विकास 'मनुष्य' है। प्रो. इबन्सटीन (Ebenstein) के अनुसार इस वाक्यांश की अनेक प्रकार के व्याख्या की गई है लेकिन हीगल के लिए इसका व्यावहारिक उद्देश्य "अस्तित्ववान को अच्छाई के रूप में शुद्ध करना (To sanctify the existing as the good)" है। आध्यात्मिक क्षेत्र में चेतना सर्वप्रथम परिवार (Family) के रूप में उपस्थित होती है। कालान्तर में नागरिक-समाज (Civic-society) और अन्त में राज्य का आगमन होता है। जिस प्रकार भौतिक क्षेत्र में 'मनुष्य' के बाद कोई विकास नहीं होता, उसी प्रकार आध्यात्मिक क्षेत्र में राज्य के बाद कोई नई व उच्चतर संस्था अस्तित्व में नहीं आती है। इसलिए राज्य सर्वोच्च संस्था है। इस प्रकार हीगल यह प्रतिपादित कर रहा है कि चेतना (Geist) ही जगत् का वास्तविक सत्य है। सभी भौतिक व आध्यात्मिक तत्व इसी विश्व-चेतना या विवेक या दैवीय मन की अभिव्यक्ति है। सम्पूर्ण इतिहास विश्व-चेतना का इतिहास है। अत: जो कुछ इतिहास में हुआ है वह सत्य है, यथार्थ है क्योंकि वह विश्व-चेतना का प्रतीक है। हीगल इस स्थान पर अपना विख्यात सूक्ति-वाक्य लिखता है- "विवेकशील ही यथार्थ है और यथार्थ ही विवेकशील है (Rational is real and real is rational)" इसका तात्पर्य यह भी है कि वह दृश्य जगत् की सत्ता को अस्वीकार नहीं करता है। वास्तव में जैसा कि चेतना (Geist) के विकास के सिद्धान्त से संकेत मिलता है-विश्व-चेतना प्रकृति (Nature) के माध्यम से अभिव्यक्त होकर अन्ततः नैतिक जगत् (Ethical World) में प्रवेश करती है। अत: प्रकृति असत्य नहीं है और इसका ज्ञान अनुभव के द्वारा ही शुरू होता है, यह तथ्य भी हीगल स्वीकार कर रहा है। जो बात वह स्वीकार नहीं करता वह यह है कि यह 'प्रकृति ही अन्तिम सत्य है या अनुभव ही सत्य का एकमात्र साधन है। व्यक्ति का साक्षात्कार सर्वप्रथम संघटना (Phinomena) से ही होता है तथा वह अपने ऐन्द्रिक अनुभवों द्वारा इसका ज्ञान प्राप्त करता है। दूसरे शब्दों में, ज्ञान अनुभव से प्रारम्भ होता है। किन्तु सम्पूर्ण ज्ञान अनुभवजन्य ही नहीं होता और न ही ऐसा ज्ञान पूर्ण (Perfect) होता है, क्योंकि ऐन्द्रिक अनुभव हमें सिर्फ़ 'क्या है?' इसकी जानकारी देते हैं, यह ऐसा क्यों हैं?' या 'इसे कैसा होना चाहिए?' इसका ज्ञान अनुभव से नहीं अपितु व्यक्ति की स्वचेतना (Self-consciousness) से प्राप्त होता है, जो अनिवार्यत: विश्व-चेतना (Geist) का ही एक रूप है।

इस प्रकार कहा जा सकता है कि मानव-सभ्यता की परिवर्तनशीलता वस्तुत: विश्व-चेतना की गतिशीलता का स्वाभाविक परिणाम है। लेकिन इतिहास के वास्तविक सत्य को समझना तब तक असंभव है जब तक विकास की प्रक्रिया को न समझ लिया जाए। यह प्रक्रिया 'द्वन्द्वात्मक' है जो अत्यन्त जटिल होती है। इस प्रक्रिया की मूल मान्यता यह है कि 'किसी भी प्रस्तुत सत्य में उसका निषेध (Negation) या विरोध

(Opposition) विद्यमान होता है।' दूसरे शब्दों में, 'अस्तित्व (Being)' के विचार में ही 'अस्तित्वहीनता (Non-being)' का विचार अन्तर्निहित होता है। इसका अर्थ यह हुआ कि 'प्रत्येक वस्तु में दो परस्पर विरोधी' तत्व उपस्थित होते हैं। इसे ही विरोधों की एकता का नियम (Law of the Unity of Oppositions) कहा जाता है। चूँकि वस्तु में विरोधी तत्व उपस्थित है अतः कुछ समय बाद संघर्ष का प्रारम्भ होना स्वाभाविक हो जाता है। इन परस्पर विरोधी तत्वों या पक्षों के आपसी संघर्ष के बाद एक नई वस्तु अस्तित्व में आती है जिसमें दोनों पक्षों के सकारात्मक तत्व सम्मिलित होते हैं। हीगल प्रथम पक्ष को वाद (Thesis), दूसरे पक्ष या विरोधी पक्ष को प्रतिवाद (Antithesis) व दोनों पक्षों के संघर्ष के बाद समन्वित रूप को संश्लेषण या संवाद (Synthesis) कहता है। वाद, प्रतिवाद व संवाद के माध्यम से विकास की यह प्रक्रिया विचार व वस्तुओं दोनों पर समान रूप से लागू होती है।

वाद, प्रतिवाद व संवाद द्वन्दात्मक पद्धति का मात्र एक चरण है। विकास का क्रम पहले संवाद के बाद ही रुक नहीं जाता बल्कि यह 'त्रि-स्तरीय' प्रक्रिया आगे भी चलती रहती है और हीगल कहता है कि यह प्रक्रिया तब तक गतिमान रहेगी जब तक कि विश्व-चेतना अपने को पूर्ण रूप से अभिव्यक्त नहीं कर लेती। स्पष्ट है कि पूर्ण विकास के पहले जितने भी संवाद आएँगे वे अपूर्ण (Imperfed) होंगे। अपूर्णता का तात्पर्य यह है कि ये संवाद अन्तर्विरोधों (Contradictions) के शिकार होंगे। इसलिए कुछ समय बाद प्रथम चरण का संवाद अपना विरोधी पक्ष अर्थात् प्रतिवाद को जन्म देगा। इस प्रकार दूसरे चरण के प्रतिवाद के लिए पहले चरण का संवाद एक वाद बन जाएगा। पुनः इन दोनों पक्षों में संघर्ष होगा और इस संघर्ष में इनके नकारात्मक पहलू समाप्त हो जाएँगे। सकारात्मक पहलुओं को समन्वित करके तीसरे पक्ष-संवाद का आगमन होगा। द्वितीय चरण का संवाद प्रथम चरण के संवाद से गुणात्मक दृष्टि से श्रेष्ठ होने के बावजूद अपूर्ण होगा। अतः कुछ दिनों बाद यह पुनः अपना प्रतिवाद उत्पन्न करेगा और इस प्रकार वाद, प्रतिवाद व संवाद के माध्यम से परिवर्तन की यह प्रक्रिया तब तक चलती रहती है जब तक कि विकास की पूर्णावस्था न आ जाए। पूर्णावस्था का संवाद अपना प्रतिवाद उत्पन्न नहीं करेगा क्योंकि अब उसमें कोई अन्तर्विरोध नहीं होगा। यही विकास की चरम अवस्था है। इस प्रक्रिया को रेखाचित्र के माध्यम से भी समझा जा सकता है। T_1 प्रथम चरण का वाद है जिसका प्रतिवाद A_1 है। इन दोनों का संवाद S_1 है। चूँकि S_1 अपूर्ण है अतः यह अपना प्रतिवाद A_2 को उत्पन्न करता है। इस प्रकार S_1 जहाँ प्रथम चरण का संवाद है वहीं दूसरे चरण के लिए वाद का कार्य करता है। इसी प्रकार दूसरे चरण का संवाद S_2 तृतीय चरण के प्रतिवाद A_3 के लिए वाद है। हीगल इस प्रक्रिया को राज्य की उत्पत्ति के माध्यम से समझाता है। इस क्रम में सर्वप्रथम परिवार (Family) का आगमन होता है

जो द्वन्द्वात्मक पद्धति के अनुसार वाद (Thesis) है। परिवार का मुख्य आधार इसकी एकता व पारस्परिक प्रेम है। किन्तु परिवार में कुछ ऐसी प्रवृत्तियाँ भी हैं जो इसके विखण्डन का कारण बनती हैं। इसमें जनसंख्या वृद्धि व शिक्षा व्यवस्था प्रमुख है। शिक्षा व्यवस्था परिवार के सदस्यों में स्वतन्त्रता की भावना उत्पन्न करती जिसके कारण इसके सदस्य पृथक होकर एक नवीन व वृहत्तर-सामाजिक इकाई का निर्माण करते हैं जिसे नागरिक समाज (Civic Society) कहते हैं। नागरिक समाज परिवार रूपी प्राथमिक संस्था का प्रतिवाद (Antithesis) है। वाद व प्रतिवाद एक दूसरे के विरोधी होते हैं। परिवार व नागरिक समाज के विरोधी प्रवृत्ति का सबसे बड़ा उदाहरण यह है कि प्रेम व अपनापन परिवार की आधारशिला है जबकि नागरिक समाज के सम्बन्ध प्रतियोगिता व अनुबन्ध (Competition and Contract) पर निर्भर होते हैं। परिवार में सामूहिक हित (Common Good) की भावना होती है जबकि नागरिक समाज में व्यक्ति निजी हित (Self Interest) के लिए प्रतिस्पर्धा करते हैं। अत: परिवार (वाद) व नागरिक समाज (प्रतिवाद) का संघर्ष स्वाभाविक हो जाता है। इस संघर्ष के बाद ही राज्य रूपी संवाद (Synthesis) का आविर्भाव होता है, जिसमें परिवार व नागरिक समाज के सकारात्मक लक्षणों को समन्वित रूप से देखा जा सकता है। राज्य सम्पूर्ण समाज में एकता स्थापित करता है तथा विभिन्न समूहों की आपसी प्रतियोगिता को क़ानून द्वारा नियमित व नियन्त्रित करके सबके कल्याण व समृद्धि की परिस्थितियों को निर्मित करता है। द्वन्द्वात्मक पद्धति की विशेषताओं के अनुसार तार्किक दृष्टि से राज्य, परिवार व नागरिक समाज में श्रेष्ठ होता है। इसी प्रकार निरंकुशतन्त्र (Despotism) रूपी वाद ने लोकतन्त्र (Democracy) रूपी प्रतिवाद को जन्म दिया और दोनों के संघर्ष के उपरान्त संवैधानिक राजतन्त्र (Constitutional Monarchy) रूपी संवाद अस्तित्व में आया। द्वन्द्वात्मक पद्धति के द्वारा जिस राज्य का आगमन होता है वह नैतिक व आध्यात्मिक क्षेत्र में विश्व-चेतना का सर्वोच्च विकास है अत: राज्य स्वभावत: सर्वोच्च संस्था बन जाता है। किन्तु व्यक्तिवादियों व उपयोगितावादियों के विपरीत यह राज्य कृत्रिम (Artificial) या क़ानूनी (Legal) संस्था नहीं है बल्कि एक नैतिक संस्था है और सर्वोच्च होने के कारण यह व्यक्ति के भौतिक जीवन के साथ-साथ नैतिक जीवन पर भी पूर्ण नियन्त्रण रखता है। उसने राज्य को स्वयं जागृत प्रबुद्ध सावयव (Organism) के रूप में वर्णित किया जिसका अर्थ यह है कि व्यक्ति व समाज की प्रत्येक संस्था राज्य रूपी जीव के अंग के समान है।

यूनानी विचारक अरस्तू ने भी राज्य की आंगिक एकता के सिद्धान्त का प्रतिपादन किया था। हीगल पर अरस्तू का प्रभाव स्पष्टत: परिलक्षित हो रहा है क्योंकि दोनों यह मानते हैं कि जिस प्रकार शरीर के अंग अपने अस्तित्व के लिए शरीर रूपी पूर्ण (Whole) पर निर्भर होते हैं उसी प्रकार राज्य से अलग होकर व्यक्ति का अस्तित्व

समाप्त हो जाएगा। राज्य ही विश्व-चेतना की पूर्ण अभिव्यक्ति है अतः व्यक्ति की स्वतन्त्रता भी इसी तथ्य में निहित है कि वह स्वयं को राज्य के व्यक्तित्व में विलीन कर ले।

स्वतन्त्रता की अवधारणा के माध्यम से हीगल एक साथ दो उद्देश्यों की पूर्ति कर रहा है। सर्वप्रथम, वह व्यक्तिवादी परम्परा की उस मान्यता का खण्डन कर रहा है जिसमें स्वेच्छाचारिता या बंधनहीनता को ही स्वतन्त्रता का पर्याय माना गया था। राज्य के आज्ञापालन में ही व्यक्ति की वास्तविक स्वतन्त्रता की अवधारणा प्रस्तुत करके हीगल ने फ्रांसीसी क्रान्ति (1789 AD) की नैतिक निरर्थकता भी सिद्ध कर दिया। दूसरा लक्ष्य यह है कि वह जर्मन जाति को यह संदेश देना चाह रहा है कि सर्वप्रथम जर्मन-राष्ट्र (German-Nation) की स्थापना करो क्योंकि राज्य स्वतन्त्रता की पूर्व-शर्त है। उसके अनुसार स्वतन्त्रता व्यक्ति का विशिष्ट गुण (Freedom is a distinctive quality of man) भी है। अत: वह रूसो की भाषा में यहाँ तक कहता है कि ''स्वतन्त्रता का परित्याग वास्तव में मनुष्यता का परित्याग'' है किन्तु यह स्वतन्त्रता राज्य के आदेशों का पालन करने में निहित है।

हीगल के अनुसार युद्ध राष्ट्रीय जीवन (National Life) का अभिन्न अंग है। मानवता के सार्वभौमिक प्रेम की धारणा एक ''मूर्खतापूर्ण आविष्कार (Insipid Invention)'' है। उसके शब्दों में, ''राज्य पूर्ण अधिकार-सम्पन्न है, किसी अन्य शक्ति को राज्य पर कोई अधिकार प्राप्त नहीं है। राज्य आपसी सम्बन्धों में पूर्णतः स्वतन्त्र और पारस्परिक निर्णयों को केवल सामयिक व अस्थायी मानते हैं।'' इससे यह भी स्पष्ट हो जाता है कि एक सम्प्रभु, राज्य के लिए अन्तर्राष्ट्रीय विधि व परम्पराएँ महत्वहीन होती हैं। अन्तर्राष्ट्रीय क्षेत्र में राष्ट्रीय राज्यों को निरपेक्ष स्वतन्त्रता प्रदान करने के कारण ही जान डुवी ने हीगल को दोनों विश्वयुद्धों के लिए उत्तरदायी माना है।[1] हीगल के पूर्व काण्ट ने युद्ध व शान्ति पर विचार किया था तथा सम्पूर्ण मानवता के हित में युद्धों के स्थायी उन्मूलन व चिर-स्थायी शान्ति (Perpetual Peace) की स्थापना की आवश्यकता पर बल दिया था। हीगल युद्ध का समर्थन करता है। युद्ध विश्व-चेतना के सर्वश्रेष्ठ रूप की अभिव्यक्ति का माध्यम है क्योंकि विजयी राज्य इस बात का प्रमाण होता है कि उस विशेष समय में वह विश्व-चेतना के सर्वोत्तम अंश का प्रतिनिधित्व कर रहा है। इस प्रकार हीगल के लिए युद्ध स्वाभाविक है। अन्तर्राष्ट्रीय क्षेत्र में जब दो राज्यों की इच्छाओं के मध्य मतभेद उत्पन्न होता है तो इसका एकमात्र समाधान युद्ध ही है।

दण्ड (Punishment) के सन्दर्भ में हीगल नैतिकता व अधिकारों (Morality and Rights) के दृष्टिकोण से विचार व्यक्त करता है। उसके अनुसार 'दण्ड अपराध

का निराकरण' है। दण्ड की पृष्ठभूमि में अधिकारों के विशुद्ध समन्वय (Genuine Reconciliation of Rights) की भावना अन्तर्निहित होती है। जब किसी व्यक्ति के अधिकारों का हनन होता है, तब अपराधी को दण्ड देना आवश्यक हो जाता है क्योंकि दण्ड के बिना पीड़ित व्यक्ति के अधिकारों की पुनर्स्थापना संभव नहीं है। इसलिए राज्य अपराधी को दण्डित करके दो उद्देश्यों की पूर्ति करता है–

(i) व्यक्ति के प्रति हुए अत्याचार का सार्वजनिक प्रतिकार (Public redressal of the outrage done to the individual)

(ii) समाज व न्याय के नियमों के विरुद्ध हुए अत्याचार का सार्वजनिक प्रतिकार (Public redressal of the outrage done to the community and the law of justice)

हीगल का मानना है कि अपराधी को दण्डित करना न केवल पीड़ित व्यक्ति व समाज के दृष्टि से उचित है बल्कि स्वयं अपराधी के लिए भी लाभप्रद है। अपराध करने का अर्थ है अपनी नैतिक इच्छा के विरुद्ध कार्य करना किन्तु व्यक्ति सच्चे अर्थों में मानव तभी कहलाता है जब वह नैतिक आचरण करता है। दण्ड अपराधी को उसकी वासनामय इच्छा से मुक्त कर नैतिकता के पथ पर पुनः चलने के लिए बाध्य करता है। इसलिए हीगल कहता है कि दण्ड अपराधी व समाज, दोनों का ही अधिकार है। सम्पत्ति (Property) के संदर्भ में हीगल ने अरस्तू की परम्परा का समर्थन किया है। वह सम्पत्ति को न तो 'सत्ता का स्रोत'[1] मानता है और न ही व्यक्ति की 'सुरक्षा का साधन'।[2] वह सम्पत्ति को क्षुद्र भौतिक सन्तुष्टि का आधार भी नहीं मानता बल्कि उसके अनुसार, "सम्पत्ति वह साधन है जिसके माध्यम से मैं अपनी इच्छा को मूर्त रूप देता हूँ'। दूसरे शब्दों में, निजी सम्पत्ति मानव-व्यक्तित्व के विकास की अनिवार्य शर्त है तथा उसका अभिन्न अंग है। इसकी सृष्टि राज्य या समाज के द्वारा नहीं होती बल्कि मानव होने के कारण प्रत्येक व्यक्ति सम्पत्ति का अधिकार रखता है।

हीगल के दर्शन को उसकी निम्नलिखित रचनाएँ अभिव्यक्त करती है–

1. The Spirit of Christianity.
2. Posivity of Christian Religion.
3. Lectures on Acothetics.
4. The Philosophy of Rights.
5. The Philosophy of History.

6. The Philosophy of Law.
7. The Phenomenalogy of Spirit.
8. The Phenomenology of Mind.
9. Science of Logic.
10. Encyclopaedia of Philosophical Science.

▣▣▣

2

विन्टसन चर्चिल

लेकिन अभी न्यायाधीश व्यस्त हैं और मुझे मृत्यु स्थल तक नहीं ले जाया गया है, इस बीच मैं आप सबसे, जिन्होंने मुझे मृत्युदण्ड से छुड़ाने का समर्थन किया, कुछ बातचीत करना चाहता हूँ। हे एथेंसवासियों! उतनी देर तक ही सही सुनो, क्योंकि अगर हमें बात करने की अनुमति है तो हमारे बीच कोई व्यवधान नहीं। मैं, मेरे साथ जो हुआ है, उसके अर्थ को समझाना चाहता हूँ। तुम ही न्याय कर सकते हो, इसलिए सही अर्थ में न्यायाधीश तुम्हीं हो–एक विचित्र घटना घटी है। मेरे आराध्य देव की आध्यात्मिक आवाज मेरी छोटी से छोटी गलती का विरोध करती रही है। लेकिन अभी तुम मेरी हालत खुद देख रहे हो और सोच सकते हो कि यह कितनी बुरी बात है। फिर भी उस दैविक सत्ता ने सुबह घर से चलते समय या यहाँ मुकदमे के दौरान और मुझे यह व्याख्यान देते हुए कभी भी विरोध नहीं किया, जबकि अन्य अवसरों पर बोलते हुए उसने मुझे सचेत कर दिया था। लेकिन इन समस्त कार्यवाही के दौरान उसने कभी भी मेरा विरोध नहीं किया। चाहे मैंने कुछ भी किया या कहा। तो मैं इसका कारण क्या समझूँ? तब मैं कहूँगा कि मेरे साथ जो भी घटित हुआ है, वह एक वरदान है और तब यह सोचना कि मृत्यु बुरी चीज है, मेरे लिए असम्भव है।

ऐसा सोचना मेरे लिए असम्भव इसलिए है कि मैं उस दैविक संकेत का आदी हूँ और ऐसा घटित होने में अवश्य मेरी भलाई है। इसलिए हम निष्कर्ष निकाल सकते हैं कि बहुत बड़ी आशा है कि मृत्यु वरदान है, क्योंकि मृत्यु के साथ दो चीजें जुड़ी हैं–क्योंकि शरीर छोड़ने वाले को खुद भान ही नहीं होगा, चाहे कुछ भी हो रहा हो या प्रचलित मान्यता के अनुसार कि आत्मा जब एक स्थान से दूसरे की ओर गमन करती है तो कुछ परिवर्तन होता है और सभी संवेदनाओं का अन्त हो जाए जो नींद में सोए व्यक्ति का स्वप्न के अभाव में होता है तो मृत्यु एक आश्चर्यजनक उपलब्धि है। क्योंकि मैं सोचता हूँ कि कोई भी एक ऐसी रात में गहरी नींद सो जाए कि उसे कोई स्वप्न भी न आए और इस रात की तुलना अपने जीवन के अन्य दिन और रातों से करे तो वह कह पाएगा कि इस रात की तरह अपने समस्त जीवनकाल में कब बेहतर बिताया है। मैं एक सामान्य व्यक्ति की ही बात नहीं कहता, एक महान् राजा भी इसे अनुभव करेगा कि यह रात अन्य दिनों और रातों से कितनी महत्त्वपूर्ण है। अगर मृत्यु ऐसी ही वस्तु है, तो मैं फिर कहता हूँ कि भविष्य की सारी सम्पदा इस एक रात से मूल्यवान नहीं।

लेकिन दूसरी ओर, मृत्यु अगर स्थान परिवर्तन है, जिसे कि सत्य माना गया है कि सभी दुनिया से गए लोग स्वर्ग में हैं, तो इससे बड़ा वरदान क्या होगा। न्यायाधीशों! क्योंकि इन अपने को न्यायाधीश कहने वाले लोगों से मुक्ति मिल जाए और वहाँ (स्वर्ग में) पहुँचा जाए तो सच्चे न्यायाधीशों से साक्षात्कार होगा, जिनमें मिनोज, राडामान्थस और ऐकस तथा ट्रीटोलेमस जैसे अन्य देवताओं (जो जीवन भर न्याय पर चलते रहे) से मुलाकात हो तो क्या यह स्थानान्तरण दुःखदायी होगा? और फियस, मूसेयस, हेसियोड और होमर की मुलाकात का मूल्यांकन क्या सहज है? अगर यह सही है तो मैं बार-बार मरना पसन्द करूँगा, क्योंकि मेरे लिए पालामिडस, सजाक्स (टिलामन का पुत्र) और अनेक पूर्वजों से (जिन्होंने अन्याय के खिलाफ जूझते हुए मृत्युदण्ड पाया है) भेंट करना प्रशंसा की बात होगी। उनके कष्ट की तुलना करके भी मुझे सुकून मिलेगा। और वहाँ जाकर मेरी प्रसन्नता इस बात में होगी कि मैं पूछूँ और जाँच करूँ जैसा कि मैंने यहाँ आप सबके बीच किया कि उनमें से सही बुद्धिमान कौन है और कौन न होते हुए भी बुद्धिमत्ता का स्वांग भरते हैं। हे मेरे न्यायाधीशों! उन लोगों (स्त्री-पुरुषों) से तर्क करने के अवसर का आप क्या मूल्य आँक सकते हैं जिन्होंने टॉरी, यूलिसेस या सिसिफस के विरुद्ध या अन्य दस हजार लोगों के विरुद्ध संघर्ष किया है? ऐसे व्यक्तियों से बातचीत और मेलमिलाप अप्रत्याशित प्रसन्नता की बात होगी। ऐसे कार्यों के लिए वहाँ के न्यायाधीश मृत्युदण्ड की हामी नहीं भरते, क्योंकि वहाँ जो लोग रहते हैं, यहाँ के लोगों से ज्यादा प्रसन्न हैं और अगर मान्यता सही है तो वे अमरत्व प्राप्त कर चुके हैं।

इसलिए हे मेरे न्यायाधीशों! तुम्हें मृत्यु को आशा भरी दृष्टि से देखना चाहिए और इस सत्य पर अमल करना चाहिए कि एक भले आदमी के लिए कुछ भी बुरा नहीं होता, चाहे वह शरीर में रहे या शरीर छोड़ दे, यहाँ तक कि देवताओं द्वारा उसकी मान्यताओं को स्वीकृति न भी मिले तो भी। मेरे ऊपर आई विपत्ति परिवर्तन का परिणाम नहीं, क्योंकि मुझे स्पष्ट है कि अभी मरकर चिन्ताओं से मुक्त होना कहीं ज्यादा बेहतर है। इसीलिए संबोधित (दैविक प्रेरणा) की चेतावनी ने मुझे नहीं बचाया और उनके प्रति कोई आक्रोश भी नहीं, जिन्होंने मुझ पर आक्षेप किया या घृणा की या मुझे चोट पहुँचाने का प्रयास किया, भले ही वे दोषारोपण के योग्य हैं।

इसलिए हे न्यायाधीशों! तुम लोगों से मैं प्रार्थना करता हूँ कि मेरे पुत्रों को बड़ा होने पर दण्ड दो, ऐसा ही कष्ट दो जैसा कि मुझसे तुम्हें हुआ है, अगर वे (दुनिया की) किसी भी वस्तु को अपने गुणों से अधिक महत्त्व दें और वे कुछ न होते हुए भी होने का स्वांग भरें, ठीक वैसा ही कष्ट जैसे–मैंने आपको दिया। यह यंत्रणा इसलिए मिलनी चाहिए, क्योंकि वे भीतर बाहर से एक नहीं थे। अगर तुम ऐसा करते हो तो यह मेरे तथा मेरे पुत्रों के लिए यथोचित व्यवहार होगा।

अब प्रयाण (मृत्यु) का समय आ चुका है, ताकि मैं मरूँ और तुम जीवित रहो, लेकिन ईश्वर के अतिरिक्त कौन जान सकता है कि हममें से कौन बेहतर स्थिति प्राप्त करता है?

गत शुक्रवार को मैंने महामहिम का निर्देश नई सरकार के गठन के लिए प्राप्त किया। यह संसद और राष्ट्र की इच्छा की अभिव्यक्ति है कि वर्तमान सरकार का गठन वृहद् सम्भावनाओं के अनुकूल ऐसे दलों की सहमति से हो जो पूर्व सरकार के पक्ष में और विरोध में थे। इस गठन का महत्त्वपूर्ण कार्य समाप्त हो गया है। राष्ट्र की एकता को ध्यान में रखते हुए पाँच सदस्यों का मंत्रिमण्डल भी गठित हो चुका है, जिसमें विपक्ष उदारदल भी शामिल है। त्रिदलीय नेता इस बात से सहमत हैं कि या तो वे युद्ध समिति के सदस्य रहेंगे या उच्चस्थ कार्यकारिणी के तीनों सेनाओं के पद भी निर्धारित हो गए हैं। घटनाओं और अति अनिवार्यता को ध्यान में रखते हुए यह आवश्यकता हो गया था कि ऐसा एक दिन में ही किया जाए। कल ही कुछ महत्त्वपूर्ण पदों पर नियुक्ति हुई और मैं महामहिम को मंत्रियों की सूची कल ही बनाकर पेश कर दूँगा। बाकी मंत्रियों की नियुक्ति में पहले ही की तरह कुछ विलम्ब होगा, लेकिन मेरा विश्वास है कि संसद की अगली बैठक तक यह कार्य भी हो जाएगा।

मैंने लोकहित को ध्यान में रखते हुए आज ही संसद की बैठक बुलाने की सलाह दी। सभापति ने सहमति प्रकट करते हुए संसद के संकल्प के तहत आवश्यक कार्यवाही की। आज की कार्यवाही के पश्चात् अगले मंगलवार तक संसद की कार्यवाही ठप्प

हो जाएगी। अगले सप्ताह की गतिविधि की सूचना यथासम्भव शीघ्र ही दी जाएगी। अब मैं संसद को आमंत्रित करता हूँ कि उस संकल्प के तहत नई सरकार में विश्वास व्यक्त करे और इसके द्वारा उठाए गए कदमों की स्वीकृति प्रदान करने का कष्ट करे।

इस ढाँचे की जटिलताओं से घिरी सरकार को अपने कार्य की सूचना देना एक कठिन बात है, लेकिन यह अवश्य याद रहे कि हम इतिहास के भीषण युद्ध के प्रारम्भिक दौर से गुजर रहे हैं। हम नार्वे और हॉलैण्ड के बहुत से मोर्चों पर सक्रिय हैं और मध्यसागरीय क्षेत्रों में भी तैयारी की आवश्यकता है और हवाई युद्ध भी जारी है, जिसकी भी बहुत तैयारी करनी बाकी है। इस संकट की घड़ी में मेरे संक्षिप्त भाषण के लिए क्षमा किया जाए। मैं आशा करता हूँ कि मेरे कोई भी सहयोगी या पूर्व सहयोगी जो नए राजनीतिक समीकरण से प्रभावित हो गए हों, इस समारोह की औपचारिक कमियों की ओर ध्यान न देंगे, जिनके बिना ही कार्यवाही सम्भालना आवश्यक हो गया है।

मैं संसद से अनुरोध करूँगा, जैसा कि मैंने कार्यकारिणी के सदस्यों से किया है, वह है-खून, पसीना, आँसू और मेहनत का आग्रह।

हमारे सामने घोर संकट है। हमारे समक्ष महीनों संघर्ष और कष्ट के पड़े हैं। आप पूछना चाहेंगे, हमारी नीति क्या होगी? मैं कहूँगा ''युद्ध करना। स्थल, जल और आकाश से युद्ध करना, उस सामर्थ्य के साथ जिसे ईश्वर ने हमें दिया है। एक दानवीय यंत्रणा के विरुद्ध जो मानवीय बर्बरता के इतिहास में शायद ही कभी रहा हो। यही हमारी नीति है। आप पूछेंगे, हमारा ध्येय क्या है? मैं इसका उत्तर एक शब्द में देना चाहूँगा-वह है (विजय) किसी भी कीमत पर विजय, तमाम तबाही के बावजूद चाहे इसका रास्ता कितना भी लम्बा और कठिन क्यों न हो, क्योंकि बिना विजय के अस्तित्व ही नहीं है, उस ब्रिटिश साम्राज्य का और उन बातों के लिए भी यह आवश्यक है, जिनके लिए यह साम्राज्य विख्यात रहा है और युगों की आशा-आकांक्षाओं की पूर्ति के लिए भी इसकी आवश्यकता है, जिनके द्वारा मानव जाति अपने उद्देश्यों तक पहुँचती है। लेकिन मैं अपना यह कार्य आशा और विश्वास के साथ हाथों में लेता हूँ। मेरी निश्चित मान्यता है कि जनता भी इसको मान्यता देगी।

इस समय मैं सबके समर्थन और सहयोग का दावा करते हुए कहना चाहूँगा-आप आगे आएँ और कदम से कदम मिलाकर संयुक्त शक्ति से आगे बढ़ें।''

व्यक्तिवाद आदर्शवाद की इस मान्यता को स्वीकार करता है कि व्यक्ति का परम उद्देश्य आत्मनिर्भर नैतिक जीवन का विकास है। लेकिन जहाँ आदर्शवादी यह मानते हैं कि व्यक्ति का नैतिक विकास राज्य के नियन्त्रण व निर्देशन में ही हो सकता है वहीं व्यक्तिवाद के समर्थकों का कहना है कि व्यक्ति के स्वतन्त्र आचरण

में राज्य का अत्यधिक हस्तक्षेप व्यक्ति का नैतिक पतन कर देता है। एक नैतिक प्राणी के रूप में मानव का विकास दो बातों पर निर्भर करता है-उपक्रमों (Initiative) और स्व-निर्णय (Self-decision)। ये दोनों ही शर्तें केवल उस स्थिति में पूर्ण हो सकती हैं जब व्यक्ति को अपने विवेक एवं निर्णय के अनुसार कार्य करने की स्वतन्त्रता प्राप्त हो। अपने प्रत्येक कार्य के लिए शासन पर निर्भर रहने वाली जनता में पहल की क्षमता (Power to Initiate) समाप्त हो जाती है और उसका नैतिक विकास बाधित हो जाता है। जे.एस. मिल के शब्दों में-''शासन का अत्यधिक हस्तक्षेप जब किसी को उसकी प्रवृत्ति के अनुसार कार्य करने या वांछित रूप में किसी के विवेकानुसार क्रियाशील होने से वंचित करता है तो शारीरिक या मानसिक गुणों का कुछ भाग विकास से वंचित हो जाता है।

(2) यदि प्रत्येक व्यक्ति को पूर्ण स्वाधीनता प्रदान की जाए तो वह अपने अवसरों व क्षमताओं का अच्छा से अच्छा उपयोग करके अधिक से अधिक लाभ अर्जित कर सकता है। इस आर्थिक स्वतन्त्रता से न केवल निजी उद्यमी की व्यापारिक क्षमता में वृद्धि होती है अपितु सम्पूर्ण राज्य की आर्थिक समृद्धि बढ़ती है। जब राज्य के द्वारा बाज़ार पर नियन्त्रण रखा जाता है, माँग व पूर्ति की स्वाभाविक प्रक्रिया को नियमित करने का प्रयास किया जाता या वस्तुओं के उत्पादन व उनके मूल्य का निर्धारण किया जाता है तब उद्यमी की उद्यमशीलता कुंठित होती है। सीधा व सरल तर्क यह है कि यदि किसी व्यक्ति को किसी व्यवसाय में एक सीमा से अधिक लाभ कमाने की संभावना नहीं है तो वह उस व्यापार में और अधिक पूँजी निवेश या परिश्रम क्यों करेगा? अत: आर्थिक क्षेत्र में खुली प्रतियोगिता होनी चाहिए। स्मिथ के विचारों का समर्थन मिल और स्पेन्सर ने भी किया है।

व्यक्तिवाद के आर्थिक आधार का सर्वप्रमुख समर्थक एडम स्मिथ है जिसने अहस्तक्षेप की नीति (Laissez Faire) को व्यापार-वाणिज्य के क्षेत्र में लागू किया। जैसा कि स्मिथ के विचारों की पूर्व व्याख्या में कहा गया है-वह आर्थिक मानव (Economic Man) की संकल्पना को आर्थिक क्षेत्र में राज्य के अहस्तक्षेप के तर्क का आधार बनाता है। जिस प्रकार अरस्तू के 'राजनीतिक प्राणी' के लिए राज्य स्वाभाविक है, उसी तरह स्मिथ के आर्थिक मानव के लिए व्यापार व उद्योग स्वाभाविक है। प्रत्येक व्यक्ति में स्व-हित (Self-interest) की भावना व लाभ कमाने की प्रवृत्ति है। किन्तु सबसे महत्वपूर्ण तथ्य यह है कि मनुष्य में लाभ अर्जित करने की क्षमता भी है।

(3) स्पेन्सर का कहना था कि सामाजिक जीवन में भी 'अस्तित्व के लिए संघर्ष' को होने देना चाहिए जिससे अयोग्य व्यक्ति समाप्त हो सके और एक स्वस्थ

व सबल समाज की स्थापना हो सके। बीमार, निर्धन, निर्बल लोगों को सरकारी सहायता पर ज़िन्दा रखने का क्या अर्थ है? जो लोग चल-फिर नहीं सकते, जो अपनी आजीविका अर्जित करने में असमर्थ हैं उनका खत्म हो जाना ही समाज के हित में है। अत: राज्य को सामाजिक क्षेत्र में भी किसी प्रकार का हस्तक्षेप नहीं करना चाहिए।-"निर्बलों को स्थायी रूप से जीवित रखना और उन्हें बलवानों के स्तर पर ही ले आना एक प्रकार से अक्षम वस्तुओं की सक्षम वस्तुओं के मूल्य पर रक्षा करना है।" व्यक्तिवाद के समर्थन में वैज्ञानिक (प्रधानत: प्राणिशास्त्रीय) तर्क भी दिए गए हैं। राज्य के न्यूनतम हस्तक्षेप और व्यक्ति की अधिकाधिक स्वतन्त्रता के सिद्धान्त को प्रमाणित करने के लिए स्पेन्सर ने प्राणी जगत् के दो आधारभूत नियमों-अस्तित्व के लिए संघर्ष (Struggle for Existence) और योग्यतम की अतिजीविता (Survival of the Fittest) को सामाजिक व्यवस्था पर लागू करते हुए कहा है कि-"शासन का आवश्यक लक्ष्य प्रकृति का पोषण करना है, जहाँ तक हो सके ऐसी व्यवस्था को बनाए रखना है जिसके अन्तर्गत प्रत्येक वयस्क अपनी प्रकृति और आचरण के अच्छे और बुरे परिणामों को भोगता है।.......अनिवार्य और सार्वजनिक शिक्षा, निर्धनों की सहायता और सामाजिक व्यवस्थापन प्राकृतिक दशाओं को बदलने के व्यर्थ के प्रयास हैं।"

(4) मैकाइवर ने इस बात को बहुत ही अच्छे ढंग से अपनी पुस्तक 'The Modern state' में इस प्रकार व्यक्त किया है-"बढ़ई अपने भद्दे औज़ारों से भी कुछ काम कर तो सकता है लेकिन भद्दे ढंग से। कुल्हाड़ी से पेन्सिल बनाना ठीक नहीं है।" राज्य ऐसा ही बढ़ई (Carpenter) है। शासन तन्त्र के अनावश्यक विलम्ब की प्रवृत्ति व भ्रष्टाचार, शासन द्वारा संचालित आर्थिक क्रियाकलापों पर किस तरह हानिकारक प्रभाव डालता है। यह बात भारत के सरकारी उपक्रमों की असफलता और 1990 के बाद भारतीय अर्थव्यवस्था के उदारीकरण की विवशता से साफ़ हो जाती है। सोवियत संघ के पतन और साम्यवादी अर्थव्यवस्था संघ की असफलता ने भी व्यक्तिवादियों के तर्कों का पक्ष-पोषण ही किया है। नैतिक, आर्थिक व वैज्ञानिक तर्कों के साथ व्यक्तिवाद के समर्थकों ने ऐतिहासिक अनुभव के आधार पर भी 'अहस्तक्षेप' की नीति का समर्थन किया है। ऐतिहासिक अनुभव यही रहा है कि राज्य द्वारा नियमित और नियन्त्रित आर्थिक गतिविधियाँ सामान्यत: असफल सिद्ध हुई हैं अथवा अन्तत: अलाभप्रद। इसका सबसे प्रधान कारण यह है कि जितनी अभिरुचि व लगाव एक निजी उद्यमी अपने उद्योग या व्यवसाय से रखता है, उतनी अभिरुचि राज्य के पदाधिकारी किसी उद्योग में नहीं रखते। व्यक्तिगत लाभ निजी उद्यमी को प्रोत्साहित करता है जबकि सरकारी कर्मचारी, जिन्हें केवल वेतन मिलना होता है, उदासीनता से काम करते हैं, जिसका परिणाम यह होता है कि वह सरकारी उपक्रम धीरे-धीरे असफल होकर बन्द हो जाता है।

व्यक्तिवाद की आलोचना

(Criticism of the Individualism)

17वीं, 18वीं शताब्दी में व्यक्तिवाद के 'अहस्तक्षेप' के नारे का चाहे जितना महत्व या जितनी प्रासंगिकता रही हो किन्तु 19वीं शताब्दी के पूर्वार्द्ध के अन्त तक इसकी न्यूनताएँ भी उभर कर सामने आने लगीं। अनेक विद्वानों ने व्यक्तिवाद की मान्यताओं और तर्कों का खण्डन किया। निश्चित रूप से व्यक्तिवादियों द्वारा समान स्वतन्त्रता (Equal Freedom) की माँग व्यक्ति के व्यक्तित्व की गरिमा को पुनर्स्थापित करने की माँग थी, जो मध्ययुग के सामन्तवादी व्यवस्था में दब गई थी। 'समस्त राजनीतिक हितों में–जैसाकि बर्ट्रेण्ड रसेल ने 'Roads to Freedom' में कहा है–"सबसे बड़ा हित स्वतन्त्रता है। यह समस्त श्रेष्ठ सामाजिक व्यवस्थाओं का सर्वोच्च लक्ष्य है।[1] (Freedom is the greatest of all goods. It is the supreme aim of all good social system.)'[1] जिस सामाजिक व्यवस्था में स्वतन्त्रता का अभाव रहा है उस समाज में मानव विकास नहीं कर पाया। इतिहास साक्षी है कि मध्ययुग में समाज चर्च व राज्य के दोहरे नियन्त्रण में इस कदर दबा था कि किसी प्रकार का वैचारिक या वैज्ञानिक विकास दुर्लभ हो गया और इसलिए मध्ययुग को अन्धकार युग (Dark Age) के नाम से जाना गया। व्यक्तिवाद को यह श्रेय जाता है कि इसने इस बंधन को तोड़ने का उपक्रम किया और अन्ततः सफल भी रहा। पराधीनता मनुष्य को पशु बना देती है क्योंकि रूसो के शब्दों में–"स्वतन्त्रता को छोड़ना मनुष्यता को छोड़ना है, मनुष्यता के अधिकारों व कर्त्तव्यों को दे देना है। (To renounce liberty is to renounce being a man, to surrender the rights of humanity and even its duties.)"

इस सन्दर्भ में व्यक्तिवाद की उपलब्धि भव्य व ऐतिहासिक रही है। गिलक्राइस्ट ने व्यक्तिवाद की उपलब्धियों को सारांश रूप में इस प्रकार व्यक्त किया है। उनके अनुसार व्यक्तिवाद–

1. आत्मनिर्भरता पर बल देता है।
2. अनावश्यक सरकारी हस्तक्षेप का विरोध करता है।
3. समाज में व्यक्ति की गरिमा व महत्त्व को स्थापित करता है, तथा
4. महत्वहीन बातों में भी हस्तक्षेप करने वाले निरर्थक कानूनों को रद्द करने की माँग करता है।

(1) शक्ति व योग्यता का वितरण समान नहीं है। कुछ लोग दूसरों की तुलना में अधिक बुद्धिमान होते ही हैं। दूसरे शब्दों में, कुछ लोग कम बुद्धिमान, अर्थात् मूर्ख होते हैं। ऐसे में यह दावा करना कि प्रत्येक व्यक्ति अपने हितों का सर्वोत्तम निर्णायक है, एक कोरी आशावादिता से अधिक कुछ भी नहीं है। यदि राज्य का हस्तक्षेप प्रतिबन्धित कर दिया जाए तो बुद्धिमान व्यक्ति बुद्धिहीन व्यक्तियों का अबाध शोषण करना प्रारम्भ कर देंगे। व्यक्तिवाद का महल इस विश्वास रूपी स्तम्भ पर टिका हुआ है कि व्यक्ति अपने हितों का सर्वश्रेष्ठ निर्णायक (Man is the best judge of his interests) होता है। इसकी यह मान्यता आनुभविक दृष्टिकोण से निराश करती है। यह सत्य है कि प्रत्येक व्यक्ति में 'विवेक' का तत्व होता है लेकिन यह बात भी उतनी ही सत्य है कि सबमें समान रूप से विवेक नहीं पाया जाता। असमानता प्रकृति का नियम है।

(2) इस बात की व्यापक संभावना भी रहती है कि कुछ लोग अपने निहित स्वार्थों की पूर्ति के लिए दूसरों की समान-स्वतन्त्रता का अनादर करें। इस स्थिति में राज्य ही अपने हस्तक्षेप के द्वारा ऐसे अराजक तत्वों को नियन्त्रित कर उस परिस्थितियों का निर्माण कर सकता है जो प्रत्येक व्यक्ति के अधिकारों व स्वतन्त्रताओं के उपभोग को सुनिश्चित कर सके। स्वयं लॉक ने भी कहा है कि "जहाँ क़ानून नहीं है, वहाँ स्वतन्त्रता भी नहीं होती (Where there is no law, there is no freedom.)।" ग्रीन के अनुसार स्वतन्त्रता मनमाने पूर्ण ढंग से किसी भी कार्य को करने की छूट नहीं है, बल्कि यह उन कार्यों को करने की छूट है जो करने योग्य हैं। अनैतिक आचरण स्वतन्त्रता नहीं बल्कि परतन्त्रता है।व्यक्तिवाद ने स्वतन्त्रता को समस्त वैयक्तिक और सामाजिक प्रगति का मूल माना है। उसकी इस मान्यता का विरोध भी नहीं किया जाता कि स्वतन्त्रता के बिना विकास संभव नहीं है। परन्तु स्वतन्त्रता की उनकी अवधारणा अनुचित है। उन्होंने स्वच्छन्दता या बंधनहीनता को ही स्वाधीनता मान लिया और इसी ग़लत धारणा के चलते राज्य-नियमन का विरोध किया। उनका विश्वास है कि क़ानून का सीधा अर्थ स्वतन्त्रता का हनन है किन्तु वास्तविकता इसके विपरीत है। लोकतान्त्रिक शासन व्यवस्था में (जिसकी माँग व्यक्तिवादी करते हैं) क़ानून जनता की इच्छा को अभिव्यक्त करते हैं और अपनी ही इच्छा-पालन को कभी भी पराधीनता नहीं कहा जा सकता है। साथ ही यदि सभी व्यक्ति समान रूप से स्वभावत: अच्छे होते तो निरपेक्ष स्वतन्त्रता की बात ठीक लगती लेकिन व्यक्तिवादी स्वयं मानते हैं कि व्यक्ति स्वार्थी होते हैं।

(3) मार्क्सवाद राज्य के अन्त की बात करता है किन्तु लगभग 74 वर्ष तक कायम सर्वहारा-तानाशाही भी सोवियत समाज को राज्यविहीन क्यों नहीं बना

पाई? जवाब यह है कि राज्य के बिना मानव जीवन की कल्पना संभव नहीं है। आज लोक कल्याणकारी राज्य के रूप में इसका महत्व और औचित्य बहुत बढ़ गया है। राज्य का आगमन भले ही मानवीय जीवन की क्षुद्र भौतिक आवश्यकताओं की पूर्ति के उद्देश्य से हुआ हो किन्तु आज राज्य सभ्य समाज की अपरिहार्य आवश्यकता के रूप में कायम है। अरस्तू ने सत्य ही कहा है कि "राज्य जीवन की आवश्यकताओं की पूर्ति के लिए अस्तित्व में आता है और सद्जीवन के लिए इसका अस्तित्व बना रहता है। (The State comes into being for the sake of life and it continues for the sake of good life.)"

राज्य 'पुलिस मैन' नहीं है जिसका काम युद्ध एवं अपराध से जनता की रक्षा करना मात्र है बल्कि राज्य की समाज में सकारात्मक भूमिका है। क़ानून-व्यवस्था की स्थापना के साथ लोगों-विशेषकर निर्बलों, निर्धनों व असहायों की सामाजिक सुरक्षा तथा नागरिकों के स्वस्थ, सुखी व शैक्षिक जीवन की आवश्यकताओं की पूर्ति भी राज्य का कर्त्तव्य है।

स्वतन्त्रता की भ्रमपूर्ण अवधारणा और व्यक्ति के विवेक में अत्यधिक आस्था के कारण व्यक्तिवादियों का राज्य सम्बन्धी विचार भी कई असंगतियों का शिकार हो गया। समाज की जटिलताओं और व्यक्ति की स्वाभाविक बुराइयों की पृष्ठभूमि में राज्य आवश्यक बुराई नहीं बल्कि आवश्यक अच्छाई सिद्ध होता है। राज्य क़ानून के माध्यम से सामाजिक-आर्थिक जीवन को व्यवस्थित करता है तथा इस व्यवस्था को आघात पहुँचाने वाले तत्वों को दण्डित कर समाज में शान्ति व सुरक्षा का वातावरण पैदा करता है जिसके बिना न तो स्वतन्त्रता संभव है और न ही विकास। एक बार क़ानून को स्वतन्त्रता का पोषक मान लेने के बाद राज्य का बुराई मानने के व्यक्तिवादियों के एक बहुत बड़े आधार की समाप्ति हो जाती है। दूसरा तथ्य यह भी है कि वास्तव में यदि राज्य 'बुराई' है तो फिर सामाजिक समझौते द्वारा इसकी स्थापना की आवश्यकता ही क्या थी? लोगों ने प्राकृतिक अवस्था (State of Nature) की निरपेक्ष स्वतन्त्रता (Absolute Liberty) को छोड़कर राज्य का बन्धन क्यों स्वीकार किया? स्पष्टतः लोगों ने राज्य को अच्छा समझा होगा तभी इसको निर्मित किया। तीसरी बात यह है कि यदि राज्य बुराई है तो यह अब भी क्यों कायम है?

(4) हमें ऐसे राज्य की आवश्यकता नहीं है जो चुपचाप कथित सभ्य-समाज की स्थापना की प्रक्रिया (संघर्ष) देखता रहे। वस्तुतः जैसा कि हक्सले (Huxley) ने कहा है-"राज्य एक मानवीय संस्था है...............हमारा उद्देश्य योग्यतम व्यक्तियों को जीवित रखने की अपेक्षा जीवित व्यक्तियों को योग्य बनाना होना चाहिए। इस प्रकार व्यक्तिवाद का जीव वैज्ञानिक आधार बर्बर, अनैतिक व आमानवीय है। "स्पेन्सर

ने एक बहुत बड़ी भूल की और बहुत से लोग यही भूल अब-तक करते चले आ रहे हैं। वह भूल यह है कि जो बातें किसी एक विज्ञान के लिए उपयुक्त हैं उन्हें किसी दूसरे बिल्कुल भिन्न-लक्षण वाले विज्ञान पर लागू करना। (Spencer made the fatal mistake, which many continue to make of transferring concepts that are appropriate to one science to another where the phenomena are quite different.)।'' निःसन्देह व्यक्तिवाद की सबसे कटु आलोचना स्पेन्सर के योग्यतम की अतिजीविता (Survival of the Fittest) के विचार के कारण हुई। आर्थिक क्षेत्र में इस सिद्धान्त की तार्किक निष्पत्ति खुली प्रतियोगिता के रूप में होती है। किन्तु यदि आर्थिक-क्रियाकलापों को पूरी तरह से राज्य की निगरानी से मुक्त कर दिया जाए तो उसका परिणाम कुछ मुट्ठी भर लोगों की सम्पन्नता और शेष समाज की दरिद्रता के रूप में होगा क्योंकि जिन लोगों का उत्पादन से साधनों पर अधिकार होगा वही आगे बढ़ेंगे। सामान्य व्यक्ति मज़दूर मात्र बनकर रह जाएगा। किन्तु 'योग्यतम की अतिजीविता' का सिद्धान्त केवल ख़तरनाक ही नहीं है, वह अमानवीय भी है। पशु-जगत् के सिद्धान्त को मानव-जगत् पर लागू करना नैतिक दृष्टि से अक्षम्य है। स्पेन्सर कहता है कि रोगी को दवा मत दो, भूखे को भोजन मत दो, मरते हुए को बचाओ नहीं, विद्यालय या हॉस्पिटल बनवाना राज्य का काम नहीं है। संघर्ष चलने दो ताकि सबल व सशक्त समाज निर्मित हो सके। यदि स्पेन्सर की बात मान ली जाए तो सभ्य समाज की स्थापना की बात तो बहुत दूर है समाज में सबसे शक्तिशाली व्यक्ति को छोड़कर अन्य कोई बचेगा ही नहीं क्योंकि संघर्ष में कमज़ोर और अयोग्य तो नष्ट हो जाएँगे।

(5) लास्की ने सामाजिक, आर्थिक विशेषतः नैतिक दृष्टि से व्यक्तिवाद की कटु आलोचना की है। उसके शब्दों में-''व्यक्तिवाद का अर्थ है-क्षीण स्वास्थ्य, अविकसित मस्तिष्क, दयनीय निवास-स्थान, और ऐसा कार्य जिसमें अधिकांश व्यक्तियों की कोई अभिरुचि न हो। इसमें कमज़ोरी का अनुचित लाभ उठाया जाता है। मज़दूर की सौदा करने की शक्ति पूँजीपति की शक्ति के बराबर न होने के कारण मज़दूर आर्थिक दौड़ में सामान्यतः हार जाता है। बाज़ार का उतार-चढ़ाव (सौदेबाजी) असमानता का दिव्य प्रदर्शन (Apotheosis of Inequality) है।''[1]

आधुनिक व्यक्तिवाद

(Modern Individualism)

व्यक्तिवाद की इस विचारधारा के विरुद्ध एक प्रतिक्रिया 'आदर्शवाद' के माध्यम से हुई जिसने हीगल के दर्शन को आधार बनाकर राज्य को व्यक्तियों के ऊपर निरपेक्ष अधिकार प्रदान कर दिया। व्यक्ति के स्थान पर राज्य को गौरव मिला जिसकी परिणति नाज़ीवाद, फासीवाद और साम्यवाद जैसी सर्वाधिकारवादी व्यवस्थाओं की

स्थापना के रूप हुई। इसके विरुद्ध पुनः एक प्रतिक्रिया हुई और यह प्रतिक्रिया की 'नवीन व्यक्तिवाद' था जिसने पुनः चिरसम्मत व्यक्तिवाद को प्रमाणित करने का प्रयास किया। किन्तु 20वीं शताब्दी तक आते-आते चिरसम्मत व्यक्तिवाद अपनी न्यूनताओं से तो परिचित हुआ ही अब परिवर्तित परिस्थितियों को भी देखा और समझा। फलतः पुराने व्यक्तिवाद से यह कई रूपों में भिन्न हो गया जिसके चलते इसे आधुनिक या नवीन व्यक्तिवाद की संज्ञा की गई। सबसे मूलभूत बदलाव यह रहा कि जहाँ **चिर सम्मत व्यक्तिवाद** (Classical Individualism) व्यक्ति बनाम राज्य (Man Vs State) की बात करता था वहाँ अब नवीन व्यक्तिवादी समूह बनाम राज्य (Groups Vs State) की चर्चा करने लगे। स्पष्टतः यह बहुलवाद का व्यक्तिवाद पर प्रभाव था जो व्यक्तियों के समूह या संघों को राजनीतिक-सामाजिक व्यवस्था का आधार मानता है।

न्यूटन ने गति का तृतीय नियम (Third Law of Motion) प्रतिपादित करते हुए लिखा है कि "प्रत्येक क्रिया के विरुद्ध व बराबर प्रतिक्रिया होती है।" भौतिक शास्त्र के इस नियम को राजनीतिक विचारधाराओं के क्षेत्र में भी लागू करते हुए कहा जा सकता है कि प्रतिक्रिया के रूप में आने वाली प्रत्येक विचारधारा के विरुद्ध पुनः वैचारिक प्रतिक्रिया होती है। व्यक्तिवाद मध्ययुगीन चर्च व राज्य के निरंकुश एकाधिकार के विरुद्ध अस्तित्व में आया। चर्च व राज्य को ईश्वरीय-संस्था मानने वाली मध्ययुगीन विचारधारा के विपरीत व्यक्तिवाद ने मानव-व्यक्तित्व को सर्वोच्च महत्व दिया तथा राज्य को कृत्रिम संस्था और एक 'बुराई' मानते हुए व्यक्ति की गरिमा को स्थापित किया। उन्होंने राज्य को बुराई मान कर उसे वैयक्तिक स्वतन्त्रता के नाम पर महत्वहीन सिद्ध कर दिया।

सत्य है कि 1848 में चार्टिस्ट आन्दोलन की समाप्ति के बाद श्रमिक वर्ग का कोई बड़ा और व्यवस्थित आन्दोलन पुनः प्रारम्भ नहीं हुआ। लेकिन 1848 से 1880 के बीच इंग्लैण्ड में ऐसी कई घटनाएँ घटित हुईं जिसके चलते नवीन व्यक्तिवाद का रास्ता तैयार हुआ। वैचारिक दृष्टिकोण से थॉमस कार्लाईल ने व्यक्तिवाद के इञ्जील (Gospel of Individualism) 'अहस्तक्षेप सिद्धान्त' (Laissez Faire) का खण्डन किया तथा श्रम के अधिकाधिक उचित मेहनताना की माँग की 1850 में 'Tracts on Christion Socialism' और 'Atton Locke' के माध्यम से मौरिस (Maurice) और किंग्सले (Kingsley) ने समाजवादी सिद्धान्तों का प्रतिपादन किया।

काल-क्रम की दृष्टि से देखने पर स्पष्ट होता है कि व्यक्तिवाद का पतन 1880 के बाद तेजी से होने लगा। इसका सबसे प्रधान कारण 'अहस्तक्षेप नीति' का सामाजिक क्षेत्र में पड़ने वाला प्रभाव था। आर्थिक गतिविधियों पर राज्य के अनियन्त्रण का परिणाम वर्ग-विभाजन के रूप में सामने आया। समाज पूँजीपतियों और पूँजीहीनों

में बँट गया। अधिकतम लाभ कमाने के उद्देश्य से मालिकों ने मज़दूरों से अधिक से अधिक काम लिया और कम से कम वेतन प्रदान किया। एक मजदूर इस वेतन से अपने परिवार का पालन-पोषण करने में असमर्थ था। बाध्य होकर उसे अपने अल्पवय बच्चों को कारखानों में भेजना पड़ा जो सामान्यत: 12-14 घण्टे काम करते थे। पूँजीपतियों ने मज़दूरों की सुविधाओं की पूर्ण उपेक्षा की। फलत: मज़दूर ऐसी परिस्थितियों में काम करने के लिए विवश थे जो असाध्य और आमानवीय होती थी। शिक्षा से वंचित ये श्रमिक ऐसी बस्तियों में रहते थे जहाँ, मार्क्स के शब्दों में, पूँजीपति कुछ सेकेण्ड भी खड़ा नहीं रह सकते। इस निर्मम शोषण ने चिन्तकों व दार्शनिकों को झकझोर दिया और वे दलित वर्ग के हित में राज्य के हस्तक्षेप की माँग करने लगे। पुनर्गठन की आवश्यकता का अनुभव न केवल ब्रिटिश समाजवादी कर रहे थे बल्कि सरकार भी इस जरूरत को महसूस कर रही थी। चूँकि अनुदारवादी ब्रिटिश समाज क्रान्तिकारी माध्यमों का विरोधी था, अत: समाज-सुधार का एक ही सर्वमान्य रास्ता था-संसद द्वारा क़ानून निर्माण जिसका अर्थ था-राज्य के 'अहस्तक्षेप नीति' का त्याग। इस नवीन प्रकृति का प्रारम्भ, जैसा कि प्रो. डायसी ने कहा है, 1870 के शिक्षा अधिनियम (Education Act) से होता है। 1871 और 1876 के 'Trade Union Acts' के माध्यम से श्रमिक संघों को व्यापक स्वतन्त्रता मिली और 1885 के सुधार अधिनियम से श्रमिक वर्ग को मताधिकार भी प्राप्त हो गया। इसके पूर्व 1832 में मध्यम वर्ग और 1867 में शिल्पी वर्ग को मताधिकार प्रदान कर दिए गए थे। इस मताधिकार क्षेत्र की व्यापकता का सीधा परिणाम संसद की 'कॉमन्स सभा' में इन वर्गों के प्रतिनिधियों की पहुँच था जिन्होंने अपने बहुमत के बल पर क़ानून बनाना प्रारम्भ किया जिसका तात्पर्य था-राज्य के अहस्तक्षेप के सिद्धान्त के परित्याग का प्रारम्भ। अब राज्य सकारात्मक भूमिका में आ गया। जनमत राज्य के हस्तक्षेप की क्रान्तिकारी माँग कर रहा था।

किन्तु निश्चित रूप से चिरसम्मत व्यक्तिवाद के 'अहस्तक्षेप नीति' को छोड़ने के लिए विवश करने वाला व्यक्ति कार्ल मार्क्स था। यहाँ इस विडम्बना की चर्चा करना महत्वपूर्ण है कि अपना अन्तिम समय इंग्लैण्ड में ही व्यतीत करने वाले कार्ल मार्क्स का स्वयं ब्रिटेन में प्रभाव (1880 तक) बहुत ही कम था। फिर भी मार्क्स द्वारा 1864 में स्थापित प्रथम 'इण्टरनेशनल' (International) ने ब्रिटिश समाज को बहुत प्रभावित किया। मार्क्स ने अपने संबोधन में श्रमिक वर्गों के एक अन्तर्राष्ट्रीय संगठन की स्थापना का उद्देश्य घोषित किया, जिसके क्रियाकलापों से समाज का समाजवादी पुनर्निर्माण (Socialistic Reconstruction of Society) किया जा सके। फिर भी जैसा कि बार्कर का मानना है, व्यक्तिवाद के प्रति जनमत में बदलाव, बाहरी शक्तियों के क्रियाकलापों की तुलना में इसके स्वयं के आन्तरिक विकास से ज्यादा प्रभावित

था। जे.एस. मिल के गुरु बैंथम (जिसका सुखवादी दर्शन (Hedonism) उपयोगितावादी-व्यक्तिवाद का आधार माना जाता है और जिसने स्वार्थी मनुष्य की धारणा को लोकप्रिय बनाया) ने दो महत्वपूर्ण विचार रखे थे–

1. प्रत्येक व्यक्ति को अपने हितों की पूर्ति का अधिकार है।
2. राज्य का यह कर्त्तव्य है कि वह अधिकतम व्यक्तियों के अधिकतम सुख को सुरक्षित करे (Duty of the state to secure greatest happiness of greatest number.)।

चिरसम्मत व्यक्तिवाद बैंथम के पहले सिद्धान्त को आधार बनाकर आगे बढ़ा किन्तु समय के साथ जैसे-जैसे समाज में आर्थिक विषमता बढ़ती गई, बैंथम के दूसरे सिद्धान्त की तरफ विचारकों का ध्यान बढ़ता गया। दूसरे शब्दों में, यह कहा जाने लगा कि राज्य को खुली प्रतियोगिता (Open Competition) के माध्यम से कुछ थोड़े से लोगों (पूँजीपति) को खुशी प्राप्त करते हुए देखते रहने के स्थान पर ज्यादा से ज्यादा लोगों (सामान्य जनता) के सुख के लिए अपनी सेवा का विस्तार करना चाहिए। स्वयं जे.एस.मिल के स्वतन्त्रता सिद्धान्त ने भी राज्य के हस्तक्षेप की भूमिका निर्मित कर दी थी। मिल ने कार्यों को दो वर्गों में विभक्त किया था–

1. स्व–विषयक (Self-regarding)
2. पर–विषयक (Other-regarding)

नितान्त निजी कार्यों में राज्य को हस्तक्षेप नहीं करना चाहिए किन्तु दूसरों को प्रभावित करने वाले कार्यों पर समाजहित में प्रतिबन्ध लगाने की छूट है। इससे भी महत्वपूर्ण उसके आर्थिक क्षेत्र के विचार हैं। Political Economy के बाद के संस्करणों में उसने आर्थिक-विषमता के दुष्प्रभाव को महसूस किया और सम्पत्ति, विशेषकर भू-सम्पत्ति, के नियमन पर बल दिया। उसकी पुस्तक 'Auto biography' में मिल पर समाजवादी चिन्तन के प्रभाव दिखते हैं जहाँ वह श्रम के उत्पादन को न्याय के स्वीकृत सिद्धान्तों के आधार पर वितरित करने की बात करता है। वह बैंथम की तरह स्वहित और भौतिक सुख को महत्व नहीं देता बल्कि आत्म-त्याग के द्वारा दूसरों को खुशी प्रदान करने को सर्वोच्च सद्‌गुण की संज्ञा देता है।

परिवेश में जब धनी-निर्धन का अन्तर तेजी से बढ रहा था और मार्क्सवाद पूँजीवाद के अन्त की घोषणा कर रहा था, व्यक्तिवाद के अहस्तक्षेप सिद्धान्त के ख़िलाफ़ इंलैण्ड में वैचारिक अभियान चला जिसे कार्लाईल, रस्किन और प्रो. जेवान्स (Jevons) ने अपने विचारों से सबल किया। रस्किन ने चेतावनी दी कि यदि सम्पत्ति को नियन्त्रित

नहीं किया गया तो वह मनुष्यों की स्वामिनी हो जाएगी। और सुन्दर जीवन की प्राप्ति असंभव हो जाएगी। (No beauty of life was possible when wealth become the master and cleased to the servant of life.)[2] रस्किन ने 'अहस्तक्षेप नीति' के स्थान पर राज्य की अभिवृद्ध भूमिका पर बल दिया। राज्य को शिक्षा, स्वास्थ्य, रोज़गार, सामाजिक-सुरक्षा, यहाँ तक कि संस्कार व नैतिकता को भी बढ़ाने का प्रयास करना चाहिए। बिना राज्य के सहयोग के बेहतर सामाजिक जीवन की स्थापना संभव नहीं है। (Government and co-operation are the laws of life, anarchy and competition the laws of death.)

इसी प्रकार प्रो. जेवान्स ने भी प्राकृतिक अधिकार और अहस्तक्षेप के सिद्धान्तों (Natural Rights & Laissez Faire) का खंडन किया। इसका प्रभाव व्यावहारिक स्तर पर पड़ा और विशेष रूप से इंग्लैण्ड में **लार्ड शेफट्सबरी** के नेतृत्व में फैक्टरी कानूनों (Factory Acts) की शृंखला के साथ राज्य अपने नकारात्मक स्वरूप से मुक्त हुआ।

नवीन व्यक्तिवाद के विकास में प्रथम विश्वयुद्ध का प्रभाव भी कम महत्वपूर्ण नहीं है। विश्व युद्ध (1914-18) का प्रभाव दो सन्दर्भों में विचारणीय है-

1. सर्वाधिकारवादी सत्ता (नाज़ीवाद, फासीवाद) का दुष्परिणाम-संघर्ष व विनाश।
2. युद्धकाल में लोकतान्त्रिक सरकारों का सुरक्षा के नाम पर अत्यधिक नियन्त्रण।

व्यक्तिवादियों ने निष्कर्ष निकाला कि जहाँ राज्य द्वारा अहस्तक्षेप की नीति पर चलना समाजहित (Common Good) में नहीं है वैसे ही उसे अत्यधिक शक्ति देना व्यक्ति-हित के लिए अहितकारी है। साथ ही हिटलर या मुसोलिनी की तानाशाही और बहुमत की निरंकुशता समान रूप से व्यक्ति व समाज के स्वाभाविक विकास के विरोधी हैं अतः एक नये ढंग के सामाजिक-आर्थिक-राजनीतिक व्यवस्था की आवश्यकता शिद्दत से महसूस की जाने लगी। नार्मन एंजल (Norman Angell), ग्राम वालेस (Graham Wallas) और मिस फालेट (Miss Follett) जैसे बहुलवादी विचारकों ने व्यावसायिक-संघों का विचार रखा जिसे नवीन व्यक्तिवादियों ने अपना लिया। इस आधार पर इन्होंने राज्य की सत्ता को स्वीकार करते हुए भी राज्य को समाज के अन्य स्वायत्त संघों (Autonomus Association) के समान ही एक संघ माना जो विभिन्न संघों के क्रियाकलापों में सामंजस्य स्थापित करता है। ये संघ या समूह ही सम्पूर्ण सामाजिक-राजनीतिक क्रियाकलापों के केन्द्र-बिन्दु हैं।

3

अरस्तू

सामान्य रूप से क्रान्ति का अर्थ किसी वस्तु में अपेक्षाकृत द्रुतगति से आए मौलिक परिवर्तन (Radical change in anything, often one made relatively quickly) से लिया जाता है। राजनीतिक दृष्टि से क्रान्ति, किसी स्थापित शासन या राजनीतिक व्यवस्था को उसके शासित व्यक्तियों द्वारा बलपूर्वक उखाड़ फेंकने (A forcible over throw of an established government or political system by the people governed) की क्रिया को कहते हैं। साथ ही क्रान्ति हिंसा व रक्तपात (Violence and Bloodshed) की तरफ भी संकेत करती है। यदि 1688 की गौरवपूर्ण क्रान्ति (Glorious Revloution) को अपवाद स्वरूप स्वीकार कर लें तो आधुनिक युग की कोई भी प्रसिद्ध क्रान्ति–1776 की अमेरिका की क्रान्ति, 1789 की फ्रांसीसी क्रान्ति, 1917 की रूसी क्रान्ति–बिना हिंसक संघर्ष के सम्पन्न नहीं हुई है। लेकिन अरस्तू के लिए हिंसात्मक परिवर्तन महत्वपूर्ण नहीं है। वह संवैधानिक परिवर्तन (Constitutional Change) को महत्व देता है। क्योंकि उसके लिए संविधान में होने वाला परिवर्तन ही क्रान्ति है। यह परिवर्तन हिंसात्मक भी हो सकता है और शान्तिपूर्ण भी। संविधान की प्रकृति में चार प्रकार के परिवर्तन हो सकते हैं। दूसरे शब्दों में, क्रान्तियाँ चार प्रकार की हो सकती हैं–

प्रथम प्रकार की क्रान्ति वह है जिसमें संविधान पूर्णतः परिवर्तित हो जाता है। जैसे–प्रजातन्त्र के स्थान पर वर्गतन्त्र या वर्गतन्त्र के स्थान पर प्रजातन्त्र की स्थापना हो जाए।

क्रान्ति का दूसरा प्रकार वह है जिसमें संविधान में परिवर्तन (Change) लाने का प्रयास नहीं किया जाता। केवल शासन-शक्ति नये हाथों में चली जाती है, जबकि पुराना संविधान पूर्ववत् चलता रहता है। तृतीय प्रकार की क्रान्ति ऐसी क्रान्ति है जिसमें वर्तमान संविधान में ही मात्रात्मक परिवर्तन किया जाता है। जैसे–एक वर्गतन्त्र को पहले की तुलना में अधिक या कम व्यापक वर्गतन्त्र में बदल देना अथवा किसी लोकतन्त्र को और अधिक या कम लोकतान्त्रिक बना देना। कुछ क्रान्तियाँ ऐसी भी होती हैं जो संविधान के किसी एक भाग (Only a Part of Constitution) में बदलाव करती हैं। उदाहरण के लिए किसी नये पद (Office) की स्थापना करना या किसी विशेष पद को समाप्त कर देना।

क्रान्ति के कारण (Causes of Revolution)[1]

अरस्तू के अनुसार क्रान्ति के दो भाग है–1. मूलभूत या सामान्य कारण (Fundamental or General Causes) और, 2. विशिष्ट कारण (Particular Causes)। विशिष्ट कारणों के अन्तग़लत वह विभिन्न संविधानों में होने वाले परिवर्तन (क्रान्तियों) के कारणों की अलग-अलग चर्चा करता है।

मूल कारणों को वह चार भागों में विभाजित करता है–

(1) असमानता व अन्याय : क्रान्ति की प्रेरक परिस्थितियाँ,

(2) लाभ व सम्मान का उद्देश्य,

(3) राजनीतिक असंतोष व हिंसक अलगाव के कारण,

(4) सूक्ष्म व बाह्य कारण।

(1) असमानता व अन्याय : क्रान्ति की प्रेरक परिस्थितियाँ (Inequality and injustice : Conditions that Leads to Revolution)—

अरस्तू के अनुसार असमानता विद्रोह या क्रान्ति का मूल कारण है (The cause of sedition is always to be found in inequality) क्योंकि समानता क्या है इस प्रश्न पर लोग सदैव विभाजित रहते हैं। प्रत्येक व्यक्ति अपनी स्थिति के अनुरूप समानता का अर्थ निकालता है। समानता दो प्रकार की होती है–

1. पूर्ण समानता (Absolute Equality)

2. आनुपातिक समानता (Proportionate Equality)

अरस्तू के शब्दों में-"छोटे व्यक्ति बराबर बनने के लिए विद्रोही बनते हैं और बराबर स्थिति वाले बड़े बनने के लिए (The lesson rebel in order to be equal, the equal in order to be greater.)।" समानता के प्रति तीव्र लालसा ही क्रान्ति का मूल कारण है (It is the passion for equality which is thus at the root of sedition)। अरस्तू ऐसा इसलिए कहता है कि क्योंकि उसके मत में न्याय का आधार आनुपातिक समानता ही होती है (It is proportionate equality which is basis of the justice.)। जो वर्ग पूर्ण समानता में विश्वास करता है उनका तर्क होता है कि चूँकि सभी व्यक्ति समानरूप से स्वतन्त्र हैं अतः सभी लोग निरपेक्ष रूप से समान हैं (All are alike free, therefore all are absolutaly equal)। इसलिए प्रत्येक वस्तु में प्रत्येक व्यक्ति को समान सहभागिता मिलनी चाहिए। दूसरा वर्ग वह है जो आनुपातिक समानता का समर्थन करता है। इनका दावा यह होता है कि जो लोग दूसरों से समान नहीं हैं बल्कि किसी भी दृष्टि से श्रेष्ठ हैं वे सभी मामलों में असमान समझे जाने चाहिए। दूसरे शब्दों में, यदि वे जन्म, धन या योग्यता के आधार पर अन्य लोगों से उच्च हैं तो उन्हें किसी वस्तु (राजनीतिक, आर्थिक, सामाजिक क्षेत्र) में अधिक हिस्सा मिलना चाहिए। सामान्य जनता निरपेक्ष समानता में विश्वास करते हुए राजनीतिक शक्ति में सहभागिता की माँग करती है और विशिष्ट वर्ग (धनिक वर्ग) आनुपातिक समानता (Proportionate Equality) में आस्था रखते हुए आम लोगों से अधिक भाग का दावा करता है। समानता की यह परस्पर विरोधी धारणा ही अन्ततः क्रान्ति के रूप में परिणत हो जाती है। वग़लतन्त्रों में जन्म व सम्पत्ति की श्रेष्ठता से युक्त कुछ लोग शासन शक्ति पर अधिकार बनाए रखना चाहते हैं और वे स्वयं को निर्धन लोगों से श्रेष्ठ मानकर चलते हैं जबकि निर्धन लोग मानवीय समानता के आधार पर अपने लिए धनिक वर्ग की तरह ही राजनीतिक अधिकार की माँग करते हैं जिसके कारण क्रान्ति होती है। असमानता के समान ही अन्याय (Injustice) भी क्रान्ति का कारण बनता है। यहाँ इस बात को ध्यान में रखना आवश्यक है कि अन्याय समानता के परस्पर विरोधी धारणा से ही जुड़ा हुआ है। समानता की अलग-अलग धारणा से न्याय का अर्थ भी अलग-अलग लोगों के लिए भिन्न-भिन्न हो जाता है। वितरणात्मक न्याय (Distributive Justice) आनुपातिक होता है। प्रत्येक व्यक्ति को उतना ही मिलना चाहिए जितनी उसकी योग्यता है। लेकिन जब समाज का एक वर्ग यह अनुभव करने लगता है (ग़लत या सही) कि उसे उतना नहीं मिल पा रहा है जितना पाने का वह अधिकारी है बल्कि उसे कम मिल रहा है तो वह असंतोष से भर उठता है। इसी प्रकार दूसरा वर्ग जो

असमानता व श्रेष्ठता में विश्वास करता है इसलिए असंतुष्ट हो सकता है कि उसके विचार से जितना उसे मिल रहा है उतना ही उससे निम्न लोगों को भी मिल रहा है जो कि अन्याय है। अन्याय की भावना से उत्पन्न होने वाला असंतोष भी क्रान्ति का कारण बनता है।

(2) लाभ व सम्मान का उद्देश्य (Objective of Profit and Dignity)

अरस्तू के अनुसार कुछ मूलभूत उद्देश्य (Fundamental Motives) भी क्रान्ति का कारण बनते हैं। ये हैं–लाभ व सम्मान। समाज के कुछ लोग जब अधिक लाभ व सम्मान के लिए प्रयास करने लगते हैं तो दूसरे लोगों के साथ उनकी प्रतिद्वन्दिता अन्ततः संघर्ष को जन्म देती है। अरस्तू का मानना है कि जो बात लाभ व सम्मान के सम्बन्ध में सत्य है वह इसके प्रतिलोम (Opposites) के बारे में भी लागू होती है। दूसरे शब्दों में, ''धन व सामाजिक स्थिति के नुकसान से बचने के लिए भी लोग अपने राज्य में क्रान्ति कर देते हैं चाहे यह अपने मित्रों के लिए किया जाए या स्वयं अपने लिए ''

(3) राजनीतिक असंतोष व हिंसक अलगाव के कारण (Origins of Political Unrest and of Violent Cleavages)

इसके तहत अरस्तू ने सात कारणों का उल्लेख किया है यद्यपि वह मानता है कि इनकी संख्या पर्याप्त अधिक हो सकती है (There are perhaps seven of these but the number might well be larger.)।[1] अर्नेस्ट बार्कर ने इन कारकों को क्रान्ति के मूल अवसर की संज्ञा प्रदान की है। राजनीतिक असंतोष व हिंसक अलगाव को जन्म देने वाले ये कारण निम्नलिखित हैं–

सम्मान (Honour)— लाभ की तरह सम्मान भी क्रान्ति का महत्वपूर्ण कारक है। जब किसी व्यक्ति का सम्मान या असम्मान (Honour or Dishonour) उसकी अच्छाई या बुराई पर आधारित होता है तो इसे समाज न्यायसंगत (Justful) मानता है। लेकिन जब योग्यता को उपेक्षित करके किसी को ग़लत तरीके से सम्मानित या अपमानित किया जाता है तब जनता में स्वाभाविक रूप से असंतोष का उदय होता है और इस प्रकार क्रान्ति का अवसर निर्मित हो जाता है।

लाभ की कामना (Profit-motive) क्रान्ति का कारण बनती है। जब शासक वर्ग अपने लाभ के लिए शासन करने लगते हैं तब क्रान्ति की परिस्थितियाँ उत्पन्न होती हैं। अरस्तू के अनुसार शासक वर्ग अपना लाभ सामान्य व्यक्तियों व राज्य के मूल्य पर ही बनाता है। अतः जनता में ऐसे सत्ताधारियों के विरुद्ध विद्रोह की भावना जन्म लेती है।

भय (Fear)–अरस्तू कहता है कि यह भय दो प्रकार का होता है–प्रथम, वे लोग जिन्होंने कोई अपराध (Crime) किया है, वे सरकार को उखाड़ फेंकना चाहते हैं क्योंकि उन्हें दण्डित होने का भय होता है। द्वितीय–वे लोग भी क्रान्ति करने को तत्पर हो जाते हैं, जिन्हें यह भय होता है कि दूसरे लोग या शासक वर्ग उनके प्रति अन्याय (Wrong) कर सकते हैं। जैसे रोड्स (Rhodes) के उच्चवर्ग ने आम जनता के विरुद्ध षड्यन्त्र किया क्योंकि उनके विरुद्ध मुकदमे (Lawsuits) लाये जा रहे थे।

अत्यधिक शक्ति (Excessive Power)–किसी भी तरह की राजनीतिक व्यवस्था में जब एक या कुछ व्यक्ति अत्यधिक शक्ति का प्रयोग करने लगते हैं तब संविधान-परिवर्तन अर्थात् क्रान्ति की संभावना बनती है। सामान्य रूप से यह परिवर्तन राजतन्त्र की स्थापना या एक शक्ति समूह के प्रभुत्व (Domination of a Power-group) के रूप में सामने आता है जैसा कि आर्गोस (Argos) व एथेंस (Athens) में हुआ।

घृणित या तिरस्कार-युक्त धारणा (Contemptuous Attitude)—दूसरों के प्रति घृणा की धारणा भी गृह-युद्ध (Civil-war) और क्रान्ति को प्रेरित करती है। यह प्रवृत्ति धनिकतन्त्रों (वर्गतन्त्रों) व प्रजातन्त्रों में विशेष रूप से पायी जाती है। जब किसी वर्गतन्त्र में ऐसा वर्ग, जो सत्ता-सहभागिता से वंचित होता है किन्तु संख्यात्मक दृष्टि से शासक वर्ग से बड़ा होता है, स्वयं को धनिक शासकों (Oligarchs) से श्रेष्ठ समझने लगता है तथा उनसे घृणा करने लगता है तब क्रान्ति की स्थिति बनती है। इसी प्रकार जब प्रजातन्त्र में धनिक-वर्ग निर्धन व्यक्तियों के शासन की अव्यवस्था व अक्षमता (Disorder and Inefficiency) के प्रति तिरस्कार प्रदर्शित करते हैं तो दोनों वर्गों में संघर्ष अपरिहार्य हो जाता है। जैसे, थीब्स (Thebes) जनतन्त्र के विरुद्ध क्रान्ति का मूल कारण अव्यवस्था ही थी।

असमानुपातिक वृद्धि (Disproportionate Aggrandize-ment)–सम्पूर्ण समाज की तुलना में उसके किसी अंग-विशेष (Particular Part) की ग़ैर-आनुपातिक वृद्धि, राज्यों में क्रान्ति का कारण बनती है। जिस प्रकार स्वस्थ शरीर का तात्पर्य उसके विभिन्न अंगों में समानुपातिक एकता का होना माना जाता है, उसी प्रकार स्वस्थ समाज के विभिन्न अंगों में समानुपातिक एकता होनी चाहिए। यदि शरीर का कोई अंग अनावश्यक रूप से बड़ा हो जाए तो वह शरीर के स्वास्थ्य की दृष्टि से हानिकारक होगा। इसी प्रकार जब समाज के किसी वर्ग की संख्या में अत्यधिक वृद्धि हो जाती है तो समाज का संतुलन बिगड़ जाता है। उदाहरण के लिए पर्शियन-युद्ध (Parsian War) के तुरन्त बाद तैरेन्तम (Tarentam) में 'पॉलिटी' के स्थान पर लोकतन्त्र की स्थापना होने का मुख्य कारण यह था कि इस युद्ध में तैरेन्तम के बहुत से प्रभावशाली

(Prominent) नागरिक मारे गए और परिणामस्वरूप निर्धन लोगों का अनुपात वहाँ के समाज में काफी बढ़ गया जिसका लाभ उठाकर उन्होंने संविधान बदल दिया।

क्रूरता (Cruelity)— अरस्तू का कहना है कि जब शासक वर्ग क्रूर व अत्याचारी (Cruel and Oppressive) बन जाता है तब शासित वर्ग इस अत्याचार से मुक्त होने के लिए क्रान्ति की दिशा में प्रेरित होता है। निरंकुशतन्त्रों में विद्रोह का प्रधान कारण शासक का अत्याचार ही होता है। यहाँ महत्वपूर्ण है कि शासक या शासक वर्ग द्वारा किया जाने वाला अत्याचार, वस्तुतः उनके धन-संग्रह की लालसा से सम्बद्ध होता है। ऐसे में शासक वर्ग न केवल आपस में संघर्षशील हो जाता है बल्कि उन्हें उस संविधान के विरुद्ध भी संघर्ष करना पड़ता है जिसके माध्यम से वे सत्ता प्राप्त करते हैं। अम्ब्रेसिया (Ambracia) में नागरिकता के लिए सपत्ति की योग्यता (Property Qualification) रखी गयी थी। बाद में इसे क्रमशः घटाया जाने लगा और अन्ततः यह इतना कम हो गया कि लगता था इस शर्त को ही समाप्त कर दिया गया है। अरस्तू क्रान्ति के तीन कारण और भी बतलाता है। ये कारण इस दृष्टिकोण से महत्वपूर्ण हैं कि इनसे होने वाली क्रान्ति अहिंसक होती है। उसके शब्दों में–"बिना हिंसा के भी संविधान में परिवर्तन हो सकते हैं। लॉबिंग (Lobbying) व चुनावी षड्यन्त्र, सतर्कता का अभाव तथा दृष्टिगत न होने वाले क्रमिक परिवर्तन–ये तीन ऐसे साधन हैं जिससे इस प्रकार के परिवर्तन घटित होते हैं (Changes of constitution can also take place without violence. Lobbying and intrigue, lake of vigilance and change so gradual as to be imperceptible-these are three ways in which this may come about.)।" सतर्कता की कमी के कारण जब ऐसे व्यक्ति राजनीतिक व्यवस्था के महत्वपूर्ण पदों (Key-Positions) पर पहुँच जाते हैं जो संविधान के विरोधी (Not Friendly to Constitution) होते हैं तो वे अवसर मिलते ही संविधान को बदल देते हैं अर्थात् क्रान्ति कर देते हैं जैसा कि ओरियस (Oreus) राज्य में हेराक्लियोडोरस (Heracleodorus) ने किया। उसने मौका मिलते ही वर्गतन्त्र को लोकतन्त्र में बदल दिया। अनेक बार देश के कानूनों व परम्पराओं में ऐसे क्रमिक परिवर्तन होते रहते हैं जिनकी तरफ सामान्यतः ध्यान नहीं जाता है लेकिन यही परिवर्तन कालान्तर में संविधान का स्वरूप बदल देते हैं।

(4) सूक्ष्म व बाह्य कारण (Minor and External Causes)

राज्य का भौगोलिक विभाजन आन्तरिक संघर्ष (Internal Strife) का कारक बन जाता है। अलग-अलग भौगोलिक परिवेश में रहने वाले लोगों का दृष्टिकोण अलग-अलग होता है। यह वैचारिक विभिन्नता–जो भौगोलिक अलगाव से जन्म लेती है–सजातीय जनसंख्या को भी एक-दूसरे के विरुद्ध खड़ा कर देती है। उदाहरण के लिए

एथेंस के मुख्य शहर के निवासियों और समुद्र तटीय शहर पिरेयस (Piraeus) के निवासियों में तनाव (Tension) बना रहता था। अरस्तू के अनुसार इसका कारण यह था कि पिरेयस के निवासी वैचारिक दृष्टि से लोकतन्त्र के उत्साही समर्थक थे। मुख्य शहर के निवासी लोकतन्त्र के प्रति अपेक्षाकृत कम लगाव रखते थे। फिर भी अरस्तू स्वयं इस तत्व को अधिक महत्व देने के पक्ष में नहीं है। उसके शब्दों में–"निश्चित रूप से भौगोलिक विभाजन सबसे महत्वपूर्ण नहीं है। सबसे पहले अच्छे मानव व बुरे मानव के अन्तर को रखना होगा फिर उसके बाद धनी व निर्धन का अलगाव आता है और इसके बाद अन्य विभाजन आते हैं (Of course these geographical devisions are not the most important. I should put first the distinction between good men and bad, then the distinction between rich and poor, and the rest after that.)"

अरस्तू, सूक्ष्म व बाह्य कारणों के अन्तग़लत मुख्य रूप से दो समस्याओं का उल्लेख करता है। पहला, जातीय या राष्ट्रीय विभिन्नताएँ (Differences of Race or Nation) और दूसरा, भौगोलिक अलगाव (Geographical Divisions)। अरस्तू का मानना है कि राज्य कोई ऐसी संस्था नहीं है जो स्वेच्छापूर्वक कभी भी और किसी भी प्रकार के लोगों के समूहीकरण से निर्मित हो जाए। यदि किसी राज्य में विजातीय या विभिन्न राष्ट्रीयता के लोगों को समाहित किया जाता है तो उस राज्य में नागरिक संघर्ष (Civil Strife) स्वाभाविक हो जाता है क्योंकि बाहरी तत्व (Extraneous Element) मूल या सजातीय तत्वों से शीघ्र समायोजन नहीं कर पाते फलतः इन दोनों पक्षों में निरन्तर तनात्र व संघर्ष की स्थिति बनी रहती है जो क्रान्ति को प्रोत्साहित करती है।

इस प्रकार ये वे मौलिक या आधारभूत (Fundamental) कारण हैं जिन्हें अरस्तू चार वर्गों में विभाजित करके प्रस्तुत करता है। लेकिन इसके बाद भी वह अनेक अवसरों, घटनाओं व परिस्थितियों (Occasions, Incidents and Situations) का ज़िक्र करता है जो लोगों को क्रान्ति की दिशा में प्रेरित करती हैं। जैसे–प्रणय-विवाद (Love-affair), पैतृक संपत्ति का विभाजन, धनी व निर्धन वर्ग का संतुलित हो जाना, इत्यादि।

क्रान्ति के विशिष्ट कारण : राज्यों का पतन (Particular causes of Revolution : Fall of the States)

क्रान्ति के आधारभूत कारण सामान्य रूप से उन परिस्थितियों का वर्णन करते हैं जिनमें किसी राज्य के संविधान के परिवर्तित होने की दशाएँ निर्मित होती हैं। किन्तु अरस्तू इतने मात्र से सन्तुष्ट नहीं है। वह संवैधानिक परिवर्तन (Constit-utional Change) के सामान्य वर्णन से आगे बढ़कर यह भी जानना चाहता है कि विशिष्ट

प्रकार के संविधानों–राजतन्त्र, कुलीनतन्त्र, पॉलिटी, निरकुंशतन्त्र, वर्गतन्त्र व लोकतन्त्र– में परिवर्तन या क्रान्ति को जन्म देने वाले विशिष्ट कारण क्या हैं?

प्रजातन्त्र (Democracy) में क्रान्तियाँ

लोकतान्त्रिक संविधानों के पतन के लिए मुख्यत: जनता को उत्तेजित करने वाले वाग्वीर (Demagogues) उत्तरदायी होते हैं। अरस्तू के अनुसार ये जन-नेता (Popular Leaders) सम्पत्तिशाली वर्ग पर द्वेषपूर्ण आरोप लगाकर उन्हें संगठित होने तथा लोकतन्त्र के विरुद्ध क्रान्ति करने के लिए प्रेरित करते हैं। रोड्स (Rhodes), मेगारा (Megara), हैरेक्लिया (Heraclea), में प्रजातन्त्र के पतन का कारण जन-नेताओं द्वारा धनिक लोगों के प्रति किया जाने वाला अत्याचारपूर्ण व्यवहार ही था। लोकतन्त्र में क्रान्ति के कुछ अन्य कारण भी होते हैं–

(i) जन-नेताओं द्वारा निर्धन लोगों को धनिक लोगों के विरुद्ध खुलेआम उत्तेजित करना,

(ii) बहुसंख्यक जनता का समर्थन हासिल करने के लिए शीर्ष नागरिकों (Leading Citizens) का दमन करना,

(iii) जब प्रजातन्त्र के नेतृत्वकर्ता के हाथों में ही सैन्य नेतृत्व का उत्तरदायित्व हो तब भी लोकतन्त्र का पतन हो सकता है। अरस्तू कहता है कि पुराने समय में अनेक बार लोकप्रिय नेता ही सेना-नायक भी होता था। ऐसी स्थिति में प्रजातान्त्रिक संविधान सामान्यत: निरंकुशतन्त्र में परिवर्तित हो जाता है।

वर्गतन्त्र या धनिकतन्त्र (Oligarchy) में क्रान्तियाँ

जब वर्गतन्त्रीय शासन द्वारा निर्धन लोगों का दमन किया जाता है तो क्रान्ति की संभावना उत्पन्न हो जाती है तथा ऐसी परिस्थिति में कोई भी व्यक्ति जन-नेता (Popular Leader) की भूमिका संभाल कर वग़लतन्त्रीय संविधान को बदल देता है। यह बदलाव 'पॉलिटी' या लोकतन्त्र के रूप में हो सकता है। लेकिन वर्गतन्त्र को ख़तरा बाहर से उतना नहीं होता जितना कि अन्दर से। यह संकट विशेष रूप से उस समय उत्पन्न होता है जब शासक वर्ग में नेतृत्व को लेकर प्रतिस्पर्धा (Rivalry over Leadership) प्रारम्भ होती है तब कोई प्रभावशाली व्यक्ति शासन शक्ति पर अपना प्रभुत्व स्थापित कर लेता है। कुछ धनिकतन्त्रों का पतन उसके सदस्यों के अतिव्ययी जीवन-शैली (Extravagant Living) के कारण भी होता है। धन की प्राप्ति के लिए, ये लोग या तो स्वयं निरंकुश (Tyrant) बन जाते हैं या किसी विश्वसनीय समर्थक को निरंकुश बनने के लिए प्रेरित करते हैं जैसा कि सिराक्यूज में हिप्पैरिनस

(Hipparinus) ने दायोनिसियस (Dionysius) को निरंकुश बनने में सहायता की। इस प्रक्रिया में शासक वर्ग द्वारा सार्वजनिक कोष (Public Fund) से किया जाने वाला गबन (Embezzlement) भी क्रान्ति का कारक बनता है। गबन करने वाला व्यक्ति या वर्ग इस अपराध को छिपाने के लिए और दूसरा वर्ग इस गबन की तरफ ध्यान आकर्षित करने के लिए संघर्ष शुरू कर देते हैं जिससे अन्तत: वर्गतन्त्र के पतन का रास्ता खुलता है। वग़लतन्त्रों में संविधान का पतन मूलत: दो कारणों से होता है–1. वर्गतन्त्र का विरोध (Opposition to the Oligarchy) और 2. वर्गतन्त्र का आन्तरिक मतभेद (Dissension within it)। वर्गतन्त्र का विरोध जनता के द्वारा किया जाता है। इसके अतिरिक्त भी वर्गतन्त्र में क्रान्ति की कई अन्य परिस्थितियाँ भी हो सकती हैं, जैसे–

(i) कुछ धनिक लोगों को पद व प्रतिष्ठा का न मिलना,

(ii) शासक वर्ग में आपसी विश्वास की कमी,

(iii) युद्ध के समय भर्ती किए गए भाड़े के सैनिक जो सामान्यत: निर्धन वर्ग से होते हैं,

(iv) शासन के तानाशाही व्यवहार का स्वयं शासक वर्ग के एक समूह द्वारा विरोध किया जाना, इत्यादि।

कुलीनतन्त्र (Aristocracy) में क्रान्तियाँ

अरस्तू द्वारा कुलीनतन्त्रों के पतन का विश्लेषण इस तथ्य को ध्यान में रख़कर किया गया है कि यह संविधान संख्या के स्थान पर गुण पर आधारित होता है (Aristocracy is based not on number, but on quality)। चूँकि गुण (Quality) कम लोगों में पाया जाता है अत: कुलीतन्त्र में सार्वजनिक पद कुछ ही लोगों को मिलता है या दूसरे शब्दों में यह कहा जा सकता है कि कुछ लोग ही पद प्राप्त करने की योग्यता रखते हैं (Only a few people are eligible for office)। इस पृष्ठभूमि (Background) में कुलीनतन्त्रों में संवैधानिक बदलाव के कई कारण दृष्टिगत होते हैं–

जब व्यक्तियों के एक समूह को इस बात का विश्वास हो जाता है कि वे विशिष्टता (Ecellence) में शासक वर्ग के समकक्ष हैं।

जब समाज के श्रेष्ठ व्यक्तियों, जो योग्यता में किंचित मात्र भी निम्न नहीं होते (No whit inferior in ability.), के साथ शासक वर्ग द्वारा अपमानजनक व्यवहार किया जाता है। जब साहस व पौरुष (Courage and Vigour) से सम्पन्न किसी व्यक्ति–विशेष को सम्मान व पद से वंचित रखा जाता है।

जब स्वयं शासक वर्ग में अत्यधिक आर्थिक विषमता (Wide Disparity in Propity) होती है। जब कोई व्यक्ति शक्तिशाली होता है तथा उसमें और भी अधिक शक्तिशाली बनने की क्षमता होती है। तब वह स्वयं शासक बनने का प्रयत्न करता है। (Wohen one man is powefful and is capable of becoming more so, he aims at becoming sole ruler.)

अरस्तू के अनुसार उपरोक्त सभी कारण कुलीनतन्त्रों के पतन के सामान्य कारण हैं लेकिन 'पॉलिटी' के समान ही कुलीनतन्त्र में क्रान्ति का मुख्य कारण (Chief Cause) संविधान का अपने आधारभूत सिद्धान्तों से विचलित हो जाना है (Deviations from the principle of the constitution itself.)। ये तत्व हैं–धन, संख्या व गुण (Property, Number and Virtue.) कुलीनतन्त्र का स्थायित्व इस बात पर निर्भर करता है कि इन तत्वों का आपसी संतुलन कायम रहे। जब इसमें से किसी एक तत्व को अत्यधिक महत्व या अत्यधिक उपेक्षा मिलती है तब इस संविधान का पतन स्वाभाविक हो जाता है।

पॉलिटी (Polity) में क्रान्तियाँ

'पॉलिटी' या संवैधानिक लोकतन्त्र का सैद्धान्तिक आधार धन व संख्या का मिश्रण (Mixture of Property and Number) होता है। जब तक यह संतुलन उपस्थित रहता है, 'पॉलिटी' में स्थायित्व बना रहता है। जैसे यदि निर्धनों की संख्या अचानक बढ़ जाए (युद्ध के परिणामस्वरूप) तो संवैधानिक लोकतन्त्र का पतन लोकतन्त्र (Democracy) में हो सकता है। 'पॉलिटी' में सार्वजनिक पदों (Public Office) के लिए सम्पत्ति की योग्यता रखी जाती है लेकिन यदि आर्थिक सम्पन्नता इस तरह की हो जाए कि सबके पास सम्पत्ति हो जाए तो सभी लोग पद प्राप्त करने के अधिकारी हो जाएँगे तब ऐसी स्थिति में वह संविधान व्यावहारिक दृष्टि से प्रजातान्त्रिक हो जाता है।

राजतन्त्र व निरंकुशतन्त्र में क्रान्तियाँ

अरस्तू ने राजतन्त्रों व निरंकुशतन्त्रों के पतन की चर्चा एक ही साथ और अत्यन्त संक्षिप्त ढंग से की है। इस संक्षिप्तता का कारण बताते हुए उसने लिखा है कि–"राजतन्त्र व निरंकुशतन्त्रों में वही घटित होता है जिसका उल्लेख अन्य (संविधानों) के सन्दर्भ में किया गया है, क्योंकि राजतन्त्र व कुलीनतन्त्र का आधार समान है– उच्चतर विशिष्टता–और निरंकुशतन्त्र अति–वर्गतन्त्र व लोकतन्त्र का एक मिश्रण है।" अत: जो कारण कुलीनतन्त्रों में क्रान्ति को जन्म देते हैं वही कारण राजतन्त्रात्मक संविधान को भी परिवर्तित करते हैं। इसी प्रकार वर्गतन्त्र व लोकतन्त्र को बदलने वाले कारक

निरंकुशतन्त्र में भी प्रभावी भूमिका निभाते हैं। संक्षेप में शासक का अत्याचारी होना, समाज के उच्च वर्ग की उपेक्षा या असम्मान, सामान्य लोगों के प्रति घृणा, अपव्ययी जीवन शैली, तथा धन की अत्यधिक लालसा एक व्यक्ति द्वारा निर्देशित संविधानों के पतन का कारण बनते हैं।

क्रान्ति से सुरक्षा

जिस प्रकार क्रान्ति के सामान्य कारणों के साथ-साथ अरस्तू ने विशिष्ट संविधानों में होने वाले परिवर्तनों को समझने का प्रयास किया है उसी प्रकार क्रान्ति से सुरक्षा के लिए भी वह सामान्य उपचारों के साथ ही विभिन्न संविधानों के सन्दर्भ में विशेष उपायों का भी ज़िक्र करता है। संविधानों की सुरक्षा के लिए उसने जिन उपायों का वर्णन किया है वे उसके द्वारा बताए गए क्रान्ति के कारणों से पूरी तरह संगति रखते हैं क्योंकि यदि संविधानों को नष्ट करने वाले कारणों को अच्छी तरह समझ लिया जाए तो इस बात को जानना सरल हो जाता है कि कौन सी चीजें संविधानों की रक्षा करेगी। दूसरे शब्दों में, जिन कारणों से क्रान्तियाँ होती हैं उन कारणों को जन्म लेने से रोकना ही क्रान्तियों का उपचार है। अरस्तू द्वारा क्रान्तियों से सुरक्षा हेतु बताए गए उपाय निम्नलिखित हैं-

(1) समानों के मध्य समानता (Equality among Equals) न केवल न्यायपूर्ण बल्कि लाभदायक भी होती है। दूसरी ओर असमानता क्रान्ति का प्रधान कारण है। अत: शासक वर्ग को चाहिए कि वह प्रत्येक व्यक्ति व वर्ग के साथ उसकी योग्यतनुसार व्यवहार करे। यदि किसी व्यक्ति में उन्नति की इच्छा (Eager to Rise) और योग्यता है तो उसका दमन नहीं होना चाहिए और न ही उसे मिलने वाले लाभों से वंचित करना चाहिए। दूसरे शब्दों में, सत्ताधारी को शासक वर्ग के अन्य सदस्यों तथा सत्ता से बाहर रहने वाले नागरिकों के साथ अन्यायपूर्ण व्यवहार नहीं करना चाहिए। अन्याय व असमानता, क्रान्ति की परिस्थितियों को आमन्त्रित करती हैं।

(2) सर्वप्रथम वह इस बात पर बल देता है कि "संविधान के क़ानून के प्रतिकूल होने वाली किसी भी गतिविधि के प्रति आवश्यक रूप से सतर्क रहना चाहिए (It is essential to take precautions against anything being done contrary to the laws of that constitution.)" अरस्तू कहता है कि "क़ानूनहीनता अदृश्यरूप से रेंगती है (Illegality creeps in unob-served)" लेकिन धीरे-धीरे संविधान के लिए घातक हो जाती है। क़ानूनहीनता उन छोटे-छोटे खर्चों के समान है जिनका आभास नहीं होता किन्तु वे एक दिन सम्पूर्ण सम्पत्ति हज़म कर जाते हैं। अत: क़ानून के प्रति होने वाले छोटे-छोटे उल्लंघनों की भी उपेक्षा नहीं करनी चाहिए।

(3) अरस्तू एक मनोवैज्ञानिक उपाय भी बतलाता है। उसका कहना है कि संविधानों का स्थायित्व उस स्थिति में तो बना ही रहता है जब उनको नष्ट करने वाले (Destroyers of Constitutions) दूर हों किन्तु कभी-कभी पतन का संकट भी संविधान के स्थायित्व के लिए लाभदायक सिद्ध होता है। भय (Fear) लोगों को संगठित करता है। अत: वे व्यक्ति जो हृदय से संविधान की सुरक्षा के इच्छुक हैं, उनका यह कर्त्तव्य है कि वे अपने स्तर पर बाहरी संकट का भय निर्मित करें ताकि जनता अपने संविधान की सुरक्षा के लिए उसी प्रकार तत्पर हो जाए जिस प्रकार रात्रि-प्रहरी (Santries at Night) राज्य की सुरक्षा के लिए तत्पर रहते हैं।

(4) संविधान के स्थायित्व या क्रान्ति से सुरक्षा के लिए यह भी आवश्यक है कि शासितों (Governed) का शासक वर्ग में विश्वास बना रहे। शासक वर्ग धोखा या झूठ का सहारा लेकर किसी कार्य-विशेष का सम्पदान कर सकने में सफल हो सकता है लेकिन जब भविष्य में इस झूठ का पर्दाफाश होता है तब शासक वर्ग के विरुद्ध शासित वर्ग अविश्वास से भर उठता है जो अन्तत: क्रान्ति का कारण बनता है। अत: वह कहता है कि "जनता को धोखा देने वाले साधनों पर अधिक भरोसा करना अच्छा नहीं है (It is no good to rely too much an devices to deceive the people.)।"

(5) पदों का, विशेष रूप से उच्च पदों का कार्यकाल कम होना चाहिए ताकि एक व्यक्ति या एक स्थान पर शक्ति का अत्यधिक केन्द्रीकरण न हो सके। अरस्तू के शब्दों में, "अल्प कार्यावधि के पदाधिकारी उतना नुकसान नहीं पहुँचा सकते जितना कि वे पदाधिकारी जिनका कार्यकाल दीर्घ होता है। क्रान्ति से सुरक्षा का एक उपाय यह भी है कि पदों का कार्यकाल (Tenure of Offices) छोटा हो। एक ही पद पर लम्बे समय तक रहकर पदाधिकारी अत्यधिक शक्तिशाली बन जाते हैं तथा उन्हें निरंकुश होने का अवसर भी मिल सकता है।

(6) समाज के विशिष्ट व्यक्तियों की प्रतिस्पर्धा व आपसी कलह को उचित समय पर नियन्त्रित नहीं किया गया तो क्रान्ति की संभावना प्रबल हो जाती है। अत: एक सच्चा राजनेता (Real Statesman) इन प्रवृत्तियों को प्रारम्भिक अवस्था में ही पहचान कर इससे बचने का उपाय करता है। संविधान संचालित करने वाले लोगों को समाज के प्रमुख व्यक्तियों (Leading Men) के मध्य संघर्ष व महत्वाकांक्षाओं को क़ानून के द्वारा नियन्त्रित करने हेतु सतर्क रहना चाहिए ताकि उनके सत्ता-लोभ को समय से सीमित किया जा सके।

(7) जनसाधारण राजकीय पदों से वंचित रहने पर बहुत अधिक असंतुष्ट नहीं होते, बल्कि वास्तव में अपने निजी क्रियाकलापों को संपादित करने का अवसर

पाकर प्रसन्न होते हैं लेकिन वे यह सोचना भी पसन्द नहीं करते कि पदाधिकारी सार्वजनिक सम्पत्ति (Public Money) का गबन कर रहे हैं। ऐसी स्थिति में जनता का दु:ख दूना (Two Fold) हो जाता है। प्रथम इसलिए कि वे राजकीय पदों से वंचित हैं और दूसरा यह कि उन्हें सार्वजनिक सम्पत्ति में भी कोई हिस्सा नहीं मिलता है। फलत: निराश व असंतुष्ट जनता क्रान्ति करने के लिए तैयार हो जाती है।

(8) अधिकारों की वृद्धि एकाएक न होकर धीरे-धीरे (Gradual) होनी चाहिए। ऐसा करना न केवल संविधान के स्थायित्व के लिए आवश्यक है बल्कि उस व्यक्ति के लिए भी लाभदायक है जिसे शक्ति प्राप्त होती है क्योंकि 'सफलता के उन्माद को सभी लोग नियन्त्रित नहीं कर सकते । सत्ता के मद से चूर व्यक्ति संविधान को बदलने के लिए उत्प्रेरित हो जाते हैं। सभी संविधानों के सम्बन्ध में सामान्य रूप से सत्य है कि किसी एक व्यक्ति की शक्ति में अत्यधिक वृद्धि नहीं होनी चाहिए। जरूरी व उचित होने पर भी इस बात का ध्यान रखना जरूरी है कि उस व्यक्ति को अनन्य शक्ति एक साथ प्राप्त न हो। अत: शासक वर्ग को चाहिए कि वह ऐसे क़ानून निर्मित करे जिससे कोई भी व्यक्ति अपनी सम्पत्ति या पारिवारिक सम्पर्कों का लाभ उठाकर अत्यधिक शक्तिशाली न बन सके। अरस्तू यहाँ तक कहता है कि यदि ऐसे लोगों को नियन्त्रित करना कठिन हो जाए तो उन्हें सत्ता से हटा देना चाहिए और आवश्यकता पड़ने पर देश से भी निकाल देना चाहिए। इसी प्रकार राज्य में कोई वर्ग-विशेष भी अत्यधिक समृद्ध अथवा शक्तिशाली नहीं होना चाहिए। संक्षेप में संविधान की सुरक्षा के दृष्टिकोण से किसी भी व्यक्ति या वर्ग में शक्ति के होने वाले संभावित केन्द्रीकरण के प्रति संविधान के संरक्षकों को अत्यन्त सजग रहना चाहिए।

(9) अरस्तू के अनुसार संविधान के स्थायित्व के लिए सत्ताधारियों का चरित्र तथा शासितों के साथ उनका व्यवहार भी बहुत महत्वपूर्ण होता है। इस संदर्भ में वह शासन संभालने वाले व्यक्तियों के लिए तीन आवश्यक गुणों की चर्चा करता है-

1. स्थापित संविधान के प्रति आस्था (Loyaly to the Establish Constitution)।
2. सम्बद्ध कार्यों को सम्पादित करने की क्षमता (Capacity for the Work Involved)।
3. सम्बन्धित संविधान के अनुरूप 'अच्छाई व ईमानदारी' (Goodness and Honesty)।

यद्यपि अरस्तू इन तीन गुणों को आवश्यक मानता है लेकिन एक यथार्थवादी विचारक की तरह यह तथ्य भी स्वीकार करता है कि शासक वर्ग के व्यक्तियों में एक साथ उपरोक्त सभी गुणों का पाया जाना कठिन है। मात्रात्मक रूप से ये तीनों तत्व जितना अधिक होंगे, संविधान के स्थायित्व की संभावना उतना ही अधिक होगी।

(10) राज्य के नागरिक संविधान व कानूनों की मूल भावना से शिक्षित व प्रशिक्षित नहीं हैं तो सर्वश्रेष्ठ संविधान का अस्तित्व भी संकटग्रस्त हो सकता है। अत: लोगों को इस तरह से शिक्षित किया जाना चाहिए कि क़ानून की अनुपालना उनके स्वभाव का अभिन्न अंग बन जाए। संविधानों की सुरक्षा के लिए यह उपाय निर्विवाद रूप से सर्वोत्तम है।किन्तु, जैसा कि अरस्तू स्वयं प्रतिपादित करता है, क्रान्ति से सुरक्षा का सर्वाधिक प्रभावशाली साधन शिक्षा है। उसके शब्दों में-"संविधान के स्थायित्व के लिए समस्त नागरिकों को संविधान की जीवन-पद्धति (Way of Life) से शिक्षित करना सबसे अधिक महत्व रखता है, यह अलग बात है कि आजकल इस बात की ही सर्वाधिक उपेक्षा की जाती है

संविधान और उनकी सुरक्षा (Constitutions and their Preservation)

अरस्तू जिस लगन के साथ विभिन्न संवैधानिक व्यवस्थाओं में होने वाली क्रान्तियों का वर्णन करता है उसी उत्साह के साथ क्रान्ति से सुरक्षा के उपायों को भी प्रस्तुत करता है। किन्तु अलग-अलग संविधानों के स्थायित्व के लिए सुझाए गए साधनों की चर्चा करने से पहले कुछ विशेष बातों को ध्यान में रखना आवश्यक है-

(1) क्रान्ति से सुरक्षा के सामान्य उपाय सामान्य रूप से सभी संविधानों किन्तु विशेष रूप से धनिकतन्त्र और प्रजातन्त्र के सन्दर्भ में प्रस्तुत किए गए हैं।

(2) अरस्तू राजतन्त्र (Kingship) व निरंकुशतन्त्र (Tyranny) की चर्चा एक साथ करता है क्योंकि दोनों ही संविधान 'एक व्यक्ति' के द्वारा संचालित होते हैं। अत: इन व्यवस्थाओं की सुरक्षा-उपायों में भी काफी समानता पायी जाती है।

(3) विशिष्ट राज्यों को क्रांति से सुरक्षित रखने की प्रक्रिया में सर्वाधिक महत्व निरकुंशतन्त्र को मिला है। यह तथ्य आश्चर्यचकित करने वाला है कि निरकुंशतन्त्र का कटु आलोचक अर्थात् अरस्तू निरंकुशतन्त्रात्मक संविधान की सुरक्षा के उपायों का अत्यन्त व्यापक विश्लेषण करता है।

विशिष्ट संविधान व उनकी सुरक्षा के क्रम में अरस्तू अपना वर्णन राजतन्त्रों से प्रारम्भ करता है। वह कहता है कि क्रान्तियों के प्रतिकार के सामान्य सिद्धान्त यहाँ भी लाभदायक हैं किन्तु राजतन्त्र के बारे में विशेष सिद्धान्त (Special Principle) यह है कि राजाओं को अपनी शक्ति के प्रयोग में 'व्यापक उदारता' का परिचय देना

चाहिए। "निरपेक्ष शक्ति की गतिविधियों का क्षेत्र जितना संकुचित होगा, शासन के स्थायित्व की संभावना उतनी ही अधिक होगी " जो राजा अपने व्यवहार में उदारता का प्रदर्शन करता है, समाज में उसके शत्रुओं की संख्या कम रहती है और परिणामत: उसका शासन (एवं जीवन भी) अपेक्षाकृत स्थायी व लम्बा होता है। अत: राजतन्त्र की निरन्तरता का रहस्य शासक के संयत व्यवहार में अन्तर्निहित है।

संवैधानिक प्रजातन्त्र अर्थात् 'पॉलिटी' का सैद्धान्तिक आधार, धनिकतन्त्रात्मक व लोकतन्त्रात्मक तत्वों का मिश्रण है। अत: क्रान्ति से 'पॉलिटी' को सुरक्षित रखने का सबसे बेहतर तरीका इन दोनों तत्वों के संतुलन को बनाए रखना है। साथ ही यह प्रयास भी करना चाहिए कि राज्य में आर्थिक व राजनीतिक विषमता कम से कम हो तथा शासन-संचालन का सूत्र मध्यमवर्ग के हाथों में बना रहे। कुलीनतन्त्रीय (Aristocratic) संविधान के संरक्षकों को सर्वाधिक महत्व इस बात को देना चाहिए कि सत्ता से वंचित सामान्य नागरिकों या संभ्रान्त व्यक्तियों के साथ अन्यायपूर्ण व्यवहार न होने पाए। योग्य व्यक्तियों का उचित सम्मान उनकी संभावित विद्रोह-वृत्ति का दमन करता है।

प्रजातन्त्र व धनिकतन्त्र के शासक वर्ग को यह तथ्य भली-भाँति समझ लेना चाहिए कि धनिकों (Wealthy People) के बिना प्रजातन्त्र और निर्धनों (सामान्य नागरिकों) के बग़ैर धनिकतन्त्र की स्थापना व स्थायित्व असंभव है। अत: शासक वर्ग को सत्ता संभालते वक़्त अपने राज्य के सदस्यों (नागरिकों) के प्रति उचित व्यवहार करने की शपथ (Oath) लेनी चाहिए। विशेष रूप से धनिकतन्त्र के शासक को यह घोषित करना चाहिए कि "मैं लोगों (The People) के साथ अनुचित व्यवहार नहीं करूँगा (I will do no wrong to the people.)।" जहाँ तक प्रजातन्त्र व धनिकतन्त्र का प्रश्न है, यह बात पहले ही स्पष्ट कर दी गई है कि क्रान्ति से सुरक्षा के सामान्य कारण विशेषत: इन्हीं दोनों राजनीतिक व्यवस्थाओं के सन्दर्भ में दिए गए हैं। इसलिए अरस्तू इन संविधानों की चर्चा पुन: अलग से नहीं करता है। सबसे प्रमुख बात यह है कि इन दोनों ही राज्यों में शासक वर्ग को अति (Extreme) से बचना चाहिए और मध्यम-मार्ग के सिद्धान्त (The Principle of Middle Way) की अनुपालना करनी चाहिए। धनिक वर्ग द्वारा निर्धनों के प्रति व्यक्त घृणा धनिकतन्त्र की कब्र खोदती है और इसी प्रकार सामान्य नागरिकों (निर्धन वर्ग) के शासन में धनिकों की सम्पत्ति का बलात् अपहरण प्रजातन्त्र के पतन का मार्ग प्रशस्त करता है।

अरस्तू निरंकुश शासकों को संविधान को सुरक्षित रखने का व्यापक उपाय उपलब्ध करता है। 'द पॉलिटिक्स' की पाँचवी पुस्तक (Book-V) के तीन अध्यायों- दस, ग्यारह व बारह (Chapter 10th, 11th, and 12th) में वह निरंकुश संविधानों के

स्थायित्व की समस्या का विश्लेषण करता है जो विस्तृत होने के साथ-साथ व्यवस्थित भी है। इस प्रक्रिया में निरंकुश शासकों को दो प्रकार के साधनों का उपयोग करने की सलाह दी गई है जिनकी सहायता से एक निरंकुश शासक अपने शासनतन्त्र को दीर्घ-जीवन (Long-life) प्रदान कर सकता है-

(1) परम्परागत तरीका (Traditional Method)-अरस्तू परम्परागत उपायों को प्रशासनिक सिद्धान्त (Administrative Principles) भी कहता है जिनका स्वरूप वस्तुत: नकारात्मक (Negative) है। इसमें निम्नलिखित तरीके सम्मिलित हैं-

(a) स्वतन्त्र दृष्टिकोण रखने वाले प्रमुख व्यक्तियों की हत्या (Cut off the Tops)।

(b) सामाजिक व सांस्कृतिक गतिविधियों के संचालन हेतु किसी क्लब में लोगों के सामूहिक समारोहों को निषिद्ध करना।

(c) विद्यालय या इस तरह की संस्थाओं पर प्रतिबन्ध लगाना जहाँ व्यक्ति एक साथ एकत्रित होकर अध्ययन कर सकते हों।

(d) इस बात को सुनिश्चित करना कि लोग एक-दूसरे को अच्छी तरह न जान सकें।

(e) नगर के निवासियों पर निरन्तर निगाह रखना तथा इस बात कि कोशिश करना कि वे सदैव महल (Palace) के प्रवेश द्वार पर कार्य करते दिखें ताकि उनकी कोई भी गतिविधि रहस्यमय न रह सके।

(f) लोगों को दासतापूर्ण आज्ञापालन (Servile Obligation) के लिए बाध्य करना ताकि उनमें सोचने-समझने की स्वतन्त्र प्रकृति का जन्म न हो सके।

(g) गुप्तचरों की सहायता से लोगों की समस्त गतिविधियों की जानकारी रखना।

(h) निरंकुशतन्त्र के संभावित विरोधियों में आपसी संघर्ष, कलह एवं द्वेष उत्पन्न करना।

(i) जनता को निर्धन बनाए रखना जिससे वे सदैव अपनी आवश्यकताओं की पूर्ति में ही व्यस्त रहें, क्रान्ति के लिए सोचने का समय ही उन्हें न मिल सके।

(j) प्रजा (Subject) पर भारी कर (Tax) लगाना जिससे वे ग़रीब बने रहें।

(k) समय-समय पर दूसरे राज्यों से युद्ध करना जिससे जनता का ध्यान घरेलू समस्याओं से हटा रहे तथा उन्हें नेतृत्वकर्ता (Leader) की आवश्यकता बनी रहे।

(l) निरंकुश शासक द्वारा विदेशियों (Foreigners) का एक समूह (Company) बनाना तथा नगर के सदस्यों के स्थान पर विदेशियों के साथ ही भोजन करना।

नकारात्मक उपायों के साथ-साथ सकारात्मक साधनों का भी उल्लेख करता है जिसकी सहायता से एक निरंकुश शासक अपने शासन व संविधान को स्थायित्व प्रदान कर सकता है। नकारात्मक साधनों का मूल उद्देश्य प्रजा को आर्थिक, सामाजिक व बौद्धिक स्तर पर इतना शक्तिहीन कर देना है जिससे वे क्रान्ति का विचार ही अपने मस्तिष्क में न ला सकें और यदि किसी तरह विद्रोहात्मक विचारों ने जन्म ले ही लिया तो व्यक्ति इतने साधनहीन हों कि इस विचार को कार्यान्वित करने में कभी सक्षम न हो सकें।

2. सकारात्मक तरीका (Positive Method)— जब एक निरंकुश शासक राजतन्त्र की प्रवृत्तियों को अपनाता है तो उसका शासन मज़बूत बनता है। अत: निरंकुश शासक को एक राजा की तरह आचरण करना चाहिए अथवा राजा होने का चतुराई पूर्ण अभिनय करना चाहिए (Cleverly acting the part of a king.)। सकारात्मक उपायों में अनेक बातें सम्मिलित हैं जिसका वर्णन वह राजतन्त्र (Kingship) को दृष्टि में रखकर करता है। अरस्तू को विश्वास है जब राजा (King) निरंकुश (Tyrant) बन जाता है तो राजतन्त्र (Kingship) का विनाश होता है इस सन्दर्भ में वह निम्नलिखित उपायों को अपनाने की सलाह देता है–

(a) शासक के क्रियाकलापों में गरिमा की छाप (Impression of Dignity) होनी चाहिए न कि क्रूरता की झलक।

(b) जनता की सम्पत्ति का अपव्यय नहीं करना चाहिए। ऐसा होने पर शासक जनता में सार्वजनिक धन का संरक्षक के रूप में देखा जाएगा।

(c) शासक को देवताओं व धर्म के प्रति आस्था प्रदर्शित करनी चाहिए, इससे जनता को लगता है कि धार्मिक शासक उनके खिलाफ अत्याचार नहीं कर सकता।

(d) सर्वप्रथम निरंकुश शासक को सामान्य कल्याण (General good) का विचार करना चाहिए।

(e) न तो शासक और न ही उसके किसी साथी द्वारा किसी युवक व युवती के साथ नैतिक अत्याचार करना चाहिए। शासक की चारित्रिक निष्कलंकता उसके सम्मान में वृद्धि करती है।

(f) इस बात को सुनिश्चित करना चाहिए कि राज्य के वित्तीय अधिकारी (Financial Officers) सार्वजनिक धन का गबन न कर सकें।

(g) यदि प्रजा में कोई योग्य व्यक्ति है तो उसका सम्मान करना चाहिए लेकिन जब किसी को दण्डित करना हो तो यह कार्य अधिकारियों या न्यायाधिकरणों (Officials or Tribunals) से कराना चाहिए।

(h) समाज के दोनों वर्गों–धनिक व निर्धन–में यह विश्वास उत्पन्न करना चाहिए कि वे इस शासन में पूर्णत: सुरक्षित है तथा एक वर्ग के विरुद्ध दूसरा वर्ग किसी तरह का अन्याय नहीं कर सकता। दोनों वर्गों की यह संतुष्टि निरंकुश शासक के शासन को स्थायित्व प्रदान करती है।

(i) एक सच्चे राजा (King) की तरह शासक को ऐसे सार्वजनिक निर्माण के कार्य करने चाहिए जिनकी प्रजा द्वारा प्रशंसा की जाए।

(j) जहाँ तक संभव हो, शासक को शक्ति प्रयोग में संयम तथा अपने क्रोध पर नियन्त्रण रखना चाहिए।

क्रान्ति सम्बन्धित अरस्तू के विचारों की महत्ता को केवल व्यापकता के दृष्टिकोण से नहीं देखा जाना चाहिए। सर्वाधिक महत्वपूर्ण तथ्य यह है कि इस विश्लेषण ने यूनानी राजनीतिक चिन्तन की 'क्लासिकी' चेतना को झकझोर दिया। नीतिशास्त्र (Ethics) यूनानी विचारधारा की आत्मा (Soul) है। यदि क्रान्ति सम्बन्धित वर्णन को अपवाद मान लिया जाए तो स्वयं अरस्तू भी सुकरात व प्लेटो के समान नैतिकता को अपने राजनीतिक चिन्तन से ओझल नहीं होने देता। किन्तु क्रान्ति के सन्दर्भ में विचार करते–करते उसके हाथों से नीतिशास्त्र का सूत्र निकलने लगता है और अन्तत: निरंकुश तन्त्र के बचाव का समाधान प्रस्तुत करते समय राजनीतिशास्त्र, नीतिशास्त्र से पूर्णत: अलग हो जाता है। क्रान्ति के स्वरूप, कारण व उपचारों का विश्लेषण राजनीति विज्ञान की अमूल्य धरोहर है। यह विवेचना अपनी व्यापकता के लिए तो प्रसिद्ध है ही साथ ही, यह अरस्तू के विशद् ऐतिहासिक ज्ञान व श्रमसाध्य अनुसन्धान का भी प्रमाण है।

वह क्रान्ति से सम्बद्ध सभी पहलुओं–सामाजिक, राजनीतिक, आर्थिक व मनोवैज्ञानिक–को अपने अध्ययन का केन्द्र बनाता है। यह सत्य है कि क्रान्तियों के लिए उत्तरदायी परिस्थितियों व इनसे सुरक्षा के साधनों का ज़िक्र यूनानी नगर-राज्यों के सन्दर्भ में किया गया है किन्तु यह स्वीकारोक्ति भी ग़लत नहीं होगी कि उसकी समीक्षा आधुनिक राष्ट्रीय-राज्यों (Nation-state) के लिए भी सही सिद्ध होती है। मैक्सी (Maxey) ने ठीक ही कहा है कि–"क्रान्ति के विषाणुओं को रोकने के लिए जिन उपचारों का प्रतिपादन अरस्तू ने किया है क्या आधुनिक राजनीतिशास्त्र उनसे निश्चयात्मक उपचार प्रस्तुत कर सकता? यह अलगाव इस दृष्टिकोण से महत्वपूर्ण है कि राजनीतिशास्त्र एक स्वतन्त्र अनुशासन के रूप में स्थापित होने की दिशा में अग्रसर हो गया जिसकी पूर्णता 16वीं शताब्दी में मैकियावेली (1449-1527 AD) के राजनीतिक विचारों में होती है। राजनीति विज्ञान की स्वायतत्ता (Autonomy) का मार्ग प्रशस्त होने के साथ-साथ क्रान्ति सिद्धान्त से एक अन्य उल्लेखनीय प्रकृति की भी शुरुआत होती है। यह प्रकृति है–वैज्ञानिक पद्धति (Scientific Method) का अनुप्रयोग। आधुनिक राजनीति विज्ञान प्रत्यक्षवाद (Positivism) और व्यवहारवाद (Behaviouralism) को किसी भी राजनीतिक अध्ययन का आवश्यक आधार मानता है। ये दोनों ही विचारधाराएँ तथ्य-आधारित (Facts-based) अध्ययन पर बल देती है तथा अध्ययनकर्ता से 'मूल्य-निरपेक्ष' बने रहने का आग्रह करती हैं। जैसा कि सर्वविदित है–अरस्तू 158 संविधानों के अध्ययन एवं गहन शोध के उपरान्त संगृहीत तथ्यों के आधार पर शासनतन्त्रों की विवेचना करता है।

अरस्तू क्रान्ति की विवेचना के सन्दर्भ में पूर्णतः वस्तुनिष्ठ दृष्टिकोण (Objective Approach) अपनाता है। इसका प्रमाण यह तथ्य है कि वह न केवल 'पॉलिटी' (जिसे वह सर्वोत्तम संविधान मानता है) की सुरक्षा का उपाय बतलाता है बल्कि निरंकुशतन्त्र (जिससे वह घृणा करता है) को भी बचाने का साधन प्रस्तुत करता है। इस प्रकार अरस्तू एक आनुभाविक राजनीतिशास्त्री (Empirical Political Scientist) के समान अपने मूल्य-निर्णय (Value Judgement) और भावात्मक-अधिमान्यताओं (Emotional Preferences) को विश्लेषण-प्रक्रिया से अलग रखता है, जो उसकी अध्ययन-पद्धति, (Method of Study) की वैज्ञानिकता को सिद्ध करती है। इस प्रकार अरस्तू क्रान्ति सम्बन्धित विचारों के माध्यम से दो आधुनिक प्रवृत्तियों को प्रारम्भ करता है–1. राजनीति विज्ञान की स्वायतत्ता 2. अध्ययन की वैज्ञानिक पद्धति का प्रयोग।

उपरोक्त सकारात्मक पक्षों के साथ-साथ क्रान्ति सिद्धान्त का नकारात्मक पहलू भी है, जिसकी संक्षिप्त चर्चा आवश्यक है–

(1) अरस्तू स्वयं को केवल वर्णन (Description) तक ही सीमित रखता है। कार्ल मार्क्स (1818-83 AD) की अध्ययन पद्धति भी ऐतिहासिक है लेकिन वह ऐतिहासिक तथ्यों के आधार पर सामाजिक परिवर्तन की प्रक्रिया (क्रान्ति) की व्याख्या करना चाहता है और इसके लिए 'आधार-अधिसंरचना' (Base-super Structures) का सिद्धान्त देता है जिसके अनुसार 'आधार' अर्थात् उत्पादन के साधनों व वितरण की पद्धति में परिवर्तन होने पर समाज की क़ानूनी, सांस्कृतिक तथा राजनीतिक व्यवस्था अर्थात् 'अधिसंरचना' में स्वत: परिवर्तन आ जाता है। इसी प्रकार वह (मार्क्स) द्वन्द्वात्मक पद्धति (Dialectical Method) के माध्यम से परिवर्तन की प्रक्रिया का स्वरूप समझाने का प्रयत्न करता है। अरस्तू ने क्रान्ति-विश्लेषण हेतु ऐतिहासिक पद्धति (Historical Method) का प्रयोग किया है। अतीत (Past) के अध्ययन के आधार पर ही संवैधानिक अस्थिरता के कारणों व संवैधानिक स्थिरता के उपायों का वर्णन करता है किन्तु इस ऐतिहासिक ज्ञान का उपयोग सिद्धान्त-निर्माण (Theory-making) के लिए नहीं किया गया है। अरस्तू उपलब्ध तथ्यों का सामान्यीकरण (Generalization) नहीं करता। दूसरे शब्दों में, वह कोई ऐसा वैचारिक-ढाँचा (Conceptual Framework) नहीं देता जिसके आधार पर क्रान्तियों के कारणों व प्रक्रिया की व्याख्या की जा सके।

(2) प्रो. मल्फर्ड क्यू. सिब्ली के शब्दों में-"अरस्तू के इस राजनीतिक परिवर्तन (Political Change) और क्रान्ति-विश्लेषण में ऐसा कहीं भी नहीं लगता कि उसके पास कोई ऐसा सिद्धान्त है जिसको आधुनिक विश्व 'प्रगति' कहता है। उसका विश्लेषण निश्चित ही यूनानी राजनीतिक इतिहास (Greek Political History) के विशद् ज्ञान (Vast Knowledge) पर आधारित है किन्तु इस सुदीर्घ इतिहास में उसे ऐसा कोई प्रारूप (Pattern) नहीं मिला जो सुस्थायी 'पॉलिटी' (Long Lasting Polity) अथवा "श्रेष्ठ व्यक्तियों के आदर्श शासन' की दिशा में जाने का कोई संकेत भी देता हो।"अरस्तू क्रान्ति के कारणों व उपचारों का व्यापक वर्णन करता है परन्तु यह स्पष्ट नहीं करता कि वह स्वयं किस प्रकार के संवैधानिक परिवर्तन (Constitutional Change) का समर्थक है। कार्ल मार्क्स के सम्बन्ध में कहा जा सकता है कि वह परिवर्तन की प्रक्रिया की अन्तिम परिणति 'साम्यवादी समाज' (Communist Society) की स्थापना के रूप में देखना चाहता है। अरस्तू 'पॉलिटी' को सर्वश्रेष्ठ संविधान के रूप में प्रस्तुत करता है लेकिन क्रान्ति पर विचार व्यक्त करते समय कहीं संकेत भी नहीं देता कि वह सर्वोत्तम संविधान अर्थात् 'पॉलिटी' को स्थापित होते हुए देखना चाहता है। अगर 'पॉलिटी' सर्वश्रेष्ठ संवैधानिक व्यवस्था है तो उसे उन उपायों का उल्लेख आवश्यक रूप से करना चाहिए था जिसकी सहायता से 'पॉलिटी' से भिन्न संविधानों के पतन के उपरान्त वहाँ इस संविधान को स्थापित किया जा सके किन्तु अरस्तू ऐसा नहीं करता।

(3) जिस उत्साह के साथ वह क्रान्ति के प्रतिकार का उपाय बतलाता है उससे लगता है कि अरस्तू परिवर्तन का समर्थक नहीं बल्कि विरोधी है। संविधानों को शुद्ध व विकृत (Pure and Deviated) वर्गों में विभाजित करने का त त्पर्य यह है कि वह निरंकुशतन्त्र, धनिकतन्त्र व प्रजातन्त्र को क्रमशः राजतन्त्र, कुलीनतन्त्र व 'पॉलिटी' से निम्न मानता है लेकिन वह बिना किसी भेदभाव के विकृत संविधानों की सुरक्षा का उपाय भी प्रस्तावित करता है। इसका निहितार्थ यह है कि चाहे शासनतन्त्र अच्छा हो या बुरा, अरस्तू उसे परिवर्तित होते हुए नहीं देखना चाहता। इस दृष्टिकोण से वह एक प्रतिक्रियावादी (Reactionist) है जो यथास्थिति (Status Quo) में विश्वास रखता है। यह यथास्थितिवाद अरस्तू के दर्शन का बहुत बड़ा अन्तर्विरोध है। वह स्वयं कहता है कि विकृत शासनतन्त्र समाज के हितों की उपेक्षा करते हैं जबकि प्रत्येक राज्य का अन्तिम उद्देश्य प्रत्येक व्यक्ति के लिए सद्जीवन (Good Life) की प्राप्ति कराना होता है। ऐसी स्थिति में यदि विकृत संविधानों के विरुद्ध क्रान्ति करके शुद्ध संविधानों की स्थापना नहीं की जाएगी तो व्यक्ति व समाज का अन्तिम उद्देश्य कैसे पूरा होगा?

फिर भी यह सत्य है कि अरस्तू के क्रान्ति विषयक विचारों के लिए राजनीतिशास्त्र उसका ऋणी है। उसने इस सम्बन्ध में किसी सार्वभौम सिद्धान्त का प्रतिपादन नहीं किया किन्तु क्रान्ति के लिए उत्तरदायी मूलभूत तत्वों को उजागर करने में अवश्य सफल रहा। 'असमानता और अन्याय क्रान्ति के आधारभूत कारक हैं' उसके इस निष्कर्ष से शायद ही कोई असहमत हो। अरस्तू शक्ति के केन्द्रीकरण के विरुद्ध बार-बार सजग करता है, क्योंकि शक्ति अत्याचार को जन्म देती है और जनता पर किया जाने वाला यह अत्याचार ही अन्ततः क्रान्ति का कारण बनता है। वह उस आर्थिक विषमता की तरफ भी संकेत करता है जो आगे चलकर मार्क्सवादी विचारधारा में क्रान्ति के एकमात्र कारण के रूप में स्वीकार की गई।

अरस्तू ने वर्गीकरण व ऐतिहासिक पद्धति का प्रयोग अवश्य किया है किन्तु पूर्णता से नहीं। उदाहरण के लिए इतिहास की घटनाओं का प्रयोग, वह अपने निष्कर्षों को प्रमाणित करने के लिए करता है। उन घटनाओं को प्रेरित करने वाले कारणों का कोई सैद्धान्तिक आधार ढूँढ़ने की कोशिश नहीं की गई है। कार्ल मार्क्स भी इतिहासवादी है किन्तु वह अपने ऐतिहासिक अध्ययन के आधार पर सिद्धान्त निर्मित करता है। जैसे अधिसंरचना-आधार सिद्धान्त को वह इतिहास की व्याख्या के लिए प्रयोग करता है तथा इसी आधार पर पूँजीवादी व्यवस्था के अनिवार्य परिवर्तन की घोषणा भी करता है। अरस्तू के यहाँ इतिहास की सामग्री को आधार बनाकर ऐसे किसी सिद्धान्त की स्थापना का प्रयत्न नहीं है। इसी प्रकार उसका वर्गीकरण औपचारिक भी है क्योंकि वह समानता या असमानता के आधार पर सिद्धान्त-निर्माण या सामान्यीकरण का

प्रयास नहीं करता है जो कि वैज्ञानिक पद्धति की पूर्णता के लिए आवश्यक है। आगमन पद्धति का प्रयोग करने के साथ ही अरस्तू कई सिद्धान्तों के सन्दर्भ में निगमन पद्धति का भी प्रयोग करता है। जहाँ पर राजनीतिक प्रश्नों की विवेचना की गई है वहाँ वह सामान्यत: आगमन पद्धति का ही प्रयोग करता है किन्तु दार्शनिक मान्यताओं जैसे– ईश्वर की सत्ता, चतुष्कारणवाद (Four Causeism) 'फार्म' का सिद्धान्त (Theory of form), पदार्थ का सिद्धान्त (Theory of Matter) या सद्जीवन (Good Life) का वह तथ्यगत (Factual) आधार पर विश्लेषण नहीं करता बल्कि स्वयंसिद्ध सत्य (Self-evident Truth) के रूप में स्वीकार कर लेता है। इस प्रकार कह सकते हैं कि 'The Politics' की पद्धति विशुद्ध रूप से आगमनात्मक नहीं है बल्कि उसका निगमन पद्धति के साथ समन्वय किया गया है। वास्तव में इस समन्वय का कारण है–ज्ञान के प्रति उसका दृष्टिकोण। अरस्तू ज्ञान को दो भागों में बाँटता है–सैद्धान्तिक ज्ञान (Theoretical Knowledge) व व्यावहारिक ज्ञान (Practical Knowledge)। सैद्धान्तिक ज्ञान शाश्वत सत्य का अध्ययन करता है। ये ऐसे सत्य हैं जिन्हें स्वयं सिद्ध (Self-evident) सत्य कहा जा सकता है। अरस्तू के शब्दों में–"वे सभी वस्तुएँ जो शर्त रहित आवश्यकता के कारण हैं वे शाश्वत हैं।" शाश्वत होने के कारण ये सार्वभौम तथा स्वयं साध्य हैं। प्रथम दर्शन, गणित व भौतिकी इसी ज्ञान के अंग हैं। व्यावहारिक ज्ञान के दो पहलू हैं–पहला यह कि सत्य को जाना जाए और दूसरा इस ज्ञात सत्य का प्रयोग घटनाओं व स्थितियों को नियन्त्रित करने में किया जाए। नीतिशास्त्र व राजनीति ऐसे ही ज्ञान हैं। नैतिकता व राजनीति से जुड़े हुए सत्य स्थान एवं परिस्थितियों के अनुसार बदलते रहते हैं अत: इनकी प्रकृति सार्वभौमिक नहीं हो सकती। ज़ाहिर है ऐसे क्षेत्र में वर्गीकरण व तुलना से ही ज्ञान प्राप्त करना संभव है।

यदि अरस्तू की वैज्ञानिक पद्धति का मूल्यांकन उसके युग के दृष्टिकोण से करें तो वर्गीकरण व ऐतिहासिक पद्धति अपूर्णता बहुत अधिक मायने नहीं रखती। लेकिन 'The Politics' का एक विचार ऐसा भी है जहाँ अरस्तू की सम्पूर्ण वैज्ञानिकता ध्वस्त हो जाती है। यह विचार है–दासता। अरस्तू की वैज्ञानिकता पर दासता का विचार एक गहरे काले धब्बे के समान है क्योंकि यूनान की परम्परागत सामाजिक संरचना के संरक्षण के लिए वह मानवता को बुद्धिमान व बुद्धिहीनों में विभाजित कर देता है। यही नहीं बल्कि एक स्थल पर विवेक का मापदण्ड भी उपेक्षित कर देता है और 'जाति' को आधार बनाकर घोषित करता है–"यह स्वाभाविक है कि यूनान के लोग बर्बर जातियों पर शासन करें।" क्या ऐसा संभव है कि सभी ग़ैर-यूनानी व्यक्ति विवेकहीन हों? या सभी यूनानी 'विवेकवान' हों? इस प्रकार अध्ययन पद्धति के आधार पर अरस्तू की अपने गुरु प्लेटो से भिन्नता स्पष्ट है। उसकी विशिष्ट अध्ययन पद्धति ही उसे राजनीति विज्ञान का जनक या प्रथम राजनीति विज्ञानी बनने का ऐतिहासिक

गौरव प्रदान करती है। दोनों महान राजनीतिक दार्शनिकों की पद्धति के अलगाव के पीछे मूल कारण दोनों के उद्देश्यों का अन्तर है। प्लेटो एथेंस की विद्यमान राजनीतिक अव्यवस्था से दु:खित है और उसके स्थान पर एक सर्वगुण-सम्पन्न शासक से शासित 'आदर्श राज्य' स्थापित करना चाहता है। अरस्तू यथार्थ परिस्थितियों में ही संभव श्रेष्ठ शासन की स्थापना चाहता है। मैक्सी के शब्दों में-''प्लेटो एक सर्वश्रेष्ठ मानव (Super Man) की तलाश में है जो एक ऐसे राज्य का निर्माण करेगा जिसे सर्वोत्तम होना चाहिए, अरस्तू एक ऐसे विज्ञान की खोज करता है जो एक ऐसा राज्य निर्मित करेगा जो सर्वोत्तम हो सकता है।'' अरस्तू सामान्यत: निगमन पद्धति का प्रयोग नहीं करता। यहाँ सामान्यत: शब्द का प्रयोग इसलिए किया गया है कि वैज्ञानिक पद्धति के प्रयोग के बावजूद कुछ मान्यताओं को उसने भी प्लेटो की तरह सत्य मान लिया है। फिर भी उसके वैज्ञानिक दृष्टिकोण की तुलना में ये बातें बहुत ही गौण या महत्वहीन सिद्ध होती हैं। अत: सामान्य रूप से यह कहा जा सकता है कि अरस्तू के द्वारा जिस पद्धति का प्रधानत: प्रयोग किया गया है, वह पद्धति है-आगमन पद्धति । अरस्तू की पद्धति को समझने का सरल तरीका यह है कि इसकी प्लेटो की अध्ययन पद्धति से भिन्नता स्पष्ट की जाए। अरस्तू की अध्ययन पद्धति प्लेटो की अध्ययन पद्धति से पूर्णत: भिन्न है। प्लेटो की पद्धति निगमनात्मक है जिसे दार्शनिक पद्धति (Philosophical Method) भी कहते हैं। आदर्शवादी दार्शनिकों में यह पद्धति काफी लोकप्रिय रही है। प्लेटो के अतिरिक्त काण्ट (Kant) , बोसांके (Bosanquet) , व रूसो (Rousseau) ने भी इस पद्धति का प्रयोग किया है। यह विशुद्ध रूप से तर्क पर आधारित प्रणाली है जो सामान्य से विशेष की ओर अग्रसर होती है। इसमें कुछ सिद्धान्तों या मान्यताओं को 'स्वयं-सिद्ध सत्य' के रूप में स्वीकार कर लिया जाता है और फिर उस सामान्य सत्य के आधार पर विशिष्ट परिणामों तक पहुँचा जाता है अर्थात् निष्कर्ष पहले तथा प्रमाण (तर्क) बाद में। उदाहरण के लिए प्लेटो ने आत्मा को तीन तत्वों-विवेक, साहस व क्षुधा में विभाजन के सिद्धान्त को स्वयं-सिद्ध सत्य के रूप में मान लिया और फिर उस आधार पर यह विशेष निष्कर्ष निकालने में सहज ही सफल रहा कि 'दार्शनिक का शासन ही सर्वश्रेष्ठ शासन' होता है । इस निष्कर्ष के समर्थन में वह सुकरात का यह सिद्धान्त भी प्रस्तुत करता है कि 'ज्ञान ही सद्गुण होता है'। इसी आधार पर वह कानून के अस्तित्व को भी अस्वीकार कर देता है। लेकिन इस पद्धति के प्रयोग से प्लेटो ने चाहे जितने भी आकर्षक सिद्धान्त प्रस्तुत किये किन्तु उसके समस्त सिद्धान्त अव्यावहारिक सिद्ध हुए क्योंकि उसके निष्कर्षों का आधार ही काल्पनिक था। निश्चित रूप से एक महान रचना है लेकिन यह यथार्थ के धरातल पर टिक नहीं सकती। संक्षेप में दार्शनिक पद्धति या निगमन पद्धति की प्रकृति अवैज्ञानिक होती है।

प्लेटो के सिद्धान्तों व आलोचनाओं के साथ अरस्तू का ऐतिहासिक रिश्ता है। उसके दर्शन की वैचारिक आधारशिला प्लेटो की अकादमी (Academy) में ही निर्मित हुई जहाँ पर उसने अपने जीवन के स्वर्णिम बीस वर्ष व्यतीत किए जिसका प्रत्यक्ष प्रभाव अरस्तू के दर्शन पर परिलक्षित होता है। जिस प्रकार प्लेटो का राजनीतिक चिन्तन सुकरात की मूलभूत (Basic) बौद्धिक अवधारणाओं पर आधारित है, उसी प्रकार प्लेटो की मान्यताएँ अरस्तू के विचारों को आधार प्रदान करती हैं। फॉस्टर (M.B. Foster) ने इसी प्रभाव को दृष्टि में रखकर अरस्तू को सबसे बड़ा प्लेटोवादी कहा है उनके ही शब्दों में–"प्लेटो का चिन्तन उस पर इतना छाया हुआ है कि उसके अलावा शायद ही कोई ऐसा महान् दार्शनिक हुआ हो जिस पर किसी दूसरे विचारक का चिन्तन इस हद तक हावी हो फॉस्टर के इस कथन से यह संकेत मिलता है कि अरस्तू अपने गुरु के विचारों को ही आगे बढ़ा रहा है। एक सीमा तक यह बात सत्य भी है। किन्तु इसका तात्पर्य यह नहीं है कि 'Politics' को 'The Republic' की छायाप्रति मान लिया जाए। वस्तुस्थिति यह है कि वह प्लेटो की अनेक मूलभूत मान्यताओं का खण्डन करता है, जैसे–दार्शनिक शासक का सिद्धान्त व सम्पत्ति तथा परिवार के साम्यवाद की आलोचना वह प्लेटो के जीवनकाल में ही करने लगा था। यह अलग बात है कि इस आलोचना के बाद भी प्लेटो का अपने शिष्य से स्नेह किसी प्रकार भी कम नहीं हुआ। यूनानी समाज व विशेषकर एथेंस के बुद्धिजीवी वर्ग में अरस्तू प्लेटो के समान ही सम्मान का पात्र था।

अरस्तू एथेंस का मूल निवासी नहीं था। उसका जन्म 384 BC में, मैसिडोन (Macedon) प्रान्त के स्तागिरा (Stageira) नामक स्थान पर हुआ था। अरस्तू के पिता निकोमाकस (Nicomachus) मैसिडोन के शासक अमिन्तास (Amyntas) के चिकित्सक थे। कालान्तर में यह सत्ता फिलिप (Philip) ने हस्तगत कर ली और अपना पूरा जीवन मैसिडोन की शक्ति व क्षेत्र को विस्तृत करने में लगा दिया। कैरोनिया युद्ध (Battle of Chaeronea 338 BC) के उपरान्त फिलिप ने अधिकांश यूनानी नगर-राज्यों को अपने साम्राज्य के अधीन कर लिया और इस प्रकार स्वतन्त्र व आत्मनिर्भर नगर-राज्य की यूनानी परिकल्पना व्यावहारिक स्तर पर ध्वस्त हो गई। अरस्तू की आयु जब 17 वर्ष की थी तब उसने प्लेटो की अकादमी में प्रवेश किया। कालक्रम के दृष्टिकोण से यह 367 BC का समय था और इसी समय प्लेटो ने दियोनिसियस द्वितीय को दर्शन की शिक्षा प्रदान करने के लिए सिराक्यूज की यात्रा प्रारम्भ की थी। अरस्तू प्लेटो की अकादमी का योग्यतम शिष्य था और यहाँ पर उसने एक शिक्षक के रूप में भी कार्य किया। 347 BC में जब प्लेटो की मृत्यु हुई तो अरस्तू को अकादमी के स्वाभाविक अध्यक्ष के रूप में देखा जाने लगा किन्तु आशा के विपरीत अध्यक्ष पद प्लेटो के भतीजे स्प्यूसिपस को प्राप्त हो गया। इसी वर्ष अरस्तू ने एथेंस को छोड़

दिया तथा एशिया माइनर (Asia Minor) के एक शहर अतार्नियस पहुँच गया। इस समय अतार्नियस (Atarneus) की सत्ता हर्मियास (Hermeias) नामक शासक के हाथों में थी जो प्लेटो की अकादमी में अरस्तू के साथ रह चुका था। स्वाभाविक रूप से उसने अरस्तू का स्वागत किया। यहीं पर अरस्तू का विवाह पाइथियास (Pythias) से हुआ जो हर्मियास की बहन या भतीजी थी। 349 BC में हर्मियास की हत्या कर दी गई जो अरस्तू के लिए एक व्यक्तिगत क्षति थी। उसी समय मैसिडोन के सम्राट फिलिप ने अपने पुत्र को शिक्षित करने के लिए अरस्तू को आमन्त्रित किया। इस तेरह वर्षीय बालक को कालान्तर में अलेक्जेण्डर 'महान' (Alexander the Great) के नाम से जाना गया। 336 BC में फिलिप की हत्या हो गई और अलेक्जेण्डर मैसिडोनियन साम्राज्य का शासक बना।

अरस्तू लगभग दस वर्षों (347 BC to 334 BC) के अन्तराल के बाद जब दूसरी बार एथेंस पहुँचा तब तक वहाँ अनेक राजनीतिक परिवर्तन हो चुके थे। सबसे बड़ा परिवर्तन तो यही था कि एथेंस सहित अनेक यूनानी नगर-राज्य मैसिडोन साम्राज्य के अंग बन चुके थे। अरस्तू को इस परिवर्तन का लाभ व हानि, दोनों ही उठाना पड़ा। लाभ यह कि अलेक्जेण्डर का अध्यापक होने के कारण एथेंस का शासक वर्ग अरस्तू के साथ था। इस सम्बन्ध के कारण ही अरस्तू को न केवल अपना विद्यालय (लाइसियम) खोलने की अनुमति मिल गई बल्कि इसके लिए आवश्यक ज़मीन का प्रबन्ध भी हो गया, अन्यथा एथेंस में किसी ग़ैर नगर-राज्य के नागरिक को भू-सम्पत्ति खरीदने का अधिकार नहीं था। अरस्तू अगले दस वर्षों (334 BC-323 BC) तक निश्चित ढंग से अपना विद्या केन्द्र संचालित करता रहा। किन्तु मैसिडोनियन राजपरिवार से उसकी निकटता का नकारात्मक पहलू भी था। फिलिप के नेतृत्व में मैसिडोन ने एथेंस सहित तमाम यूनानी नगर-राज्यों को अपने अधीन कर लिया था फलतः एथेंस की जनता में मैसिडोन-विरोध की स्वाभाविक प्रवृति विद्यमान थी जिससे अरस्तू भी अछूता नहीं था। फिर भी अलेक्जेण्डर का गुरु होने के कारण कोई भी व्यक्ति उसका विरोध नहीं कर सकता था, किन्तु भारत से वापस जाने के क्रम में 323 BC में अलेक्जेण्डर का निधन हो गया और अरस्तू के विरोधी प्रभावी हो गए। उस पर राजद्रोह का आरोप लगाया गया और यह बात निश्चित थी कि यदि अरस्तू कैद कर लिया जाता तो उसका अन्त भी सुकरात जैसा ही होता। किन्तु अरस्तू सुकरात नहीं था। जैसे ही उसे अपने विरुद्ध शुरू होने वाले षड्यन्त्र (Conspiracy) की भनक लगी वह एथेंस छोड़कर यूबोइया (Euboea) भाग गया क्योंकि वह नहीं चाहता था कि एथेंसवासियों को दर्शन के विरुद्ध 'दूसरा पाप' करने का मौका मिले (Athens must not sin a second time against philosophy.)। लेकिन एथेंस छोड़ने के बाद उसका स्वास्थ्य भी उसका साथ छोड़ने लगा और अगले ही वर्ष (322 BC) उसका निधन

हो गया जिसके बारे में उसका चिकित्सक कहता है–"वह (अरस्तू) उस अजीर्णता की स्थिति में मृत्यु को प्राप्त हुआ जो कठोर परिश्रम के कारण घातक बन गई थी।" इस समय अरस्तू की आयु लगभग 62 वर्ष की थी। फॉस्टर (M.B. Foster) के शब्दों में–"उसने जिस चेतना को अभिव्यक्ति प्रदान की है वह यूनान के क्लासिकी युग की चेतना है और यह युग उसके जन्म से पहले ही बीत चुका था। अपने समय के आन्दोलनों का उस पर कोई प्रभाव नहीं पड़ा, और तत्कालीन घटनाक्रम से भी वह अछूता रहा। वह उस दौर में जिया जब यूनानी नगर-राज्य अपनी स्वतन्त्रता खो चुके थे।"[1] अरस्तू की पारिवारिक पृष्ठभूमि व प्लेटो से उसकी निकटता ऐसे तत्व हैं जो उसके राजनीतिक चिन्तन व अध्ययन पद्धति (Method) को बड़ी सीमा तक प्रभावित करते हैं लेकिन अपने जीवन में जिस उतार-चढ़ाव को वह देख रहा था, या राजनीतिक परिदृश्य पर जो ऐतिहासिक परिवर्तन आकार ले रहे थे, अरस्तू उससे इतना 'अप्रभावित' है मानो उसके समय में ये घटनाएँ घटित ही नहीं हुई हों। अरस्तू के जन्म के समय स्पार्टा का पतन प्रारम्भ हो चुका था। जब वह प्लेटो की अकादमी से निकला (347 BC) तब तक मैसिडोन का एक शक्ति के रूप में उदय हो चुका था और देखते ही देखते कैरोनिया के युद्ध के बाद यूनान के स्वतन्त्र एवं आत्म-निर्भर नगर-राज्यों के स्थान पर मैसिडोन का साम्राज्य स्थापित हो गया। अलेक्जेण्डर तो यूनान की सीमा को भी पार कर गया तथा फारस साम्राज्य को विजित करते हुए 326 BC में भारत पहुँच गया। 323 BC में जब अलेक्जेण्डर की मृत्यु हुई तब तक ज्ञात विश्व का लगभग आधा भाग उसके अधीन हो चुका था। कहने का तात्पर्य यह है कि नगर-राज्यों के स्थान पर विश्व-साम्राज्य की कल्पना व्यावहारिक रूप प्राप्त कर रही थी किन्तु अरस्तू नगर-राज्य को ही अपना आदर्श मानता रहा।

अरस्तू 342 BC से 336 BC अर्थात् आठ वर्षों (Eight Years) तक अलेक्जेण्डर का शिक्षक रहा। निश्चित रूप से उसने अपने शिष्य को उन्हीं विचारों से समृद्ध करने का प्रयास किया होगा जो उसकी अमर कृति 'पॉलिटिक्स' के विषय हैं। अरस्तू अपने गुरु (प्लेटो) की तरह नगर-राज्य (City-state or Polis) का समर्थक है। अतः अलेक्जेण्डर को भी उसने नगर-राज्य की महिमा से अवगत कराया होगा किन्तु उसका शिष्य तो विश्व-साम्राज्य (World-empire) की दिशा में कदम बढ़ाता है। अरस्तू के सिद्धान्त (नगर-राज्य) व अलेक्जेण्डर के व्यवहार (विश्व-साम्राज्य) का यह अन्तर्विरोध यह निष्कर्ष निकालने के लिए प्रेरित करता है कि जिस प्रकार दायोनिसियस पर प्लेटो का कोई प्रभाव नहीं पड़ा। उसी प्रकार अरस्तू भी अलेक्जेण्डर के सम्बन्ध में अप्रभावशाली सिद्ध हुआ। घटनाक्रम को देखते हुए प्रो. ए.ई. टेलर कहते हैं–"यह अधिक संभव नहीं लगता कि अरस्तू ने अलेक्जेण्डर के चरित्र निर्माण में कोई प्रभावी भूमिका निभाई होगी।"[2] यद्यपि इसी सन्दर्भ में प्लूटार्क जैसे विद्वान

भी हैं जिनका दावा है कि-"अरस्तू कुछ सीमा तक अलेक्जेण्डर के राजनीतिक मस्तिष्क (Political Mind) का शिल्पी था।" किन्तु प्लूटार्क का समर्थन करने का अर्थ यह मानना होगा कि अरस्तू अपनी रचनाओं में जिन विचारों को प्रस्तुत करता है ठीक उसके विपरीत विचारों की शिक्षा व्यावहारिक स्तर पर प्रदान करता है, जो वास्तव में अरस्तू के साथ बहुत बड़ा अन्याय हो जाएगा। इस विवादित प्रसंग को उठाने का एकमात्र ध्येय यही था कि इससे अरस्तू के राजनीतिक विचारों को समझने में कुछ सहायता मिल सकती है। अलेक्जेण्डर पर अरस्तू का प्रभाव चाहे जितना रहा हो लेकिन एक बात पूरी तरह स्पष्ट है कि अरस्तू का आदर्श राज्य (Ideal State) अलेक्जेण्डर के राज्य के आदर्श (Ideal of the state) से बिल्कुल अलग था। राज्य, शासन व राजनीति पर उसके विचारों को जानने का सर्वोत्तम स्रोत उसकी महान कृति 'The Politics' है। इसके अतिरिक्त उसने विभिन्न विषयों पर लगभग 400 पुस्तकों की रचना की है। उनमें से कुछ प्रमुख रचनाएँ निम्नलिखित हैं-

(i) The Constitution of Athens.

(ii) Nechomachean Ethics.

(iii The Rhetoric.

(iv) Sophistical Refutation.

(v) Categories.

(vi) Topics.

(vii) Prior Analytics.

(viii)Posterior Analytics.

(ix) Propositions.

(x) The History of Animals.

वास्तव में अरस्तू बहुआयामी व्यक्तित्व का 'स्वामी' था। उसने न केवल राजनीतिशास्त्र बल्कि प्राणीशास्त्र, अलंकारशास्त्र, काव्यशास्त्र, मनोविज्ञान, नीतिशास्त्र, ज्योतिष तथा भौतिकशास्त्र पर भी प्रामाणिक ग्रन्थों की रचना की। लेकिन जहाँ तक राजनीतिशास्त्र का सवाल है, उसकी पुस्तक 'Politics' अद्वितीय है। प्राचीन यूनानी राजनीतिक दर्शन को समझने के लिए इससे प्रभावशाली कोई अन्य रचना नहीं है। यही कारण है कि बार्कर ने 'Politics' को राजनीति की सर्वश्रेष्ठ रचना (Magnum Opus) कहा है।

आगमन पद्धति ही वैज्ञानिक पद्धति की पर्याय मानी जाती है तथा यह पद्धति निगमन पद्धति के ठीक विपरीत होती है। जहाँ निगमन पद्धति में 'सामान्य से विशेष की ओर' अग्रसर होते हैं वहीं आगमन पद्धति में 'विशेष से सामान्य की तरफ' जाने की प्रक्रिया अपनाई जाती है। जिसका अर्थ है–विभिन्न तथ्यों का निरीक्षण (Observation) करने के बाद सामान्य सिद्धान्त स्थापित करना। अरस्तू इसी पद्धति को अपनाता है और जैसा कि आगमन पद्धति की माँग है, वह निरीक्षण को अत्यधिक महत्व देता है। इस बात का प्रमाण स्वयं उसकी कृति 'Politics' है जिसकी शुरुआत ही इस कथन से होती है कि–'हमारा निरीक्षण हमें बतलाता है अरस्तू अपने निष्कर्षों को निरीक्षण पर अवलम्बित करता है। उदाहरण के लिए जब वह सर्वश्रेष्ठ संविधान या शासन की खोज शुरू करता है तो वह सीधे कोई-पूर्व निर्धारित निष्कर्ष सामने नहीं रख देता। यह पद्धति तो प्लेटो अपनाता है।

अरस्तू ऐसा नहीं करता है। वह तमाम यूनानी नगर-राज्यों के प्राचीन व तत्कालीन संविधानों का संग्रह व अध्ययन करता है। मान्यतानुसार उसने 158 संविधानों का विश्लेषण किया और उसके आधार पर यह सामान्यीकरण किया कि मध्यमवर्ग (Middle Class) से शासित शासन (Polity) सर्वश्रेष्ठ शासन होता है। स्पष्ट है कि वह प्राकृतिक विषयों के वैज्ञानिक के समान तथ्यों का संग्रह, वर्गीकरण व कार्य-कारण सम्बन्धों की विवेचना का सहारा लेता है। परिणामस्वरूप उसके निष्कर्ष अनुभवमूलक (Empirical) हैं, तथ्यों (Facts) पर आधारित होने के कारण यथार्थवादी (Realistic) तथा यथार्थवादी होने के कारण व्यावहारिक (Practicable) हैं। यही यथार्थवादी दृष्टिकोण अरस्तू को काल्पनिक नहीं बनने देता। वह प्लेटो की तरह क्रान्तिकारी (Radical) नहीं है किन्तु अनुभववादी होने के कारण वह अपनी रचनाओं में वैज्ञानिकता बनाए रखने में सफल रहा। प्लेटो के यहाँ यह वैज्ञानिकता नहीं है, वहाँ सिर्फ़ काल्पनिकता है। यही कारण है कि राजनीतिशास्त्र के जनक (Father of Political Science) होने का श्रेय अरस्तू को दिया जाता है। मैक्सी के शब्दों में, प्लेटो प्रथम स्वप्नलोकीय (The First Utopian) विचारक तथा अरस्तू प्रथम महान् राजनीतिक शास्त्री (The First Great Political Scientist) है। अरस्तू की पद्धति प्लेटो की पद्धति से पूरी तरह भिन्न कैसे हो गई? यह प्रश्न महत्वपूर्ण भी है क्योंकि अरस्तू न केवल प्लेटो का शिष्य है बल्कि वह निरन्तर 20 वर्षों (367 BC से 347 BC) तक अपने गुरु के सान्निध्य में रहा। साथ ही दोनों लगभग एक ही विषय को अपने अध्ययन का केन्द्र बनाते हैं। फिर भी न केवल अरस्तू के विचार (निष्कर्ष) अपितु पद्धति भी अलग रूप में सामने आती है। प्लेटो कल्पनालोक में विचरण करता है और दार्शनिक पद्धति अपनाता है जबकि अरस्तू वैज्ञानिक पद्धति के साथ ठोस ज़मीन पर खड़ा है। इसके उत्तर में दो कारणों का ज़िक्र किया जा सकता है–

पहला कारण सैद्धान्तिक है। 'वास्तविकता' (Reality) के सम्बन्ध में उसका दृष्टिकोण प्लेटो के दृष्टिकोण से उसी रूप में अलग है जिस रूप में कार्ल मार्क्स (1818-83) का दृष्टिकोण हीगल (1770-1831 AD) से भिन्न है। हीगल के अनुसार एक मात्र सत्य है–विचार (Idea)। मार्क्स के अनुसार वास्तविक सत्ता विचार की नहीं अपितु पदार्थ (Matter) की होती है। हीगल की तरह प्लेटो भी मानता था कि वास्तविकता विचार (Idea) या प्रत्यय में ही पाई जाती है। सम्पूर्ण दृश्य जगत् इसी विचार की अभिव्यक्ति है। जो भौतिक स्वरूप दृष्टिगत होता है वह सत्य नहीं है बल्कि सत्य की परछाई (Image) है। वास्तविक सत्य इस भौतिक जगत् के पीछे तथा इस भौतिक जगत् को संचालित करने वाला 'विचार' है जिसे व्यक्ति अपने तर्क व विवेक से जान सकता है। अरस्तू सिर्फ़ ऐसे प्रत्ययों में ही वास्तविकता को नहीं देखता। उसके अनुसार दृश्यगत वास्तविकता (Visible Reality) भी सत्य है। विज्ञान की माँग यह है कि इन समस्त भौतिक वस्तुओं की वास्तविकता का भली–भाँति निरीक्षण करके तुलना व विश्लेषण (Comparision and Analysis) के द्वारा सामान्य सिद्धान्तों (General Principles) का प्रतिपादन किया जाए।

दूसरा कारण व्यावहारिक है जिसे उस परिवेश में खोजना होगा जिसमें अरस्तू का पालन–पोषण हुआ था। इस तथ्य से सभी अवगत हैं कि उसका पिता (निकोमाकस) मैसिडोन के शासक का राजकीय चिकित्सक था। तथ्यों के निरीक्षण (Observation of Facts) की प्रवृत्ति इसी परिवेश में छुपी हुई है। एक चिकित्सक (Doctor) के पास जब कोई रोगी (Patient) आता है या लाया जाता है तो चिकित्सक सबसे पहले बीमार व्यक्ति का निरीक्षण करता है। चिकित्सा शास्त्र (Medical Science) की भाषा में इसे रोग–निर्णय कहते हैं। अतः यह स्वाभाविक लगता है कि अरस्तू भी निरीक्षण (Observation) की तरह आकर्षित हुआ। यदि बात केवल परिवेश की होती तो हो सकता था यह प्रभाव स्थायी या गहरा नहीं होता किन्तु जैसा कि मल्फर्ड क्यू. सिबली मानते हैं–''संभवतः उसे एक 'फिजिशियन (Physician)' का प्रशिक्षण भी मिला था और अपनी 'मेडीकल (Medical)' शिक्षा तो उसने औपचारिक ढंग से पूरी ही की थी।''[1] 347 BC में एथेंस छोड़कर जब अरस्तू एशिया माइनर गया तो वहाँ (हर्मियास के पास रहते हुए) तीन वर्षों तक 'समुद्री प्राणीशास्त्र' का भी अध्ययन किया। इस परिवेश का प्रभाव उस पर इतना है कि जहाँ कहीं आवश्यकता पड़ती है वह अपनी बात समझाने के लिए प्राणीशास्त्रीय व चिकित्साशास्त्रीय उदाहरण देता है। कहने का तात्पर्य यह है कि अरस्तू जिस वातावरण में पला-बढ़ा उसकी प्रकृति वैज्ञानिक थी और इसका स्वाभाविक प्रभाव उसकी पद्धति पर पड़ा होगा। दूसरा कारण व्यावहारिक है जिसे उस परिवेश में खोजना होगा जिसमें अरस्तू का पालन–पोषण हुआ था। इस तथ्य से सभी अवगत हैं कि उसका पिता (निकोमाकस) मैसिडोन के शासक का

राजकीय चिकित्सक था। तथ्यों के निरीक्षण (Observation of Facts) की प्रवृत्ति इसी परिवेश में छुपी हुई है। एक चिकित्सक (Doctor) के पास जब कोई रोगी (Patient) आता है या लाया जाता है तो चिकित्सक सबसे पहले बीमार व्यक्ति का निरीक्षण करता है। चिकित्सा शास्त्र (Medical Science) की भाषा में इसे रोग-निर्णय (Diagnosis : Identif-ication of a disease by its distinctive marks or symptoms) कहते हैं। अत: यह स्वाभाविक लगता है कि अरस्तू भी निरीक्षण (Observation) की तरह आकर्षित हुआ। यदि बात केवल परिवेश की होती तो हो सकता था यह प्रभाव स्थायी या गहरा नहीं होता किन्तु जैसा कि मल्फर्ड क्यू. सिबली मानते हैं- "संभवत: उसे एक 'फिजिशियन (Physician)' का प्रशिक्षण भी मिला था और अपनी 'मेडीकल (Medical)' शिक्षा तो उसने औपचारिक ढंग से पूरी ही की थी।"[1] 347 BC में एथेंस छोड़कर जब अरस्तू एशिया माइनर गया तो वहाँ (हर्मियास के पास रहते हुए) तीन वर्षों तक 'समुद्री प्राणीशास्त्र' का भी अध्ययन किया। इस परिवेश का प्रभाव उस पर इतना है कि जहाँ कहीं आवश्यकता पड़ती है वह अपनी बात समझाने के लिए प्राणीशास्त्रीय व चिकित्साशास्त्रीय उदाहरण देता है। कहने का तात्पर्य यह है कि अरस्तू जिस वातावरण में पला-बढ़ा उसकी प्रकृति वैज्ञानिक थी और इसका स्वाभाविक प्रभाव उसकी पद्धति पर पड़ा होगा।अरस्तू की अध्ययन-पद्धति को वैज्ञानिक मानने का एक आधार यह भी है कि वह वर्गीकरण की प्रक्रिया का भी व्यापक इस्तेमाल (Use) करता है। 'Politics' की पुस्तक-तीन (Book-III) में उसने वर्गीकरण को अपने विश्लेषण का आधार बनाया है, जहाँ वह शासनतन्त्रों की विवेचना कर रहा है। तथ्यों की अधिकता की स्थिति में वर्गीकरण की पद्धति अत्यन्त लाभदायक होती है। इससे न केवल विभिन्न आधारों पर वर्गीकृत तथ्यों का तुलनात्मक (Comparative) अध्ययन संभव हो पाता है बल्कि साथ ही साथ सिद्धान्त निर्माण भी सहज हो जाता है।

जिस प्रकार वर्गीकरण को वैज्ञानिक पद्धति का एक अंग माना जाता है उसी तरह ऐतिहासिक पद्धति भी आगमनात्मक पद्धति (Inductive Method) की शाखा (Branch) समझी जाती है। कोई भी घटना (Event) एकाएक घटित नहीं होती, कोई भी संस्था अकस्मात् निर्मित नहीं हो जाती बल्कि वर्तमान घटना या संस्था का स्वरूप ऐतिहासिक विकास क्रम का स्वाभाविक परिणाम होता है। अत: यदि वर्तमान को वैज्ञानिक ढंग से समझना है या भविष्य के लिए किसी यथार्थ सिद्धान्त की खोज करनी है तो शोधकर्ता को अतीत (Past) की गलियों से तथ्य-संग्रह करना ही होगा। अरस्तू ने 'Politics' की पुस्तक पाँच में क्रान्तियों (Revolutions) का कारण व निदान बताने के क्रम में ऐतिहासिक पद्धति का सहारा लिया है। जब वह क्रान्ति के कारणों का विश्लेषण करता है तो उसकी पुष्टि विभिन्न यूनानी नगर-राज्यों की ऐतिहासिक घटनाओं से करता है। जैसे-लोकतन्त्र (Democracy) के सम्बन्ध में वह कहता है कि जब

भाषणबाज नेता (Demogogues) राज्य के धनिकों के प्रति 'अनर्गल' आरोप लगाते हैं तो धनिक अपने बचाव में क्रान्ति कर देते हैं। इसके लिए वह उदाहरण भी देता है– रोड्स टापू, मोगारा इत्यादि।

आगमन पद्धति के कारण अरस्तू के निष्कर्ष यथार्थ व व्यावहारिक हैं। इस पद्धति में प्लेटो से अरस्तू की तुलना करते हुए प्रो. मैक्सी (Maxey) कहते हैं कि– "जहाँ प्लेटो अपनी कल्पनाओं को उड़ान भरने की छूट देता है वहाँ अरस्तू तथ्यगत व निष्क्रिय है, जहाँ प्लेटो बुद्धिमूलक है वहाँ अरस्तू यथार्थ है, जहाँ प्लेटो सामान्य विचारों से तार्किक निष्कर्षों की तरफ बढ़ता है, वहाँ अरस्तू यथार्थ है, जहाँ प्लेटो सामान्य विचारों से तार्किक निष्कर्षों की तरफ बढ़ता है, वहाँ अरस्तू विविध तथ्यों से ऐसे निष्कर्षों की तरफ मंद गति से जाता है जो तार्किक हैं किन्तु अन्तिम नहीं।"इस प्रकार अरस्तू एक वैज्ञानिक की तरह निरीक्षण, वर्गीकरण, व तुलना की सहायता से अपनी रचनाओं को अन्तिम रूप दिया तथा 'लाइसियम' विद्यालय में निरन्तर बारह वर्षों तक अपने शिष्यों को अनुसन्धान का निर्देशन प्रदान करता रहा। प्रो. मैक्सी के शब्दों में, "इसका परिणाम यह हुआ कि अपने ग्रन्थ (Politics) की विषय-वस्तु को उसने ऐसा स्वरूप प्रदान किया जो अनेक तथ्यों से युक्त, उदाहरणों से परिपूर्ण, पढ़ने में बहुत आसान नहीं किन्तु प्रभावशाली ढंग से प्रमाणित तथा अनेक शताब्दियों के बाद भी आज तक राजनीति विज्ञान की श्रेष्ठ रचना के रूप में कायम है।

राज्य का प्राकृतिक समुदाय

अपने विश्लेषण द्वारा अरस्तू इस निष्कर्ष पर पहुँचता है कि "राज्य, उस प्राकृतिक प्रवृत्ति (Natural Impulse) पर आधारित हैं" जो व्यक्तियों को एक राजनीतिक समुदाय की तरफ प्रेरित करती है। अरस्तू के शब्दों में, "व्यक्ति एक राजनीतिक प्राणी है और प्रकृति से ही राज्य-जीवन के लिए निर्दिष्ट है" यही वह बिन्दु है जहाँ मानव का वनस्पति व पशुओं (Vegitables & Animals) से अलगाव हो जाता है। मनुष्यों की अबौद्धिक गतिविधियाँ (Irrational Activities)–भोजन, प्रजनन इत्यादि वनस्पतियों व पशुओं से पूर्णतः साम्य रखती हैं लेकिन राजनीतिक समुदाय में जीवन व्यतीत करने का विवेकपूर्ण लक्ष्य केवल मनुष्यों में ही पाया जाता है क्योंकि व्यक्ति केवल जीवित रहना नहीं चाहते हैं बल्कि 'अच्छा जीवन' (Good Life) जीना चाहते हैं। इसलिए अरस्तू कहता है कि"राज्य सद्जीवन के लिए अस्तित्व में रहता है, मात्र जीवन के लिए नहीं (State exists for the sake of good life, and not for the sake of life only.)।" व्यक्ति की पूर्णता इसी 'सद्जीवन' में है और इस 'सद्जीवन' की उपलब्धि राज्य में ही सम्भव है। अतः राज्य के बिना व्यक्ति के जीवन की कल्पना नहीं की जा सकती। अरस्तू का राज्य सम्बन्धी विचार विशुद्ध यूनानी राजनीतिक चिन्तन की

परम्परा का प्रतिनिधित्व करता है जिसकी प्रथम व्यवस्थित अभिव्यक्ति प्लेटो के दर्शन (Philosophy) में होती है। प्लेटो ने तार्किक विचारकों (Sophists) की उस मान्यता का विरोध किया जिसमें राज्य को सामाजिक समझौते का प्रतिफल माना जाता था। इस दृष्टिकोण से अरस्तू प्लेटो का ही अनुकरण करता है क्योंकि वह भी राज्य को 'कृत्रिम' संस्था नहीं मानता और उसका आदर्श राजनीतिक समुदाय भी नगर-राज्य (Polis) ही है। इसके बावजूद अरस्तू अपने गुरु से कुछ अलग है। प्लेटो ने सामाजिक समझौता सिद्धान्त का खण्डन करते हुए राज्य को व्यक्ति की आत्मा (Soul) से सम्बद्ध किया है जबकि अरस्तू इसे व्यक्ति की प्रकृति (Nature) से जोड़ते हुए इसको 'व्यक्तियों के समुदाय' की संज्ञा देता है। ज्ञातव्य है कि प्लेटो ने राज्य को व्यक्तियों का विशद् रूप कहा है।

किन्तु यह 'अपरिहार्य संस्था' किसी देवता (God) का उपहार या कुछ लोगों के आपसी समझौते का परिणाम न होकर स्वाभाविक (प्राकृतिक) विकास क्रम का प्रतिफल है। यह विकास प्रक्रिया तीन स्तरों (Stages) से होकर गुजरती है-

(1) परिवार (Family),

(2) गाँव (Village), और

(3) राज्य (Polis)।

परिवार को राज्य के विकास का प्रारम्भिक चरण कहा जा सकता है जो प्राथमिक होने के साथ-साथ सरलतम समुदाय है। ऐसा होना वैज्ञानिक नियमों के अनुरूप ही है क्योंकि प्रकृति के विकास से स्पष्ट है कि ''समय की दृष्टि से सबसे सरल व प्राथमिक (चीजें) पहले हैं, जबकि अधिक जटिल व पूर्ण का आगमन बाद में होता है-विकास के प्रारम्भ होने के उपरान्त। फिर भी, परवर्ती चरण, प्राथमिक चरण की तुलना में वस्तु की वास्तविक प्रकृति (True Nature of a Thing) को अधिक पूर्णता से प्रदर्शित करता है।'' परिवार समय की दृष्टि से सबसे पहले आता है जो सरल किन्तु अपूर्ण है। इसका अर्थ यह नहीं है कि परिवार 'अप्राकृतिक' है। इसके विपरीत परिवार पूर्णतः स्वाभाविक है क्योंकि इसका आगमन व्यक्तियों की मूल प्रवृत्ति के परिणामस्वरूप होता है। मानव की दो मूल प्रवृत्तियाँ हैं-

भौतिक आवश्यकताओं की पूर्ति, और अपनी प्रजाति (Race) को आगे बढ़ाना। इस स्तर पर मानव, पशु व वनस्पतियों में कोई अन्तर नहीं होता है। वंश परम्परा को नष्ट होने से बचाने के लिए पति-पत्नी के सम्बन्धों का आगमन हुआ जबकि भौतिक जरूरतों-भोजन, कपड़ा, मकान इत्यादि की पूर्ति के लिए स्वामी-दास सम्बन्ध अस्तित्व में आए। पति, पत्नी, बच्चों व दासों के संयुक्त समूह को ही परिवार कहते हैं। अरस्तू

के अनुसार पति-पत्नी या स्वामी-दास के ये सम्बन्ध 'सुविचारित उद्देश्यों' (Deliberate Purposes) पर अवलम्बित नहीं होते बल्कि ये स्वाभाविक होते हैं क्योंकि इसके बिना मानव समाज का अस्तित्व संभव ही नहीं होता। किन्तु स्वाभाविक होने के बावजूद परिवार अपूर्ण है क्योंकि यह व्यक्तियों की भौतिक व शारीरिक (Material and Biological) आवश्यकताओं को ही पूरा करता है, अन्य जरूरतों को नहीं। विकास के इस क्रम में दूसरा चरण ग्राम संगठन के रूप में सामने आता है। ''इस संगठन का उद्देश्य (मनुष्य के) दैनिक आवश्यकताओं की अपेक्षा कुछ और जरूरतों की पूर्ति करना होता है। व्यक्तियों में श्रेष्ठतर सामुदायिक व सांस्कृतिक जीवन की आकांक्षाएँ होती हैं जो उसे भौतिक व शारीरिक संतुष्टि से आगे बढ़ने की प्रेरणा देती हैं। गाँव प्राथमिक सांस्कृतिक आवश्यकताओं की पूर्ति करता है जिसका निर्माण अनेक़ परिवारों के समूह द्वारा होता है। अरस्तू के अनुसार गाँवों का सर्वाधिक प्राकृतिक रूप वह है जिसमें समान वंश-क्रम के परिवार हों। निश्चित रूप से गाँव का संगठन एक परिवार के संगठन से अधिक जटिल किन्तु विकसित होता है जो दैनिक जरूरतों के अतिरिक्त सांस्कृतिक आवश्यकताओं (उत्सवों, मेलों इत्यादि) की भी पूर्ति करता है। फिर भी यह संगठन भी अधूरा है, अपूर्ण है क्योंकि यह 'सद्जीवन' के लिए जरूरी समस्त वस्तुओं की उपलब्धता संभव बनाने में असमर्थ होता है।

तृतीय व अन्तिम चरण के रूप में राज्य की अवधारणा में यह 'आत्म-निर्भरता' सर्वाधिक महत्वपूर्ण है किन्तु यह आत्म-निर्भरता साधारण आर्थिक या भौतिक सम्पन्नता से भिन्न है। प्रो. जार्ज सेबाइन के शब्दों में, ''इसका तात्पर्य आंशिक रूप से इसके (राज्य) भू-भाग और आर्थिक उपजीविका के साधन से है, साथ ही इसका अर्थ उसकी राजनीतिक स्वाधीनता से भी है, लेकिन मूल रूप से इनसे नहीं है। राज्य का आगमन होता है। जब अनेक गाँव एक 'एकल समुदाय' में एकीकृत हो जाते हैं, जो इतना सम्पूर्ण व बड़ा हो कि पूर्ण आत्मनिर्भर या लगभग आत्म-निर्भर हो सके, तो राज्य अस्तित्व में आता है।

राज्य की आत्म-निर्भरता आर्थिक के साथ-साथ बौद्धिक व नैतिक आत्म-निर्भरता का प्रतीक है। यही मानव जीवन की पूर्णता है, यही मानव का अन्तिम लक्ष्य है। नैतिक व मानसिक विकास की पूर्णता के बिना मानव को मानव कहा ही नहीं जा सकता। पेड़-पौधे व पशु भी जन्म लेते हैं, भोजन व प्रजनन करते हैं, विकसित होते हैं और समाप्त हो जाते हैं लेकिन व्यक्ति नैतिक व बौद्धिक दृष्टि से 'पूर्ण' जीवन चाहता है जिसकी पूर्ति राज्य करता है। अरस्तू द्वारा प्रतिपादित राज्य की अवधारणा वर्तमान उदारवादी मान्यताओं से पूर्णतः अलग है। परिणामतः उसका राज्य आधुनिक राज्यों से नितान्त भिन्न दृष्टिगत होता है। अरस्तू न केवल राष्ट्र-राज्य (Nation-state)

की उस मान्यता को अस्वीकार करता है जिसका विकास 16वीं शताब्दी (धर्मसुधार आन्दोलन) के बाद होता है अपितु अपने युग के राजनीतिक परिवर्तनों की भी उपेक्षा करता है। सबसे महत्वपूर्ण परिवर्तन था–नगर-राज्यों की स्वतन्त्र सत्ता का अन्त और विशाल साम्राज्यों का उदय। परन्तु आश्चर्यजनक रूप से अरस्तू इन घटनाओं से निर्लिप्त है। उसका शिष्य अलेक्जेण्डर 'महान' विश्व-साम्राज्य स्थापित कर रहा था लेकिन वह स्वयं नगर-राज्य की अवधारणा से चिपका हुआ है। इसके अतिरिक्त इस बात को भी ध्यान में रखना होगा कि राज्य सम्बन्धी चिन्तन में राजनीति व नैतिकता एक दूसरे के साथ अटूट बंधन में बंधे हुए हैं। अरस्तू के राज्य की आत्म-निर्भरता उपयोगितावादियों की आर्थिक समृद्धि से अधिक व्यापक है। इसके साथ ही व्यक्तिवादी-उपयोगितावादी चिन्तन में व्यक्ति की तुलना में राज्य को निम्न स्थान दिया जाता है लेकिन राज्य को व्यक्तियों की प्रकृति से जोड़ने के बाद भी अरस्तू राज्य को सर्वोच्च महत्व प्रदान करता है। इन तथ्यों को ध्यान में रखते हुए ही अरस्तू द्वारा प्रतिपादित राज्य की प्रकृति एवं विशेषताओं का अध्ययन किया जाना चाहिए।

1. राज्य की प्रकृति

प्लेटो के समान अरस्तू भी राज्य की उत्पत्ति के 'समझौता सिद्धान्त' को अस्वीकार करता है। उसके अनुसार राज्य एक प्राकृतिक समुदाय है। राज्य को प्राकृतिक कहने के पीछे दो मूलभूत तर्क हैं– प्रथमत: राज्य इसलिए प्राकृतिक है क्योंकि इसका विकास मानव-प्रकृति (Human Nature) में अन्तर्निहित है। सामुदायिकता (Gregariousness) की स्वाभाविक प्रवृत्ति व्यक्तियों को एक ऐसे संगठित समूह के निर्माण हेतु प्रेरित करती है जो उनकी आवश्यकताओं की पूर्ति कर सके। राज्य इसी स्वाभाविक प्रवृत्ति का परिणाम है। चूँकि सामाजिक जीवन का तत्व मानव-प्रकृति में विद्यमान है अत: तार्किक दृष्टि से राज्य भी प्राकृतिक सिद्ध होता है। समस्त प्राणियों में एकमात्र मनुष्यों के पास ही उचित-अनुचित एवं न्याय-अन्याय की 'समझ' (Sense) है, और जिन प्राणियों में यह 'समझ' पाई जाती है वे ही परिवार व राज्य का निर्माण कर सकते हैं। इस दृष्टिकोण से राज्य न केवल प्राकृतिक सिद्ध होता है बल्कि यह 'विवेक' का प्रतिफल भी प्रमाणित होता है क्योंकि 'समझ' का सम्बन्ध विवेक से है। द्वितीय स्तर पर राज्य का प्राकृतिक स्वरूप 'प्रकृति' (Nature) की परिभाषा द्वारा भी प्रमाणित होता है। अरस्तू ने 'प्रकृति' की तीन परिभाषाएँ दी हैं जिसके अनुसार–

(A) 'प्रकृति सदैव सर्वोत्तम को प्राप्त करना चाहती है' (The nature always works for the best.)। परिवार जिन जरूरतों को पूरा करता है वे स्वाभाविक होते हुए भी गुणात्मक दृष्टि से निम्न कोटि की होती हैं। गाँव में व्यक्ति अपनी भौतिक आवश्यकताओं के साथ-साथ

सहयोग व साहचर्य पर आधारित सांस्कृतिक उत्सवों का आयोजन करता है। परन्तु व्यक्ति का सर्वोच्च लक्ष्य अर्थात् सद्जीवन की प्राप्ति राज्य में ही संभव है। अतः सर्वोत्तम को प्राप्त करने के कारण राज्य प्राकृतिक है।

(B) 'विकास की चरम अवस्था प्रकृति है (The Nature is the end.)। व्यक्तियों की भौतिक व शारीरिक आवश्यकताओं की सन्तुष्टि के लिए परिवार का आगमन होता है। परिवारों का समूह मिलकर ग्राम बनाता है और अन्त में राज्य अस्तित्व में आता है जो विकास की चरम अवस्था है। अतः राज्य प्राकृतिक है।

(C) 'प्रकृति द्वारा निर्मित कोई भी वस्तु निरर्थक नहीं होती। (Nature makes nothing in vain.)।' प्रत्येक वस्तु के अस्तित्व की सार्थकता इस बात में अन्तर्निहित है कि वह अपनी निहित संभावनाओं का सम्पूर्ण विकास करके अपनी वास्तविक प्रकृति को प्राप्त करे। प्रकृति ने मनुष्यों को 'भाषा' (Speech) का उपहार दिया है जबकि अन्य प्राणियों को सिर्फ़ ध्वनि (Sound) प्राप्त है। इस 'भाषा' का एक प्रयोजन है और यह प्रयोजन यह है कि इसके प्रयोग द्वारा व्यक्ति उचित-अनुचित, उपयोगी-अनुपयोगी तथा सही-ग़लत का अन्तर करें। इस अन्तर का दूसरा नाम ही न्याय (Justice) है, और न्याय ही राज्य का आधार होता है। इस प्रकार स्पष्ट है कि 'भाषा' का उद्देश्य- न्यायपूर्ण राज्य की स्थापना करना है। अतः राज्य प्राकृतिक है।[1]

2. राज्य का प्राकृतिक स्वरूप

अरस्तू के जीवन-परिचय के क्रम में इस तथ्य को उजागर करने का प्रयत्न किया गया है कि वह बहुआयामी व्यक्तित्व का स्वामी था। जीव विज्ञान व चिकित्साशास्त्र में उसकी गहरी अभिरुचि थी जिसका प्रत्यक्ष प्रभाव 'The Politics' की पुस्तक-दो (Book-II) में दृष्टिगत होता है जहाँ उसने राज्य की सावयव प्रकृति का विश्लेषण किया है। किसी भी 'जीवित प्राणी' (Living Animal) को सावयव कहा जाता है। अतः जब अरस्तू राज्य को सावयव कहता है तो वह वस्तुतः यह कहना चाहता है कि राज्य भी किसी 'जीवनधारी' (प्राणी) के समान एक 'जीव' है। उसने अपने कथन को तार्किक आधार भी दिया है जिससे राज्य का सावयव रूप प्रमाणित हो जाता है।

(A) मानव शरीर (सावयव) के विभिन्न अंगों को दो वर्गों में विभक्त किया जाता है–अभिन्न अंग (Integral Part) व सहायक अंग (Contributory Part) । व्यक्ति के लिए 'मस्तिष्क' की स्थिति अभिन्न अंग के रूप में है, जबकि हाथ, पैर को सहायक अंग कहा जा सकता है। इसी प्रकार राज्य में न्यायपालिका, व्यवस्थापिका, शासक वर्ग व सेना को अभिन्न अंग कह सकते हैं, जबकि कृषकों, शिल्पियों व श्रमिकों को सहायक अंग की संज्ञा दी जा सकती है।

(B) प्रत्येक सावयव के अनेक अंग (Parts) होते हैं जो परस्पर मिलकर जीवन-प्रक्रिया को गतिशील रखते हैं। जैसे–मानव शरीर एक सावयव है और मस्तिष्क, नेत्र, हाथ, पैर इत्यादि उसके विभिन्न अंग हैं। उसी प्रकार कृषक, शिल्पी, सेना, व्यवस्थापिका इत्यादि राज्य रूपी सावयव के विभिन्न अंग हैं जिनकी सहायता से राज्य अपने लक्ष्यों की पूर्ति करता है।

(C) सावयव के जीवन के लिए उसके सभी अंगों में उचित सामंजस्य व संतुलन होना अपरिहार्य है। उदाहरण के लिए शरीर के स्वास्थ्य के लिए यह आवश्यक है कि उसके अंगों–हाथ, पैर इत्यादि–में अत्यधिक वृद्धि या कमी न हो अन्यथा ऐसी स्थिति 'अस्वस्थता' की प्रतीक होगी। इसी प्रकार राज्य के स्वस्थ विकास के लिए जरूरी है कि इसके किसी भी अंग में ग़ैर-आनुपातिक विकास या ह्रास (Decline) न हो।

(D) शरीर रूपी सावयव के अंग अपने अस्तित्व के लिए पूर्ण (शरीर) पर निर्भर होते हैं। उदाहरण के लिए शरीर से पृथक हाथ का न तो कोई अर्थ है और न ही कोई महत्व। इसी प्रकार राज्य (पूर्ण) से अलग होकर उसके अंग (व्यक्ति) का जीवन संभव ही नहीं है।

उपरोक्त तर्कों के आधार पर कहा जा सकता है कि राज्य एक जीवित प्राणी है। आगे चलकर फासीवादियों ने राज्य की सर्वोच्चता को सैद्धान्तिक आधार देने के लिए इस मत का प्रयोग किया।

3. राज्य व्यक्ति का पूर्ववर्ती है (State is Prior to the Individual)

राज्य सावयव के रूप में एक पूर्ण (Whole) है और व्यक्ति उसके अंग (Part) हैं। तार्किक दृष्टि से 'पूर्ण' अपने अंगों से अनिर्वायतः पहले आता है। उदाहरण के लिए शरीर (पूर्ण) के अभाव में 'हाथ' (अंग) की कल्पना भी संभव नहीं है,

वृत्त (पूर्ण) की अनुपस्थिति में अर्द्धवृत्त (अंग) का अस्तित्व असंभव है। दूसरे शब्दों में, शरीर अपने अंग-हाथ से तथा वृत्त अपने भाग-अर्द्धवृत्त से 'पूर्व' है। ठीक इसी प्रकार राज्य व्यक्ति का पूर्ववर्ती होता है।[1] फिर भी हमें ध्यान रखना होगा किऐतिहासिक सत्य यही है कि व्यक्ति सबसे पहले है। अरस्तू ने व्यक्ति के लिए राज्य की अनिवार्यता को प्रमाणित करने के लिए ही राज्य को व्यक्ति से 'पूर्व' कहा है। अरस्तू का कहना है कि राज्य व्यक्ति से पूर्व (Prior) है। राज्य की उत्पत्ति के विकास क्रम को ध्यान में रखने पर अरस्तू का यह कथन अन्तर्विरोधी लगता है क्योंकि उसने स्वयं ही प्रतिपादित किया है कि राज्य का आगमन परिवार व गाँव के बाद होता है, लेकिन अब वह कह रहा है कि राज्य व्यक्ति से पहले आता है। वास्तव में अरस्तू का उपरोक्त कथन ऐतिहासिक दृष्टि से नहीं बल्कि तार्किक दृष्टि से सत्य है। ऐतिहासिक आधार पर तो व्यक्ति ही पहले आता है, परिवार, गाँव व राज्य बाद में निर्मित (या विकसित) होते हैं। इसके माध्यम से अरस्तू कहना चाहता है कि 'इसका' (राज्य) विकास अधिक पूर्णता से हुआ है, और इसलिए यह समाज में अन्तर्निहित तत्वों का संकेतक है (It (State) is more completely developed and, therefore, the more indicative of what the community has implicit in it.)।[2] परिवार व गाँव व्यक्ति को जीवित रखते हैं, राज्य इस जीवन को औचित्य प्रदान करता है। बौद्धिक व नैतिक विकास के द्वारा व्यक्ति को व्यक्ति बनाने का कार्य राज्य ही करता है। अत: राज्य के बिना व्यक्ति का जीवन अपूर्ण होगा, निरर्थक होगा। इसलिए अरस्तू कहता है कि "जो व्यक्ति समाज में नहीं रहना चाहता अथवा जिसे इसकी जरूरत इसलिए नहीं है कि वह स्वयं ही आत्मनिर्भर है, वह या तो एक जानवर होगा या एक देवता। वह राज्य का अंग नहीं है।"

4. राज्य सर्वोच्च समुदाय है (State is the Greatest Association)

अरस्तू उद्देश्यमूलक (Teleological) दृष्टिकोण का उपयोग करते हुए कहता है कि व्यक्तियों द्वारा निर्मित प्रत्येक समुदाय या संगठन का कुछ न कुछ उद्देश्य होता है। यह उद्देश्य है-'भलाई' (Good)। वह समुदाय जो सर्वश्रेष्ठ 'भलाई' को संभव बनाता है, सर्वोच्च समुदाय कहलाता है और ऐसे संगठन को ही राज्य कहते हैं।[1] परिवार व गाँव भी समुदाय हैं और व्यक्ति के लिए 'अच्छाई' समझी जाने वाली कुछ आवश्यकताओं की पूर्ति करते हैं लेकिन निश्चित रूप से ये आवश्यकताएँ (भौतिक व शारीरिक) व्यक्ति के लिए महत्वहीन नहीं होने पर भी 'अन्तिम' नहीं हैं। व्यक्तियों का अन्तिम लक्ष्य 'आत्म-निर्भर जीवन' (Self-sufficient Life) की प्राप्ति है। यही 'सद्जीवन' है जिसकी प्राप्ति राज्य में होती है। अत: राज्य सर्वश्रेष्ठ राज्य में होती है। राज्य की सर्वोच्चता इस तथ्य से भी प्रमाणित होती है कि परिवार के उपरान्त

गाँव का विकास होता है जो तुलनात्मक रूप से परिवार से बड़ा संगठन है। कालान्तर में 'गाँवों' से भी बड़ा संगठन निर्मित होता है जिसे राज्य की संज्ञा मिलती है, लेकिन राज्य से बड़े किसी संगठन की कल्पना न तो प्लेटो करता है और न ही अरस्तू।

5. राज्य में एकता व बहुलता (Unity and Plurality in the State)

प्लेटो के समान अरस्तू भी राज्य की एकता के लिए चिन्तित है। दोनों महान दार्शनिकों को लगता है कि लघु आकार के नगर-राज्यों में एकता व आत्मनिर्भरता की संभावना अधिक होती है। फिर भी प्लेटो ने व्यक्ति व राज्य की एकरूपता पर जितना बल दिया है उसे अरस्तू स्वीकार करने के लिए प्रस्तुत नहीं है। प्लेटो ने निजी परिवार व व्यक्तिगत सम्पत्ति के उन्मूलन द्वारा (यद्यपि सीमित स्तर पर ही) व्यक्ति व राज्य में 'अभेद' स्थिति स्थापित करने का प्रयास किया। अरस्तू राज्य में एकता चाहता है, एकरूपता नहीं। इसलिए वह 'अत्यधिक एकता' के लिए अपने गुरु की आलोचना करता है। उसके अनुसार ऐसा प्रयत्न स्वयं राज्य के लिए ख़तरनाक है क्योंकि निरपेक्ष एकता (Absolute Unity) से राज्य नष्ट हो सकता है। उसके शब्दों में, ''हमें अधिकतम एकता को प्राप्त नहीं करना चाहिए, क्योंकि यह राज्य का विनाश होगा ''

अरस्तू के अनुसार राज्य की एकता, विकास व समृद्धि के लिए बहुलता की जरूरत होती है। यह बहुलता (Plurality) ही स्वाभाविक है। एक राज्य का निर्माण अनेक लोगों से नहीं होता, बल्कि अनेक प्रकार के लोगों से होता है, क्योंकि 'समान' व्यक्ति राज्य का निर्माण नहीं करते एकता की आदर्श स्थिति 'बहुलता' में 'एकता' में अन्तर्निहित है। विभिन्न ध्वनियों व सुरों से मिलकर ही एक सुन्दर संगीत की रचना होती है, उसी प्रकार विभिन्न गुणों को धारण करने वाले व्यक्तियों द्वारा भिन्न-भिन्न कार्यों को करने से ही राज्य की एकता निर्मित होगी। लोगों की कार्यात्मक विविधता के बावजूद राज्य की एकता कायम रहेगी क्योंकि सभी व्यक्ति अलग-अलग कार्यों को सम्पादित करने के बाद भी 'सद्जीवन' (Good Life) के लक्ष्य से परस्पर बंधे हुए हैं।

राज्य का उद्देश्य (End of the State)

राज्य के उद्देश्यों का सीधा सम्बन्ध राज्य के कार्यों से है। यह एक ऐसा प्रश्न है जिसका सर्वमान्य उत्तर आज तक उपलब्ध नहीं हुआ है। व्यक्तिवादी विचारकों ने राज्य की उपस्थिति को एक आवश्यक बुराई के रूप में देखा। फलतः वे इसके कार्यक्षेत्र को न्यूनतम रखना चाहते हैं ताकि व्यक्ति अधिकतम संभव सीमा तक स्वतन्त्रता का उपभोग कर सकें। इनका तर्क है कि व्यक्ति विवेकवान होते हैं, इसलिए उनके

क्रियाकलापों में राज्य या शासन को अनावश्यक हस्तक्षेप नहीं करना चाहिए। राज्य के अस्तित्व का औचित्य इस तथ्य में निहित है कि यह अपने नागरिकों को आन्तरिक अशान्ति व बाहरी आक्रमण से सुरक्षा प्रदान करे। समाजवादियों ने आर्थिक सुरक्षा पर अधिक बल दिया। उनके अनुसार राज्य का उत्तरदायित्व है कि वह प्रत्येक व्यक्ति की मूलभूत आवश्यकता की पूर्ति उपलब्ध करे।

अरस्तू का दृष्टिकोण पूर्णतः अलग है। उसने जिस राज्य की परिकल्पना की है वह राज्य आर्थिक दृष्टि से आत्मनिर्भर राज्य होगा तथा शान्ति व सुरक्षा भी उसके उत्तरदायित्व की सीमा में है लेकिन राज्य मूलतः एक नैतिक संगठन है जिसका मूल लक्ष्य 'सद्जीवन' (Good Life) की प्राप्ति है। राज्य की उत्पत्ति जीवन को कायम रखने के लिए नहीं हुई है बल्कि एक 'पूर्ण व आत्म-निर्भर' जीवन (Perfect and Self-sufficing Life) की प्राप्ति के लिए इसका अस्तित्व कायम है। अरस्तू प्रत्येक व्यक्ति को समान रूप से विवेकवान नहीं मानता किन्तु वह यह बात मानकर चलता है कि व्यक्ति स्वभावतः अच्छे होते हैं। अतः राज्य का प्रथम कर्त्तव्य यह है कि वह व्यक्तियों में अन्तर्निहित गुणों (Faculties) को विकसित कर उन्हें 'अच्छा मानव' (Good Man) बनाये। जब तक मानव अच्छा मानव नहीं बनेंगे तब तक 'सद्जीवन' की प्राप्ति असंभव है।

'सद्जीवन' का तात्पर्य है–आत्म-निर्भरता से परिपूर्ण जीवन। इस प्रकार राज्य का दूसरा महत्वपूर्ण लक्ष्य है–आत्म-निर्भरता की प्राप्ति। इस सद्जीवन के तीन पहलू हैं–आर्थिक, नैतिक व बौद्धिक। आर्थिक दृष्टि से 'सम्पूर्ण' जीवन ऐसा जीवन है जिसमें व्यक्ति के पास सम्पत्ति, अवकाश व दास (Wealth, Leisure and Slave) हों। आर्थिक असुरक्षा से मुक्त व्यक्ति ही न्याय व विधि-निर्माण जैसे कार्यों में भाग ले सकता है जो उसकी बौद्धिक आत्मनिर्भरता का प्रतीक है। साथ ही साथ जब व्यक्ति सद्आचरण व न्याय को अपने जीवन का अभिन्न अंग बना लेते हैं तो उनका जीवन नैतिक दृष्टि से भी 'पूर्ण' (Perfect) हो जाता है। अरस्तू के अनुसार इस 'आदर्श' जीवन की प्राप्ति राज्य में एवं राज्य के द्वारा ही संभव है।

'सद्जीवन' न केवल व्यक्तियों का लक्ष्य है बल्कि राज्य भी इसी उद्देश्य से प्रेरित होता है। इसकी उपलब्धता ही वास्तविक आनन्द (Happiness) को व्यावहारिक बनाती है। दूसरे शब्दों में, 'प्रसन्नता' की प्राप्ति राज्य का एक प्रमुख उद्देश्य है। यह प्रसन्नता या आनन्द सद्गुणों की सिद्धि (Realization of Virtues) पर निर्भर करती है। यहाँ प्रश्न उठता है कि किसी व्यक्ति को किन आधारों पर सद्गुणी कहा जाएगा? अरस्तू के अनुसार तीन वस्तुएँ व्यक्ति को 'अच्छा' व सद्गुणी बनाती हैं–प्रकृति (Nature), आदत (Habit) व विवेक (Reason) ।

सद्‌गुण की इस परिभाषा में ही राज्य का एक अन्य उद्देश्य छुपा हुआ है। यह उद्देश्य है–शिक्षा (Education)। व्यक्तियों को सद्‌गुण सम्पन्न बनाने के लिए यह जरूरी है कि राज्य अपने नागरिकों को उचित शिक्षा प्रदान करने की व्यवस्था करे। उचित शिक्षा के अभाव में नागरिकों की बौद्धिक, नैतिक व आर्थिक आत्मनिर्भरता की प्राप्ति संभव नहीं है।

अरस्तू के अनुसार, ''राज्य सद्‌गुण युक्त जीवन का एक सहभागी है'' (State is a partner in the life of virtue.) इसलिए वह ऐसे राज्य को श्रेष्ठ नहीं मानता जो 'क्षेत्र-विस्तार' पर बल देता है अपितु ऐसे राज्य को श्रेष्ठ मानता है जो 'प्रसन्नता'(Happiness) की उपलब्धि में सफल होता है। उसके शब्दों में, ''वह नगर राज्य श्रेष्ठतम ढंग से प्रशासित है जिसमें प्रसन्नता प्राप्ति की संभावना सर्वाधिक हो''(That city is best governed which has the greatest oportunity of obtaining happiness)।'' अरस्तू आर्थिक रूप से सम्पन्न राज्य की प्रशंसा करता है किन्तु निर्विवाद रूप से नैतिक जीवन को सर्वश्रेष्ठ जीवन मानता है। सम्पत्ति सद्‌गुण युक्त जीवन का एक साधन है, साध्य नहीं।

4

संत एक्विनास

एक्विनास के राज्य सम्बन्धित विचार मूलतः अरस्तू से प्रभावित हैं लेकिन वह उसे पूरी तरह स्वीकार नहीं करता। राज्य सम्बन्धित उसकी अवधारणा एक प्रकार से यूनानी, रोमन व आगस्टाइनवाद का संश्लेषण (Synthesis) है। गैटल (Gettle) के शब्दों में–''उसकी रचनाओं में राजनीति पुनः एक विज्ञान में परिवर्तित हुई, यद्यपि उसका स्वरूप पूर्णतया मध्ययुगीन था। वह आगस्टाइन तथा बाइबिल द्वारा परिमार्जित अरस्तू व सिसरो की राजनीति थी।''

एक्विनास से पूर्व राज्य के सम्बन्ध में तीन प्रकार की अवधारणाएँ प्रचलित थीं। प्रथम अवधारणा यूनानी चिन्तन से सम्बद्ध है जिसमें राज्य को एक प्राकृतिक संस्था (Natural Institution) माना जाता था। प्लेटो व अरस्तू के लिए राज्य व्यक्ति के लिए स्वाभाविक है। रोमन विचारधारा राज्य को कानूनी दृष्टि से परिभाषित करती है। उदाहरण के लिए सिसरो (Cicero) ने राज्य को क़ानून का एक समुदाय (A Community of Law) कहा। तीसरी अवधारणा संत आगस्टाइन की कही जा सकती है जिसने अपने चिन्तन में प्लेटो, स्टोइकवाद व ईसाई धर्म की मान्यताओं को समन्वित करने का प्रयत्न किया। फिर भी वह मूलतः एक ईसाई विचारक है जिसकी अमिट

छाप राज्य (Civitas Terrena) की उत्पत्ति पर परिलक्षित होती है। संक्षेप में आगस्टाइन सांसारिक राज्य को 'मनुष्य के पतन (Fall of Man)' से जोड़कर 'पाप का परिणाम' (Result of Sin) घोषित करता है।

एक्विनास ने आगस्टाइनवाद की इस मान्यता को अस्वीकार कर दिया है कि राज्य या शासन की उत्पत्ति 'पाप' का परिणाम है। वह अरस्तू के समान मानता है कि राज्य एक प्राकृतिक संस्था है क्योंकि–"अन्य प्राणियों की तुलना में मनुष्य के लिए राजनीतिक व सामाजिक प्राणी होकर एक समूह में रहना अधिक स्वाभाविक है। वह सोद्देश्यता के सिद्धान्त (Theory of Teleology) के आधार पर भी राज्य को प्राकृतिक प्रमाणित करता है। इस सिद्धान्त की आधारभूत मान्यता यह है कि प्रकृति द्वारा निर्मित कोई भी वस्तु न तो महत्वहीन होती है और न ही निरर्थक, बल्कि सबका एक उद्देश्य (Telos) होता है–पूर्णता की प्राप्ति। प्रकृति ने मनुष्यों को एक विशेष वस्तु प्रदान की है जो अन्य प्राणियों में नहीं पाई जाती। यह वस्तु है–विवेक (Reason)। यदि जानवरों के समान मनुष्यों को भी एकाकी जीवन व्यतीत करना होता तो प्रकृति उन्हें विवेक का तत्व प्रदान ही नहीं करती। इस विवेक का एक उद्देश्य है और यह उद्देश्य यह है कि व्यक्ति सामाजिक जीवन का संगठन करे। इस प्रकार सामाजिक जीवन व्यक्ति की प्रकृति (Man's Nature) का अभिन्न अंग (Integral Part) है। विवेक की ज्योति (The Light of Reason) मनुष्यों को समाज व राज्य के रूप में संगठित होने के लिए प्रेरित करती है।

एक्विनास व्यक्ति के लिए राज्य की अपरिहार्यता (Inevitability) को सिद्ध करने के लिए यहाँ तक कहता है कि यदि व्यक्ति एकाकी जीवन व्यतीत करना भी चाहे तो यह संभव नहीं है। प्रथम इसलिए कि ऐसा मानना विवेक की सोद्देश्यता सिद्धान्त का उल्लंघन होगा। द्वितीय इसलिए कि व्यक्ति अपनी समस्त आवश्यकताओं की पूर्ति स्वयं अकेला नहीं कर सकता है। इसके लिए अन्य लोगों के सहयोग की जरूरत अवश्य पड़ेगी। दूसरे शब्दों में, सामूहिक जीवन व्यक्ति के लिए नितान्त स्वाभाविक है। (It is natural for man to live in the society of many)। एक व्यक्ति द्वारा, चाहे वह कितना ही कठिन परिश्रम क्यों न करे अपने लिए आवश्यक सभी वस्तुओं की प्राप्ति अकेले नहीं कर सकता है। इसीलिए व्यक्ति झुण्ड (Multitude) में रहता है जिससे कि प्रत्येक व्यक्ति अपने सहयोगियों की सहायता कर सके । राज्य एक प्राकृतिक सामाजिक संगठन है और इस संगठन के स्थायित्व व संचालन के लिए शासन (Government) का होना आवश्यक है। शासन का अर्थ है–व्यक्ति का व्यक्ति पर प्रभुत्व (Domination of Man over Man)। संत आगस्टाइन की दृष्टि में यह एक अप्राकृतिक स्थिति है क्योंकि "ईश्वर यह कभी नहीं चाहता था कि विवेकशील व्यक्ति अपने

साथी मानवों पर प्रभुत्व स्थापित करे जो प्रत्येक दृष्टि से समान होते हैं। व्यक्ति का प्रभुत्व व्यक्ति पर नहीं बल्कि विवेकहीन प्राणियों अर्थात् पशुओं पर होना चाहिए (Man should have domination over anything but the irrational creature i.e. beasts)''। एक्विनास ऑगस्टाइन से सहमत नहीं है। इस स्थल पर वह अरस्तू का अनुकरण करता है और मानता है कि कुछ लोगों का अन्य लोगों पर शासन प्राकृतिक है। जो श्रेष्ठ हैं वे शासन करते हैं, जो निम्न हैं वे शासित होते हैं।

सामूहिक जीवन के अस्तित्व में आते ही यह स्वाभाविक (Natural) हो जाता है कि व्यक्तियों के मध्य एक ऐसा साधन भी होना चाहिए जिससे इस समूह को शासित किया जा सके। शासन के अभाव में कोई भी समूह लम्बे समय तक संगठित बना नहीं रह सकता। समाज में शासन की स्थिति वैसी ही है जैसा कि शरीर के सम्बन्ध में मस्तिष्क (Mind) की। यदि शरीर के अंगों पर मस्तिष्क का निर्देशन व नियन्त्रण न रहे तो शरीर विघटित (Disintegrate) हो जाएगा। शासन के अभाव में समाज या व्यक्तियों का संगठित समूह भी बिखर जायेगा। इस स्थल पर एक्विनास सोलमन (Soloman) की उक्ति का उल्लेख करता है कि-''जहाँ शासक नहीं है, वहाँ राज्य का पतन हो जायेगा (Where there is no governor, the people shall fall)।'' शासक की अवधारणा के साथ शासितों की उपस्थिति पूर्णत: स्वाभाविक है अर्थात् राजनीतिक समाज में शासक व शासित दोनों सम्मिलित होते हैं। किन्तु विवेक व श्रद्धा (Reason and Faith) का जो समन्वित रूप उसके दर्शन (Philosophy) में दृष्टिगत होता है, उसकी भूमिका शिक्षा के अगले पड़ाव-कोलोम (Cologne) में निर्मित हुई। नेपल्स ने उसे धार्मिक अनुभूति प्रदान की; कोलोन में उसका सामना तर्क (Logic) से हुआ। सबसे महत्वपूर्ण बात यह है कि यह तर्कशास्त्र अरब व यूनानी चिन्तन से सम्बद्ध था। कोलोन में एक महान् विद्वतावादी दार्शनिक (Scholastic Philosopher) धर्म व दर्शन के उन्हीं समस्याओं से जूझ रहा था जिसका सामना कालान्तर में स्वयं एक्विनास को करना था। उस दार्शनिक का नाम था-एलबर्टस मैगनस (Albertus Magnus)। मैगनस तत्कालीन बौद्धिक वर्ग का अति सम्मानित सदस्य था और एक्विनास को उसके सान्निध्य में तीन वर्षों तक रहने का सौभाग्य मिला।

क़ानून सम्बन्धित विचार : पूर्ण समन्वय (संश्लेषण्)

(Idea of Law : A Perfect Synthesis)

प्रो. इबन्स्टीन के शब्दों में, ''सभ्यता के भण्डार में मध्य युग का सबसे महान् योगदान जन समुदाय की परम्पराओं पर आधारित क़ानून की सर्वोच्चता की अवधारणा है। इस धारणा का स्रोत अंशत: यहूदी व ईसाइयों की (दैवीय) क़ानून को (मानवीय) क़ानून से उच्च मानने के सिद्धान्त तथा अंशत: स्टॉइक व रोमन विचारकों की विश्व

को विवेक के आधार पर व्यवस्थित करने की चेतना थी प्रो. इबन्स्टीन के दृष्टिकोण को प्रो. डनिंग (Prof. Dunning) भी समर्थन देते हुए संत एक्विनास के संदर्भ में कहते हैं कि–"क़ानून व न्याय का उसका सिद्धान्त वह द्वार (Channel) है जिसके माध्यम से अरस्तू, स्टॉइक्स, सिसरो, रोमन साम्राज्यवादी विधि शास्त्रियों तथा संत आगस्टाइन की मान्यताएँ, एक 'पूर्ण' में सम्मिश्रित होकर (Blended into a Round Whole) आधुनिक युग को संप्रेषित होती हैं।" एक्विनास ने अपनी पुस्तक 'Summa Theologica' में क़ानून सम्बन्धित विचारों का प्रतिपादित किया है। वह अतीत में प्रचलित क़ानून की विभिन्न अवधारणाओं को मध्ययुगीन परिस्थितियों व आवश्यकताओं के साथ संयुक्त करता है। इस कार्य को वह इतने बेहतर तरीके से अंजाम देता है कि क़ानून के प्रति उसकी मान्यताएँ मध्ययुगीन चिन्तन की अति महत्वपूर्ण देन बन जाती है।

रोमन विधिशास्त्र में राजा क़ानून से स्वतंत्र और क़ानून से श्रेष्ठ स्थिति का धारक स्वीकार किया गया। रोमन राजनीतिक व विधिशास्त्रीय चिंतन में राज्य की सम्प्रभुता का आधार जनता को माना गया लेकिन समझौते के बाद जनता अपनी क़ानूनी शक्तियाँ सम्राट को प्रत्योजित कर चुकी है। इसलिए राजा क़ानून का निर्माता है और उससे ऊपर भी है। इस प्रकार रोमन विधिशास्त्र क़ानून के पीछे एक व्यक्ति (सम्प्रभु शासक) की इच्छा (Will) को स्वीकार करता है।" अरस्तू, जिससे एक्विनास अत्यधिक प्रभावित है, मानता है कि "क़ानून वह विवेक है जो इच्छा से अप्रभावित होता है (Law is a reason unaffected by desire)।" वैयक्तिक मनोविकारों से मुक्त यह विधि ही राज्य में 'सर्वोच्च' होती है जिसका उद्देश्य सबका कल्याण (Common Good) है। जर्मन विधिवेत्ताओं ने कहा कि "क़ानून रीति-रिवाजों में ढूँढ़े जाने चाहिए और वे किसी की भी इच्छा (Will) के आरोपण नहीं हो सकते। इस प्रकार प्रजा के साथ-साथ राजा भी क़ानून के अधीन है।

एक्विनास इन सभी तत्वों को समायोजित करने का प्रयास करता है। उसके शब्दों में, "क़ानून सामान्य हित के लिए विवेक की वह व्यवस्था है जो किसी ऐसे व्यक्ति द्वारा उद्घोषित की जाती है जिसके हाथ में किसी समाज के देखभाल का अधिकार होता है (Law is an ordinance of reason for the common good, promulgated by him who has care of a community.)।" इस प्रकार वह अरस्तू के 'विवेक' तत्व को रोमन विधि के 'वैयक्तिक पक्ष' के साथ समन्वित करता है जिसमें ईसाईवाद का 'सामान्य हित' भी सम्मिलित है। प्रो. मैक्सी ने प्रो. कोकर की पुस्तक 'Reading in Political Philosopy' में 'Summa Theologica' के विशेषज्ञों द्वारा व्यक्त विचारों को उद्धृत (Quote) करते हुए क़ानून की प्रकृति के सम्बन्ध में चार तर्कों का उल्लेख किया है–

(1) "चूँकि क़ानून मानवीय आचरण का नियम व मापदण्ड होता है अतः यह आवश्यक रूप से विवेक से सम्बद्ध है ;"

(2) "चूँकि क़ानून सार्वजनिक हित को निर्दिष्ट करता है अतः यह 'किसी' व्यक्ति के विवेक से नहीं बल्कि जन-समुदाय अथवा जन-समुदाय के लिए कार्य करने वाले शासक के विवेक से ही निर्मित किया जा सकता है। ;"

(3) "चूँकि क़ानून मानवीय आचरण का नियम है, जिसका अन्तिम लक्ष्य सार्वजनिक प्रसन्नता (Common Happiness) है, अतः यह (क़ानून) आवश्यक रूप से सदैव सार्वजनिक हित (Common good) के लिए निर्दिष्ट होता है ;"

(4) "चूँकि क़ानून उन लोगों पर लागू करने के लिए स्थापित किया गया है जिनसे यह सम्बन्धित होता है अतः बाध्यकारी शक्ति बनाने के लिए आवश्यक है कि इसे उद्घोषित (Promulgated) किया जाये तथा उन लोगों की जानकारी (Notice) में लाया जाए जो इस क़ानून के अधीन हैं।"

इस युग में यह विचार अति लोकप्रिय था कि 'सम्पूर्ण जगत् कानूनों के सतत् प्रवाह में निमग्न है।' वह इस प्रवाह में विधि (Law) के विविध रंगों को देखता है और उन्हें अलग-अलग पहचानने की कोशिश करता है। किन्तु एक्विनास की क़ानून की अवधारणा की व्यापकता को समझना तब तक संभव नहीं हो सकता जब तक उसके द्वारा प्रतिपादित क़ानून के विविध प्रकारों का अध्ययन न किया जाए। एक्विनास मध्य युग का सच्चा प्रतिनिधि है। व्यक्ति का जीवन भी इसी सार्वभौम व्यवस्था का अभिन्न अंग है जो सांसारिक जीवन व्यतीत करते हुए 'ईश्वर के सान्निध्य' के लिए प्रयत्नशील है। अतः यह देखना आवश्यक तथा महत्वपूर्ण है कि ये विभिन्न क़ानून व्यक्ति व समाज के जीवन व उद्देश्यों को किस प्रकार प्रभावित व निर्देशित करते हैं। एक्विनास क़ानून को चार वर्गों में विभाजित करता है–

(1). शाश्वत क़ानून (Eternal Law)

(2) प्राकृतिक क़ानून (Natural Law)

(3) दैवीय क़ानून (Divine Law)

(4) मानवीय क़ानून (Human Law)

(1) शाश्वत क़ानून

प्रो. सेबाइन इसी तथ्य को ध्यान में रखते हुए लिखते हैं कि–"शाश्वत क़ानून, व्यावहारिक रूप से ईश्वर का विवेक ही है। यह दैवीय बुद्धिमता की वह चिरन्तन योजना है जिससे सम्पूर्ण सृष्टि निर्देशित होती है। अपने आप में यह क़ानून मनुष्य की भौतिक प्रकृति से ऊपर और अपनी सम्पूर्णता में मानवीय समझ से परे है, यद्यपि इस कारण से यह मानवीय विवेक के लिए अपरिचित्त या विरोधी नहीं है (The eternal law, is practically identical with the reason of God. It is the eternal plan of divine wisdom by which the whole creation is ordered. In itself then law is above the physical nature of man and in its entirely beyond human comprehension, though it is not for this reason foreign or contrary to human reason)।"[1] ईश्वर शाश्वत कानूनों का संकेत प्राकृतिक कानूनों के रूप में देता है। प्रो. मैक्सी के शब्दों में, "शाश्वत क़ानून वह क़ानून है जिसके द्वारा ईश्वर ब्रह्माण्ड (Universe) को संचालित करता है (Eternal law is a law by which god governs the universe)।" शाश्वत का तात्पर्य होता है चिर स्थायी (Everlasting)। इस प्रकार शाश्वत क़ानून वे अपरिवर्तनीय नियम हैं जो ईश्वर के मस्तिष्क में अन्तर्निहित है और जिसके द्वारा ईश्वर विश्व के समस्त जड़-चेतन के उत्पत्ति, विकास व विनाश को नियन्त्रित व निर्देशित करता है। यह चराचर जगत् ईश्वरीय विवेक की सुनियोजित योजना है व्यक्ति का जीवन भी इसी योजना के अधीन है लेकिन इसे समझ पाना मानवीय विवेक के सामर्थ्य के बाहर है। फिर भी सभी व्यक्ति किसी न किसी रूप में इस शाश्वत क़ानून में सहभागिता निभाते हैं। अत: यह व्यक्ति के विवेक की सीमा में न होकर भी उसके अनुकूल है।

(2) प्राकृतिक क़ानून

एक्विनास भी प्राकृतिक कानूनों के प्रति रोमन दृष्टिकोण स्वीकार करता है किन्तु स्वयं इन कानूनों की शाश्वत कानूनों से सम्बद्ध कर देता है। शाश्वत क़ानून, जो कि ईश्वरीय विवेक के प्रतीक है, सहज बोधगम्य नहीं है लेकिन इन कानूनों को समझने की प्रक्रिया में कुछ नैतिक मान्यताएँ स्वत: ही सामने आ जाती हैं। चूँकि ये मान्यताएँ ईश्वरीय विवेक से उत्पन्न होती हैं अत: नैतिक होने के साथ-साथ विवेकपूर्ण भी होती हैं। यही विवेकपूर्ण नैतिक मान्यताएँ जो व्यक्ति के आचरण को नियमित व नियन्त्रित करती हैं प्राकृतिक विधियाँ कहलाती हैं। इन्हें नैतिक इसलिए कहा जाता है क्योंकि ये व्यक्ति व समाज के क्रियाकलापों के लिए उचित-अनुचित, सही-ग़लत व अच्छा-बुरा की कसौटी होती है।

प्राकृतिक कानूनों की अवधारणा यूनान के स्टॉइक (Stoic) विचारकों द्वारा प्रस्तुत की गई और रोमन विधिशास्त्रियों ने इसे व्यापक बनाया। सामान्य रूप से प्राकृतिक क़ानून 'विवेक के नियम (Rule of Reason)' माने जाते हैं जो स्वभावत: सर्वव्यापक व अपरिवर्तनीय होते हैं तथा राज्य के समस्त कानूनों के लिए मापदण्ड का कार्य करते हैं। जिस प्रकार विज्ञान व गणित के कुछ सर्वमान्य व अपरिवर्तनीय नियम होते हैं, जिन्हें 'प्रथम सिद्धान्त' (First Principles) कहा जाता है, उसी प्रकार सामाजिक जीवन की कुछ सर्वमान्य अच्छाइयाँ होती हैं जो सबके लिए आवश्यक व लाभदायक समझी जाती हैं। जैसे–मानव का विवेक उसे बतलाता है कि–

(1) प्रत्येक व्यक्ति अपनी प्राकृतिक क्षमता के अनुरूप श्रेष्ठ जीवन जीना चाहता है;

(2) प्रत्येक व्यक्ति को 'आत्म-सुरक्षा' प्राप्त होनी चाहिए;

(3) सबमें संतानोत्पत्ति व उन्हें शिक्षित करने की अभिवृत्ति होती है;

(4) मनुष्य को बुराई से बचना चाहिए तथा अच्छाई का अनुकरण करना चाहिए;

(5) स्वतंत्रता व सम्पत्ति पर सबका समान हक़ है;

(6) सभी व्यक्ति सत्य की खोज करना तथा ईश्वर को जानना चाहते हैं, इत्यादि।

एक्विनास के शब्दों में–"सामान्य सिद्धान्तों की आवश्यकता के बावजूद जैसे-जैसे हम विशेष सिद्धान्तों (Particular Principles) की तरफ बढ़ते हैं वैसे-वैसे हमारा सामना दोषों (Defects) से होने लगता है।" फलत: प्राकृतिक कानूनों में संशोधन की परिस्थितियाँ उत्पन्न हो जाती हैं। स्पष्ट है कि प्राकृतिक क़ानून मानवीय विवेक की वे प्रस्थापनाएँ हैं जो सामान्य सिद्धान्तों (General Principles) के रूप में सबके लिए समान (Same for All) होती हैं। समस्या उस समय उत्पन्न होती है जब विभिन्न समाजों में इन प्राकृतिक नियमों के सामान्य सिद्धान्तों के आधार पर विशिष्ट मानवीय कानूनों को निर्मित किया जाता है। व्यवहार में ऐसे अनेक उदाहरण देखे जा सकते हैं। जैसे–सम्पत्ति का समान स्वामित्व व स्वतंत्रता एक प्राकृतिक क़ानून है किन्तु समाजों ने निजी सम्पत्ति व प्रतिबंधित स्वतंत्रता को मानवीय कानूनों द्वारा वैध घोषित किया है। इस प्रकार 'प्राकृतिक क़ानून' जैसा कि प्रो. मैक्सी कहते हैं, "विवेक का वह नियम है जिसे व्यक्ति शाश्वत क़ानून में सहभागिता द्वारा विकसित करता है (Natural law is the rule of reason which man evoles by participating in eternal law.)।"

इसके निर्देशन में ही विधि-निर्माता अपने-अपने समाजों के लिए विशिष्ट विधिक सिद्धान्तों की स्थापना करते हैं। अतः प्राकृतिक कानूनों में परिवर्तन हो सकता है लेकिन परिवर्तन का तात्पर्य प्राकृतिक कानूनों की मूल भावना को ही बदल देना नहीं है। व्युत्पन्न सिद्धान्तों (Derived Principles) का आधार प्रथम सिद्धान्त (First Principles) ही होने चाहिए। उदाहरण के लिए 'हत्या करना अपराध है' यह क़ानून के लिए 'प्रथम सिद्धान्त' है। कोई समाज हत्या को 'अच्छाई' घोषित नहीं कर सकता। ऐसा करना प्राकृतिक कानूनों की 'हत्या' करने के समान होगा। लेकिन प्रत्येक सामाजिक परिस्थितियों के अनुरूप हत्या के अपराध का दण्ड (Punishment) अलग-अलग निर्धारित कर सकते हैं (ऐसा ही होता है) और यह प्राकृतिक कानूनों का उल्लंघन भी नहीं है।

(3) दैवीय क़ानून

दैवीय क़ानून वे ईश्वरीय उद्घाटन (Revelation) हैं जिनकी अभिव्यक्ति ओल्ड टेस्टामेण्ट व न्यू टेस्टामेण्ट (Old Testament and New Testament) के रूप में होती है। इन पवित्र धर्मग्रन्थों में संगृहीत ईश्वर-प्रेम, मानवीय विवेक का विषय नहीं है, इन्हें आत्मसात् करने के लिए अन्तर्ज्ञान (Intuition) व श्रद्धा (Faith) की आवश्यकता होती है। प्राकृतिक क़ानून इस उद्देश्य की पूर्ति के लिए व्यक्ति की सहायता नहीं कर सकता। फिर भी एक्विनास प्राकृतिक कानूनों व दैवीय कानूनों में किसी प्रकार का अन्तर्विरोध (Contradiction) नहीं देखता। यहाँ भी वह विद्वतावादी दर्शन (Scholastic Philosophy) का सहारा लेता है और प्रतिपादित करता है कि मानवीय विवेक, वास्तविक सत्य व न्याय (Truth and Justice) को समझने का न तो एकमात्र (Sole) और न ही सर्वाधिक विश्वसनीय पथ प्रदर्शक है (Man's reason is neither the sole nor the most reliable guide to his apprehension of truth and justice)। सत्य व न्याय का अन्तिम ज्ञान ईश्वरीय आशीर्वाद के प्रतीक धर्मग्रन्थों की शिक्षाओं (दैवीय कानूनों) के माध्यम से ही हो सकती है। इस प्रकार दैवीय क़ानून प्राकृतिक क़ानून को पूर्णता प्रदान करता है। इन दोनों में कोई संघर्ष नहीं है। मध्ययुगीन अनेक विचारकों में प्राकृतिक कानूनों को ही दैवीय कानूनों के रूप में समझने की प्रवृत्ति पाई जाती है परन्तु एक्विनास इन कानूनों में अन्तर करता है। प्राकृतिक क़ानून मानव विवेक का प्रतीक है जिसे शाश्वत कानूनों को समझने की प्रक्रिया में प्राप्त किया जाता है।

लेकिन प्राकृतिक क़ानून अपर्याप्त होते हैं। क्यों? एक्विनास मध्य युग के सर्वाधिक चर्चित तर्क का सहारा लेता है। उसके अनुसार व्यक्ति के जीवन के दो लक्ष्य होते हैं–लौकिक सुख व पारलौकिक सुख। पारलौकिक सुख ही व्यक्ति का 'अन्तिम ध्येय' है। प्राकृतिक क़ानून लौकिक सुख में सहायक होते हैं लेकिन 'अन्तिम

ध्येय' की प्राप्ति के लिए 'विवेक' से 'कुछ अधिक' की आवश्यकता होती है, अर्थात् धर्मग्रन्थों की शिक्षाएँ। ईश्वरीय स्नेह के प्रतीक तथा पारलौकिक सुख को संभव बनाने वाली इन पवित्र शिक्षाओं को ही दैवीय क़ानून कहते हैं। फिर भी दैवीय कानूनों की आवश्यकता केवल इसी कारण नहीं है कि 'अन्तिम ध्येय' की उपलब्धि, इनके अभाव में असंभव है बल्कि अन्य अनेक कारणों से भी दैवीय कानूनों का मार्ग-दर्शन अपरिहार्य हो जाता है। जैसे-मानवीय क़ानून कुछ परिभाषित आदेशों के उल्लंघन पर दण्ड का प्रावधान करते हैं। इनके द्वारा सभी प्रकार के अपराधों के लिए दण्ड की व्यवस्था करना संभव नहीं है। उदाहरण के लिए 'पाप' के लिए मनुष्यों को दण्डित करना मानवीय कानूनों की क्षमता से परे है लेकिन यदि 'पाप' करने वालों को दण्डित नहीं किया गया तो यह ईश्वरीय इच्छा का अपमान होगा क्योंकि ईश्वर प्रत्येक 'बुराई' को दण्डित करना चाहता है। दैवीय क़ानून ईश्वर की 'इस' इच्छा की पूर्ति करता है। अत: सिबली के शब्दों में, ''दैवीय क़ानून उन आदेशों व वर्जनाओं को लागू करता है जिन्हें मानवीय क़ानून सज़ा नहीं दे पाता।'' एक्विनास यहाँ तक कहता है कि यदि मानवीय क़ानून सभी प्रकार की बुराइयों को रोकने का प्रयत्न करेगा तो इसमें उसे न केवल असफलता हाथ लगेगी अपितु इससे सामान्य हित को भी हानि पहुँचेगी। प्राकृतिक कानूनों पर आधारित मानवीय क़ानून व्यक्ति के बाहरी गतिविधियों (आचरण) को नियन्त्रित करते हैं; मनुष्य की आन्तरिक गतिविधियों या अभिवृत्तियों (Internal Movements or Inclinations) अर्थात् नैतिकता (Morality) को नियंत्रित करने में मानवीय क़ानून असमर्थ हैं। इसके लिए दैवीय क़ानून जरूरी हैं। एक्विनास के शब्दों में, ''मनुष्य उन्हीं वस्तुओं के सम्बन्ध में क़ानून बना सकता है जिसके बारे में वह निर्णय कर सकता हो, परन्तु आन्तरिक कर्मों के संदर्भ में मनुष्य निर्णय नहीं कर सकता क्योंकि ये अगोचर होते हैं।'' दैवीय कानूनों की अनिवार्यता इस कारण से भी हो जाती है क्योंकि प्राकृतिक कानूनों से सम्बन्धित मूलभूत सिद्धान्तों को विशिष्ट परिस्थितियों में लागू करते समय मनुष्य की निर्णय बुद्धि अनिश्चित होती है। एक्विनास के अनुसार, ''अस्थायी व तदर्थ (Adhoc) विषय इस अनिश्चितता को और भी बढ़ा देते हैं।'' फलत: ''मानवीय गतिविधियों के सम्बन्ध में भिन्न-भिन्न लोगों के निर्णय भिन्न-भिन्न होते हैं।'' ऐसी स्थिति में दैवीय क़ानून लोगों को असंदिग्ध रूप से यह बताता है कि उन्हें क्या करना चाहिए और क्या नहीं करना चाहिए?

(4) मानवीय क़ानून

एक्विनास के अनुसार व्यक्ति स्वभावत: सद्‌गुण-सम्पन्न जीवन जीना चाहते हैं। इस उद्देश्य की पूर्ति के निमित्त प्रकृति ने मानव को विवेक रूपी अमूल्य गुण भी प्रदान किया है। किन्तु यह 'विवेक' जहाँ उच्चतर लक्ष्यों की ओर अग्रसर करता है

वहीं इसकी सहायता से व्यक्ति अपनी क्षुद्र वासनाओं व प्रलोभनों को भी संतुष्ट करने का प्रयास करते हैं जो अपराध के रूप में सामने आता है। ऐसी गतिविधियों को प्रतिबन्धित करने के लिए विभिन्न राज्य कुछ नियमों को निर्मित करते हैं जिन्हें मानवीय क़ानून कहा जाता है। इन प्रतिबन्धों में ही मानव समाज तथा व्यक्ति का हित (Good) अन्तर्निहित है। इस प्रकार मानवीय कानूनों का उद्देश्य सामान्य हित (Common Good) का संपादन करना है।

शाश्वत कानूनों को समझने की प्रक्रिया में कुछ मूलभूत सिद्धान्तों की खोज होती है जिन्हें प्राकृतिक क़ानून कहा जाता है। मानवीय आचरण को नियमित व नियंत्रित करने के लिए जब इन प्राकृतिक कानूनों के आधार पर नियम बनाये जाते हैं तो ऐसे नियम ही मानवीय क़ानून कहलाते हैं। प्रो. मैक्सी (Maxey) के शब्दों में, ''मानवीय क़ानून वह प्राकृतिक क़ानून हैं जो मानवीय विवेक के अनुप्रयोग द्वारा सांसारिक मामलों (Earthly Affairs) में लागू किया जाता है ।''[1] इस प्रकार मानवीय कानूनों का स्रोत प्राकृतिक क़ानून हैं। चूँकि प्राकृतिक क़ानून 'विवेक की प्रकल्पनाएँ' हैं अत: मानवीय क़ानून भी स्वाभाविक रूप से विवेक सम्मत होते हैं।

प्रो. सिबली के शब्दों में–''प्राकृतिक क़ानून यह बतला सकता है कि मानवीय आचरण की प्रत्येक विकृति के लिए दण्ड मिलना चाहिए किन्तु यह निश्चित सज़ा क्या होगी यह उस समाज के सांस्कृतिक विकास के स्तर पर निर्भर करेगा।'' सभी मानवीय क़ानून, प्राकृतिक कानूनों से जन्म लेते हैं। सभी मानवीय कानूनों का लक्ष्य अन्तत: सामान्य हित का प्रतिपादन होता है, तो क्या सभी राज्यों के मानवीय क़ानून एक समान होते हैं? एक्विनास का उत्तर नकारात्मक है। वह मानता है कि प्राकृतिक कानूनों की सार्वभौमिकता (Universality) स्वयं-सिद्ध है किन्तु जब इन सिद्धान्तों को सांसारिक मामलों में प्रयोग करने का प्रयास किया जाता है तो इनका स्वरूप भिन्न-भिन्न राज्यों में अलग-अलग हो जाता है क्योंकि प्रत्येक समाज की अपनी विशिष्ट सामाजिक, सांस्कृतिक व आर्थिक परिस्थितियाँ होती हैं। उदाहरण के लिए प्राकृतिक क़ानून का सिद्धान्त है कि हमें 'दूसरों' की वस्तुओं का अपहरण नहीं करना चाहिए। इस सिद्धान्त को सभी समाज मानते हैं कि चोरी करना अपराध है लेकिन जब चोरी करने वाले को दण्डित करने का प्रश्न आता है तो इस बिन्दु पर मानवीय क़ानून अलग-अलग हो जाते हैं।

मानवीय कानूनों के सम्बन्ध में एक्विनास ने अपनी पुस्तक 'Summa Theologica' में एक अति महत्वपूर्ण प्रश्न को भी उठाया है। प्रश्न यह है कि ''क्या मानवीय क़ानून व्यक्ति की चेतना को बाँधते हैं? (Whether 'Human Law' binds a man in conscience?)'' उसका उत्तर सीधा नहीं है। वह कहता है कि '' मनुष्य

द्वारा निर्मित क़ानून या तो न्यायपूर्ण होते हैं या अन्यायपूर्ण (Laws framed by man are either just or unjust)।'' मानवीय चेतना के लिए वही क़ानून बाध्यकारी हो सकते हैं जो न्यायपूर्ण हो। कोई भी क़ानून दो आधार पर न्यायपूर्ण हो सकता है–

(1) उसका उद्देश्य सामान्य हित (Common Good) हो।

(2) वह क़ानून निर्माता (Law Giver)की शक्ति से बाहर नहीं हो।

यदि क़ानून निर्माता कोई ऐसा क़ानून घोषित करता है जो उसकी शक्ति या सीमा में नहीं आता या वह क़ानून प्रजा के सामान्य हित के प्रतिकूल है तो ऐसा क़ानून व्यक्तियों की चेतना (Conscience) को बाँध नहीं सकता। दूसरे शब्दों में, अन्यायपूर्ण कानूनों को मानने के लिए जनता बाध्य नहीं है। यहाँ पर एक्विनास अपने पूर्ववर्ती संत आगस्टाइन की उस मान्यता का ही प्रतिपादन कर रहा है जिसमें उसने कहा है कि–''अन्यायपूर्ण क़ानून, क़ानून नहीं हो सकता (A law that is unjust seems to be no law.)।'' इसके अतिरिक्त वे मानवीय क़ानून जो व्यक्ति के पारलौकिक सुख के विरुद्ध है व्यक्तियों से आज्ञा पालन की अपेक्षा नहीं रख सकते। इसका अर्थ यह है कि दैवीय कानूनों के विरुद्ध उद्‌घोषित किए जाने वाले मानवीय क़ानून अन्यायपूर्ण माने जायेंगे।

इस प्रकार एक्विनास की मान्यता यह है कि मानवीय कानूनों को दैवीय व प्राकृतिक कानूनों के अनुरूप होना चाहिए। लेकिन यदि ये क़ानून अन्यायपूर्ण हैं तो जनता का कर्त्तव्य क्या है? एक्विनास अन्यायपूर्ण कानूनों की पालना से व्यक्तियों को स्वतंत्र करना चाहता है किन्तु उसे संभावित अव्यवस्था व अशान्ति का डर भी सता रहा है। अत: वह अत्यन्त सतर्क होकर मत प्रकट करता है। उसके शब्दों में, ''ऐसे मामलों में व्यक्ति आज्ञापालन करने के लिए बाध्य नहीं है बशर्ते वह कुप्रचार (Scandal) या और अधिक गंभीर हानि (More Grievous Hurt) होने से बचाता हो (Neither in such matters is man bound to obey a law, provided he avoid giving scandal or inflicting a more grievous hurt)।'' जहाँ कानूनों को तोड़ने से कानूनों के पालन करने की तुलना में अधिक हानि या अव्यवस्था की आशंका हो वहाँ वह चाहता है कि व्यक्ति मानवीय कानूनों का पालन करे, भले ही ये क़ानून अन्यायपूर्ण क्यों न हो। वह बाईबिल का एक उद्धरण (Quotation) भी अपने समर्थन में प्रस्तुत करता है जिसमें कहा गया है कि ''यदि कोई व्यक्ति आपका कोट छीन ले तो उसे अपना बड़ा कोट भी दे दीजिए; यदि कोई आपको एक मील चलने के लिए बाध्य करे तो उसके साथ दो मील और चलिए ।'' एक्विनास यही चाहता है कि मानवीय कानूनों को सार्वजनिक हित का संरक्षक होना चाहिए। अन्यायपूर्ण (Unjust) कानूनों की अनुपालना जनता दण्ड के भय या अपेक्षाकृत अधिक हानि की आशंका से कर सकती है किन्तु नैतिक

दृष्टि से वह ऐसे कानूनों को न मानने के लिए स्वतंत्र है। इस बात का ध्यान रखना आवश्यक है कि क़ानून की जो सामान्य परिभाषा एक्विनास द्वारा प्रस्तुत की गई है वह वस्तुत: मानवीय क़ानून पर ही लागू होती है। जिसका तात्पर्य यह है कि मानवीय कानून–

(1) विवेकपूर्ण होते हैं;

(2) इनकी उद्‌घोषणा होती है;

(3) यह उद्‌घोषणा एक निश्चित व्यक्ति (शासक) करता है;

(4) यह निश्चित व्यक्ति स्वयं प्राकृतिक व दैवीय कानूनों के अधीन होता है;

(5) उद्‌घोषित कानूनों का लक्ष्य उन लोगों का कल्याण करना है जिन पर इन्हें लागू किया जाता है;

(6) इनकी अनुपालना से व्यक्ति सांसारिक सुखों की प्राप्ति करते हैं;

(7) मानवीय कानूनों में सर्वव्यापक समानता का अभाव होता है। सामाजिक परिस्थितियों की विभिन्नता के कारण इनके व्यावहारिक स्वरूप में भिन्नता आ जाती है;

(8) मानवीय क़ानून प्राकृतिक व दैवीय कानूनों के प्रतिकूल नहीं हो सकते;

(9) मानवीय कानूनों की स्थिति शाश्वत, प्राकृतिक व दैवीय कानूनों से निम्न (Inferior) है।

एक्विनास भी मानवीय कानूनों को प्राकृतिक कानूनों के अधीन रखना चाहता है। शासक को राज्य के कानूनों (माननीय कानूनों) की उद्‌घोषणा के समय इस सिद्धान्त को ध्यान में रखना चाहिए कि वे प्राकृतिक कानूनों के विपरीत न हों क्योंकि–"मनुष्य लौकिक शासकों की आज्ञा का पालन करने के लिए वहीं तक बाध्य है जहाँ तक न्याय की माँग भी वही हो। अत: यदि उनकी सत्ता न्याय पर आधारित न हो, बल्कि उन्होंने इसे अन्यायपूर्वक हस्तगत कर लिया हो, या यदि वे ऐसा आदेश दें जो अन्यायपूर्ण हो तो उनकी प्रजा उनकी आज्ञा का पालन करने के लिए बाध्य नहीं है; पर यदि उसे बदनामी या ख़तरे से बचने के लिए संयोगवश उनकी आज्ञा माननी पड़े तो बात दूसरी है।"

▣▣▣

5

निकोलो मैकियावेली

काल-क्रम के दृष्टिकोण से मैकियावेली मध्ययुग (500AD-1500AD) का प्रतिनिधि है लेकिन उसकी कृतियों में विचारों की एक नई दुनिया है। 'ये विचार मध्ययुगीन नहीं हैं', इस निष्कर्ष से कोई भी असहमति प्रकट नहीं करता। समस्या तब प्रारम्भ होती है जब यह प्रश्न खड़ा होता है कि 'क्या मैकियावेली आधुनिक राजनीति का जनक है? (Is machiavelli the father of Modern Politics?) यह विवाद उस समय और भी जटिल हो जाता है जब उसकी तुलना सोलहवीं शताब्दी के फ्रांस के विचारक विद्वान जीन बोदाँ (1530-1596 AD) से की जाती है। दोनों ही विचारक अपने-अपने समाज में राष्ट्रीय राज्य (Nation-State) की स्थापना चाहते हैं और पुनर्जागरण की प्रवृत्तियाँ दोनों के लिए प्रेरणास्रोत का काम करती रही हैं। इसी प्रकार ऐतिहासिक पद्धति व शक्ति को महत्व प्रदान करने के बिन्दु पर भी मैकियावेली व बोदाँ में समानता दिखती है। किन्तु इस साम्यता के बाद भी एक बहुत बड़ा अन्तर है। और वह अन्तर यह है कि मैकियावेली जो विचार प्रस्तुत कर रहा है वे पूर्णतः आधुनिक हैं किन्तु वह इनकी सैद्धान्तिक व्याख्या नहीं करता। इस संदर्भ में यह कहना कि मैकियावेली में सैद्धान्तिक पक्ष की विवेचना करने की क्षमता नहीं थी, उसके साथ बहुत बड़ा अन्याय होगा। वास्तविकता यह है कि उसके पास इसके लिए समय

नहीं था। प्रो. जोन्स को लगता है कि मैकियावेली की तुलना में बोदाँ आधुनिक राजनीति विचारों का 'सच्चा प्रतिनिधि' है। लेकिन ऐसा कहते वक़्त प्रो. जोन्स यह भूल जाते हैं कि बोदाँ जिन आधुनिक राजनीतिक तत्वों की विवेचना कर रहा है उनकी शुरुआत मैकियावेली के विचारों से ही होती है। मैकियावेली ने मध्ययुगीन राजनीतिक चिन्तन के विषय-वस्तु (Subject-matter) व अध्ययन पद्धति (Method of Study) दोनों का ही बहिष्कार किया। 'The Prince', 'The Discourses', 'The Art of war', व 'The History of Florence', वे वैचारिक सेतु (Ideological Bridges) हैं जिनसे होकर राजनीतिक चिन्तन मध्ययुग से निकलकर आधुनिक युग में प्रवेश करता है। प्रो. डनिंग के शब्दों में-'The Prince' सबसे पहली महान् रचना थी जिसमें मध्ययुगीन प्रणाली का परित्याग किया गया है (The Prince was the first great work which marked a break from the medieval way of thinking.)।" वह इटली का एकीकरण चाहता था, वह भी अविलम्ब। सेबाइन के शब्दों में, "उसकी रचनाएँ उसके उद्देश्य पर एक अद्‌भुत संकेन्द्रण को प्रकट करती हैं, यह सत्य भी है। वह राजनीति, राजनीति की कला व युद्ध कला के अतिरिक्त अन्य किसी चीज़ के सम्बन्ध में न तो लिखता है और न ही विचार करता है ।" ये सभी तत्व राजनीति के व्यावहारिक पहलू के प्रतीक हैं जो इटली की तात्कालिक आवश्यकता थी। फलत: वह राजनीतिक तत्वों का दार्शनिक या सैद्धान्तिक विश्लेषण नहीं करता। यह कार्य सोलहवीं शताब्दी के उत्तरार्द्ध में जीन बोदाँ (Jean Bodin) ने पूरा किया।

कालक्रम के दृष्टिकोण से मैकियावेली को मध्ययुग में परिगणित किया जा सकता है लेकिन उसका उद्देश्य मध्ययुग के किसी भी विचारक से सर्वथा भिन्न था। फलत: उसकी अध्ययन पद्धति भी आगस्टाइन या एक्विनास जैसे विचारकों से अलग हो गई। मैकियावेली न तो मध्ययुगीन समस्याओं को अपने अध्ययन का विषय-वस्तु (Subject-matter) बनाता है और न ही उस समय प्रचलित अध्ययन पद्धति को अपनाता है। उसका दर्शन राज्य की सुरक्षा का सिद्धान्त (Theory of the Preservation of State) है। अपनी रचनाओं में वह प्रतिपादित करना चाहता है कि राज्य की एकता व अखण्डता एक सार्वकालिक राजनीतिक सिद्धान्त है जिसकी पुष्टि इतिहास भी करता है।

प्रभुत्व का विस्तार एवं संरक्षण : साम्राज्यवाद (The Extention and Preservation of Dominion : Imperialism)

मैकियावेली के अनुसार यूनानी नगर राज्यों (City-state) के विनाश के 'बीज' उनके छोटे आकार व अविस्तारवाद की नीति में अन्तनिर्हित थे। यूनानी नगर-राज्य निष्क्रिय राज्य थे, रोमन गणराज्य (Roman Republic) सक्रिय राज्य था अत: लम्बे समय तक कायम रहा। संक्षेप में मैकियावेली कहना चाहता है कि 'विस्तार या विनाश'।

इसे सूक्ति वाक्य के रूप में अपनाते हुए 20वीं शताब्दी में मुसोलिनी कहता है–'इटली का या तो विस्तार होगा या अन्त।' 'The Prince' व 'The Discourses' की मूल संवेदना में इतना अधिक अन्तर्विरोध है कि कई बार ऐसा लगता है मानो दो अलग-अलग व्यक्ति एक ही नाम (मैकियावेली) से पृथक-पृथक रचनाओं में विचार प्रस्तुत कर रहे हैं। इन दोनों रचनाओं में, वह, परस्पर विरोधी प्रकृति वाले शासनतन्त्रों का वर्णन व समर्थन करता है अत: निश्चितता पूर्वक कहना कठिन है कि मैकियावेली राजतन्त्रवादी है या गणतन्त्रवादी? किन्तु एक बात पूरी निश्चितता के साथ कही जा सकती है कि उसका राजनीतिक दर्शन (?) वस्तुत: राज्य के विस्तार व संरक्षण का एक सिद्धान्त है। उसके अनुसार विस्तार राज्य के जीवन का अपरिहार्य तत्व है और इस अनिवार्यता पर इस तथ्य का कोई प्रभाव नहीं पड़ता कि राज्य का स्वरूप राजतन्त्रात्मक है या गणतन्त्रात्मक। मैकियावेली के शब्दों में–सभी स्वतन्त्र शासन व्यवस्थाओं के दो प्रधान उद्देश्य होते हैं–एक तो अपने आधिपत्य का विस्तार करना, दूसरे अपनी स्वतन्त्रता को सुरक्षित रखना।[1] ये दोनों उद्देश्य एक-दूसरे से घनिष्ठत: सम्बन्धित हैं क्योंकि जो 'जाति' स्वतन्त्र रहना चाहती है, उसे राज्य का विस्तार करना ही होगा। विस्तार राज्य की शक्ति का प्रमाण भी है और आधार भी। यदि राज्य का विस्तार नहीं होगा तो बाहरी आक्रमणों के प्रतिकार की क्षमता भी उसमें नहीं आएगी। फलत: उसका पतन अनिवार्य हो जाएगा।

राज्य का निर्माण व विस्तार करना आवश्यक होने के बावजूद सरल नहीं है। इस सन्दर्भ में सबसे मूलभूत तत्व यह है कि 'राज्य की प्राप्ति (Aquirement of Dominion) व्यक्तियों के निजी संसाधनों व योग्यताओं के द्वारा' होती है। यद्यपि साइरस (Syrues) व रोमुलस (Romulus) जैसे शासकों की सफलता में सौभाग्य (Good Fortune) का भी हाथ था लेकिन केवल 'भाग्य' के बल पर विस्तार असंभव है। वैयक्तिक व जातीय योग्यता सफलता की प्राथमिक शर्त है। किसी बाहरी तत्व या शक्ति की सहायता की कामना या आशा करना, स्वयं के विनाश को आमन्त्रित करने के समान है।

इस प्रक्रिया में सर्वाधिक महत्वपूर्ण है–सेना। मैकियावेली सामन्तवादी व्यवस्था में प्रचलित 'भाड़े के सैनिकों (Mercenaries)' पर अवलम्बित सैन्य संगठन की आलोचना करता है। उसके अनुसार इटली की बर्बादी का एक प्रधान कारण 'भाड़े के सैनिकों' पर विश्वास करना रहा है। वह 'The prince' में नागरिक-सेना (Citizen-army) की वकालत करते हुए कहता है कि भाड़े की सेना पर निर्भर ''शासक का विनाश केवल उस समय तक ही रुका हुआ है जब तक कि आक्रमण नहीं होता। इसका कारण यह है कि उनके (भाड़े के सैनिकों) के पास तुच्छ मज़दूरी के अतिरिक्त

ऐसा कोई प्रेम या लक्ष्य नहीं होता जो उन्हें युद्ध-भूमि में रखे किन्तु यह उन्हें तुम्हारे लिए मरने हेतु तत्पर रखने में सक्षम नहीं है। वे उसी वक़्त तक तुम्हारे सैनिक बने रहने के लिए उत्सुक रहते हैं जब तक कि तुम युद्ध नहीं करते, किन्तु जैसे ही युद्ध आता है या तो वे मैदान से भाग जाते हैं या विरोधी पक्ष से मिल जाते हैं (Ruin is only deferred as long as assault is post-poned,........The cause of this is that they have no love or other motive to keep them in the field beyond a trifling wage, which is not enough to make them ready to die for you. They are quite willing to be your soldiers so long as you do not make war, but when war comes they either fly or decamp altogether)।''[1] अत: शासकों को अपने नागरिकों से निर्मित एक स्थायी सेना (Standing Army) का संगठन करना चाहिए। वह फ्रांस की सफलता का श्रेय उसकी राष्ट्रीय सेना को देता है। जो सेना राज्य के प्रति वफ़ादार (Loyal) नहीं है, उस पर भरोसा रखना घातक होगा। सेना स्थायी, अपने नागरिकों से निर्मित, अच्छी तरह सुसज्जित व अनुशासित होनी चाहिए। शासक, स्थायी सेना के अभाव में विस्तार या संरक्षण की आशा नहीं कर सकता किन्तु शक्ति के प्रयोग मात्र से ही सफलता नहीं मिलती। इसके साथ-साथ कौशल या चतुराई (Craft) की भी आवश्यकता होती है। कौशल के अभाव में सेना महत्वहीन हो जाती है जबकि सेना के बिना भी कौशल प्रभावी हो सकता है। इसलिए शासक में **'शेर'** के गुण के साथ **'लोमड़ी'** का गुण भी होना आवश्यक है। राज्य-विस्तार व संरक्षण के सन्दर्भ में मैकियावेली की कुछ महत्वपूर्ण सलाहें निम्नलिखित हैं-

एक व्यक्ति द्वारा शासित राज्य को विजित करना अपेक्षाकृत सरल है। यदि उस राज्य का शासक अत्याचारी है तो सफ़लता प्राप्त करना और भी आसान हो जाएगा क्योंकि तब अत्याचार से पीड़ित जनता आक्रमणकारी सेना का स्वागत व सहायता करेगी। जहाँ शासन का स्वरूप सामन्तवादी है, वहाँ विजय प्राप्त करना उतना कठिन नहीं होता जितना कि विजय को स्थायी बनाना। ऐसे शासक को चाहिए कि ऐसे किसी राज्य पर अधिकार करने के बाद पूर्व सत्ताधारी शासक के वंश व सम्बन्धियों का पूर्ण नाश कर दे। ऐसे राज्यों की पुरानी संस्थाओं को कायम रखा जा सकता है किन्तु शासन संचालन अपने अधिकारियों द्वारा होना चाहिए।

राजतन्त्र की तुलना में गणतन्त्रों पर सत्ता कायम रखना अधिक कठिन है क्योंकि पूर्व में स्थापित नागरिक शासन की स्मृतियाँ तथा स्वतन्त्रता की भावना लोगों में असंतोष को जन्म देती है जिससे क्रान्ति की संभावना बनी रहती है। स्वतन्त्र राज्यों पर अपने प्रभुत्व को स्थायी रखने के लिए शासक के समक्ष तीन विकल्प हैं-

(a) सम्पूर्ण समाज का विनाश करना

(b) विजित राज्य में अपनी राजधानी स्थापित करना,

(c) विजित राज्य की प्राचीन संस्थाओं व कानूनों को अपरिवर्तित रखना।

इन तीनों विकल्पों में पहला विकल्प सबसे सुरक्षित है।

मैकियावेली कहता है कि शासक के लिए यह बहुत आसान है कि वह नये प्रदेश की जनता का समर्थन प्राप्त करने के लिए उनकी पुरानी व्यवस्थाओं (संविधान व संस्थाएँ) को सुरक्षित रखे किन्तु अगर शासक को लगता है कि नये संविधान को लागू करने व सुरक्षित करने में अनुनय-विनय (Persuasions) प्रभावी व पर्याप्त नहीं है तो शक्ति का नि:संकोच प्रयोग करना चाहिए। मैकियावेली यहाँ तक कहता है कि 'लोगों से बात करने के लिए एक अस्त्र साथ में रखना चाहिए।'

दयालुता व उदारता शासक के लिए हानिकारक है। यद्यपि कि उसे इसका दिखावा करना चाहिए लेकिन राज्य-विस्तार के क्रम में शासक को सभी क्रूरताओं व अत्याचारों की अति कर देनी चाहिए। लोगों में भय पैदा करना जरूरी है परन्तु ऐसा बार-बार नहीं होना चाहिए और सामान्य स्थितियों में राजा का आचरण ऐसा होना चाहिए कि लोग उसकी उदारता व दयालुतापूर्ण व्यवहार पर विश्वास करके अतीत के अत्याचारों को विस्मृत कर दें। शासक को यह बात सदैव याद रखना चाहिए कि राज्य की सुरक्षा व विस्तार ही उसका प्रधान लक्ष्य है अत: इस उद्देश्य की पूर्ति के लिए आवश्यक सभी साधनों का प्रयोग करना चाहिए चाहे ये साधन कितने ही अनैतिक या क्रूरतापूर्ण क्यों न हो। यहाँ इस बात का ध्यान रखना जरूरी है कि मैकियावेली विस्तार को राजतन्त्र व गणतन्त्र दोनों के लिए ही आवश्यक मानता है लेकिन वह यह भी मानता है कि राज्य के निर्माण के लिए राजतन्त्र व विस्तार व समृद्धि के लिए गणतन्त्र क्रमश: अधिक प्रभावशाली होते हैं। साथ ही यह निष्कर्ष भी नहीं निकालना चाहिए कि मैकियावेली के 'विस्तार' में सिर्फ़ 'क्षेत्रफल का विस्तार' ही शामिल है। रोमन गणराज्य के उदाहरण के आधार पर वह 'विस्तार' में क्षेत्र-विस्तार के अतिरिक्त भी कई बातों पर बल देता है। जैसे–

(1) जनसंख्या की वृद्धि,

(2) राज-कोष (Treasury) की वृद्धि,

(3) क़िलों (Forts) का निर्माण,

(4) मित्रों की प्राप्ति,

(5) उपनिवेशों की स्थापना,

(6) स्थायी सेना।

इस प्रकार कहा जा सकता है कि 'The Prince' व 'The Discourses' में राज्य-विस्तार व संरक्षण की अनेकानेक तकनीकें व सलाह हैं जिनकी प्रत्यक्षत: आलोचना करने के बाद भी सभी महत्वाकांक्षी राज्यों व राजाओं ने व्यापक प्रयोग किया है। रूस, जापान के अतिरिक्त ब्रिटेन, फ्रांस, जर्मनी, पुर्तगाल, स्पेन और स्वयं इटली ने 'मैकियावेलीवाद' के सिद्धान्तों पर आरूढ़ होकर ही एशिया, अफ्रीका व अमेरिकी महाद्वीप के विभिन्न राज्यों पर अपना प्रभुत्व कायम किया। विगत के दोनों महायुद्ध इसी प्रभुत्व की प्रवृत्ति के परिणाम थे। फिर भी मैकियावेली जिस प्रकार खुले-आम अनैतिक व अन्यायपूर्ण व्यवहार का समर्थन करता है, वह सभ्य समाज के लिए अत्यन्त ही घातक है। उपरोक्त दोनों प्रमुख रचनाएँ राज्य के विस्तार की पद्धतियों का ही उल्लेख करती हैं। डनिंग ने सत्य ही कहा है कि-''प्रिंस, मुख्यतया राजनीतिक प्रदेश के विस्तार के सम्बन्ध में राजतन्त्र का अध्ययन है, और 'डिसकोर्सेज' भी इसी उद्देश्य के लिए लोकप्रिय सरकार का अध्ययन है।''

विधि व विधि-निर्माता
(The Law & Lagislator)

जहाँ एक तरफ मैकियावेली राज्य के निर्माण, विस्तार व संरक्षण के निमित्त नैतिकता के परम्परागत मापदण्डों की उपेक्षा करता है वहीं दूसरी ओर कानून की महत्ता को भी प्रतिपादित करने का प्रयास करता है। उसके अनुसार सभी प्रकार के नैतिक व नागरिक सद्गुणों (Moral and Civic Virtues) का विकास कानून से होता है। अत: कानूनों की स्वाभाविक अनुपालना किसी भी राज्य की सफलता व स्थायित्व के लिए आवश्यक है। चूँकि कानून राज्य के 'भविष्य' से सम्बद्ध हैं इसलिए कानून-निर्माता को विवेकवान व दूरदृष्टि वाला होना चाहिए तथा इस दूरदर्शी व बुद्धिमान व्यक्ति, जो राज्य की आवश्यकताओं को समझकर कानून बनाने में सक्षम हो, को ही शासक बनाया जाना चाहिए।

इस प्रकार कानून के सम्बन्ध में मैकियावेली का विचार मध्ययुगीन परम्परा से अलग है। मध्ययुग में सामान्य रूप से 'विधि' की सर्वोच्चता को स्वीकार किया गया जो मूलत: अरस्तू के दर्शन की देन कही जा सकती है। जर्मन जाति ने कानून को परम्परा से जोड़कर शासक को भी उसके अधीन कर दिया। मैकियावेली न तो कानून को परम्परा व रीति-रिवाजों की देन मानता है और न ही वह विधि को सर्वोच्च स्वीकार करता है। उसके चिन्तन में सर्वोच्च, विधि नहीं है बल्कि विधि-निर्माता है।

यह विधि-निर्माता ही शासक है। अत: स्पष्टत: मैकियावेली कानून को 'शासक के आदेश' के रूप में प्रतिपादित कर रहा है। राज्य में विधि-निर्माता सर्व-शक्तिमान (Omnipotent) है तथा कानूनों का स्रोत होने के कारण कानून से ऊपर है। इसका मूल उद्देश्य एक ऐसे राष्ट्रीय चरित्र का निर्माण करना है जिसके आधार पर सशक्त राज्य की स्थापना की जा सके। प्रो. सेबाइन के शब्दों में, "एक सफल राज्य की स्थापना एक एकाकी व्यक्ति के द्वारा ही की जानी चाहिए, और वह जिन कानूनों व शासन की रचना करता है वे उसकी जनता के राष्ट्रीय-चरित्र को निर्धारित करते हैं (A successful state must be founded by a single man, and the laws and government which he creates determine the national character of his people.)।"[1]

मैकियावेली विधि-मैकियावेली ईश्वरीय कानूनों या दैवीय कानूनों का खण्डन करता है। एक्विनास ने मध्ययुग के बहु-प्रचलित तर्क का प्रयोग करते हुए कहा था कि व्यक्ति के जीवन के दो लक्ष्य हैं-सांसारिक व पारलौकिक लक्ष्य। सांसारिक लक्ष्य भौतिक लक्ष्य हैं जिनकी प्राप्ति इसी जीवन में होती है, और इस जीवन को नियन्त्रित केरने के लिए मानवीय कानूनों की आवश्यकता है जिसका निर्माण राज्य करता है। लेकिन व्यक्ति का अन्तिम लक्ष्य पारलौकिक सुख अर्थात् मोक्ष है जिसके लिए ईश्वरीय कानूनों की जरूरत होती है। मैकियावेली के अनुसार व्यक्ति का कोई पारलौकिक लक्ष्य नहीं होता अत: उसे दैवीय कानूनों की जरूरत ही नहीं है। इस भौतिक जगत् से परे न तो कोई जीवन है और न ही कोई लक्ष्य। किन्तु इसका यह तात्पर्य भी नहीं है कि व्यक्ति केवल भौतिक वस्तुओं की प्राप्ति तक ही सीमित है। उसका भी एक उच्चतर लक्ष्य है किन्तु यह लक्ष्य मोक्ष की प्राप्ति नहीं है। प्रो. फॉस्टर के शब्दों में, "आर्थिक समृद्धि के अलावा वह जिन मूल्यों को स्वीकार करता है वे सब पार्थिव हैं, दिव्य नहीं। ये मूल्य हैं-महानता (Greatness), शक्ति (Power), व यश (Fame)।" व्यक्ति के अन्तिम साध्य की यह 'भौतिकवादी व्याख्या' इस बात का प्रत्यक्ष प्रमाण है कि मध्ययुग में रहते हुए भी मैकियावेली इस युग की मान्यताओं से कितना दूर है! एक्विनास की धारणा थी कि मानवीय कानून (Human Laws) व्यक्ति की आन्तरिक गतिविधियों (Internal Movements) अर्थात् नैतिकता को नियन्त्रित करने में असमर्थ हैं जबकि मैकियावेली की मान्यता में कानून नैतिकता का जनक है।

एक्विनास व्यक्तियों के नैतिक जीवन के नियन्त्रण व निर्देशन हेतु ईश्वरीय कानूनों (Divine Laws) का प्रावधान करता है। निर्माता को इतना अधिक महत्व इसलिए दे रहा है क्योंकि उसकी दृढ़ मान्यता है कि कोई भी भ्रष्ट समाज (Currupt Society) स्वत: अपना सुधार नहीं कर सकता। इसके लिए एक ऐसे विधि-दाता की आवश्यकता होती है जो अपने विवेकपूर्ण कानूनों के द्वारा लोगों का नैतिक-परिष्कार कर, राज्य

के लिए जरूरी स्वस्थ सिद्धान्तों (Healthy Principles) की पुनर्स्थापना कर सके। इस बिन्दु पर मध्ययुग के सर्वाधिक महत्वपूर्ण व सम्मानित विचारक एक्विनास से भी उसका विरोध स्पष्ट हो जाता है।

एक्विनास ने तो प्राकृतिक कानूनों को शाश्वत कानून (Eternal Law) से सम्बद्ध कर दिया था। मैकियावेली मूल रूप से प्राकृतिक कानून की मान्यता में ही विश्वास नहीं करता। इसका सबसे प्रमुख कारण यह है कि सदाचार या सद्‌गुण (Virtue) के सम्बन्ध में उसका विचार मध्ययुगीन परम्परा से अलग है। वह 'सद्‌गुण' की नैतिक या धार्मिक व्याख्या नहीं करता। उसके अनुसार किसी व्यक्ति के सद्‌गुण सम्पन्न होने का मापदण्ड उसकी वह क्षमता है जिससे वह शक्ति, महानता व यश की प्राप्ति करता है। इस प्रकार मैकियावेली ईश्वरीय व प्राकृतिक कानूनों को स्वीकार नहीं करता। इस दृष्टिकोण से भी वह एक आधुनिक विचारक है। मैकियावेली ने रोमन विधिशास्त्र व मध्ययुग में स्वीकृत प्राकृतिक कानून (Natural Law) की अवधारणा का भी खण्डन किया है। सामान्यत: प्राकृतिक कानूनों की व्याख्या मानवीय विवेक (Human Reason) के उन सार्वभौम सिद्धान्तों (Universal Principles) के रूप में की जाती है जो व्यक्ति के सदाचार के मापदण्ड होते हैं।

राष्ट्रवाद
(Nationalism)

प्रो. सेबाइन के अनुसार मैकियावेली इटली के एकीकरण (Unification of Italy) की आकांक्षा व राष्ट्रीय देश-भक्ति (National Patriotism) से प्रेरित है तथा "इस बात को स्पष्टत: स्वीकार करता था कि किसी भी व्यक्ति का अपने देश के प्रति कर्त्तव्य अन्य सभी कर्त्तव्यों से श्रेष्ठ है (He was perfectly frank in asserting that the duty of one's country overrides all other duties.)" इसी कारण वह शासक को यह सलाह देता है कि-"जब देश की सुरक्षा पर संकट हो तब इस विचार को प्रभावी नहीं बनने देना चाहिए कि क्या न्यायपूर्ण या अन्यायपूर्ण है, क्या दयालुतापूर्ण या क्रूरतापूर्ण है, क्या सम्मानपूर्ण या असम्मानपूर्ण है। बल्कि सभी विचारों (Considerations) को एक तरफ रखकर केवल एक प्रश्न पर विचार करना चाहिए कि कौन से साधन देश के जीवन व स्वतन्त्रता की रक्षा कर सकते हैं?"

मैकियावेली परम राष्ट्र-भक्त है। यद्यपि वह सैद्धान्तिक स्तर पर राष्ट्रवाद की विवेचना नहीं करता किन्तु यहाँ इस विषय को उठाना इसलिए आवश्यक हो गया है क्योंकि उसके रक्त में अविरल रूप से प्रवाहित राष्ट्र-भक्ति की चेतना ही वह कुञ्जी है जिसके द्वारा उसे सच्चे अर्थों में समझा जा सकता है। उसने जो कुछ भी लिखा है, चाहे वह नैतिकता के दोहरे मापदण्ड की बात हो या चर्च को राज्य के

अधीन रखने का सवाल हो, वह उसके संदेहरहित देश-प्रेम के कारण है। मैकियावेली ने उस प्रत्येक वस्तु का विरोध किया जिसे वह इटली के दुर्भाग्य का कारण समझता था। इसी प्रकार वह उन सभी कार्यों व प्रवृत्तियों का अति-उत्साह से समर्थन करता है जो इटली के एकीकरण के संदर्भ में लाभदायक व आवश्यक है। चर्च, ईसाई धर्म, व कुलीनवर्ग की आलोचना अथवा स्थायी सेना का उत्कट समर्थन, शासक को राज्य की सुरक्षा के लिए धर्म व नैतिकता के बन्धन से मुक्ति इत्यादि विचारों के पीछे मैकियावेली का राष्ट्रवाद ही मूल कारक है क्योंकि इटली को आन्तरिक अव्यवस्था से छुटकारा प्रदान करने व विदेशी आक्रमणों से सुरक्षित करने का दूसरा कोई विकल्प नहीं था।

मैकियावेली इटली के विभाजन से अत्यन्त क्षुब्ध है तथा 'The Prince' के अन्तिम अध्याय में वह तत्कालीन मेदिसी (Medici) राजपरिवार से अपने देश को इस दुर्भाग्य से उबारने की अपील करता है। वह इटली राष्ट्र के लिए अपने उस व्यक्तिगत अपमान को भी भूल जाता है जिसमें उसे 1512 AD में सत्ता परिवर्तन होते ही सेवा से हटा दिया गया था। वह गणतन्त्र के प्रति अपने लगाव का भी त्याग कर देता है और इस निरंकुश राजपरिवार में ही आशा की किरण देखता है। 'The Prince' में वह लिखता है-"हम देखते हैं कि हमारी मातृभूमि ईश्वर को पुकार-पुकार कर कह रही है कि वह किसी ऐसे उद्धारकर्ता को भेजे जो उसे घोर अत्याचार व उत्पीड़न से मुक्त कराए। हम यह भी देखते हैं कि वह किसी भी आदर्श का अनुकरण करने को तैयार है, परन्तु कोई ऐसा आदर्श प्रस्तुत तो करे। पर इस समय तो हमें आपके यशस्वी कुल के अलावा कहीं कोई ऐसा दिखाई नहीं देता जो उद्धारकर्ता की भूमिका सँभाल सके। आपके लिए यह कार्य असाध्य नहीं है।"

उसे विश्वास है कि इटली के 'सद्‌गुण' को प्रमाणित करने का ऐतिहासिक क्षण आ चुका है। इस पतन की चरम अवस्था से मुक्त होकर इटली अपनी योग्यता को वैसे ही सिद्ध कर सकता है जिस प्रकार अतीत में यहूदियों, फारस के लोगों या एथेन्स जाति ने अपनी क्षमता को सिद्ध किया है। मैकियावेली के ही शब्दों में, "और यदि ....मोजिज के 'सद्‌गुण' का प्रमाण देने के लिए यह आवश्यक था कि इस्राइल के लोग मिस्र में गुलाम बन कर रहें, यदि साइरस (Cyrus) की महानता व साहस को प्रकाशित करने के लिए यह आवश्यक था कि मेडीज (मेडीआयी लोग) लोग पर्शियन लोगों का दमन करें, और थीसियस (Theseus) की श्रेष्ठता को प्रमाणित करने के लिए एथेन्स के लोगों को तितर-बितर होना जरूरी था, तो इस अवसर पर भी एक 'इतावली चेतना (Italian Spirit)' के 'सद्‌गुण' (Virtue) की अभिव्यक्ति के लिए आवश्यक था कि इटली अपनी वर्तमान दुर्दशा में पहुँचता, वह इस्राइलियों से अधिक

गुलाम होता, फारसवासियों (Persians) से अधिक उत्पीड़ित होता, एथेन्सवासियों से भी अधिक विघटित होता-नेतृत्वहीन, व्यवस्थाहीन, पराजित, नष्ट-भ्रष्ट, विभाजित, अपने शत्रुओं द्वारा पद-दलित तथा सभी प्रकार के विनाश के अधीन होता है। प्रत्येक राष्ट्रवादी अपने देश व जाति की महानता में विश्वास करता है। मैकियावेली में भी यह प्रवृत्ति विद्यमान है। **प्रो. मैक्सी** के शब्दों में, "अपने अधिकांश समकालिकों की अपेक्षा, मैकियावेली में देश-प्रेम की व्यापक व सुदृढ़ भावना थी, और उसे विश्वास था कि एक सशक्त नेतृत्व (Strong Leadership) इटली के लोगों को एक एकीकृत राष्ट्र (United Nation) के रूप में बाँध सकता है। वह राष्ट्रीय राज्य (National State) की परिकल्पना तथा इस उद्देश्य की व्यावहारिक उपलब्धि के लिए एक कार्यक्रम प्रस्तुत करने वाले प्रथम विचारकों में एक था।" वह इटली के प्राचीन गौरव का गुणगान करता है तथा उस महानता को पुनर्स्थापित करना चाहता है। वह इटली के तत्कालीनं अध:पतन की निन्दा करता है किन्तु मानता है कि इटली के लोग अति प्राचीन काल से ही सद्गुण-सम्पन्न रहे हैं और यदि इन्हें सही नेतृत्व मिल जाए तो वर्तमान कमियों को दूर किया जा सकता है तथा इटली को पुन: एक महान राष्ट्र बनाया जा सकता है। 'The Prince' में उसने एक निरंकुश राजतन्त्र का समर्थन इसलिए नहीं किया है कि वह गणतन्त्र का विरोधी है बल्कि उसे विश्वास था कि इन परिस्थितियों में एक शक्तिशाली शासन ही इटली का एकीकरण कर सकता है।

इंग्लैण्ड का सम्राट हेनरी अष्टम् 'The Prince' के तथाकथित **'अनैतिक'** विचारों से इतना अप्रसन्न हुआ कि उसने 'Anti-Machiavelli' नामक एक पुस्तक ही लिख दी। दूसरी ओर, जैसा कि प्रो. मैक्सी कहते हैं, मैकियावेली की आलोचना करने वाले शासकों ने भी उन्हीं कूटनीतियों व साधनों का प्रयोग किया जिसकी चर्चा मैकियावेली अपनी रचना 'The Prince' में करता है। वास्तव में मैकियावेली को सैद्धान्तिक आधार पर त्याज्य समझा गया किन्तु व्यावहारिक स्तर पर मार्गदर्शक के रूप में स्वीकार किया गया है। मैकियावेली के विचारों में न्यूनताओं व अस्पष्टताओं की कमी नहीं है लेकिन उस पहलू की विवेचना से पूर्व इस बात का विश्लेषण करना प्रासंगिक होगा कि मैकियावेली ने धर्म, नैतिकता व राजनीति के सम्बन्ध में जो कुछ कहा है उसके पीछे उसका युग कितनी प्रभावी भूमिका प्रस्तुत कर रहा है? कार्ल मार्क्स (1818-83 AD) के समान मैकियावेली भी राजनीतिक चिन्तन के इतिहास का एक ऐसा विवादित व्यक्तित्व है जिसकी जितनी आलोचना हुई है, उतनी प्रशंसा भी। विद्वत्वर्ग के इस वैचारिक विभाजन से स्पष्ट है कि मैकियावेली के मूल्यांकन में अनुसंधानकर्ता का दृष्टिकोण बहुत ही महत्वपूर्ण भूमिका निभाता है।

मैकियावेली अपने युग का शिशु है

मैकियावेली के विचारों पर पड़ने वाले प्रभाव के मूल्यांकन के संदर्भ में प्रो. डब्ल्यू. ए. डनिंग (Prof. W.A. Dunning) का यह कथन विख्यात है कि "मैकियावेली अपने युग का शिशु था (Machiavelli was the child of his time.)"। प्रो. जी.एच. सेबाइन, प्रो. सी.सी. मैक्सी व प्रो. डब्ल्यू. टी. जोन्स (W.T. Jones) ने भी मैकियावेली के राजनीतिक विचारों को उसके समय में घटित होने वाली विभिन्न घटनाओं व परिस्थितियों से सम्बद्ध किया है। वास्तव में विचार भौतिक परिस्थितियों पर मानसिक प्रतिक्रिया के प्रतिफल होते हैं। इस दृष्टिकोण से प्रत्येक चिन्तक अपने समय व समाज के राजनीतिक, सामाजिक, आर्थिक व सांस्कृतिक परिवेश से प्रभावित होता है। यह परिवेश ही विचारों की भौतिक परिस्थितियाँ हैं जिनके समर्थन या विरोध में चिन्तक अपनी अवधारणाओं को प्रस्तुत करते हैं। प्लेटो व अरस्तू ने यदि नगर-राज्य (City-state) को अपना आदर्श माना या मैकियावेली व हीगल ने राष्ट्रीय-राज्य का विचार प्रस्तुत किया तो इन विचारों के पीछे उनके युग की घटनाएँ व परिस्थितियाँ भी किसी न किसी रूप में भूमिका निभा रही थीं। किन्तु किसी भी अन्य विचारक की तुलना में मैकियावेली पर अपने युग का रंग अधिक गहरा दिखलाई देता है जिसके परिणामस्वरूप उसने चर्च, जिसे 14वीं शताब्दी के प्रारम्भ तक विश्व में मानव का स्थान निर्धारित करने व मानवीय कर्त्तव्यों की व्याख्या करने वाली निरपेक्ष सत्ता के रूप में मान्यता प्राप्त थी, की श्रेष्ठता को सैद्धान्तिक स्तर पर अस्वीकार कर दिया तथा 'The Prince' में एक निरंकुश शासन व्यवस्था की स्थापना का पक्ष-पोषण किया। इस सत्ता की सर्वोच्चता का प्रभाव यह है कि धर्म व नैतिकता के बंधन भी इससे ऊपर नहीं हैं। मैकियावेली को युग-शिशु मानने के कई आधार हैं–

(A) इटली व पोप–मैकियावेली पर जिन परिस्थितियों व घटनाओं का प्रभाव पड़ा और जिसके कारण उसके विचारों को एक विशेष स्वरूप प्राप्त हुआ उसमें इटली के विभाजन (Division of Italy) का ज़िक्र सबसे पहले किया जा सकता है। इस विभाजन से चर्च व पोप की सम्बद्धता ने मैकियावेली के राजनीतिक चिन्तन की प्रकृति को बड़ी मात्रा में प्रभावित किया है। उसके समय इटली पाँच राज्यों में विभक्त था–

(i) नेपल्स का राजतन्त्र (Kingdom of Naples)

(ii) डची ऑफ मिलान (Duchy of Milan)

(iii) रोमन कैथोलिक चर्च का राज्य (State of Roman Catholic Church)

(iv) वेनिस गणराज्य (Republic of Venice)

(v) फ्लोरेन्स का गणराज्य (Republic of Florence)

इन राज्यों की पारस्परिक प्रतिस्पर्धा व अविश्वास ने इटली को आन्तरिक व बाह्य दोनों ही क्षेत्रों में कमज़ोर किया। आपसी संघर्ष के कारण ये सभी राज्य अपनी शक्ति व प्रभुत्व हाथ धो बैठे। दूसरी ओर फ्रांस, स्पेन व जर्मनी जैसे सशक्त राज्यों को अपना प्रभाव व महत्वाकांक्षा को पूरा करने का सुनहरा अवसर उपलब्ध रहता था। इस पूरे परिवेश को चर्च व पोप का राजनीतिक हस्तक्षेप और भी जटिल व घातक बना देता है। यद्यपि पोप की वह स्थिति अब नहीं थी जो 14वीं शताब्दी के प्रारम्भ तक देखने को मिलती है तथापि मध्ययुग में पोप के प्रभाव की उपेक्षा करना इतना सहज भी नहीं था। पोप रोम के चर्च का सर्वोच्च अधिकारी होने के साथ-साथ एक सांसारिक शासक की भूमिका में भी आ गया था। चूँकि वह सम्पूर्ण इटली पर अपना प्रभुत्व स्थापित करना चाहता था और इसके लिए उसके पास पर्याप्त शक्ति का अभाव था, अतः वह अपनी राजनीतिक चालों से न केवल इटली के विभिन्न राज्यों को आपस में संघर्ष करने के लिए उत्तेजित करता था बल्कि समय-समय पर स्पेन व फ्रांस के हस्तक्षेप को आमन्त्रित कर 'सत्ता-परिवर्तन' का खेल भी खेलता था।

चर्च की महत्वाकांक्षा भले ही सार्वभौम प्रभुत्व की स्थापना है लेकिन मैकियावेली को विश्वास है कि चर्च इस उद्देश्य की पूर्ति करने में असक्षम है किन्तु उसका हस्तक्षेप किसी अन्य शक्ति को भी यह अवसर नहीं देता कि वह इटली का एकीकरण कर सके। उसके शब्दों में, "चर्च न तो स्वयं इतना शक्तिशाली है कि सम्पूर्ण इटली का नेतृत्व कर सके और न ही वह किसी अन्य सत्ता को ऐसा करने का मौका देता है, यही कारण है कि इटली कभी भी किसी एक प्रधान (Head) के अधीन एकताबद्ध नहीं हो सका बल्कि अनेक नरेशों व स्वामियों के अधीन बना रहा।" उस समय के अधिकांश विद्वानों के समान मैकियावेली भी इटली की तत्कालीन शक्तिहीनता, विखण्डन व दुदर्शा के लिए मुख्य रूप से चर्च को उत्तरदायी मानता था। अपने जीवनकाल में ही मैकियावेली ने, पोप को फ्रांस के विरुद्ध इटली के राज्यों का संयुक्त मोर्चा निर्मित करते तथा 1512 में फ्लोरेन्स में साडेरिनी को सत्ता से हटाने के षड्यन्त्र में सम्मिलित होते हुए देखा था। यही कारण है कि वह पोप व चर्च की स्वतन्त्र सत्ता पर निर्ममतापूर्वक आक्रमण करता है। 'The Discourses' में वह व्यंग्यात्मक भाषा में लिखता है कि-'हम इटली के लोग, रोम के चर्च व उसके धर्माधिकारियों के इस बात के लिए ऋणी हैं कि उन्होंने हमें अधार्मिक व बुरा (Irreligious and Bad) बनाया है, लेकिन हम चर्च के एक और महान ऋण के ऋणी है-एक ऐसा ऋण जो हमारा विनाश करेगा-वह यह कि चर्च ने हमें विभाजित रखा और अब भी हमारे देश को विभाजित रखे हुए है।"

वास्तव में इटली के राजनीतिक, सामाजिक व यहाँ तक कि धार्मिक जीवन में व्याप्त अकल्पनीय भ्रष्टाचार की स्थिति में मैकियावेली जैसा यथार्थवादी विचारक 'पवित्र साधनों' के द्वारा राज्य के ध्येय की प्राप्ति की कल्पना ही नहीं कर सकता था। यह युगीन आवश्यकता का ही दबाव था कि उसे लिखना पड़ा कि "साध्य ही साधनों का औचित्य प्रमाणित करता है (The end justifies the means)।" मानव का नैतिक पतन अपने चरम बिन्दु पर था। ईमानदारी एक 'बचकाना संस्कार' बन गई थी। सामान्य व्यक्ति से लेकर धर्माधिकारी तक चारित्रिक दृष्टि से पतित हो चुके थे। सीजर बोर्जिया, जो मैकियावेली का 'आदर्श' शासक है, वह पोप अलेक्जेण्डर का एक नाज़ायज़ पुत्र था और पोप ने अपने इस 'पुण्य' को खुलेआम स्वीकार किया था। इस स्थिति में मैकियावेली मानव-स्वभाव में अच्छाई किस प्रकार देखता? और जब लोग इतने भ्रष्ट हों, उनके चरित्र का पतन पाताल की गहराई से भी नीचे पहुँच चुका हो, तो मैकियावेली चाह कर भी गणतन्त्र का खुलकर समर्थन कैसे कर करता? इस परिवेश में मैकियावेली ने अपनी तीक्ष्ण बुद्धि से यह जान लिया कि यदि इटली में एक शक्तिशाली केन्द्रीय शासन की स्थापना नहीं की गई तो अव्यवस्थित इटली का विनाश अपरिहार्य हो जाएगा। उसके लिए महत्वपूर्ण यह नहीं है कि शासन का स्वरूप क्या है? उसके लिए एकमात्र महत्व की बात यह है कि उस सरकार को शक्तिशाली होना चाहिए जिसकी आज्ञाओं का सभी व्यक्ति पालन करते हों। किसी भी राज्य की एकता व समृद्धि के लिए शक्ति के किसी 'एक केन्द्र' का होना जरूरी है। इस तात्कालिक आवश्यकता से बाध्य होकर ही मैकियावेली राजनीति की सैद्धान्तिक विवेचना नहीं करता। वह राज्य की उत्पत्ति व विकास या शासन के अंगों के ऐतिहासिक उद्‌भव को अपने अध्ययन का केन्द्र नहीं बनाता। उसके प्रत्येक शब्द के पीछे उसकी एकमात्र कामना यह है कि 'राज्य (इटली) को किस तरह शक्तिशाली बनाया जाए? मातृभूमि का विखण्डन कैसे समाप्त किया जाए?' इस उद्देश्य की प्राप्ति के लिए वह इतना उत्साहित व चिन्तित है कि धर्म व नैतिकता के परम्परागत मापदण्डों को भी छोड़ने के लिए तैयार हो जाता है।

(B) निरंकुश राजतन्त्रों का उदय—14वीं शताब्दी के पूर्वार्द्ध में चर्च की 'महान फूट' व परिषदीय आन्दोलन (Conciliar Movement) की पृष्ठभूमि में राज्य-चर्च संघर्षों की अन्तिम परिणति यूरोप (विशेष रूप से पश्चिमी यूरोप) में निरंकुश राजतन्त्रों की स्थापना के रूप में हुई। 16वीं शताब्दी के प्रारम्भ के साथ फ्रांस, स्पेन व इंग्लैण्ड शक्तिशाली राष्ट्रीय राज्य के रूप में अस्तित्व में आ चुके थे। इंग्लैण्ड में यह प्रक्रिया एडवर्ड प्रथम (1272-1307 AD) से ही शुरू हो गई थी। मैकियावेली के समकालीन हेनरी सप्तम् (1485-1509 AD) व हेनरी अष्टम् (1509-47 AD) के कार्यकाल में ब्रिटिश राजतन्त्र और भी सशक्त हुआ। उधर इटली के पड़ोस में फिलिप

द फेयर (1285-1314 AD) के शासनकाल में फ्रांस भी निरंकुश राजतन्त्र का पर्याय बन गया था। पोप बोनीफेस के साथ संघर्ष में फिलिप को मनोवैज्ञानिक विजय प्राप्त हुई थी। बाद में अपने देश में ही रोम के पोप को संरक्षित कर उसने चर्च को भी अपने अधीन कर लिया। यद्यपि उसके बाद में फ्रांस इंग्लैण्ड के साथ सौ-वर्षीय युद्ध (1338-1453 AD) से संलग्न हो गया किन्तु राजतन्त्र के दृष्टिकोण से यह युद्ध भी फ्रांस के लिए लाभदायक सिद्ध हुआ क्योंकि इस युद्ध में जहाँ एक तरफ राष्ट्रीय भावना का तीव्र विकास हुआ वहीं दूसरी ओर मध्ययुगीन राजनीतिक व्यवस्था के प्रतीक सामन्तों का एक प्रकार से अन्त हो गया। मैकियावेली को तत्कालीन सम्राट लुई बारहवाँ (Louis XII) से मिलने का सौभाग्य भी मिला था। तब मैकियावेली फ्लोरेन्स गणतन्त्र में सचिव के पद पर सेवारत था। इसी प्रकार स्पेन, फर्डिलैण्ड पंचम् (1468-1516 AD) के शासनकाल में सुदृढ़ राजतन्त्र के रूप में स्थापित हो गया था। जर्मनी में यह प्रक्रिया अपेक्षाकृत धीमी थी लेकिन वहाँ भी सामन्तवाद कमज़ोर होता जा रहा था।

सामन्तवाद के पतन व निरंकुश राजतन्त्रों के उदय में उन आर्थिक परिवर्तनों का भी बहुत बड़ा योगदान था जो 15वीं शताब्दी के अन्त तक यूरोप में एक नवीन व्यापारी वर्ग (Merchant Class) को जन्म दे चुके थे। इसी वर्ग को कार्ल मार्क्स ने 19वीं शताब्दी में बुर्जुआ वर्ग (Bourgeois Class) की संज्ञा प्रदान की। यह वर्ग अधिकाधिक लाभ प्राप्त करने तथा अपनी सम्पत्ति की सुरक्षा के लिए सामन्तवाद की नियन्त्रणकारी किन्तु जर्जर व्यवस्था से मुक्ति पाना चाहता था और इस उद्देश्य की पूर्ति के लिए उसने शक्तिशाली राजाओं का पक्ष लिया। इटली अभी भी सामन्तवाद की जंजीरों में जकड़ा हुआ और इसीलिए विभाजित बना हुआ था।

मैकियावेली इन राजतन्त्रों के तत्कालीन स्वरूप से प्रभावित है। उसे विश्वास है कि एकीकृत शासन के अभाव में कोई भी राष्ट्र एकताबद्ध, शक्तिशाली व खुशहाल नहीं हो सकता। वह इस सन्दर्भ में फ्रांस व स्पेन का उदाहरण देता है और सिद्ध करता है कि उक्त राज्यों की एकता व समृद्धि का कारण वहाँ की शक्तिशाली सरकारें हैं। वह इटली में भी फ्रांस, व स्पेन जैसी शक्तिशाली शासन व्यवस्था की स्थापना करना चाहता है लेकिन उसने 'The Prince' में जिस राजतन्त्र का समर्थन किया है वह वस्तुत: फ्रांस या स्पेन के राजतन्त्रों से भी अधिक निरंकुश (सैद्धान्तिक स्तर पर) राजतन्त्र है। फिर भी इसमें किंचित् संद्रेह नहीं है कि मैकियावेली तत्कालीन यूरोपीय राजतन्त्रों के उस स्वरूप से आकर्षित है जिनके सम्बन्ध में प्रो. सेबाइन का कहना है कि–"उनका निर्माण लौह व रक्त (Iron and Blood) से हुआ था जिसने न केवल सामन्तवादी, संविधानवादी व स्वतन्त्र नगरों को अपने अधीन किया अपितु धनवान किन्तु दुर्बल चर्च को भी अपने नियन्त्रण में कर लिया। प्रत्येक राजा ने चाहे वह

कैथोलिक रहा हो या प्रोटेस्टेंट, सामान्य रूप से चर्चों की सम्पत्ति का अधिग्रहण किया।''[1]

इन प्रवृत्तियों व परिवर्तनों का प्रत्यक्ष प्रभाव मैकियावेली पर पड़ा। 'The Prince' व 'The Art of War' इसके प्रबल प्रमाण हैं। वह इटली की तत्कालीन राजनीतिक स्थिति व भावी स्वरूप को स्पष्ट रूप से देख रहा था। प्रो. सेबाइन के शब्दों में, ''उसके समय का कोई अन्य व्यक्ति सम्पूर्ण यूरोप में घटित हो रहे राजनीतिक विकास की दिशा को इतनी स्पष्टता से नहीं समझ सका (No man of his age saw so clearly the direction that political evolution was taking through out Europe.)।'' यह दिशा थी–आधुनिक निरपेक्ष राष्ट्रों का उदय। मैकियावेली ने उस अल्पविकसित राष्ट्रीय एकता को पहचाना और इसी पर आधारित एक शक्तिशाली राष्ट्रीय राज्य के रूप में महान इटली का स्वप्न साकार करने का प्रयत्न किया।

(C) पुनर्जागरण का प्रभाव–इटली के समाज पर पुनर्जागरण का सकारात्मक व नकारात्मक दोनों ही प्रभाव व्यापक मात्रा में परिलक्षित होते हैं। सकारात्मक दृष्टि से मानवतावादी दर्शन, विवेकवाद व तार्किकता का विकास हुआ जिससे मध्ययुगीन अंधविश्वासों व धार्मिक पाखण्डों का बन्धन कमज़ोर हुआ। व्यक्ति के स्वाभिमान में वृद्धि हुई तथा उसकी वैचारिक स्वाधीनता ने विज्ञान व साहसिक समुद्री यात्राओं को प्रतिपादित किया जिससे नई संस्कृतियों व सभ्यताओं से लोगों का सम्पर्क बढ़ा। धर्म व चर्च के प्रभुत्व को तोड़ने वाले इस पुनर्जागरण का अप्रत्यक्ष सम्बन्ध राष्ट्रीयता के विकास से भी था।पुनर्जागरण के संदर्भ में इस अध्याय के प्रारम्भ में विस्तृत रूप से लिखा जा चुका है। संक्षेप में यहाँ इतना कहना पर्याप्त होगा कि 16वीं शताब्दी तक यूनानी रोमन दर्शन व संस्कृति ने ईसाइयत के रंग में रंगी हुई यूरोपीयन जीवन–दृष्टि को पूरी तरह बदल दिया। कला, साहित्य व दर्शन के क्षेत्र में नये 'आदर्श' गढ़े गए जिनकी कल्पना करना भी कभी 'पाप' समझा जाता था। 'मानव' इस नये धर्म का 'केन्द्र' तथा 'नारी–सौन्दर्य' उसकी आराधना बन गई।

नकारात्मक दृष्टि से पुनर्जागरण का प्रभाव 'नैतिक पतन' के रूप में सामने आता है। धर्म के बंधन से मुक्त होते ही समाज 'भोग–विलास' पर टूट पड़ा। अरस्तू के सद्जीवन (Good Life) की व्याख्या नितांत भौतिकवादी ढंग से की गई। यूनानी दर्शन आध्यात्मिक साध्य की बात नहीं करता किन्तु वह निरा भौतिक दर्शन भी नहीं था। सद्जीवन से तात्पर्य–नैतिक, बौद्धिक व आर्थिक दृष्टि से विकसित व आत्मनिर्भर जीवन से था किन्तु मध्यकालीन नैतिकता की पकड़ से निकलने वाला समाज अब पुनः नैतिकता की नवीन अवधारणा में फँसने के लिए तैयार नहीं था। अतः उसने अरस्तू से केवल बौद्धिक व आर्थिक आत्मनिर्भरता को ग्रहण किया और उसमें शारीरिक

सुख अपनी तरफ से जोड़ दिया। मैकियावेली जिस समाज का प्रतिनिधि है उसमें प्रत्येक व्यक्ति, चाहे वह बुद्धिजीवी, धर्माधिकारी, शासक या सामान्य नागरिक हो, ऐन्द्रिय सुख के पीछे भाग रहा था। चित्रकला, मूर्तिकला व साहित्य में 'प्रेम, सौन्दर्य व सुख' केन्द्रीय महत्व प्राप्त करने लगे। दुश्चरित्र होना सम्मान व सौभाग्य की बात हो गई। श्रेष्ठ साहित्य का मापदण्ड यह था कि वह रचना लोगों की वासनात्मक प्रवृत्तियों को प्रदर्शित व उत्तेजित करने में कितनी सक्षम है? फ्लोरेन्स का शासक लारेन्जो की एक ऐसी ही कविता की चार पंक्तियाँ प्रस्तुत हैं जिससे उस समय के समाज में परिव्याप्त भौतिकवादी जीवन-दृष्टि का स्पष्ट संकेत मिलता है। लारेन्जो युवक-युवतियों को संबोधित करते हुए लिखता है-

"Fair is youth and void of sorrow

But it hourly flies away

Youths and maids, enjoy today

Nought ye know about tomorrow."[1]

पुनर्जागरण के परिणामस्वरूप जिस भौतिकवादी जीवन दृष्टि का विकास हो रहा था, उसका असर भी मैकियावेली पर है। वह भी मनुष्य के किसी पारलौकिक साध्य की बात नहीं करता बल्कि मानता है कि प्रत्येक व्यक्ति इसी जीवन में यश, शक्ति व महानता को प्राप्त करना चाहता है। मैकियावेली पर इसी पुनर्जागरण का गहरा प्रभाव है। चूँकि इस पुनर्जागरण का केन्द्र फ्लोरेन्स था अत: मैकियावेली पर इसके दोनों पक्षों का असर है। यूनानी व रोमन चिन्तन के समान उसने धर्म-निरपेक्ष राजनीतिक व्यवस्था का विचार प्रस्तुत किया तथा जिस प्रकार अरस्तू ने राजनीति व नैतिकता का अलगाव (यद्यपि सीमित स्तर पर) किया था, उसी प्रकार यह फ्लोरन्टाइल भी राजनीति से नैतिकता को अलग कर देता है।

पुनर्जागरण के नकारात्मक प्रभाव की परिणति लोगों के चारित्रिक पतन के रूप में हुई थी। इसका प्रत्यक्ष प्रभाव मानव-स्वभाव के विश्लेषण पर दिखाई देता है। मैकियावेली के समक्ष जो समाज था उसको देखकर कोई भी विचारक मानव-स्वभाव की दुष्टता, स्वार्थपरता व महत्वाकांक्षा में अविश्वास नहीं कर सकता था। मैकियावेली मानव-स्वभाव के सम्बन्ध में वही लिख रहा था जो वह प्रत्यक्षत: देख रहा था। शासक व पोप भी वास्तविक धर्म व सच्ची नैतिकता से दूर हो चुके थे। लगातार चौदह वर्षों (1498-1512 AD) तक सचिव पद पर रहते हुए मैकियावेली ने उच्च स्तर पर व्याप्त राजनीतिक व नैतिक भ्रष्टाचार को बहुत करीब से देखा। इसका गहरा प्रभाव उसकी रचनाओं, विशेषकर 'The Prince' पर देखा जा सकता है। मैक्सी के शब्दों में-"वे

(मैकियावेली) उन कुछ विभूतियों में हैं जो मानव-प्रकृति का निरीक्षण उसी प्रकार करते हैं जिस प्रकार एक जीवविज्ञानी छोटे जानवरों की प्रवृत्ति का अध्ययन करता है। उन्होंने राजनीति को अनैतिक नहीं किया-उसका पतन तो शताब्दियों पूर्व ही हो गया था......।'' पुनर्जागरण के प्रभाव के कारण ही उसकी पद्धति ऐतिहासिक हो गई। उसके अनुसार 'हमें भविष्य में क्या करना चाहिए? इसका उत्तर इतिहास के पृष्ठों से लिया जाना चाहिए, कि ऐसी ही स्थितियों में मनुष्यों ने क्या किया था और उनके कार्यों का क्या परिणाम रहा?'

प्रो. जोन्स मैकियावेली के विचारों को मुख्यत: पुनर्जागरण से सम्बद्ध करते हुए कहते हैं कि-'उसकी कृतियों में उसके युग की सच्ची प्रतिच्छा दिखलाई देती है। व्यक्ति का महत्व, प्रकृति का महत्व और उसका सौन्दर्य, व्यक्ति का असीमित विकास व पूर्णता, जन्माधारित व्यक्ति की श्रेष्ठता का मूल्यांकन करने की प्रवृत्ति की उपेक्षा, बौद्धिक तर्कवाद, जगत् की वास्तविकता का निरूपण, उद्गम पद्धति (Inductive Method) का अनुसरण, राष्ट्रीयता की भावना का नेतृत्व तथा स्वर्ग के स्थान पर मानवीय उद्देश्यों की प्राप्ति व औचित्य इत्यादि, इतनी अधिक बातें हैं जिनका समर्थन मैकियावेली ने अपनी पुस्तकों व विचारों में किया है। ये सम्पूर्ण बातें पुनर्जागरण के युग की हैं अत: उसे अपने युग का शिशु तो कहा ही जाएगा।'[2] अत: इन आधारों पर कहा जा सकता है कि ''मैकियावेली, दैदीप्यमान फ्लोरेन्सवासी, सम्पूर्ण अर्थों में अपने युग का शिशु था (Machiavelli the brilliant Florentile, was in the fullest sense the child of his time.)''। प्रो. जोन्स (Jones) भी इस बात से सहमत हैं। उनके शब्दों में, ''मैकियावेली अपने युग का एक श्रेष्ठ सार-संक्षेप है।

अब हमें उन तत्वों की विवेचना करनी है जिनके आधार पर मैकियावेली को आधुनिक राजनीति का प्रणेता माना जाता है। इसमें सर्वप्रथम है-

(1) सम्प्रभु राज्य का विचार (Concept of Soverign State)

आधुनिक राजनीतिक अवधारणा में राज्य को एक सम्प्रभु संगठन के रूप में परिभाषित किया जाता है। मैकियावेली ने राज्य का दर्शन (Philosophy of the State) नहीं दिया है लेकिन वह इस मान्यता पर दृढ़तापूर्वक खड़ा है कि समाज की समृद्धि व प्रसन्नता के लिए एक शक्तिशाली राज्य की स्थापना आवश्यक है। राज्य में दूसरे संगठन भी होते हैं-जैसे चर्च, लेकिन ये सभी संगठन व संस्थाएँ राज्य के अधीन हैं। राज्य का उद्देश्य (Reason of the State) किसी भी व्यक्ति या संगठन के हित से श्रेष्ठ है। उसने राज्य के उद्देश्य को सर्वोपरि मानकर एक प्रकार से राज्य को ही साध्य मान लिया। व्यक्ति, धर्म, चर्च, नैतिकता व समाज की अन्य संस्थाएँ व मान्यताएँ राज्य रूपी साध्य के उपलब्धि के साधन मात्र हैं।

मैकियावेली ने जिस तरह राज्य को परिभाषित नहीं किया है, उसी प्रकार 'सम्प्रभुता' को भी अपरिभाषित छोड़ दिया है। किन्तु, जैसा कि प्रो. सेबाइन मानते हैं, वह जिस राज्य को स्थापित करना चाहता है वह पूर्णतः सम्प्रभु राज्य है। आन्तरिक क्षेत्र में 'The Prince' का शासक सर्वोच्च सत्ताधारी है, यहाँ तक कि चर्च पर भी उसका नियन्त्रण है। जहाँ तक दूसरे राज्यों के साथ सम्बन्ध का प्रश्न है, मैकियावेली का 'Prince' निरंकुश है, उसका मूल ध्येय ही राज्य-क्षेत्र का विस्तार करना है। इस प्रकार मैकियावेली वह पहला राजनीतिक विचारक बन जाता है जिसने राज्य को आधुनिक अर्थों में ग्रहण किया। प्रो. सेबाइन के अनुसार, 'किसी भी अन्य राजनीतिक विचारक की अपेक्षा मैकियावेली ने आधुनिक राजनीति के व्यवहार में राज्य का सबसे सही अर्थ निर्मित किया। यहाँ तक कि आधुनिक भाषा में 'एक सम्प्रभु राजनीतिक संस्था (A Sovereign Political Body) के रूप में इस शब्द (राज्य) का प्रचलन मूलतः उसकी लेखनी (Writings) से शुरू होता है ।' राज्य के जिस स्वरूप का वर्णन उसकी रचनाओं में प्राप्त होता है उसकी महत्ता को समझने के लिए प्राचीन यूनानी चिन्तन व मध्ययुगीन मान्यताओं को समझना प्रासंगिक हो जाता है। यूनानी विचारकों ने भी राज्य को सर्वोच्च संस्था के रूप में परिभाषित किया था किन्तु प्लेटो व अरस्तू का आदर्श 'नगर-राज्य' (Polis or City-state) था। दूसरी ओर मध्ययुग में विश्व साम्राज्य की परिकल्पना की गई। मैकियावेली इन दोनों ही मान्यताओं का त्याग करता है और राष्ट्रीय राज्य (Nation-state) के यथार्थवादी विचार को प्रस्तुत करता है जो आधुनिक राजनीति का सर्व-स्वीकृत सिद्धान्त है।

मैकियावेली ने राज्य को एक ऐसे संगठित शक्ति (Organised Force) के रूप में ग्रहण किया है जो आन्तरिक क्षेत्र में सर्वोच्च तथा बाह्य क्षेत्र में अन्य राज्यों से सम्बन्ध स्थापित करने में पूर्ण स्वतन्त्र होता है।

इस प्रकार सम्प्रभुता को परिभाषित न करने के बाद भी मैकियावेली आधुनिक सम्प्रभु राज्य का ही वर्णन कर रहा है। मैकियावेली ने राज्य के भावी सम्प्रभु-स्वरूप को सोलहवीं शताब्दी के प्रारम्भ में ही पहचान लिया था। प्रो. सेबाइन के शब्दों में, "आधुनिक राजनीति में इस प्रकार के राज्य ने जो भूमिका निभाई है उससे इस बात का पूर्ण संकेत मिलता है कि मैकियावेली ने किस स्पष्टता के साथ राजनीतिक विकास की दिशा में इस परिवर्तन को पहले ही भाँप लिया था ।"[1]

(2) राजनीति और नैतिकता का अलगाव (Separation of politics and Morality)

मैकियावेली ने अरस्तू के अधूरे कार्य को पूरा किया। यूनानी विचारकों के समान उसने भी राज्य को सर्वोच्च मानवीय संस्था के रूप में स्वीकार किया जो लोगों

के कल्याण, उन्नति व संरक्षण के लिए अनिवार्य है। अतः जब राज्य का जीवन संकट में हो तब शासक का एकमात्र लक्ष्य व सर्वोच्च वरीयता राज्य की सुरक्षा करना होना चाहिए चाहे इसके लिए कोई भी साधन क्यों न प्रयोग में लाना पड़े। मैकियावेली के शब्दों में, ''जब राज्य के अस्तित्व पर ख़तरा हो तब राजतन्त्र व गणतन्त्र दोनों ही जीवित रहने के लिए विश्वासघात व अकृतज्ञता की सहायता लेंगे।''आधुनिक युग विभिन्न विषयों की स्वतन्त्रता का युग है। मध्ययुग के पतन के साथ न केवल व्यक्तियों की पूर्ण स्वतन्त्रता की माँग बढ़ी बल्कि ज्ञान के विभिन्न क्षेत्रों में अपनी-अपनी अलग पहचान बनाने की प्रवृत्ति का भी विकास हुआ। मध्ययुग तक राजनीतिक दर्शन नीतिशास्त्र की छत्र-छाया में पलता व बढ़ता रहा। यद्यपि अरस्तू (384-322 BC) ने राजनीति को आचारशास्त्र अर्थात् नैतिकता से मुक्त करने का प्रयास किया था किन्तु मध्ययुग (500-1500 AD) में ईसाई धर्म के सर्वव्यापक प्रभाव में अलगाव की यह प्रक्रिया प्रतिबंधित हो गई।

राज्य का हित व्यक्ति व समाज के हित से अलग व श्रेष्ठ है। इसलिए नैतिकता व धर्म के जो नियम व्यक्ति पर लागू होते हैं, वे नियम या आचरण के सिद्धान्त (Code of Conduct) राज्य पर लागू नहीं हो सकते क्योंकि इस स्थिति में राज्य व्यक्तियों के कल्याण, समाज में शान्ति या राष्ट्र की सुरक्षा के अपने परम लक्ष्यों को पूरा करने में सक्षम ही नहीं हो सकता। उदाहरण के लिए, व्यक्तिगत नैतिकता का एक सिद्धान्त यह है कि 'दूसरों' की हत्या नहीं करनी चाहिए। व्यक्ति व समाज के दृष्टिकोण से यह लाभदायक व आवश्यक भी है। किन्तु यदि इस सिद्धान्त से राज्य को बाँध दिया जाए तो वह देश आक्रमण करने वाले शत्रुओं या राज्य में दूसरों की हत्या करने वाले अपराधियों से किस तरह निपटेगा?

इसका तात्पर्य यह नहीं है कि मैकियावेली व्यक्ति व समाज के जीवन से ही नैतिकता को समाप्त कर देना चाहता है। इसके ठीक विपरीत वह समाज में धर्म व नैतिकता की अनुपालना को सुनिश्चित रूप में देखना चाहता है। यहाँ तक कि वह शासकों से भी आशा रखता है कि वह धार्मिक व सदाचारी होने का प्रदर्शन करेंगे। यदि शासक वास्तव में सदाचारी व धार्मिक है तब भी मैकियावेली को कोई समस्या नहीं है। उसके अनुसार दयावान, निष्ठावान, मानवीय, ईमानदार व धर्मनिष्ठ दिखाई देना उत्तम भी है और आवश्यक भी। परन्तु शासक को अपना मन इतना संतुलित रखना चाहिए कि अगर इस रास्ते से हटना जरूरी हो जाए तो उसे दूसरा रास्ता पकड़ लेने में कोई समस्या न हो। मैकियावेली ने एक स्थल पर लिखा है कि 'आवश्यकता कानून को नहीं जानती (Necessity knows no law)'। राज्य की आवश्यकता (Expediency of the State) का सिद्धान्त अपनाकर वह नैतिकता व धर्म की दुविधा से मुक्त हो जाता है। जो साधन राज्य की आवश्यकताओं (शक्ति-प्राप्ति, शक्ति-

संचय व शक्ति-विस्तार) की पूर्ति करने में सफल हैं, वे अन्तिम रूप से सही हैं। इस प्रकार मैकियावेली राजनीति को धर्म व नैतिकता के मध्ययुगीन पाश से मुक्त करता है जो आधुनिक राजनीतिक चिन्तन के लिए उसकी एक महान देन है। उसे प्रथम आधुनिक राजनीतिक विचारक के रूप में स्वीकार करने की मान्यता का एक प्रमुख आधार यही है कि उसने राजनीति व नैतिकता को पृथक किया।

(3) यथार्थवादी अध्ययन (Realistic Study)

मैकियावेली को इस बात का भी श्रेय जाता है कि उसने यथार्थवादी राजनीति की नींव रखी। वस्तुत: राजनीति व नैतिकता का अलगाव उसके यथार्थवादी दृष्टिकोण का ही एक स्वाभाविक परिणाम है। उसने जो कुछ देखा और अनुभव किया, वही सब कुछ अपनी रचनाओं में अंकित किया। यह अलग बात है कि इस प्रक्रिया में राजनीति के ऊपर नैतिक राज्य का जो पर्दा पड़ा था या जो पर्दा लगाया गया था वह हट गया और राजनीति का कटु सत्य लोगों के समक्ष प्रकट हो गया। यह एक सामान्य तथ्य है कि राजनीतिज्ञ आवश्यक रूप से अवसरवादी (Opportunist) होते हैं तथा अवसर के अनुरूप नैतिक-अनैतिक साधनों का इस्तेमाल करते हैं किन्तु इस सत्य को अविचलित स्पष्टता के साथ स्वीकार करने व उजागर करने का साहस सब लोगों में नहीं होता। मैकियावेली ने इस साहस का प्रदर्शन किया है। आधुनिक राजनीति विज्ञान की एक प्रधान प्रवृत्ति यथार्थवादी अध्ययन (Realistic Study) है। बीसवीं शताब्दी (20th Century) में विशेषकर प्रत्यक्षवाद (Positivism) ने समस्त सामाजिक विज्ञानों को आनुभविक दृष्टिकोण अपनाने की प्रेरणा प्रदान की। द्वितीय विश्वयुद्ध के बाद व्यवहारवादी अध्ययन ने इसे और भी व्यापक स्वरूप प्रदान किया।

प्रो. मुरे (Prof. Murray) ने यद्यपि 'The Prince' के रचनाकार को अदूरदर्शी कहकर आलोचना की है किन्तु वे भी मानते हैं कि वह स्पष्टवादी था। उनके शब्दों में, "मैकियावेली स्पष्टदर्शी था पर दूरदर्शी नहीं। उसने वस्तुओं को इस दृष्टिकोण से देखने का प्रयास नहीं किया कि उन्हें कैसी होनी चाहिए, उन्हें सदैव उनके वास्तविक रूप में देखा (Machiavelli was clear-sighted, not far sighted, He never saw things as they might be, he saw them as they were)।"[1]

प्रो. मैक्सी ने मैकियावेली के यथार्थवाद को आधुनिक राजनीतिक चिन्तन के साथ जोड़ते हुए कहा है कि-"जब एक राजनीतिक विचारक शक्कर में लपेटी गोलियों (Sugarcoated-pellets) को चुपचाप लेने से इन्कार कर देता है और उनके कड़वे सत्य (Bitter Truth) को हमें बताता है, तो हम उसे धन्यवाद नहीं देते, और अक्सर उसका विरोध करते हैं, तथा झूठा भविष्यवेत्ता (False Prophet) कहकर उसे पत्थर मारते हैं। मैकियावेली का, राजनीति व नैतिकता को अलग करके तथा

'आवश्यकता (Expediency)' को शासनकला का मार्गदशक सिद्धान्त प्रस्तुत करना, उसकी धृष्टता थी किन्तु यह राजनीतिशास्त्र के लिए उसकी एक महान सेवा थी। यथार्थवादिता वैज्ञानिक राजनीतिक चिन्तन का प्रथम चरण (First Step) है। मैकियावेली की यथार्थवादिता मानव-स्वभाव के वर्णन में भी स्पष्टत: परिलक्षित होती है।

(4) ऐतिहासिक पद्धति का प्रयोग (Use of Historical Method)

ऐतिहासिक पद्धति आगमन पद्धति (Inductive Method) का अंग मानी जाती है और आगमन पद्धति को ही वैज्ञानिक अध्ययन का आधार माना जाता है। इस प्रकार अध्ययन पद्धति के दृष्टिकोण से भी मैकियावेली को आधुनिक युग का प्रणेता माना जा सकता है। इस मत के समर्थकों में प्रो. डनिंग व प्रो. जोन्स प्रमुख हैं। उसने यूनानी व विशेषकर रोमन इतिहास का व्यापक अध्ययन व विश्लेषण किया तथा निकाले गए निष्कर्षों के आधार पर 'The Prince' व 'The Discourses' की रचना की। यद्यपि यहाँ यह तथ्य भी महत्वपूर्ण है कि ऐतिहासिक तथ्यों के प्रति मैकियावेली की दृष्टि उपयोगितावादी है। उसने इतिहास का उपयोग अपनी मान्यताओं को पुष्ट करने के लिए किया। वह अपने निष्कर्षों का खण्डन करने वाले तथ्यों को जानबूझ कर छोड़ देता है। फिर भी उसे इस बात का श्रेय दिया जाता है कि वह मध्ययुग की अध्ययन पद्धति का परित्याग करता है। उसने कहीं भी धर्मशास्त्र व दर्शन (Theology and Philosophy) का समन्वय करने का प्रयास नहीं किया और न ही अपनी मान्यताओं को बाइबिल या चर्च के कानून के आधार पर प्रमाणित किया। अत: मैकियावेली ने भले ही सही अर्थों में ऐतिहासिक पद्धति को नहीं अपनाया किन्तु यह 'अपूर्ण पद्धति' भी आधुनिक राजनीति के लिए उसकी एक अमूल्य देन बन गई। इस कमी को आगे चलकर फ्रांसीसी विचारक जीन बोदाँ ने दूर किया। उसने अपनी पुस्तक 'A Method for Easy Understanding of History' में इतिहास की दार्शनिक व्याख्या की है। संक्षेप में जीन बोदां ने इतिहास की घटनाओं का सामान्यीकरण करते हुए यह समझने का प्रयास किया है कि मानव समाज के विकास की दिशा क्या है? वह इस बिन्दु पर मैकियावेली की तुलना में अधिक वैज्ञानिक दृष्टि का धारक है। फिर भी मैकियावेली की अध्ययन पद्धति की महत्ता की उपेक्षा करना संभव नहीं है क्योंकि अरस्तू के उपरान्त ऐतिहासिक पद्धति का उपयोग पहली बार उसकी रचनाओं में ही दृष्टिगत होता है। अत: पद्धति की अपूर्णताओं को स्वीकार करने के बाद भी कहा जा सकता है कि मैकियावेली मध्ययुग के बाद ऐतिहासिक पद्धति को अपनाने वाला प्रथम विचारक है।

(5) भौतिकवादी दर्शन

आधुनिक जीवन-दृष्टि धर्म-निरपेक्ष व भौतिकतावादी है। मैकियावेली के राजनीतिक विचारों के प्रत्येक पहलू पर इस भौतिकवादिता को अनुभव किया जा सकता

है। पुनर्जागरण के सच्चे प्रतिनिधि के रूप में वह व्यक्ति के किसी भी पारलौकिक लक्ष्य में अनास्था प्रकट करता है। मध्ययुग की परम्परा में व्यक्ति का अन्तिम ध्येय (Ultimate Goal) मोक्ष की प्राप्ति है। मैकियावेली ने भौतिक जीवन व इसकी उपलब्धियों को ही व्यक्ति का वास्तविक साध्य माना। आर्थिक तत्वों व राजनीति के सम्बन्धों के विश्लेषण की दृष्टि से भी मैकियावेली को आधुनिक युग का वैचारिक प्रणेता माना जा सकता है। 'क्रान्ति' सम्बन्धी विचारों के सन्दर्भ में अरस्तू ने भी आर्थिक-तत्वों के महत्व को स्वीकार किया था। किन्तु प्रो. मैक्सी के अनुसार मैकियावेली इस प्रसंग में अरस्तू को पीछे छोड़ देता है। मानव-स्वभाव के अध्ययनोपरान्त उसने यह निष्कर्ष निकाला कि मनुष्यों के क्रियाकलाप मुख्य रूप से उनके आर्थिक लक्ष्यों से प्रेरित होते हैं। मैक्सी के शब्दों में, 'फ्लोरेण्टाइल' के अनुसार प्रत्येक राजनीतिक व्यवहार में चाहे वह आदर्शवादी हो या यथार्थवादी, आर्थिक कारकों के प्रभाव को सामान्य रूप से जाना जा सकता है। उसके मत में, स्वतन्त्रता, स्व-शासन व व्यक्ति के अधिकारों के लिए किए जाने वाले सभी संघर्षों की पृष्ठभूमि में किसी न किसी प्रकार के आर्थिक हित निहित होते हैं। यही सिद्धान्त कार्ल मार्क्स के चिन्तन में आर्थिक निर्यातवाद (Economic Determinism) के रूप में व्यापकता प्राप्त करता है।

(6) राजनीति : एक शक्ति-संघर्ष के रूप में (Politics : As a Power-Conflict)

प्रो. कैटलिन ने स्वयं कहा है कि मैकियावेली राजनीति को शक्ति-संघर्ष (Power-conflict) का पर्याय मानता था जिसे आगे आने वाले राजनीतिशास्त्रियों ने स्वीकार किया व विकसित किया। वास्तव में मैकियावेली जिस राज्य का वर्णन कर रहा है उसकी नींव 'शक्ति' है। वह राज्य क्षेत्र के विस्तार को राज्यों का जीवन मानता है। अत: स्पष्ट है कि एक राज्य तभी तक अपने अस्तित्व को कायम रखने में सफल होगा जब तक कि वह शक्तिशाली बना रहेगा। राज्य का जीवन व विस्तार का रहस्य एक ही है-शक्ति। इसलिए उसने शासक का मुख्य ध्येय शक्ति की प्राप्ति, संचय व विस्तार बतलाया है। 19वीं शताब्दी में मार्क्स व बीसवीं शताब्दी में मारगेन्थाऊ, लासवेल व कैटलिन ने राजनीति को आन्तरिक व बाह्य क्षेत्रों में-शक्ति के लिए संघर्ष (Struggle for Power) की एक प्रक्रिया के रूप में विश्लेषित किया है। राजनीति का यह यथार्थवाद आधुनिक दृष्टिकोण के रूप में स्वीकृत है।

(7) गणतन्त्र व संघात्मक शासन का समर्थन (Support of Republic and Commonwealth)

प्रो. डनिंग के शब्दों में, ''प्रिंस'' मुख्यतया राजनीतिक प्रदेश के विस्तार के सम्बन्ध में राजतन्त्र का अध्ययन है और 'डिस्कोर्सेज' भी उसी उद्देश्य के लिए लोकप्रिय शासन का अध्ययन है। वह (मैकियावेली) अधिनायकवाद का पूर्ण समर्थक होने से

बहुत दूर है ।''[1] केवल 'The Prince' के अध्ययन के आधार पर मैकियावेली का मूल्यांकन करने वाले शोधकर्ता को वह एक निरपेक्ष राजतन्त्रवादी के रूप में दिखाई देगा जो राज्य को सभी प्रकार के प्रतिबन्धों से मुक्त कर देता है। लेकिन 'The Discourses' में वह तार्किक ढंग से गणतन्त्र को राजतन्त्र से श्रेष्ठ मानता है। निरपेक्ष राजतन्त्र का समर्थन करने का कारण इटली की अव्यवस्था और समाज का नैतिक पतन था। गणतन्त्र शान्तिपूर्ण समय के लिए सर्वोत्तम शासन प्रणाली है बशर्ते वहाँ के लोगों का नैतिक पतन न हुआ हो। सद्गुणविहीन लोगों को नियन्त्रित करने के लिए कठोर व निरंकुश शासन ही उचित है क्योंकि ऐसा शासन ही 'भ्रष्ट' लोगों को नियन्त्रित व निर्देशित कर सकता है।

उसके युग के दृष्टिकोण से उसकी सबसे अधिक मौलिकता 'संघ राज्य' के निर्माण के समर्थन में परिलक्षित होती है। यद्यपि इसके लिए उसने फेडरेशन (Federation) शब्द का प्रयोग नहीं किया है फिर भी कॉमनवेल्थ (Common-wealth) का स्वरूप संघात्मक व्यवस्था जैसा ही है। उसने 'The Prince' के शासक को सलाह देते हुए कहा है कि वह एक बार इटली के सभी भागों पर आधिपत्य स्थापित करके कालान्तर में सम्पूर्ण क्षेत्र को इकाई राज्यों में विभाजित कर अपने प्रभुत्व में रखे। केन्द्रीय शक्ति सहायक इकाइयों–राज्यों से श्रेष्ठ होगी व सब पर नियन्त्रण रखेगी। इस प्रकार, यद्यपि कि मैकियावेली संघात्मक शासन व्यवस्था के आधारभूत तत्वों, जैसे–शक्तियों का विभाजन, अवशेष शक्तियों, सदस्य इकाइयों की स्वायत्तता, संविधान की सर्वोच्चता या दोहरी नागरिकता की चर्चा नहीं करता तथापि वह स्पष्ट रूप से अनुभव कर रहा है कि एकीकृत इटली के विशाल क्षेत्र पर 'संघ-राज्य' ही प्रभावी व्यवस्था हो सकती है।

इस प्रकार मैकियावेली के चिन्तन से अनेक आधुनिक राजनीतिक प्रवृत्तियों का विकास होता है। यह सत्य है कि वह इन प्रवृत्तियों को परिभाषित नहीं करता फिर भी जैसा कि डनिंग ने कहा है–'प्रिंस सबसे पहली महान रचना है जिसमें मध्ययुगीन चिन्तन प्रणाली का परित्याग किया गया ।''

असंगतियाँ (Deficiencies)

प्रो. सेबाइन ने उसकी आलोचना करते हुए कहा है कि–''यद्यपि मैकियावेली के विचारों का वास्तविक उद्देश्य इटली की एकता व शान्ति या तथापि यह मात्र भावावेश था, कोई सुनिश्चित योजना नहीं ।''निर्विवाद रूप में मैकियावेली यूरोप का पहला राजनीतिक विचारक था जिसने राष्ट्रीय राज्य (Nation-state) की संकल्पना को पूरी निष्ठा के साथ प्रस्तुत करने व व्यावहारिक बनाने का प्रयास किया। इटली के प्रति उसका लगाव व इटली के एकीकरण की अभिलाषा उसके समस्त लेखन का प्रेरणास्रोत

है किन्तु वह अपने सम्पूर्ण प्रयासों के बावजूद कोई ठोस कार्यक्रम प्रस्तुत करने में सफल नहीं हुआ। प्रो. सेबाइन ने धर्म के प्रति मैकियावेली के दृष्टिकोण को 'संकीर्ण' कहकर आलोचना की है। यह सत्य है कि मैकियावेली ने धर्म-निरपेक्षता का प्रतिपादन किया जो आधुनिक राजनीतिक व्यवस्थाओं का विशिष्ट लक्षण माना जाता है लेकिन स्वयं वह ऐसे विचारों के लिए तैयार नहीं था। वह चर्च (धर्म) को राज्य से अलग कर रहा था किन्तु यदि वह इटली से बाहर की तरफ देखता तो स्थिति अलग होती। 'The Prince' के पूर्ण होने के कुछ ही वर्षों बाद जर्मनी में धर्म-सुधार (Reformation) शुरू हो गया था। इस समय वह 'The Discourses' की रचना में संलग्न था लेकिन उस पर धर्म-सुधार का कोई प्रभाव दिखाई नहीं देता।

यूरोप के राजनीतिक, सामाजिक व धार्मिक जीवन में मौलिक परिवर्तन लाने वाले इस आन्दोलन से मैकियावेली उसी प्रकार अछूता नज़र आता है जैसे अरस्तू तत्कालीन नगर-राज्यों के पतन व 'विश्व-साम्राज्य' की स्थापना से। धर्म-सुधार का परिणाम राज्य-धर्म का अलगाव नहीं बल्कि दोनों की निकटता के रूप में सामने आया। धर्म-निरपेक्ष राज्य की परिकल्पना सत्रहवीं शताब्दी में साकार होना प्रारम्भ हुई। निश्चित रूप से मैकियावेली धर्म-सुधार के प्रभाव व दिशा को पहचानने में असमर्थ रहा। प्रो. सेबाइन के शब्दों में, "इस अर्थ में उसका दर्शन संकीर्ण रूप से स्थानीय व संकीर्ण रूप से नियत-कालीन है। यदि उसने इटली की अपेक्षा किसी दूसरे देश में लिखा होता या इटली में धर्म-सुधार युग के प्रारम्भ होने के बाद लिखा होता और इससे अधिक, रोमन कैथोलिक चर्च में प्रति-सुधार आन्दोलन (Counter Reformation) के बाद लिखा होता तो यह असंभव है कि धर्म के प्रति उसका दृष्टिकोण वैसा ही होता जैसा कि उसने दर्शाया है ।" मैकियावेली के समर्थक भले ही यह तर्क प्रस्तुत करें कि धर्म व नैतिकता की उपेक्षा का तात्कालिक कारण इटली को एकीकृत करने की आवश्यकता थी लेकिन जिस तरह वह 'The Prince' में शासक को राज्य की सुरक्षा के नाम पर कोई भी साधन प्रयोग करने की छूट देता है, उसकी सर्वत्र आलोचना की गई है।

प्रो. सी.जे. फॉक्स (C.J. Fox) ने मैकियावेली की आलोचना को दार्शनिक स्पर्श देते हुए कहा है कि "जो चीज़ नैतिक दृष्टि से ग़लत है वह राजनीतिक दृष्टि से कभी सही नहीं हो सकती (Wht is morally wrong can never be politically right.)" प्रो. जास्जी ने इसी आधार पर मैकियावेली की आलोचना करते हुए आरोप लगाया है कि उसने राजनीतिक अपराधों का महिमामण्डन करके असम्बद्ध शासकीय अपराधियों को एक ठोस दार्शनिक सिद्धान्त उपलब्ध करा दिया है। इसी कारण प्रो. जास्जी ने उसे अनैतिक व झूठे सिद्धान्तों का प्रर्वतक (Propounder of an Immoral and Untrue Doctrine) कहा है। प्रो. सेबाइन के शब्दों में, ''मैकियावेली का चरित्र व उसके दर्शन का सही अर्थ आधुनिक इतिहास की पहेलियों में से एक है। उसका चित्रण एक सनकी, एक भावुक राजभक्त, एक उत्कृष्ट राष्ट्रवादी, राजनीतिक धोखेबाज, एक संतुष्ट प्रजातन्त्रवादी और निरंकुश शासकों का संदेहहीन समर्थक के रूप में किया गया है। इन विचारों की एक-दूसरे के साथ कोई संगति नहीं है परन्तु प्रत्येक में कुछ न कुछ सच्चाई अवश्य है।''

6

रूसो

रूसो ने जिस ढंग से सामाजिक संविदा के सिद्धान्त का प्रतिपादन किया है, 'सामान्य इच्छा' का बहुत अधिक महत्त्व है। 'सामान्य इच्छा' का सिद्धान्त राजनीतिक चिन्तन के लिये रूसो की अमर देन है।[1] कुछ विचारकों के मतानुसार तो यह जनतन्त्रवाद की आधारशिला है। काण्ट, हीगल, ग्रीन, बोसाँके आदि दार्शनिकों का विचारवाद (Idealism) भी इसी पर आधारित है लेकिन जहाँ जनतन्त्र के समर्थको ने मुक्त ह्दय से इसका स्वागत किया है वहाँ निरंकुश शासकों ने इसका दामन पकड़ कर जनता पर मनमाने अत्याचार भी ढाए हैं। शायद ही कोई सिद्धान्त इतना विवादास्पद रहा कि जितना कि सामान्य इच्छा का सिद्धान्त। रूसों की सामान्य इच्छा को भली-भाँति समझने के लिये सबसे पहले हमें इच्छा के स्वरूप को समझना चाहिये। रूसो के अनुसार प्रत्येक व्यक्ति की दो प्रमुख इच्छाएँ होती हैं-

(1) यथार्थ इच्छा (Actual Will), एवं

(2) आदर्श इच्छा (Real Will)।

यर्थाथ इच्छा (Actual Will) वह इच्छा है जो स्वार्थगत, संकीर्ण एवं परिवर्तनशील है। जब मनुष्य केवल अपने लिये ही सोचता है तब वह यथार्थ इच्छा के

रूसो के अनुसार मनुष्य की यह भावना-प्रधान इच्छा होती है जिसके वशीभूत होकर मनुष्य विवेकहीनता से कार्य करता है। वह सर्व-साधारण के हित की कल्पना नहीं करता, केवल अपने स्वार्थ में डूबा रहता है। व्यक्ति की यह क्रान्तिकारी इच्छा होती है और इसमें व्यक्ति का दृष्टिकोण संकीर्ण तथा अन्तर्द्वन्द्वमयी होता है। इसके विपरीत आदर्श इच्छा (Real Will) वह इच्छा है जो विवेक, ज्ञान एवं सामाजिक हित पर आधारित होती है। रूसो के अनुसार यही एकमात्र श्रेष्ठ इच्छा है तथा स्वतन्त्रता का द्योतक है। यह व्यक्ति की उत्कृष्ट इच्छा है जो सुसंगठित, स्वार्थविहीन, कल्याणकारी एवं सुसंस्कृत होती है। यह इच्छा व्यक्ति में स्थाई रूप से निवास करती है। इस इच्छा के वशवर्ती होकर व्यक्ति यथार्थ इच्छा (Actual Will) की भाँति अस्थाई परिणामों की ओर आकर्षित न होकर स्थाई निर्णयों को स्वीकार करता है। इसके द्वारा व्यक्ति सार्वजनिक हित का चिन्तन करते हुए स्वार्थ को निम्न स्थान देता है। मनुष्य की इस इच्छा का अभिव्यक्तिकरण व्यक्ति और विवेक से काम लेकर समाज के मध्य होता है।

रूसो के अनुसार यथार्थ इच्छज्ञ व्यक्ति के 'निम्न स्व' (Lower Self) पर आधारित होती है तथा आदर्श इच्छा उसके 'श्रेष्ठ स्व' (Higher Self) पर। यथार्थ और आदर्श इच्छा में अन्तर एक उदाहरण द्वारा स्पष्ट किया जा सकता है। मान लीजिये एक प्रशासकीय अधिकारी को रिश्वत देकर कोई व्यक्ति उससे अपना अवैध कार्य करवाना चाहता है। यदि धन के लोभ में वह अधिकारी उस व्यक्ति का कार्य करने को तैयार हो जाए, तो यह उसकी यथार्थ इच्छा है, किन्तु यदि अधिकारी रिश्वत न ले तो यह उनकी आदर्श इच्छा है।

यथार्थ और आदर्श इच्छा के भेद पर ही 'सामान्य इच्छा' का विचार आधारित है। वास्तव में सामान्य इच्छा समाज के व्यक्तियों की आदर्श इच्छाओं का निचोड़ अथवा उनका संगठन और समन्वय है। बोसाँके के शब्दों में यह "पूर्ण समाज की इच्छा है अथवा सब व्यक्तियों की इच्छा है, यदि उसका ध्येय सामान्य हित हो।" यह सामान्य हित की सामूहिक चेतना है। वेपर के अनुसार "सामान्य इच्छा सब नागरिकों की इच्छा है, जबकि वे अपने व्यक्तिगत हितों के लिये नहीं बल्कि सामान्य कल्याण के इच्छुक होते हैं। यह सबकी भलाई के लिये सबकी आवाज है।" सामान्य इच्छा का असाधारण रूप यह है कि वह अपने सदस्यों के निजी हितों से भिन्न रूप में सामूहिक कल्याण का प्रतिनिधित्व करती है। सभी लोग अपने सम्मिलित लाभों को सामान्य इच्छा के प्रति समर्पित करते हैं। सामान्य इच्छा में व्यक्तिगत लाभों का कोई स्थान नहीं है। इसका अनुबन्ध सभी के लाभ का अनुबन्ध है। सेबाइन के अनुसार "सामान्य इच्छा समाज का एक विचित्र प्रतिनिधित्व करती है। इसका उद्देश्य स्वार्थपरता और कुछ इने-गिने हितों की रक्षा न होकर सर्वसाधारण के हित की रक्षा करना होता है।"

सामान्य इच्छा की व्याख्या करते हुए रूसो कहता है – "मेरी सामान्य इच्छा के अनुबन्ध में सभी लोग अपना वर्चस्व राज्य को सौप देते हैं। राज्य का हित सभी नागरिकों का सर्वश्रेष्ठ हित है।" वह आगे कहता है –"हमारे समस्त क्रियाकलाप हमारी इच्छा के परिणाम हैं किन्तु राज्य के कल्याणार्थ जो मेरी इच्छा है वह व्यक्तिगत लाभों की इच्छा से या समाज के कल्याण की इच्छा से अधिक नैतिक है, क्योंकि व्यक्तिगत लाभों या समाज के लाभों की इच्छा का ध्येय बदल सकता है। चूँकि सामान्य इच्छा समस्त नागरिकों की सर्वश्रेष्ठ इच्छाओं का योग है, अत: वह सर्वसाधारण की पूर्ण प्रभुत्व-सम्पन्न इच्छा (Sovereign Will) ही है।" आगे चलकर रूसो पुन: लिखता है "चूँकि सामान्य इच्छा मेरी ही सर्वश्रेष्ठ इच्छा है अत: मुझे इस इच्छा का पालन अवश्य ही करना चाहिये। यदि मैं किन्हीं स्वार्थोंवश उस इच्छा को पूरा नहीं करता तो समस्त समाज की सामान्य इच्छा मुझे मजबूर कर सकती है कि मैं तदनुसार आचरण करूँ। वास्तव में सामान्य इच्छा ही एक ऐसी शक्ति है जो मेरे ऊपर दबाव डाल सकती है क्योंकि वह मेरी अपनी ही इच्छा है। चाहे मैं कभी अपनी इच्छा (या सामान्य इच्छा) को न भी पहचानूँ तो भी मेरे लिए यह आवश्यक है कि मैं उक्त सामान्य इच्छा के आदर्शों का पालन करू। सामान्य इच्छा के आदर्शों का पालन करने में स्वयं अपने आदर्शों का ही पालन कर रहा हूँ और इस प्रकार सच्ची स्वतन्त्रता का उपभोग कर रहा हूँ।" इसी सम्बन्ध में रूसो पुन: बल देकर कहता है कि-"यदि कोई व्यक्ति सामान्य इच्छा की अवहेलना करेगा तो समस्त समाज उसके ऊपर दबाव डालेगा।" रूसो के मत में सामान्य इच्छा न तो बढ़ सकती है और न वह दूर की जा सकती है। संसदीय प्रशासन प्रणाली में सामान्य इच्छा का प्रतिनिधित्व सम्भव नहीं है, क्योंकि "ज्यों ही राष्ट्र अपने प्रतिनिधि नियुक्त कर देता है त्यों ही सामान्य इच्छा स्वतन्त्र नहीं रह जाती। सत्य यह है कि सामान्य इच्छा का अस्तित्व ही नहीं रहता।" रूसो का कहना है कि निर्वाचनों के समय इंग्लैण्ड स्वतन्त्र नहीं रहता और निर्वाचनों के बाद तो वह गुलाम देश हो जाता है, क्योंकि सामान्य इच्छा किसी को प्रदान नहीं की जा सकती। प्रदत्त सामान्य इच्छा का अर्थ तो मृत सामान्य इच्छा है।

प्रकट है कि रूसो के अनुसार सामान्य इच्छा व्यक्ति का ही विशिष्ट रूप नहीं है वरन् राज्य का भी है। प्रत्येक समुदाय एवं संस्थान, जिसके सदस्यों में सार्वजनिक भावना होती है, एक सामूहिक मस्तिष्क की विद्यमानता को इंगित करना है। यह सामूहिक मस्तिष्क व्यक्तियों के मस्तिष्कों के योग से उच्चतर होता है। इस प्रकार राज्य को, जो कि सबसे उच्च समुदाय है, सामूहिक मस्तिक भी एक नैतिक अस्तित्व रखता है। रूसो का विचार है कि जिस अनुपात में लोग सार्वजनिक हित को सामने रख सकेंगे और जिस अनुपात में वे अपने व्यक्तिगत हितों को भुला सकेंगे उसी अनुपात में सामान्य इच्छा पूर्ण होगी।

सामान्य इच्छा और विधि निर्माण

सामान्य इच्छा का एक महत्वपूर्ण कार्य विधि-निर्माण करना है। विधि-निर्माण अथवा व्यवस्थापन सामाजिक सुविधा द्वारा उत्पन्न राज्य का एक महत्वपूर्ण कार्य है। रूसो के ही शब्दों में- "संविदा राज्य को अस्तित्व एवं जीवन प्रदान करता है, अब व्यवस्थापन द्वारा हमें उसे गति तथा इच्छा प्रदान करनी है, क्योंकि वह मूल संविदा, जिसके द्वारा राज्य का निर्माण तथा संगठन होता है, किसी भी प्रकार यह निर्धारित नहीं करता कि राज्य को अपने प्रतिरक्षण के लिये क्या करना चाहिये।" विधि-निर्माण का कार्य सम्प्रभुताधारी का है और सम्प्रभुता सामान्य इच्छा में निहित है, अतः विधि-निर्माण एकमात्र सामान्य इच्छा का ही कार्य होना चाहिए। सामान्य इच्छा के अतिरिक्त अन्य किसी के द्वारा विधायी कार्य नहीं किया जा सकता और चूँकि विधि सामान्य इच्छा की अभिव्यक्ति है अतः प्रत्येक मनुष्य के लिए उनकी आज्ञा का पालन करना आवश्यक है। राज्य यदि एक नैतिक व्यक्ति है तो यह जरूरी है कि उसका कार्य सुचारू रूप से चलाने के लिये प्रत्येक अवयव उसकी इच्छानुसार कार्य करे। विधि अन्यायपूर्ण नहीं हो सकती क्योंकि यह उस सामान्य इच्छा का आदेश होती है जो समस्त समाज की इच्छा होती है और जिसका उद्देश्य सर्वसाधारण का वास्तविक कल्याण होता है। कोई भी अथवा सम्पूर्ण समाज स्वयं अपने प्रति अन्याय नहीं कर सकता। रूसो के अनुसार विधि के अधीन रहने पर भी हम स्वतन्त्र रह सकते है, यदि विधि स्वयं हमारी इच्छा को ही अभिव्यक्त करती हो। विधि का अस्तित्व भी तभी है जब सब लोग तदनुसार कार्य करते रहें। रूसो के विचारों में यहाँ एक विरोधाभास है। वह सामान्य इच्छा द्वारा अभिव्यक्त विधि की सर्वोच्चता का भी उतना ही समर्थक है जितना व्यक्तिगत अधिकारों का। वह स्वयं कहता है, "राज्य अपने सदस्यों पर ऐसा कोई बन्धन नहीं लगा सकता जो समाज के लिये बेकार हो।" चूँकि सामान्य इच्छा सदैव सद होती है, किन्तु उसका निर्देशन करने वाली निर्णय बुद्धिपूर्ण ज्ञानयुक्त नहीं होती अतः जनता को सद्-असद् या शुभ-अशुभ का ज्ञान कराने के लिए और दूरदर्शितापूर्ण एवं विवेक-सम्मत विधि-निर्माण करने के लिए, रूसी विधि निर्माता या विधायक (Legislator) की भी व्यवस्था करता है। इस विधायक को अद्वितीय प्रतिभा-सम्पन्न और उचित विधियों एवं संस्थाओं की व्यवस्था करने में समर्थ होना चाहिये। उसे एक ऐसा विद्वान् दार्शनिक होना चाहिए जो जन-साधारण की विभिन्न आवश्यकताओं को समझता हो और परिस्थितियों के अनुरूप विधियों की रूपरेखा बना सकता हो। यह विधि-निर्माता केवल उपरोक्त कार्य कर सकने की दृष्टि से ही मेधा-सम्पन्न होना चाहिए, विधियों को पारित करने और उन्हें कार्यान्वित करने के कार्यों से उसका कोई सम्बन्ध नहीं है क्योंकि न तो वह सम्प्रभुताधारी होता है और न ही न्याय रक्षक। उसका कार्य तो मात्र एक विशेषज्ञ परामर्शदाता का है जो जन-साधारण को यह बतलाए कि उनके लिए सर्वोत्तम क्या है और फिर उन्हें अपने परामर्श को स्वीकार करने

के लिए तैयार करे।

सामान्य इच्छा के सिद्धान्त की आलोचना

रूसो की सामान्य इच्छा राजदर्शन को एक अमूल्य देन है, तथापि इस सिद्धान्त की निम्नलिखित आकारों पर कटु आलोचना की गई है-

(1) **अस्पष्ट** - रूसो की सामान्य इच्छा का सिद्धान्त बड़ा अस्पष्ट और जटिल है।[1] यह बताना कठिन है कि यह सामान्य इच्छा कहाँ है। "रूसो ने भी सामान्य इच्छा का भौतिक रूप प्राप्त करने का कोई साधन नहीं बतलाया है। कही तो रूसो का मत है कि सबके एकमत में सामान्य इच्छा निवास करती है, किन्तु स्थलों पर वह यह भी कहता है कि सामान्य इच्छा और सभी की इच्छा (Will of All) में बड़ा अन्तर है। इसी प्रकार कही तो वह यह बतलाता है कि सामान्य इच्छा बहुमत की इच्छा है, किन्तु दूसरे स्थल पर यह भी कहता है कि ऐसा अर्थ तब ही लिया जा सकता है, जब सामान्य इच्छा की सभी विशेषताएँ बहुमत की इच्छा में पाई जाती हो। कभी-कभी रूसो का ऐसा मत भी प्रतीत होता है कि सभी नागरिकों के मतों की विभिन्नताओं को निकाल कर जो शेष सामान्य इच्छा बचती है वही वास्तविक सामान्य इच्छा है। इस प्रकार सामान्य इच्छा की परिभाषा में हमको रूसो से कही भी स्पष्ट प्रकाश नहीं मिलता।" वेपर (Wayper) कहता है कि "जब सामान्य इच्छा का पता ही हमको रूसो नहीं दे सकता तो इस सिद्धान्त के प्रतिपादन का लाभ ही क्या हुआ? यद्यपि रूसो ने हमको सामान्य इच्छा के बारे में बहुत कुछ बतलाया है फिर भी जो कुछ बतलाया गया है वह पूर्ण अपर्याप्त है। सत्य यह है कि रूसो ने हमको ऐसे अन्धकार में छोड़ दिया है जहाँ हम सामान्य इच्छा के बारे में अच्छी तरह सोच भी नहीं सकते।" रूसो के बचाव में हम यही कह सकते हैं कि वह पूर्णतः दोषी नहीं है। प्रथम तो यह विषय ही बड़ी बारीकी लिए हुए है और दूसरे रूसो इस कठिन कार्य-क्षेत्र में प्रारम्भिक विचारक था। 'सामान्य इच्छा' कितनी भी वास्तविक क्यों न हो, वह साकार नहीं हो सकती और उसका यह निराकार स्वरूप ही उसके विश्लेषण को बड़ा कठिन बना देता है।

(2) **सार्वजनिक हित को जानना कठिन** - सामान्य इच्छा जिस सार्वजनिक हित पर आधारित है उसे जानना कठिन है। सार्वजनिक हित की व्याख्या शासकगण अपनी इच्छानुसार करते हैं। एक अत्याचारी शासक सार्वजनिक हित की दुहाई देकर अपने किन्हीं कार्यों को उचित ठहरा सकता है। तब यह कैसे कहा जा सकता है कि अमुक कार्य का परिणाम सार्वजनिक हित ही होगा, क्योंकि प्रत्येक कार्य का परिणाम कार्य के पूर्ण होने पर ही ज्ञात होता है। केवल परिणाम द्वारा ही यह निश्चय किया जाता है कि अमुक कार्य उचित है या अनुचित।

(3) इच्छा का विभाजन सम्भव नहीं – मानवीय इच्छा को यथार्थ इच्छा और आदर्श इच्छा में बाँटना सम्भव नहीं है। यह तो मानवीय इच्छा का कृत्रिम विभाजन है। मानवीय इच्छा ऐसी जटिल, पूर्ण, अविभाज्य समष्टि है कि उसके बीच विभाजन की दीवार नहीं खींची जा सकती और यदि ऐसे विभाजन की कल्पना कर भी ली जाए तो यह निर्णय करना असम्भव-सा होगा कि कौनसी इच्छा यथार्थ है और कौनसी आदर्श।

(4) भयावह – 'सामान्य इच्छा' का सिद्धान्त एक ओर तो राज्य की निरंकुशता की स्थापना करता है और दूसरी ओर क्रान्ति के औचित्य को सिद्ध करता है। रूसो के सिद्धान्त में व्यक्ति अपने समस्त अधिकार 'सामान्य इच्छा' को समर्पित कर देता है जो सर्वोच्च शक्ति के रूप में शासन करती हैं। रूसो व्यक्ति के लिए किसी की व्यवस्था नहीं करता। यद्यपि उसका उद्देश्य वैयक्तिक स्वतन्त्रता को सुरक्षित रखना है तथापि वह बहुमतसे सहमत न होने वाले व्यक्ति को बहुमत के आगे झुकने के लिए विवश कर देता है। बहुमत से असहमत होने वाले व्यक्तियों के लिए बचाव के सभी मार्ग बन्द हैं। कोल (Cole) के शब्दों में, "हमें बताया जाता है कि 'सामान्य इच्छा' में जिस स्वतन्त्रता की अनुभूति होती है वह सम्पूर्ण राज्य की स्वतन्त्रता होती है, परन्तु राज्य अपने घटकों को व्यक्तिगत स्वतन्त्रता प्राप्त कराने के लिये कायम है। एक स्वतन्त्र राज्य अत्याचारी हो सकता है, इसके विपरीत एक निरंकुश शासक अपनी प्रजा को प्रत्येक स्वतन्त्रता प्रदान करता है। इस बात की क्या गारण्टी है कि राज्य स्वयं अपने को स्वतन्त्र बनाने में अपने घटकों (Members) को दास नहीं बना डालेगा।[1] रूसो ने व्यक्तिक हित को सार्वजनिक हित से सर्वथा भिन्न समझते हुए राज्य को इसका करने वाले तत्वों से अधिक ऊँची, पवित्र और पूजनीय सत्ता बना दिया है जिसके लिये व्यक्तियों को अपने हितों का बलिदान करने के लिए प्रस्तुत रहना चाहिए। इससे सरकार के हाथ में असाधारण सत्ता और शक्ति आ जाती है। पुनश्च, रूसो ने स्वयमेव लिखा है कि, "जनता सदैव अपना हित चाहती है, किन्तु वह सदैव इसे नहीं देख सकती।" अत: जनता को उसका हित बतलाने वाले नेता और पथ-प्रदर्शक सम्पूर्ण सत्ता हथियाकर निरंकुश शासक बन सकते हैं। स्पार्टा में लाइक्रगस एवं एथेन्स में सोलन और आधुनिक जर्मनी तथा इटली में हिटलर और मुसोलिनी इसी प्रकार के नेता थे। जोन्स का कहना है कि "सामान्य इच्छा की धारणा के प्रयोग में मुख्य भय यह है कि राज्य में तानाशाही की प्रवृत्ति का उदय हो जाता है।"[2]

रूसो के विरुद्ध ये सभी आपत्तियाँ उठाना इस दृष्टि से उचित नहीं है कि वह एक ऐसा चारक था जिसे वैयक्तिक स्वतन्त्रता से गहरा प्रेम था। 'The Emile' के कुछ अंश निर्विवाद रूप से रूसो के वैयक्तिक मूल्य में दृढ़ विश्वास को स्थापित करते हैं। उदाहरणार्थ एक जगह वह लिखता है कि "व्यक्ति इतना महान है कि उसे दूसरों का काम करने के लिए एक यन्त्र-मात्र नहीं बनाया जा सकता।" तथा एक दूसरे स्थान पर वह घोषित करता

है कि "छात्र को शिक्षा राज्य के हित के लिए नहीं, उसके स्वयं के हित के लिए दी जानी चाहिए और उसे सदैव यह सिखाना चाहिए कि वह अपने आपको हमेशा साध्य (End) समझे, एक साधन (Means) कभी नहीं।" राज्य को साध्य मानने वाले सिद्धान्त खण्डन करते हुए उसने यह विश्वास अभिव्यक्ति किया है कि वैयक्तिक सुरक्षा के बिना जन-सुरक्षा सार्थक है। स्पष्ट है कि इन उद्धरणों के प्रकाश में रूसों पर निरंकुशवाद एवं सर्वाधिकारवाद को प्रोत्साहन देने का आरोप लगाना न्यायसंगत नहीं है। रूसो पर प्रायः यह आरोप भी लगाया जाता है कि वह एक ऐसे व्यक्तिवाद को प्रोत्साहित करने वाला है जिसकी परिणति अराजकता हो सकती है। ये दोनों आरोप स्वयं ही एक-दूसरे को काटने वाले हैं। तब फिर वस्तु-स्थिति क्या है-इसका उत्तर हमें राइट (Wright) के इन शब्दों में मिलता है-

"यह पुस्तक न तो व्यक्तिवादी के लिए है और न निरंकुशवादी के लिए। राज्य और व्यक्ति के मध्य उस संघर्ष में जो अरस्तू से लेकर आज तक राजदर्शन के सामने एक संकटपूर्ण समस्या के रूप में उपस्थित रहा है, यह ग्रन्थ शान्ति का प्रस्ताव प्रस्तुत करता है।""प्रगति के लिए व्यक्ति को स्वतन्त्रता मिलनी चाहिए किन्तु राज्य को, जो प्रगति का पोषण करता है, अपना कार्य करने के लिए शक्ति भी रखनी चाहिए। स्वन्त्रता सुरक्षित होनी चाहिए, क्योंकि संदिग्ध स्वतन्त्रता कोई स्वतन्त्रता नहीं होती, किन्तु साथ ही शक्ति को भी सर्वोच्च होना चाहिए क्योंकि सशर्त शक्ति निरर्थक है अतः दोनों को पूर्ण रहना चाहिए, उनमें कोई संघर्ष नहीं होना चाहिए और हमारा लेखक उन दोनों का एक ऐसे कानून में सागंजस्य करना चाहता है जिसमें न तो सर्वोच्चता का अभाव हो और जो न ही स्वतन्त्रता को सीमित करता हो। जिस तर्क के द्वारा वह ऐसे कानून पर पहुँचता है उसकी यह कहकर आलोचना की जा सकती है कि वह एक थोथी कल्पना है, एक निरादर्श है अथवा वह कदाचित् आध्यात्मिक है, किन्तु उसे न तो व्यक्तिवादी ही कहा जा सकता है और न निरंकुशवादी ही।"[1]

यह भी स्मरणीय है कि रूसो व्यक्ति की अपनी शक्तियाँ सामान्य इच्छा के सामने समर्पित करने का आग्रह इसलिए करता है कि यह आंशिक (Partial) समर्पण वास्तव में कोई समर्पण नहीं है। अपने शरीर और अपनी शक्तियों को सामान्य उद्देश्य के लिए समर्पित करके हम दरअसल राज्य को ऐस राज्य की जो हमारे अधिकारों को सर्वाधिक सुरक्षित रख सकने में समर्थ होता है - शक्तिमान बनाते हैं। अपनी स्वतन्त्रता और अपनी शक्तियों की रक्षा के लिए किसी सामान्य शक्ति को जन्म देना अनुचित नहीं कहा जा सकता। जब हम रूसो पर यह आरोप लगाते हैं कि उसने इस बात का कोई मार्ग या रक्षण प्रस्तुत नहीं किया कि स्वतन्त्र राज्य निरंकुश नहीं बनेगा तो हम यह भूल जाते हैं कि उसने यथार्थ और आदर्श इच्छा में विभेद किया है और यह विभेद उसकी इस मूल

भावना का द्योतक है कि वह अधिनायकवादी और सर्वाधिकारवादी प्रवृत्ति का विरोधी है। रूसो यह स्पष्ट बतलाता कि "सामान्य इच्छा से निर्दिष्ट होने वाले एक रा ग्य के हित व्यक्ति के ही हित होते हैं बशर्त कि व्यक्ति अपनी सच्ची इच्छा द्वारा प्रेरित हो, अर्थात् विश्व-हित को ध्यान में रखते हुए विवेकपूर्वक और स्वतन्त्रतापूर्वक कार्य करे।" फिर भी, रूसो की मूल भावना का सम्मान करते हुए भी, यह अस्वीकार नहीं किया जा सकता कि सामान्य इच्छा के सिद्धान्त की आड़ में बहुमत ने अल्पमत का दमन किया है। बहुमत प्राय: यह भूल जाता है कि सामान्य इच्छा का आधार न्याय और नैतिकता है। अत: यही कहना होगा कि रूसो का सिद्धान्त एक हवाई उड़ान है। यह एक ऐसी धारणा है जो तथ्यों की पहुँच से परे और परिणामों की चिन्ता से मुक्त रहकर ऊपर शून्य में उड़ान भरती है।

(5) सामान्य इच्छा का सिद्धान्त छोटे राज्यों में भले ही सफल हो सके, पर आधुनिक विशाल और विविध हितों से परिपूर्ण जनसंख्या वाले राज्यों में सफल नहीं हो सकता। आधुनिक राज्यों में सामान्य हित का निर्धारण करना लगभग असम्भव ही है।

(6) रूसो सामान्य इच्छा के निर्धारण के लिए राजनीतिक दलों की सत्ता और प्रतिनिधि मूलक शासन-व्यवस्था का विरोध करता है जबकि इनका होना आधुनिक प्रजातान्त्रिक राज्यों की सफलता के लिए अनिवार्य है।

(7) "रूसो की सामान्य इच्छा न तो सामान्य है और न इच्छा ही वरन् निराधार एवं अमूर्त चिन्तन है।"

वस्तुत: रूसो की सामान्य इच्छा के सिद्धान्त की गम्भीरतम आलोचना यही लगती है कि न तो "यह सामान्य है और न इच्छा ही (In so far as it is General, it is not Will, and so far as it is not General)।" इस आपत्ति का अर्थ यह है कि इच्छा सामान्य होने पर इच्छा ही नहीं रहती। दूसरे शब्दों में इच्छा किसी व्यक्ति विशेष की हो सकती है। व्यक्ति अपनी जन्मजात शारीरिक, मानसिक और आध्यात्मिक प्रवृत्तियों को सन्तुष्ट करने के लिए तथा अपनी जीवन की आवश्यकताओं को पूरा करने के लिए कुछ कामना करता है और कुछ चीजें चाहता है और यही वास्तव में उसकी इच्छा है। इस प्रकार की इच्छा अलग-अलग व्यक्तियों में निवास करती है क्योंकि अलग-अलग व्यक्तियों का अपना-अपना जीवन होता है। वास्तव में सामान्य जीवन जैसी कोई चीज नहीं है और जब सामान्य जीवन ही नहीं है तो सामान्य इच्छा कैसे हो सकती है। हो सकता है कि एक व्यक्ति अपने कल्याण की इच्छा करे और अपने ही सरीखे दूसरे लोगों के कल्याण की इच्छा करे किन्तु इन दोनों ही सूरत में इच्छा विशिष्ट होगी, सामान्य नहीं।

रूसो की कुछ ऐसी कल्पना है कि विभिन्न व्यक्तियों के मिलने से जो समाज बनता है वह एक पुरुष के समान होता है और उस समाज-पुरुष का कल्याण ही समाज

कल्याण है तथा उस समाज कल्याण की इच्छा ही सामान्य इच्छा है। किन्तु समाज-पुरुष की यह कल्पना ही निराधार है। विशिष्ट व्यक्तियों के अलग जीवन का कोई केन्द्र नहीं होता। सुख-दुख का अनुभव विशिष्ट व्यक्ति को ही होता है किन्तु यदि एक क्षण के लिए यह मान भी लिया जाए कि समाज-पुरुष होता है और उसकी इच्छा भी होती है जिसे हम सामान्य इच्छा कहते है तो सही अर्थ में हम उसे इच्छा नहीं कहेंगे क्योंकि इच्छा के साथ तो राग-द्वेष लगा रहता है। इच्छा की उत्पत्ति ही तब होती है जबकि अपने और पराए का भेद नष्ट हो जाए। अतः रूसो की सामान्य इच्छा के सिद्धान्त की यह आलोचना ठीक ही प्रतीत होती है कि न तो यह सामान्य है और न यह इच्छा ही है। रूसो के राजदर्शन में इतना विभ्रम मुख्यतः इसलिए कि वह शक्ति अथवा रक्त-सम्बन्ध की अपेक्षा सदस्यों की स्वतन्त्र अनुमति, राजनीतिक संगठन का सच्चा आधार मानता था। राज्य की उत्पत्ति में समझौता-सिद्धान्त की परम्परागत कल्पना करते हुए भी उसने साम्राज्य इच्छा के सिद्धान्त को महत्त्व दिया। उसने इन दोनों में समन्वय का असफल प्रयत्न किया। दो विरोधी धारणाओं को मिलाने के प्रयास में उसके वर्णन में भ्रान्तियाँ और असंगतियाँ घर कर गई।

सामान्य इच्छा के सिद्धान्त का महत्त्व

रूसो की सामान्य इच्छा के सिद्धान्त की जो भी आलोचनाएँ की जाएँ हम इसके महत्त्व से इन्कार नहीं कर सकते। निम्नलिखित तथ्य इसकी पुष्टि करते हैं-

(1) रूसो की सामान्य इच्छा ने आदर्शवादी विचारधारा की नींव डाली जिसे आधार मानकर टी.एच.ग्रीन ने राज्य का मुख्य आधार बल न मानकर इच्छा को माना (Will not force is the basis of State)। उसने इसी सिद्धान्त की सहायता से यह प्रमाणित करने का प्रयास किया कि जनतन्त्र बहुमत की शक्ति का परिणाम नहीं है वरन् सक्रिय निःस्वार्थ इच्छा का फल है।

(2) रूसो की सामान्य इच्छा राजनीतिक कार्यों में पथ-प्रदर्शन का कार्य करती है। रूसो के अनुसार सामान्य इच्छा का प्रमुख कार्य विधि-निर्माण और शासन तन्त्र की नियुक्ति और उसे भंग करना है।

(3) अपने सिद्धान्त के द्वारा रूसो ने व्यक्तिगत स्वार्थ की अपेक्षा सामान्य हित को उभारा है और बतलाया है कि सामान्य उद्देश्य की सामान्य चेतना ही समाज को स्वस्थ और परिष्कृत बनाती है।

(4) रूसो नें एक ऐसे राज्य की स्थापना की जिसमें नागरिक नैतिक स्वतन्त्रता प्राप्त कर सके। रूसो के अनुसार व्यक्ति के अधिकार-स्वतन्त्रता एवं नैतिकता, सामान्य इच्छा के द्वारा प्राप्त हो सकते है। रूसो के इस सिद्धान्त ने आगे चलकर कल्याणकारी

राज्य-सिद्धान्त के विकास में बड़ा योग दिया। सामान्य इच्छा के सिद्धान्त ने इस विचार का पोषण किया कि राज्य एक नैतिक संगठन है जो मानव की असामाजिक एवं स्वार्थी प्रवृत्तियों का परिष्कार करते हुए सामूहिक कल्याण पर ध्यान देता है।

(5) सामान्य इच्छा का सिद्धान्त समाज एवं व्यक्ति में शरीर तथा उसके अंगों का सम्बन्ध स्थापित करके मानव के सामाजिक स्वरूप को दृढ़ करता है।

(6) रूसो की सामान्य इच्छा स्पष्ट करती है कि राज्य एक प्राकृतिक संस्था है और हम इसका पालन इसलिए करते है क्योंकि सामान्य इच्छा हमारी आन्तरिक इच्छा का प्रतिनिधित्व-मात्र है।

सामान्य इच्छा का निर्माण

रूसो के अनुसार सामान्य इच्छा के निर्माण की प्रक्रिया 'Will of All' (सर्वसाधारण की इच्छा) से प्रारम्भ होती है। व्यक्ति समस्याओं को प्रथम स्वयं के दृष्टिकोण से देखते हैं जिसमें उनकी यथार्थ एवं आदर्श दोनों इच्छाएँ शामिल रहती हैं, किन्तु राजनीतिक चेतना वाला व्यक्ति अपने विवेक के प्रकाश में इन इच्छाओं का अशुद्ध और अनैतिक भाग समाप्त कर देता है और तब केवल आदर्श इच्छा ही बची रहती है। इच्छाओं का ऐसा शुद्ध समन्वय ही सामान्य इच्छा बन जाती है। उदाहरणार्थ अ, ब, स, द व्यक्तियों की इच्छाएँ क्रमशः $अ_1$ $अ_2$ $ब_1$ $ब_2$ $स_1$ $स_2$ $द_1$ $द_2$ हैं। इनमें $अ_1 + ब_1 + स_1 + द_1$ भावना प्रधान यथार्थ इच्छाएँ है, परन्तु ये आपस में मिलकर नष्ट हो जाती है और शेष $अ_2 + ब_2 + स_2 + द_2$ रह जाती है जो सामान्य इच्छा है। मनुष्य में इसकी सर्वोच्च अभिव्यक्ति निहित है। सामान्य इच्छा के निर्णय आदर्श होते हैं जिनका पालन सभी व्यक्ति करते हैं। सार्वभौमिकता का प्रतिनिधित्व सामान्य इच्छा ही करती है। जब सार्वभौमिकता लोककल्याण के हित में कार्य करती है तो सामान्य इच्छा का पालन होता है। जब तक विधियाँ लोक-मंगल का ध्यान रखती हैं साधारण इच्छा का पालन होता है। इस समय वे भी साधारण इच्छा का अभिव्यक्तिकरण होती हैं तथा स्वशासन को प्रोत्साहित करती है।

सामान्य इच्छा और जनमत एवं समस्त की इच्छा में अन्तर

सामान्य इच्छा में सामान्य हित पर बल दिया जाता है जबकि जनमत में संख्या बल पर। सामान्य इच्छा के पीछे जनता का कितना भाग है - इस पर महत्व नहीं दिया जाता। सामान्य इच्छा एक व्यक्ति या थोड़े व्यक्तियों की इच्छा भी हो सकती है, किन्तु जनमत का आधार यह है कि किस विषय पर जनत को कितना समर्थन प्राप्त है। इसके अतिरिक्त सामान्य इच्छज्ञ में बल दिए जाने वाले सामान्य हित में अल्पसंख्यक एवं बहुसंख्यक दोनों ही वर्गों के हित शामिल होते हैं जबकि अल्पसंख्यक वर्ग का अहित भी हो सकता है और बहुसंख्यक वर्ग की स्वार्थसिद्धि भी।

'सामान्य इच्छा' तथा 'समस्त की इच्छा (Will of All)' में भी अन्तर है। सामान्य इच्छा का अर्थ समाज के समस्त सदस्यों की इच्छाओं का कुल योग नहीं होता। रूसो के अनुसार सामान्य इच्छा केवल सामान्य हितों का विचार करती है, समस्त अथवा सबकी इच्छा वैयक्तिक हितों का विचार करती है और विशेष इच्छाओं का योग मात्र है। सामान्य इच्छा एक ऐसी एकता है जैसी 'समस्त की इच्छा' कभी नहीं हो सकती। सामान्य इच्छा एक और 'सम्पूर्ण' के रूप में (व्यक्तियों के एक समूह मात्र के रूप में नहीं) समाज की इच्छा को अभिव्यक्त करती है, यह सदस्यों की परस्पर विरोधी इच्छाओं के बीच समझौता नहीं है बल्कि यह एक एकल तथा एकात्मक इच्छा है। हॉब्स का यह कथन कि 'लेवियानाथा' की सर्वोच्च इच्छा सबकी इच्छाओं से कही अधिक है और वह एक ही व्यक्ति में उन सबका एकीकृत हो जाना है, रूसो की सामान्य इच्छा पर भी लागू होता है। सामान्य इच्छा एकात्मक है क्योंकि इसे अभिव्यक्त करने वाला सम्प्रभुताधारी निकाय एक नैतिक तथा सामूहिक निकाय होता है, जिसका अपना जीवन; अपनी इच्छा तथा अपना उद्देश्य होता है। सामान्य इच्छा एक व्यक्ति की इच्छा भी हो सकती है और अनेक व्यक्तियों की भी। यह केवल आदर्श इच्छा का सार है और सदैव सामान्य हित की ओर ही संकेत करती है। सामान्य इच्छा समस्त इच्छाओं के स्वार्थपूर्ण उद्देश्य के निराकरण मात्र से नहीं बनती, किन्तु समाज के उच्चतम विचार की अभिव्यक्ति होती है और यह आवश्यक नहीं है कि समाज की बहुसंख्या द्वारा यह निर्धारित हो। सामान्य इच्छा में भावना की प्रधानता है जबकि सर्वसम्मति अथवा समस्त की इच्छा में सम्मति देने वाले व्यक्तियों की संख्या का महत्त्व है। इसमें आदर्श इच्छा की प्रधानता होने पर जनहित में वृद्धि होगी और यथार्थ इच्छा की प्रधानता होने पर केवल वर्ग विशेष की स्वार्थ-सिद्धि होगी, लेकिन सामान्य इच्छा में अहित की कोई गुँजाइश ही नहीं है। वह तो सदा श्रेष्ठ और शुभ है। वह एक राजनीतिक जीव रूपी सम्पूर्ण समाज की इच्छा है, एक ऐसी सामूहिक इच्छा है जो केवल एक सामान्य जीवन वाले निकाय की हो सकती है। हाथ गिन कर इसका पता नहीं लगाया जा सकता। यह सबके लिये सामान्य है और इसके निर्माण में समाज के प्रत्येक सदस्य का योगदान होता है। भ्रष्ट व्यक्तियों के सामान्य हित की कामना रखते हुए भी उस कार्य में वास्तविक रूप से सामान्य हित न होने के कारण उनकी इच्छा सामान्य इच्छा नहीं कही जाएगी। यह समस्त की इच्छा होगी। यदि अमेरिका में सभी श्वेत व्यक्ति नीग्रो लोगों के साथ अपमानपूर्ण व्यवहार करें तो यह समस्त की इच्छा (Will of All) हो सकती है, सामान्य इच्छा (General Will) नहीं। रूसो का मत है कि मनुष्य यदि बहकाया न जाए और उसकी विचार-स्वतन्त्रता में हस्तक्षेप न हो तो वह सदा ही अपने व्यक्तिगत हितो को सामाजिक हितों के साथ अभिन्न रूप से सम्बद्ध कर देगा। इस दशा में समस्त की इच्छा और सामान्य इच्छा एक ही होगी।

1. एकता - सामान्य इच्छा सदैव व्यक्तिसंगत होती है, अतः उसमें कभी परस्पर विरोध नहीं हो सकता। विवेकयुक्त एवं बुद्धिजन्य होने के कारण यह आत्म-विरोधी नहीं होती। इस इच्छा का अभिप्राय ही यह है कि विभिन्नता में एकता स्थापित हो जाए। रूसो के स्वयं के शब्दों में - 'यह राष्ट्रीय चरित्र की एकता को उत्पन्न और स्थिर करती है और उन समान गुणों में प्रकाशित होती है जिनके किसी राज्य के नागरिकों में होने की आशा की जाती है।'

2. स्थायित्व - सामान्य इच्छा स्थायी एवं शाश्वत है। यह इच्छा भावनाओं की उत्तेजना में तथा वक्ताओं के भाषण में नहीं पाई जाती और इसीलिए क्षणिक अथवा अल्पकालीन नहीं होती। यह लोगों के स्वभाव और चरित्र का एक अंश बन जाती है। ज्ञान और विवेक पर आधारित होने के कारण इसमें स्थिरता होती है। रूसो के शब्दों में -"इसका कभी अन्त नहीं होता, यह कभी भ्रष्ट नहीं होती, यह अनित्य, अपरिवर्तनशील तथा पवित्र होती है।"

3. औचित्य - सामान्य इच्छा सदैव शुभ, उचित तथा कल्याणकारी होती है और सदैव जन-हित को लेकर चलती है। यह अच्छा सबकी श्रेष्ठ इच्छा है क्योंकि यह सबकी आदर्श इच्छाओं का योग है। यह हो सकता है कि जनता के निर्णय सदा उचित न हो क्योंकि मनुष्य सदैव अपना हित सोचता है, पर वह यह नहीं जानता कि उसका हित वास्तव में क्या है? यद्यपि जनता भ्रष्ट नहीं होती, पर उसके निर्णय भ्रमपूर्ण हो जाते हैं और उसकी इच्छा गलत हो जाती है पर सामान्य इच्छा कभी गलत नहीं हो सकती। सामान्य इच्छा के होते हुए प्रथम तो कोई दोषपूर्ण निर्णय हो ही नहीं सकता और यदि ऐसा हो भी जाए तो दोष सामान्य इच्छा का नहीं वरन् उसके संचालन करने वालों का है।

4. सम्प्रभुताधारी- सामान्य इच्छा सम्प्रभुताधारी है। सम्प्रभुता के समान ही यह अविभाज्य, अदेव है। यह छोटे-छोटे समूहों में विभक्त नहीं हो सकती जैसा कि आधुनिक बहुलवादी (Pluralists)उसे करना चाहते हैं। इसे सरकार के विभिन्न अंगों-कार्यपालिका, न्यायपालिका आदि में भी विभक्त नहीं किया जा सकता। इसके विभाजन का अर्थ इसे नष्ट करना है। सामान्य इच्छा का प्रतिनिधित्व भी इसके अतिरिक्त और कोई नहीं कर सकता। सम्प्रभुता के समान ही सामान्य इच्छा भी निरपेक्ष है। रूसो के अनुसार सम्प्रभुता का प्रमुख गुण ब्राह्य शक्ति का प्रयोग नहीं बल्कि निष्काम भावना है और सामान्य इच्छा द्वारा प्रेरित कार्य सदैव निष्काम होते हैं। यह निष्काम दो प्रकार से होती है -प्रथम, इसका ध्येय सदैव सामान्य हित में होता है और द्वितीय, यह सामान्य हित की बातों में जन-सेवा भाव से प्रेरित होती है।

5. रचना में भी सामान्य- सामान्य इच्छा उद्देश्य की दृष्टि से ही नहीं बल्कि रचना में भी सामान्य होती है। अभिप्राय यह हुआ कि इसे समाज के प्रत्येक सदस्य की

इच्छा को ध्यान में रखना चाहिये। साथ ही इसका पालन करने के लिये व्यक्तियों को बाधित किया जाना चाहिये।

6. सामान्य इच्छा को राज्य का अधिकार मान लेने पर यह स्पष्ट हो जाता है कि राज्य शक्ति से नहीं, अपितु की सहमति से संचालित होता है।

सामान्य इच्छा (General Will)-रूसो की मान्यता है कि सब नागरिकों की वह इच्छा,जिसका उद्देश्य सामान्य हित हो, सामान्य इच्छा कहलाती है। दूसरे शब्दों में, नागरिकों की आदर्श इच्छाओं की समष्टि ही सामान्य इच्छा होती है क्योंकि उनकी आदर्श इच्छा का उद्देश्य भी ऐसा व्यक्तिगत हित होता है, जिससे सामान्य हित आश्यक रूप से जुड़ा रहता है तथा यही कारण है कि उस इच्छा को सामान्य इच्छा कहा जाता है। रूसो की विचारधारा के एक प्रमुख व्याख्याकार बोसान्के ने इस सम्बन्ध में ऐसा ही विचार व्यक्त किया है तथा कहा है कि "सामान्य इच्छा सम्पूर्ण समाज की सामूहिक अथवा सभी व्यक्तियों की ऐसी इच्छाओं का समूह होता है ,जिनका लक्ष्य सामान्य हित हो।"इस प्रकार किसी इच्छा को सामान्य इच्छा होने के लिए यह आवश्यक है कि वह सामान्य व्यक्ति की इच्छा हो ओर उसका आधार सामान्य हित हो। हित को सार्वजनिकता इन दोनों बातों में से अधिक महत्त्वपूर्ण है, तथा यही कारण है कि रूसो ने स्वयं यह कहा है कि "इच्छा का सामान्यीकरण उसमें भाग लेने वाले मनुष्यों की संख्या से कम तथा उन्हें एक करने वाले सामान्य हित से अधिक होता है।"

सामान्य इच्छा का निर्माण (Formation of general will)

सामान्य इच्छा के निर्माण के विषय में रूसो का मत है कि सबकी इच्छा से चलकर सामान्य इच्छा पर पहुंच जाता है। रूसो के अनुसार जब कभी जनता के सामने कोई प्रश्न उठता है, जनता के लोग उस पर अपने-अपने व्यक्तिगत दृष्टिकोण से विचार करते हैं। यदि समाज सभ्य व सुसस्कृत होता है और लोगों में सामाजिकता व नागरिकता की भावना होती है, तो विचारों के आदान-प्रदान की प्रकिया में व्यक्तियों की स्वार्थमयी इच्छाएं एक-दूसरे को नष्ट कर देती हैं और सामान्य इच्छा उभर आती है, क्योंकि विचारों के आदान-प्रदान व वाद-विवाद द्वारा लोगों की व्यक्तिगत इच्छाओं का परिष्कार हो जाता है, तथा इस सबके परिणामस्वरूप उनकी इच्छा का सर्वोत्तम रूप प्रकट होता है, जो सामान्य इच्छा होती है।

सामान्य इच्छा की विशेषताएँ (Main features of general will)

सामान्य इच्छा के रूप को अच्छी तरह से समझने के लिए उसकी विशेषताओं को समझना आवश्यक है, जो निम्न प्रकार हैं :

1. अखण्डता-सामान्य इच्छा की अखण्डता का अर्थ यह है कि सामान्य इच्छा एक होती है और उसके कोई खण्ड नहीं हो सकते। जैसा रूसो ने कहा है, ''वह राष्ट्रीय चरित्र की एकता का सृजन करती व उसके दृढ़ बनाती है और उन सामान्य गुणों को प्रकाशित करती है, जिनके किसी राज्य के नागरिकों में होने की आशा की जाती है।''

2. स्थायित्व-सामान्य इच्छा के स्थायित्व का अर्थ यह है कि सामान्य इच्छा किन्हीं आवेशों, आवेगों या सन का परिणाम नहीं होती, वरन् वह सुनिश्चित विचारों का परिणाम होती है।

3. सर्वोच्चता व निरंकुशता-सामान्य इच्छा की एक अन्य विशेषता इसका सर्वोच्च व निरंकुश होना है। इससे ऊपर समाज की कोई अन्य शक्ति नहीं हो सकती। इस पर दैवी, प्राकृतिक अथवा परम्परागत किन्हीं नियमों का कोई प्रतिबन्ध नहीं होता। उसका पालन सभी के द्वारा किया जाना अनिवार्य होता है।

4. अदेयता या अपृथक्करणीयत्व-रूसो के अनुसार सामान्य इच्छा की एक अन्य विशेषता उसका अदेय (inalienable) होना है। उसे किसी को हस्तान्तरित नहीं किया जा सकता। इसी आधार पर रूसो का मत है कि सामान्य व्यक्तियों द्वारा स्वयं ही व्यक्त की जा सकती है, उसे व्यक्तियों के कोई प्रतिनिधि व्यक्त नहीं कर सकते। रूसो इस प्रकार प्रत्यक्ष लोकतन्त्र का समर्थन करता है,जिसमें व्यक्ति स्वयंमेव अपनी इच्छा व्यक्त करते हैं। उसके अनुसार किन्हीं प्रतिनिधियों के माध्यम से उसके व्यक्त किये जाने की व्यवस्था का अर्थ व्यक्तियों के अधिकारों का हनन व लोकतन्त्र की हत्या होता है।

5. अविच्छेद्यता-सामान्य इच्छा की एक अन्य विशेता उसका अविच्छेद्य अथवा अविभाजनीय होता है। रूसो के मतानुसार सामान्य इच्छा एक होती है, और उसका विभाजन नहीं किया जा सकता।

6. लोक कल्याणकारिता-रूसो के मतानुसार सामान्य इच्छा की एक अत्यन्त महत्वपूर्ण विशेषता उसका लोक-कल्याणकारी होना है। सामान्य इच्छा के उद्देश्य समाज के किसी अंग का कल्याण न होकर सम्पूर्ण समाज का कल्याण होता है, क्योंकि सामान्य इच्छा व्यक्तियों के आदर्श इच्छाओं पर आधारित होती हैं और उनकी ये आदर्श इच्छाएँ जन-कल्याण की भावना से प्रेरित होती हैं। रूसो का एक कथन है कि ''इच्छा का सामान्यीकरण उसमें भाग लेने वाले मनुष्यों की संख्या से कम तथा उन्हें एक करने वाले सामान्य हित से अधिक होता है।'' दूसरे शब्दों में, सामान्य इच्छा की अभिव्यक्ति में संख्या का कोई मूल्य नहीं होता है किसी एक या कुछ व्यक्तियों की इच्छा भी हो सकती है। बहुमत कभी-कभी आवेश से प्रेरित हो सकता है, वह बहुसंख्या के स्वार्थ से भी प्रेरित हो सकता है तथा उसका परिणाम सम्पूर्ण संख्या के किसी भाग का अहित भी हो

सकता है। उदाहरणार्थ, किसी समाज का एक बहुसंख्यक वर्ग को अपने अनुचित निर्णयों को अल्पसंख्यक वर्ग पर थोपने का प्रयत्न करे, तो उनके इस कार्य का समाज की सामान्य इच्छा का प्रतीक नहीं माना जा सकता।

सामान्य इच्छा और सर्वसम्मति (General will and unanimity)

सामान्य इच्छा सर्वसम्मति से किस प्रकार भिन्न है, इस प्रसंग में रूसो ने कहा है कि "सामान्य इच्छा व सर्वसम्मित में प्राय: अन्तर होता है। प्रथम का लक्ष्य सार्वजनिक हित होता है, जबकि द्वितीय का लक्ष्य व्यक्तिगत लोगों का हित होता है।" इसके अतिरिक्त सर्वसम्मति समाज के सब व्यक्तियों की इच्छा होती है, जबकि सामान्य इच्छा एक व्यक्ति, कुछ व्यक्तियों या सब व्यक्तियों द्वारा व्यक्त इच्छा भी हो सकती है। सर्वसम्मति किन्हीं परिस्थितियों में कुछ व्यक्तियों के हितों से सम्बन्धित हो सकती है, पर सामान्य इच्छा अनिवार्यत: समस्त समाज के कल्याण से ही समबन्धित होती है।

सामान्य इच्छा व जनमत (General will and Public opinion)

सामान्य इच्छा व जनमत को भी नहीं समझा जाना चाहिए। जनमत का रूप कभी-कभी ऐसो भी हो सकता है, जिसका सम्बन्ध समाज के स्थायी हित से न हो, पर सामान्य इच्छा सदा समाज के स्थायी हित का ही प्रतिनिधित्व करती है। जनमत को समाचार पत्र, रेडियो व अन्य प्रकार के साधनों द्वारा भ्रष्ट भी किया जा सकताहै, पर सामान्य इच्छा कभी विकृत नहीं होती और वह विशुद्ध सामाजिक हित से सम्बद्ध रहती है।

सामान्य इच्छा

(General Will)

राजनीतिक चिन्तन में रूसो के महत्त्व उसकी सामान्य इच्छा सम्बन्धी अवधारणा के कारण है। अर्थ एवं व्याख्या सामान्य इच्छा का सिद्धान्त रूसो के राजनीतिक चिन्तन का मूल आधार है। इसके आधार पर "रूसो स्वतन्त्रता और सत्ता, हित और कर्त्तव्य वैयक्तिकता और सार्वभौमिकता जैसे प्रश्नों के समाधान "[1] प्रस्तुत करने का प्रयास करता है। रूसो ने सोशल कॉन्ट्रेक्ट की पुस्तक दो में सामान्य इच्छा के सिद्धान्त की व्याख्या की है। रूसो ने राजनीतिक अर्थव्यवस्था के निबन्ध में भी सामान्य इच्छा पर अपने विचार व्यक्त किये हैं। इस निबन्ध में रूसो ने राजनीतिक समाज को एक सावयव की भाँति स्वीकार किया है। जैसा कि सेबाइन ने लिखा है कि "सामान्य इच्छा का सामूहिक हित होता है, जो उसके सदस्यों के निजी हितों के समान नहीं होता। कुछ अर्थों में उसका स्वयं का जीवन होता है, वह स्वयं के भाग्य की पूर्ति करती है और स्वयं सहन करती है।"

रूसो की धारणा है कि व्यक्ति दो प्रकार की इच्छाएँ होती है - (i) यथार्थ इच्छा (Actual Will) और आदर्श इच्छा (Real Will) यथार्थ इच्छा वह इच्छा है, जब व्यक्ति किसी विषय पर व्यक्तिगत हित की भावना से सोचते या कार्य करते हैं। यथार्थ इच्छा भावना प्रधान, स्वार्थी, संकीर्ण, संकुचित, पक्षपातपूर्ण विवेकहीन और विकारयुक्त इच्छा है। यह दूसरे के कल्याण से नहीं स्वयं के कल्याण से प्रेरित होती है। दांते जर्मीनो ने व्यक्ति की इस इच्छा को "कॉमनवैल्थ के रोग" की संज्ञा दी है। रूसो लिखता है कि जब व्यक्ति सामान्य इच्छा के स्थान पर विशिष्ट (यथार्थ) इच्छा को प्राथमिकता देते हैं और यह समझने में असफल रहते हैं कि प्रत्येक व्यक्ति का हित सामान्य इच्छा में निहित है, तो वे उन अधिकारों का उपयोग करने का प्रयास करते हैं, जिनके लिए उन्होंने कर्त्तव्य को नहीं निभाया। व्यक्ति की यह इच्छा समानता को नष्ट करती है और यदि यह व्यापक है तो यह कॉमनवैल्थ को नष्ट कर देगी। दूसरी ओर, **आदर्श इच्छा** वह इच्छा है, जब व्यक्ति सार्वजनिक हित की भावना से प्रेरित होते हैं तथा कार्य करते हैं। व्यक्ति की यह इच्छा निजी स्वार्थ को निम्न स्थान देती है। यह इच्छा समाज प्रधान, ज्ञानयुक्त, निःस्वार्थ, व्यापक, विवेकपूर्ण और नैतिक इच्छा होती है। जहाँ यथार्थ इच्छा व्यक्ति के **निम्न स्व** (Lower Self) की अभिव्यक्ति करती है, वहाँ आदर्श इच्छा उसके उच्च या श्रेष्ठ स्व (Highter or Best Self) की अभिव्यक्ति करती है।

सामान्य इच्छा समुदाय का हित है। उसके विरुद्ध किसी कार्य को वैध रूप से नहीं किया जा सकता, अन्यथा समाज समुदाय नहीं रहेगा और वह केवल "एकत्रीकरण" (Aggregation) मात्र बनकर रह जायेगा। सामान्य इच्छा व्यक्तियों की आदर्श, पवित्र, शुभ, शुद्ध इच्छाओं का निचोड़ होने से सबके कल्याण की बात सोचती है। यह किसी व्यक्ति विशेष, वर्ग विशेष या बहुमत के कल्याण का चिन्तन नहीं करती। दांते जर्मीनो ने लिखा है कि सामान्य इच्छा और व्यक्तिगत इच्छा के स्वीकार्य (अनुमति देने योग्य) दावों को सर्वदा पुष्ट करती है। "सामान्य इच्छा" जैसा कि वेपर ने कहा है कि "सब नागरिकों की वह इच्छा है, जब वे अपने निजी हित की नहीं, बल्कि सामान्य अच्छाई की इच्छा करते हैं, यह सबकी भलाई के निमित्त सबकी आवाज है।" बोसांके के अनुसार, "सामान्य इच्छा संपूर्ण समाज या समस्त व्यक्तियों की इच्छा है, जहाँ तक उनका उद्देश्य सामान्य है।" टी.एच.ग्रीन के अनुसार "सामान्य हित की सामान्य चेतना"[2] ही सामान्य इच्छा है। डनिंग ने भी कहा है कि "सामान्य हित जिसकी मांग करता है, वही सामान्य इच्छा की अभिव्यक्ति है। दोनों विचार (सामान्य हित और सामान्य इच्छा) विवेचन और वास्तविकता में अपृथक्करणीय हैं।" संक्षेप में, "सामान्य इच्छा समाज में 'सामान्य उद्देश्य की भावना' है, यह 'समुदाय की श्रेष्ठ भावना है।" रूसो की सामान्य इच्छा बहुमत की इच्छा नहीं। यह जनमत नहीं। यह सर्वसम्मति नहीं। यह 'सब की इच्छा' (Will of all) नहीं। रूसो लिखता है कि बहुमत या जनमत या सर्वसम्मति या सबकी

इच्छा भी विशिष्ट इच्छाओं से प्रभावित या निर्देशित हो सकती है। जो तत्त्व इच्छा को सामान्य इच्छा बनाता है, वह संख्या या संख्यात्मक बहुमत नहीं, वह सामान्य कल्याण और सामान्य हित की भावना है। जैसा कि रूसो ने लिखा है कि "मतदाताओं की संख्या से कम तथा उस सामाजिक हित की भावना से अधिक इच्छा सामान्य बनाती है, जिसके द्वारा वे एकता में बँधते हैं।" सामान्य इच्छा और सबकी इच्छा में भेद करते हुए रूसो लिखता है कि जहाँ सामान्य इच्छा सामान्य हित से सम्बन्धित हैं, वहाँ सबकी इच्छा "विशिष्ट इच्छाओं का जोड़" है, जो समाज में निजी हितों की प्रतिद्वन्द्विता के पारस्परिक प्रभाव से उत्पन्न होती है। रूसो लिखता है कि सामान्य इच्छा का पता लगाने के लिए सर्वश्रेष्ठ स्थिति यह है कि प्रत्येक व्यक्ति अपनी आत्मा से पूछे कि अमुक विषय पर सामान्य इच्छा क्या है? यदि वह अपनी निजी पसन्दगियों या हितबद्ध समूह की पसन्दगियों से पूछता है तो वह सामान्स्य इच्छा का मिथ्याकरण (Falsification) है, उसकी सही अभिव्यक्ति नहीं। दांते जर्मीनो ने लिखा है कि "सामान्य इच्छा पूर्ण का प्रबुद्ध हित है, यह संख्यात्मक बहुमत की इच्छा का आरोपण मात्र नहीं।"

रूसो के लिए सामान्य इच्छा समाज की नैतिक इच्छा है और उसके राजनीतिक चिन्तन में इसका वही स्थान है, जो एक्विनास और हूकर के चिन्तन में प्राकृतिक कानून का है। यही नैतिक मानदण्ड है, जिस तक कोई अस्थिर बहुमत नहीं पहुँच सकता। यह समाज में सही और गलत, उचित, और अनुचित का मानदण्ड है। रूसो कहता है कि सभी अधिनियम (enactments) कानून नहीं। सही और न्यायोचित कानून के लिए आवश्यक है कि वह सामान्य इच्छा के अनुरूप हो अर्थात् सामान्य अच्छाई के रूप में इसे सभी को समान रूप से प्रभावित करना चाहिए। रूसो की सामान्य इच्छा को वर्तमान समय में प्रचलित समूह सिद्धान्त या 'हितबद्ध समूह की राजनीति से कोई हमदर्दी नहीं। समूह सिद्धान्त और हितबद्ध समूह राजनीति की मान्यता है कि भिन्न-भिन्न समूहों या हितों के प्रभाव से सामान्य हित की सेवा हो सकती है। परन्तु रूसो के लिए सौदेबाजी के आधार पर की गयी सामान्य हित की सेवा सामान्य इच्छा नहीं। सामान्य इच्छा तो नैतिक वास्तविकता है, यह सौदेबाजी का परिणाम नहीं, जिसमें हितबद्ध समूह विश्वास करते हैं। सामान्य इच्छा के निर्माण हेतु सबसे अनुकूल स्थिति यह है कि प्रत्येक अपने आपसे परामर्श ले और फिर घोषणा करे कि अमुक विषय पर उसके शुद्ध अन्तःकरण की सामान्य इच्छा क्या है? व्यक्तियों के विचारों की भिन्नताएँ एक-दूसरे को रद्द कर देंगी और परिणाम सामान्य इच्छा होगी। रूसो ने अपनी रचना इमाईल में ऐसी स्पार्टन माता का उदाहरण दिया है, जो एक व्यक्ति से युद्ध के परिणामों को पूछती है और जब वह व्यक्ति उसे उसके पाँचों पुत्रों की मृत्यु की सूचना देता है और अन्य कुछ नहीं बताता तो वह उसे तुच्छ दास कहकर कहती है कि "क्या मैंने तुमसे यही पूछा था? यह पूछकर कि युद्ध कैसे लड़ा गया और यह जानकर कि युद्ध में देश विजयी हुआ है, वह माता मंदिर में जाकर

ईश्वर का धन्यवाद करती है।" रूसो कहता है कि सार्वजनिक हित की निजी हित पर यह विजय सरल नहीं, परन्तु सामान्य इच्छा यही है।"

सामान्य इच्छा की विशेषताएँ (Characteristics of General Will)

रूसो के लिए सामान्य इच्छा की कार्यन्विति ही सम्प्रभुता है अर्थात् सम्प्रभुता सामान्य इच्छा के प्रयोग के अतिरिक्त कुछ नहीं। यही नैतिक और सामूहिक इच्छा है। यही समानता और स्वतन्त्रता की सूचक है। यही विशिष्ट इच्छाओं के परित्याग का निर्देशन देती है। यही समाज की सावयव एकता को उत्पन्न करती है। यही कानूनों का स्रोत है। यही उचित-अनुचित के मानदण्ड निर्धारित करती है। यह सर्वदा सत्य है, क्योंकि यह सर्वदा सामान्य कल्याण से सम्बन्धित है। रूसो सामान्य इच्छा को उन्हीं विशेषताओं से विभूषित करता है, जिनसे हॉब्स ने अपने लेविआथन को विभूषित करता है। रूसो की सामान्य इच्छा हॉब्स के लेविआथन (सम्प्रभु) की भाँति सर्वोच्च, असीमित, अमर्यादित, अपरिवर्तनतीय, अविभाज्य, अशक्य, अदेय, अप्रतिनिध्यात्मक, अचूक आदि हैं। इसमें एकता, स्थिरता और निरन्तरता के वे गुण पाये जाते हैं, जो हॉब्स की सम्प्रभुता में विद्यमान हैं। रूसो की सामान्य इच्छा की प्रमुख विशेषताएँ निम्नलिखित हैं-

1. अदेयता या अहस्तान्तरणीयता (Inalienability) -सामान्य इच्छा अदेय है। इसका हस्तान्तरण नहीं किया जा सकता। **रूसो** लिखता है कि ज्यों ही इसका हस्तान्तरण किया जाता है, त्यों ही 'स्वामी' का जन्म होता है और स्वामी की धारणा सामान्य इच्छा की धारणा के विपरीत है। जब समुदाय अपनी सत्ता को त्यागता है तो वह व्यक्ति या समूह जिसे यह सौंपी जाती है, वह समूह पर शासन करने लग जाता है और सामान्य इच्छा पर (समूह या समुदाय) नियंत्रण नहीं रहता।

2. अप्रतिनिध्यात्मक (Unrepresentative) -**रूसो** लिखता है कि सम्प्रभुता अदेय है। इसका प्रतिनिधित्व नहीं किया जा सकता है। रूसो प्रतिनिधि सभाओं को स्वीकार नहीं करता। उसके लिए डिप्टी प्रबन्धक या आयुक्त हैं। उन्हें जो चीज प्रदान की जाती है, वह इच्छा नहीं, शक्ति है। **रूसो** लिखता है कि "अंग्रेज लोग समझते हैं कि वे स्वतन्त्र हैं, परन्तु इसमें वे भ्रम में है। वे केवल निर्वाचन के समय स्वतन्त्र होते हैं। निर्वाचन समाप्त हो जाने पर वे पुनः दास हो जाते हैं, वे कुछ नहीं रहते।" "आधुनिक लोगों के पास दास नहीं, परन्तु स्वयं दास है।" "जिस क्षण जनता अपने प्रतिनिधियों का निर्वाचन करती है, वह स्वतन्त्र नहीं रहती, वह अस्तित्व में नहीं रहती।"

3. अविभाज्यता (Indivisibility) -सम्प्रभुता अविभाज्य है। इसका विभाजन नहीं किया जा सकता। इसका विभाजन करना, इसका खण्डन करना है। यह **"संपूर्ण और अविकल"** रूप में संपूर्ण समुदाय के पास रहनी चाहिए। जिस प्रकार जीव

अपने व्यक्तित्व को नष्ट किये बिना अपना विभाजन नहीं कर सकता, उसी प्रकार राजनीतिक समाज अपने-आपको नष्ट किये बिना सम्प्रभुता को विभाजित नहीं कर सकता।

सम्प्रभुता की अविभाज्यता के आधार पर रूसो राज्य और सरकार में भेद करता है। **रूसो** लिखता है कि शासन सामान्य इच्छा का अभिकर्त्ता है। उसके पदाधिकारी प्रबन्धकर्त्ता या आयुक्त हैं। अच्छी से अच्छी स्थिति में उनके कार्य या तो आज्ञप्तियाँ हैं या विशिष्ट परिस्थितियों में कानून का प्रयोग है। सम्प्रभुता सामान्य इच्छा (समुदाय) के पास होती है। शासन और उसके पदाधिकारियों सामान्य इच्छा के उद्देश्यों को प्राप्त करने वाले मध्यस्थ हैं। शासक सम्प्रभु के पदाधिकारी मात्र हैं, जिन्हें सम्प्रभु पदच्युत कर सकता है।

4. अवैयक्तिक और निःस्वार्थ (Impersonal and disinterested) - सामान्य इच्छा (सम्प्रभुता) का स्वरूप अवैयक्तिक और निःस्वार्थ है। यह अवैयक्तिक इसलिए है कि इसका उद्देश्य सामान्य हित है; यह किसी व्यक्ति विशेष या वर्ग एवं समूह विशेष से सम्बन्धित नहीं। यह निःस्वार्थ इसलिए है कि यह केवल जन-कल्याण और जन-सेवा की भावना से प्रेरित होती है, व्यक्ति या वर्ग विशेष के हितों से नहीं।

5. सत्यता (Rightfulness)-सामान्य इच्छा सामान्य हित पर आधारित होने से शुभ, शुद्ध और कल्याणकारी है। बुद्धि और विवेक पर आधारित होने से यह कभी गलती नहीं करती। यह सदैव सत्य है। **रूसो** ने लिखा है कि "जनता सर्वदा स्वयं अपनी अच्छाई चाहती है, परन्तु वह सर्वदा स्वयं इसे देख नहीं सकती। सामान्य इच्छा सर्वदा सत्य होती है, परन्तु जो निर्णय इसका निर्देशन करता है वह सर्वदा प्रबुद्ध नहीं होता।"

6. स्वतन्त्र करने की बाध्यता अर्थात् सर्वोच्च शक्ति (Forced to be free or Sovereign Power) - सामान्य इच्छा सर्वोच्च और सार्वभौम है। इसमें बाध्य करने की शक्ति है। **रूसो** लिखता है कि यदि "राज्य एक नैतिक प्राणी है, जिसका जीवन उसके सदस्यों की एकता है और यदि इसकी सबसे महत्त्वपूर्ण जिम्मेदारी स्वयं को सुरक्षित रखने की जिम्मेदारी है तो इसकी शक्ति अवश्य ही सार्वभौम और बाध्यकारी होनी चाहिए, ताकि वह अपने प्रत्येक भाग या अंश को इस प्रकार संचालित और सुव्यवस्थित कर सके कि पूर्ण का अत्यधिक लाभ हो।" रूसो की धारणा है कि व्यक्ति कभी अपनी चेतना (आदर्श इच्छा) के विरुद्ध कार्य नहीं कर सकता और यदि करता है तो सामान्य इच्छा उसे स्वतन्त्र होने के लिए बाध्य करेगी। रूसो ने लिखा है कि "जो कोई भी सामान्य इच्छा को मानने से इन्कार करता है, उसे पूर्ण निकाय द्वारा मानने के लिए बाध्य किया जायेगा अर्थात् उसे स्वतन्त्र होने के लिए बाध्य किया जायेगा।" रूसो कहता है कि यदि हम सार्वजनिक कल्याण चाहते हैं तो सार्वजनिक कल्याण हमें बाध्य कर सकता है। **रूसो** सामान्य इच्छा को निरंकुश बनाते हुए भी उसे हॉब्स की भाँति पशु-शक्ति पर आधारित

नहीं करता, बल्कि लॉक की भाँति इच्छा पर, जो सामान्य कल्याण की इच्छा है, आधारित करता है। ग्रीन ने भी लिखा है कि "राज्य का आधार इच्छा है, शक्ति नहीं।"

7. एकता (Unity)-सामान्य इच्छा विवेक पर आधारित है। इसमें कोई परस्पर विरोध या टकराव नहीं होता। इसमें भिन्नता में एकता पाई जाती है। **रूसो** ने लिखा है कि "अनेकता में सामान्य इच्छा की विशेषताएँ अवश्य विद्यमान होनी चाहिए।" क्योंकि यह तत्त्व ही उसे दृढ़ता और एकता प्रदान करता है।

8. निरन्तरता (Continuity)-रूसो की धारणा है कि सामान्य इच्छा कोई ऐसी चीज नहीं, जिसे एक बार व्यक्त कर दिया जाये। यह नित्य की चीज है और इसका नित्य नवीनीकरण होना चाहिए। यह सहमति पर आधारित है और आने वाली सन्तानें इसका निरन्तर समर्थन कर इसका नवीनीकरण करती रहती हैं।

9. कानूनों का स्रोत (Sources of Law)-सामान्य इच्छज्ञ सामूहिकीकरण की इच्छा है और कोई भी मानव समुदाय अपने कल्याण के विरुद्व कानूनों का निर्माण नहीं कर सकता। अतः सामान्य इच्छा कानूनों का स्रोत है। यह न्याय का स्रोत है। यह उचित-अनुचित, नैतिक-अनैतिक, वैध-अवैध का मानदण्ड है।

10. स्वतन्त्रता और समानता का पोषक-रूसो की सामान्य इच्छा का सिद्धान्त केवल निरपेक्ष सम्प्रभुता का ही पोषक नहीं, बल्कि व्यक्ति की समानता और स्वतन्त्रता का भी पोषक है। रूसो की धारणा है कि व्यक्ति राज्य का सदस्य बनकर ही वास्तविक स्वतन्त्रता का उपयोग कर सकता है, उसके बाहर तो वह अपनी पशुता का दास है। राज्य की सदस्यता उसे नैतिक प्राणी बनाती है और उसके कार्यों में वह नैतिक गुण आ जाता है, जो उसमें पहले नहीं था, उसमें सहज वृत्ति (**Instinct**) के स्थान पर न्याय की भावना प्रतिष्ठित हो जाती है, वासना की दासता के स्थान पर नैतिक स्वतन्त्रता आ जाता है। **रूसो** ने लिखा है कि "क्योंकि प्रत्येक व्यक्ति अपने पूर्ण अधिकार समुदाय को अर्पित (हस्तान्तरित) कर देता है। अतः समानता सुनिश्चित हो जाती है। जब व्यक्ति शून्य बनकर समान हो जाते हैं।" रूसो स्वतन्त्रता को भी सुरक्षित रखता है। वह लिखता है कि "प्रत्येक व्यक्ति जब अपने-आपको पूर्ण समाज के समक्ष अर्पित करता है तो वह किसी व्यक्ति विशेष को अर्पित नहीं करता और क्योंकि समाज में कोई ऐसा व्यक्ति नहीं, जिसके ऊपर हमें वे अधिकार न हों, जो उसे हमारे ऊपर प्राप्त हैं, अतः प्रत्येक व्यक्ति उतना ही प्राप्त करता है, जितना कि वह खोता है और जो कुछ उसके पास शेष रह जाता है, उसके लिए उसे अधिक शक्ति प्राप्त हो जाती है।" संक्षेप में, रूसो की सामान्य इच्छा सम्प्रभुता का सिद्धान्त है, स्वतन्त्रता का सिद्धान्त है, कानून और राजनीतिक दायित्वों का सिद्धान्त है। इसका स्वरूप 'सामान्यता' का है। यह सर्वोच्च तथा संप्रभु शक्ति है। स्थायित्व, एकता, औचित्यता, निष्पक्षता तथा विवेक प्रधान इच्छा है।

सम्प्रभुता के विषय में रूसो के विचार

1. निरपेक्ष एवं उदार विचारों में सामंजस्य-रूसो ने अपने सम्प्रभुता के सिद्धान्त में निरपेक्ष और उदार विचारों में सामंजस्य स्थापित करने का प्रयास किया है। जैसा कि **डनिंग** ने लिखा है कि "उसने हॉब्स की पूर्णता और सुस्पष्टता (यथार्थता) के साथ सम्प्रभुता को परिभाषित किया, परन्तु उसे वहाँ निर्धारित किया तथा उसे ऐसा कार्य सौंपा जो लॉक की भावनाओं को संतुष्ट करता है।" दूसरे शब्दों में रूसो ने सम्प्रभुता को समुदाय में निर्धारित किया, उसने लोक-प्रभुता के सिद्धान्त का प्रतिपादन किया। इस तरह वह आधुनिक प्रजातंत्रवादियों का पूर्वगामी बन बैठा। **ग्रीन** ने लिखा है कि "पूर्व के लेखकों के विपरीत जिन्होंने अनुबन्ध द्वारा राजनीति समाज या कॉमनवेल्थ की स्थापना के बाद सम्प्रभु को संस्था के रूप में स्थापित किया, वहाँ रूसो ने समाज की रचना के साथ ही उसे सम्प्रभु बना दिया और वह निरन्तर सम्प्रभु बना रहता है।" रूसो के सिद्धान्त में कोई बाह्य शक्ति सम्प्रभु नहीं बनती, बल्कि समाज स्वयं सम्प्रभु बन जाता है। रूसो के सिद्धान्त में, हॉब्स और लॉक की भाँति, किसी राजा की कल्पना नहीं।

2. 'सामूहिक मैं' सामूहिक एकता है -रूसो का सामाजिक अनुबन्ध या समझौता सम्प्रभुता से सम्बन्धित प्रश्नों का हल प्रस्तुत करता है। अन ुबन्ध द्वारा निर्मित ाजनीतिक निकाय सर्वोच्च शक्ति (सम्प्रभुता) की स्वामिनी है। सामाजिक अनुबन्ध द्वारा व्यक्ति ने अपने सभी अधिकार समुदाय को अर्पित कर दिये और सामूहिक व्यक्ति को जन्म दिया, जिसे रूसो "सामूहिक मैं" कहता है, जो नैतिक और सामूहिक एकता है, जिसका अपना उद्देश्य जीवन और इच्छा है। इस तरह समाजिक अनुबन्ध में व्यक्ति का समुदाय के प्रति समर्थन पूर्ण है। **रूसो** ने कहा है कि "अपने व्यक्तित्व और अपनी सारी शक्ति को सभी व्यक्ति सर्वमान्य रूप में सामान्य इच्छा के सर्वोच्च निर्देशन को सौंप देते हैं और अपनी संयुक्त दशा में प्रत्येक सदस्य संपूर्ण समाज में अविभाजित अंश के रूप में प्राप्त करते हैं।"

3. सम्प्रभूता सिरविहीन लेविआथन (समाज) में निहित है-रूसो के अनुबन्ध में व्यक्ति का आत्मसमर्पण हॉब्स के अनुबन्ध की भाँति पूर्ण होते हुए भी उससे भिन्नता लिए हुए है। रूसो की सामान्य इच्छा सिरविहीन लेविआथन है। जहाँ हॉब्स के अनुबन्ध में व्यक्ति अपना संपूर्ण समर्पण एक व्यक्ति या व्यक्ति समूह का करता है, वहाँ रूसो के अनुबन्ध में व्यक्ति का समर्पण किसी व्यक्ति विशेष के नहीं, बल्कि स्वयं पूर्ण समाज को है। जहाँ हॉब्स के सिद्धान्त में सम्प्रभुता लेविआथन में आ जाती है, वहाँ रूसो का समाज ही सम्प्रभु बन जाता है। हॉब्स का लेविआथन एक साथ विधायक और कार्यपालक है। रूसो का लेविआथन (सामान्य इच्छा) शुद्ध विधायक है, जो विधान की सामान्यताओं

(Generalities) तक सीमित है। विशिष्ट कार्यों के लिए समुदाय शासन रूपी संस्था को निर्मित करता है। रूसो के सम्प्रभुता में सामान्य इच्छा कार्यपालक नहीं।

4. सम्प्रभूता सामान्य इच्छा की कार्यान्विति है –रूसो के लिए सम्प्रभुता "सामान्य इच्छा की कार्यान्विति के अतिरिक्त कुछ नहीं।"[1] यदि इच्छा की अभिव्यक्ति सामान्य हित के अनुरूप नहीं तो वह सामान्य इच्छा की अभिव्यक्ति नहीं और उसमें सम्प्रभुता के गुण का अभाव है। केवल सामान्य इच्छा के कार्य को ही उचित कानून कहा जा सकता है। **रूसो** लिखता है कि "यह पूछने की आवश्यकता नहीं कि कानूनों के निर्माण का कार्य किसका है? क्योंकि वे सामान्य इच्छ के कार्य हैं, इसे भी पूछने की आवश्यकता नहीं कि क्या प्रिन्स (शासक) कूननों के ऊपर है, क्योंकि वह राज्य का सदस्य है, इसे भी पूछने की आवश्यकता नहीं कि क्या कानून अनुचित है, क्योंकि कोई अपने-आपके प्रति अनुचित नहीं हो सकता, यह भी पूछने की आवश्यकता नहीं कि कोई व्यक्ति एक-साथ कानूनों से स्वतन्त्र और अधीन कैसे है? क्योंकि वे हमारी इच्छाओं के पंजीकरण मात्र हैं।"

5. हॉब्स और रूसो की सम्प्रभुता के लक्षणों में समानता–रूसो की सम्प्रभुता के लक्षण वे ही हैं, जो हॉब्स की सम्प्रभुता के हैं। यह अदेय, अविभाजित और निरंकुश है। **रूसो** लिखता है कि सम्प्रभुता का हस्तान्तरण नहीं किया जा सकता, इसका प्रतिनिधित्व नहीं किया जा सकता, इसका विभाजन नहीं किया जा सकता। इसका विभाजन करना इसे खण्डित करना है। **रूसो** लिखता है कि "ज्योंही राष्ट्र प्रतिनिधियों को नियुक्त करता है, वह स्वतन्त्र नहीं रहता, वह विद्यमान नहीं रहता।" "इंग्लैण्ड केवल निर्वाचन के दौरान स्वतन्त्र रहता है, उसके बाद तो वह दास बन जाता है और उसकी गिनती किसी में नहीं होती।" ज्योंहि कोई स्वामी होता है, सम्प्रभु नहीं रहता।" रूसो के लिए सम्प्रभु केवल "जनता की वाणी है अर्थात् ईश्वर की वाणी है।" रूसो के लिए सम्प्रभु सामान्य इच्छा के रूप में अचूक सत्य और नित्य है।

6. सम्प्रभुता पर सामान्य हित की मर्यादाएँ – रूसो का सम्प्रभु निरंकुश, असीमित, अदेय, अविभाजित शक्तियों का उपभोक्ता होते हुए भी एक शर्त द्वारा मर्यादित है अर्थात् वह केवल सामान्य हित में ही कार्य कर सकता है। सम्प्रभु किसी उस कार्य को नहीं कर सकती जो सामान्य हित में नहीं है। वह विशुद्ध व्यक्तिगत हितों के क्षेत्र का अतिक्रमण नहीं कर सकता।" यह व्यक्ति को हानि नहीं पहुँचा सकता, क्योंकि वह सर्वदा वही है, जो इसे होना चाहिए। "सामान्य इच्छा और व्यक्तिगत इच्छा में कोई संतुलन की आवश्यकता नहीं, क्योंकि सामान्य इच्छा व्यक्तिगत इच्छाओं के स्वीकार्य (अनुचित देने योग्य) दावों को सर्वदा जीवित रखती है।" रूसो के संप्रभुता सम्बन्धी विचारों की समीक्षा करने से स्पष्ट हो जाता है ।

रूसो की संप्रभुता की आलोचना

रूसो के विचार विरोधाभास से भरे पड़े हैं। एक तरफ तो वह कहता है कि "जिस प्रकार प्रकृति मनुष्य को अपने अंगों पर निरंकुश सत्ता देती है, उसी प्रकार सामाजिक अनुबन्ध भी राज्य को अपने अंगों पर निरंकुश सत्ता प्रदान करता है।" दूसरी ओर, वह कहता है कि "सामाजिक अनुबन्ध द्वारा व्यक्ति अपनी सत्ता (शक्ति) अपनी सम्पदा और अपनी स्वतन्त्रता के केवल उस भाग को अर्पित करता है, जो समुदाय के लाभ के लिए है।" इन कथनों से व्यक्ति के निजी अधिकारों के क्षेत्र का आभास होता है, परन्तु साथ में रूसो यह भी कह देता है कि "इस बात का निर्णायक सम्प्रभु ही है कि उसके लाभ के लिए क्या आवश्यक है?" और फिर यह कह देता है कि "सम्प्रभु अपनी ओर से अपने नागरिकों पर ऐसे प्रतिबन्ध नहीं लगा सकता, जो समुदाय के लिए व्यर्थ है।"

संक्षेप में, रूसो की सम्प्रभुता का सिद्धान्त हॉब्स की निरंकुश सम्प्रभुता का सिद्धान्त है, परन्तु उसका आधार जन-सहमति और लोकप्रभुता है।

शासन तथा उसके रूप

(Government and its Forms)

रूसो ने शासन तथा उसके विविध रूपों की भी विस्तार से चर्चा की है, जिसका अध्ययन निम्नलिखित रूप से किया जा सकता है-

शासन का अर्थ राज्य (सम्प्रभु) और शासन के पारस्परिक सम्बन्धों की विवेचना रूसो ने सोशल कॉन्ट्रेक्ट की पुस्तक तीन में बड़े यथार्थ और सुसंगत ढंग से की है। उसने राज्य और शासन में भेद करते हुए लिखा है कि राज्य, जिसे सामाजिक अनुबन्ध द्वारा निर्मित किया गया है, समुदाय को पूर्ण रूप से अभिव्यक्त करता है। यह अपने-आपको सर्वोच्च सामान्य इच्छा में प्रकट करता है, जबकि शासन केवल उस व्यक्ति या व्यक्ति समूह को अभिव्यक्त करता है, जिसे समुदाय द्वारा सम्प्रभु की इच्छा को कार्यान्वित करने के लिए नियुक्त या मनोनीत किया गया है। यहाँ रूसो के विचार हॉब्स के विचारों से भिन्न हैं। जहाँ हॉब्स की धारणा है कि शासन अनुबन्ध द्वारा निर्मित होता है, वहाँ रूसो की धारण है कि शासन सम्प्रभु द्वारा अर्थात् जनता की आज्ञप्ति द्वारा नियुक्त होता है।

"रूसो के लिए शासन एक मध्यस्थ संस्था है, जिसे जनता और सम्प्रभु के मध्य स्थापित किया गया है और जिसका कार्य पारस्परिक समझौते को प्रोत्साहन देना, कानूनों को कार्यान्वित करना और नागरिक तथा राजनीतिक स्वतन्त्रता को सुरक्षित रखना है।"[1] शासन केवल कार्यपालिका शक्ति है। इसका कार्य कानून निर्माण करना नहीं, बल्कि पूर्ण समुदाय द्वारा निर्मित कानूनों के ढाँचे के अन्तर्गत कार्य करना है। यह कानूनों को कार्यान्वित करती है, उन्हें निर्मित नहीं करती। जिन व्यक्तियों को यह शक्ति प्रदान की

जाती है, वे सम्प्रभु के पदाधिकारी है, अभिकर्त्ता हैं। यद्यपि सामूहिक रूप से उन्हें प्रिन्स या दण्डाधिकारी कहा जाता है और उन्हें नरेशों, सीनेटरों या राज्यपालों की उपाधियाँ दी जाती हैं, परन्तु सम्प्रभु के साथ उनके सम्बन्ध वैसे ही रहते हैं अर्थात् वे प्रदत्त शक्तियों का प्रयोग करते हैं। जो सत्ता सम्प्रभु द्वारा शासक को दी जाती है, वह उसे वापस ले सकता है। "शासक सम्प्रभु के केवल पदाधिकारी हैं, प्रबन्धक हैं या आयुक्त हैं।" शासन शक्ति का प्रयोग तभी वैध है, जब उसे सामान्य इच्छा के निर्देशों के अनुरूप कार्यान्वित किया जाता है। रूसो ने इस प्रश्न का उत्तर स्पष्ट रूप से नहीं दिया कि किस प्रकार का शासन श्रेष्ठ शासन है? वह लिखता है कि सभी परिस्थितियों के लिए किसी एक प्रकार का शासन उपयुक्त नहीं हो सकता। माण्टेस्क्यू के विचारों से सहमत होते हुए **रूसो** लिखता है कि "स्वतन्त्रता सभी जलवायुओं का फल न होने से, सभी लोगों की समझ से बाहर की वस्तु है।" शासन का स्वरूप उसके आकार (जनसंख्या और क्षेत्र), नागरिकों गें सामाजिक और आर्थिक समानता की मात्रा, उनके रीति-रिवाज, भौगोलिक स्थिति, सैनिक, आवश्यकताओं आदि पर निर्भर करता है। सामान्यत: शासन करने वाली निकाय जितनी अधिक होगी, शासन के पास उतनी कम शक्ति होगी। इसका अर्थ यह है कि प्रजातांत्रिक शासन केवल छोटे समाजों के लिए ठीक है, बड़े राज्यों के लिए राजतंत्र अपरिहार्य है। अल्पतंत्र केवल उन राज्यों के लिए उपर्युक्त है, जिनकी स्थिति मध्य की है। सामान्यत: रूसो को प्रजातंत्रिक सरकारों का समर्थक माना जाता है। परन्तु वह इनका उतना समर्थक नहीं, जितना कि प्रजातांत्रिक समाज या प्रजातंत्रिक राज्य का है। शासन के स्वरूपों से वह इतना चिन्तित नहीं है, जितना कि वह इस बात से चिन्तित है कि सामान्य इच्छा प्रधान हो, शासन की इच्छा उसके अधीन हो और किसी व्यक्ति की निजी इच्छा का कोई प्रभाव न हो। **रूसो** लिखता है कि शासन आवश्यक रूप से कुछ व्यक्तियों के हाथों में होता है, परन्तु जिस बात की आवश्यकता है, वह यह है कि वह सामान्य इच्छा के नियंत्रण में हो।

शासनों का वर्गीकरण- रूसो ने शासन के चार रुप बताये हैं- (1) राजतंत्र, (2) अल्पतंत्र, (3) प्रजातंत्र तथा (4) मिश्रित शासन। जहाँ शासन सत्ता एक व्यक्ति के हाथों में होती है, वहाँ कुलीनतंत्र और जहाँ अनेक व्यक्तियों के हाथों में होती है, वहाँ प्रजातंत्र होता है।

(1) **राजतंत्र** -राजतन्त्र को रूसो नकारात्मक दृष्टि से देखता है। वह कहता है कि राजा या तो बुरे होते हैं या सिंहासम उन्हें बुरा बना देता है। राजा "निरपेक्ष बनने की इच्छा" रखते हैं। अत: उन्हें लोगों को शक्तिशाली या खुशहाल बनाने के लिए परामर्श देना व्यर्थ है। लोगों की निर्बलता में ही उनकी सुरक्षा है। यद्यपि रूसो "राजतंत्र को बड़े राज्यों के लिए उपयुक्त समझता है, परन्तु वह उसे गणराज्य से श्रेष्ठ नहीं समझता। वह कहता है कि पैतृक राजा शासन के लिए प्राय: अनुपयुक्त होते हैं, क्योंकि वे मंत्रियों पर निर्भर करते हैं, जो तुच्छ षड्यत्रकारी और धोखेबाज होते हैं, जबकि गणराज्य सर्वदा

अपुन योग्य और प्रबद्ध व्यक्तियों को महत्त्व देता है। रूसो की मान्यता है कि जनता अपने नेताओं के चुनाव में उतनी गलती नहीं करती, जितनी कि राजा अपने मंत्रियों के चयन में करता है, गणराज्य की नीतियाँ राजतंत्र की तुलना में अधिक अच्छी और स्थायी होती हैं।

(2) कुलीनतंत्र -कुलीनतंत्र में रूसो का अभिप्राय ऐसी निर्वाचित सरकार से है, जो जनता के अल्पमत से मिलकर बनती है। सामान्यत: यह अत्यन्त छोटा अल्पमत होता है। रूसो पैतृक या वंशानुगत कुलीनतंत्र को सबसे बुरी सरकार मानता है। वह इसे केवल "सरल लोगों" के लिए उपुर्यक्त समझता है। वह निर्वाचित कुलीनतंत्र को सबसे श्रेष्ठ शासन समझता है।

(3) प्रजातंत्र-रूसो की धारणा है कि "सबके शासन" के रूप में या लोगों के बहुमत के शासन के रूप में प्रजातांत्रिक सरकारें, शाब्दिक अर्थ में असम्भव हैं, क्योंकि ये अव्यावहारिक हैं। रूसो इसे प्राकृतिक अवस्था के विपरीत मानता है कि बहुसंख्यक अल्पसंख्यकों पर शासन करे। **रूसो** लिखता है कि "यह असम्भव है कि सार्वजनिक विषयों पर ध्यान देने के लिए लोग सर्वथा इकट्ठे रहेंगे।" बर्गसन की भाँति रूसो प्रजातंत्र को सामान्य व्यक्तियों के समाज से अधिक नहीं मानता। **रूसो** लिखता है कि विशिष्ट कार्यों को करने के लिए, समाज के दिन-प्रतिदिन के कार्यों को करने के लिए और मूल प्रश्नों को बताने के लिए अल्पमत की आवश्यकता है, जो आवश्यक नहीं कि दमनकारी हो, वह सार्वजनिक हितों की सेवा कर सकता है, यदि सामान्य इच्छा अर्थात् समुदाय का नियंत्रण उस पर हो।रूसो प्रतिनिध्यात्मक शासन का विरोधी है। उसकी धारणा है कि यह प्रणाली स्वतन्त्रता का हनन करती है और ज्योंही कोई स्वामी बनता है त्योंही सम्प्रभुता नहीं रहती। **रूसो** कहता है कि अंग्रेज लोगों की यह धारणा भ्रामक है कि वे स्वतन्त्र हैं, वे केवल चुनाव के दौरान स्वतन्त्र हैं, उसके बाद वे दास बन जाते हैं। **रूसो** लिखता है कि "आधुनिक लोगों के पास दास नहीं, परन्तु वे स्वयं दास हैं।" प्रतिनिधि शासन का विरोध करके रूसो ने यूनानी नगर राज्यों को प्रत्यक्ष प्रजातांत्रिक शासन प्रणाली का समर्थन किया है।

सामाजिक संविदा के परिणामस्वरूप जिस राजनीतिक समाज की स्थापना की कल्पना रूसो ने की है, उसमें सामान्य इच्छा सम्प्रभु होती है। समझौते द्वारा प्रत्येक व्यक्ति समझौते के परिणामस्वरूप निर्मित समाज का सदन बन जाता है और स्वेच्छा से अपने व्यक्तित्व, अपने अधिकारों व अपनी शक्तियों का सम्पूर्ण समाज को समर्पित कर देता है, जिससे उसके व्यक्तित्व का विकास, उसके अधिकारों का उपभोग एवं उसकी शक्तियों का प्रयोग सब व्यक्तियों से निर्मित समष्टि के हित में, समष्टि की सामान्य इच्छा के अनुकूल व उसके अधीन हो सके। रूसो का प्रतिपादन है कि समाज की यही सामान्य इच्छा समाज में सम्प्रभु होती है तथा सम्प्रभुता सामान्य इच्छा का एक अभिन्न लक्षण होता है।

सम्प्रभुता की विशेषताएँ (Attributes of Sovereignty)

रूसो के अनुसार सम्प्रभुता की कुछ विशेषताएँ होती हैं, जो निम्न प्रकार हैं:

रूसो ने अपनी रचना 'असमानता के उद्भव पर एक निबन्ध' में मानव प्रकृति और प्राकृतिक दशा का विवेचन किया है। मानव प्रकृति के सम्बन्ध में रूसो हॉब्स और लॉक की तुलना में मध्य मार्ग अपनाता है। उसकी धारणा है कि मानव न तो हॉब्स के मानव की भाँति स्वार्थी, अहमी, क्रूर, दुष्ट, कपटी, धूर्त, संघर्षशील और आक्रामक है और न ही लॉक के मानव की भांति शांतिप्रिय, सहयोगी, सहिष्णु और प्रेमी है। रूसो का मानव प्राकृतिक दशा में पूर्ण आनन्द का जीवन व्यतीत करता था। वह स्वतन्त्र, संतुष्ट और आत्मनिर्भर था। आकस्मिक और क्षणिक सम्मिलन के अतिरिक्त, जो उसकी प्रजाति को कायम रखने के लिए आवश्यक था, अन्य कोई चीज उसे अपनी साथियों से मिलने के लिए प्रेरित नहीं करती थी। उसका जीवन सरल, व्यवस्थित और एकाकी था।

रूसो प्राकृतिक दशा के मानव से हमदर्दी रखता था, परन्तु वह उसकी अविचारित खुशामदी नहीं था। वह लिखता है कि प्राकृतिक दशा में मानव जंगली था, दुष्ट नहीं। उसमें घमण्ड या मिथ्याभिमान नहीं था, उसमें दूसरों को हानि पहुँचाने की इच्छा नहीं थी, उसमें महत्त्वाकांक्षा नहीं थी, उसमें लोलुपता नहीं थी, उसमें न स्वार्थ था, न बौद्धिक कुशलता। उसे स्वत्व (Possession) का ज्ञान नहीं था, उसे मेरी और तेरी का, नैतिकता का अनैतिकता का, अच्छाई और बुराई का ज्ञान नहीं था। उसमें न छल था न कपट और न सामाजिक विषमताएँ थीं। उसका जीवन एकाकी अवश्य था, परन्तु वह स्वतन्त्र, तुष्ट, आत्म-संतुष्ट, स्वस्थ, निर्भय जीवन व्यतीत करता था। यद्यपि उसमें दुष्टता नहीं थी, परन्तु यह नहीं कहा जा सकता कि उसके पास सद्गुणों का भण्डार था। उसे न तो किसी चीज की आवश्यकता पड़ती थी और न किसी चीज की आकांक्षा होती थी। उसे न अपने साथियों की आवश्यकता थी, न समाज की। उसमें प्रवृत्तियाँ (Instincts) थीं, चिन्तन नहीं, उसमें विवेक, भाषण और न्याय की भावना का अभाव था, उसमें प्रेम का भी ज्ञान नहीं था। जैसा कि डनिंग ने लिखा है कि रूसो का मानव "न तो माण्टेस्क्यू का भीरु और दबकाया हुआ जीव था और न ही हॉब्स का क्रियाशील और आक्रामक राक्षस।" वह तो भला असभ्य जीव था। रूसो मानव स्वभाव की दो मौलिक नियामक प्रवृत्तियों का उल्लेख करता है -(i) आत्मरक्षा और (ii) करुणा या सहानुभूति। रूसो हॉब्स के इस कथन को स्वीकार करता है कि मानव आत्मरक्षा की आवश्यकताओं से प्रेरित होता है। सोशल कॉन्ट्रेक्ट में रूसो ने लिखा है कि "प्रथम कानून मानव की स्वयं की सुरक्षा है और उसकी प्रथम चिन्ता स्वयं की चिन्ता है।" प्रत्येक व्यक्ति अपना स्वामी है और जब वह विवेक के युग तक पहुँचता हैं तो वह अपनी सुरक्षा के उचित साधनों का एकमात्र निर्णायक बन जाता है। दूसरी ओर, रूसो यह भी कहता है कि यहाँ उसके विचार लॉक

के विचारों से मिलते हैं कि मानव में करुणा, दया और सहानुभूति की प्रवृत्तियाँ है। किसी जीवधारी की मृत्यु के दृश्य से, विशेषकर मानव की यातना से उसमें बेचैनी उत्पन्न होती है। स्पष्ट है कि रूसो का आत्मरक्षा से प्रेरित होने वाला मानव हॉब्स का क्रियाशील, संघर्षशील और आक्रामक मानव नहीं। वह दूसरे मानव का शत्रु नहीं। वह युद्धरत नहीं। लॉक के इस विचार से सहमत होते हुए भी प्राकृतिक मानव में करुणा और सहानुभूति के तत्त्व हैं, रूसो उसके तथा अरस्तू के इस विचार से सहमत नहीं कि मानव स्वभाव से सामाजिक प्राणी है। यहाँ वह हॉब्स के इस कथन का जोरदार समर्थन करता है कि समाज प्रकृति या स्वभाव पर निर्भर नहीं करता, यह रूढि (Convention) पर निर्भर करता है, यह सुविचारित अनुबन्ध की उपज है, जो मानव को दूसरा स्वभाव प्रदान करती है। रूसो के लिए केवल परिवार ही स्वाभाविक संस्था है और वह भी तब तक जब तक बच्चे तरुण अवस्था में रहते हैं और वे अपने जीवन की सुरक्षा स्वयं नहीं कर सकते हैं। रूसो ने मानव स्वभाव के यथार्थवादी पक्ष को उजागर किया है।

प्राकृतिक दशा पर रूसो के विचार

(Rousseau's Views on State of Nature)

"निबन्ध" में रूसो ने प्राकृतिक दशा का वर्णन बड़े काव्यात्मक (Idyllic) ढंग से किया है। वह इसे आदिम व्यक्ति के 'भले असभ्य जीव' या 'आदर्श बर्बर' (Noble Savage) के रूप में प्रकट करता है। यह दशा सामाजिक परम्पराओं से स्वतन्त्र और मुक्त थी। रूसो की धारणा है कि प्राकृतिक दशा सामाजिक या नागरिक दशा से श्रेष्ठ है। वह कहता है कि "प्रकृति की ओर वापस चलो", परन्तु जिस प्राकृतिक दशा की ओर वह मानव को मोड़ना चाहता है, वह काल्पनिक धारणा है। वह दार्शनिक विवेक की धारणा है, वह ऐतिहासिक या मानवशास्त्रीय नहीं। हॉब्स की भाँति रूसो की प्राकृतिक दशा एक परिकल्पना है। यह नागरिक राज्य के निर्माण से पूर्व की दिशा है। यह विद्यमान नहीं, जो सम्भवत: कभी विद्यमान नहीं थी और सम्भवत: कभी विद्यमान नहीं होगी। फिर भी आधुनिक समाज को ठीक प्रकार से समझने के लिए उसे समझना आवश्यक है।

रूसो के अनुसार प्राकृतिक दशा यदि वह कभी विद्यमान थी एकाकीपन की दशा थी इसमें प्रत्येक व्यक्ति केवल अपने लिए अपने में जीवन व्यतीत करता था। इसमें भाषा का अभाव होने से विचारों का अभाव था। व्यक्ति की आवश्यकताएँ अस्थायी थीं। वह अवस्था अनैतिक नहीं थी, इसमें धोखाधड़ी नहीं थी। रूसो कहता है कि अनैतिकता और धोखाधड़ी समाज के निर्मित होने से उत्पन्न हुए। समाज ने विवेक, विज्ञान और नैतिकता को जन्म दिया और उसने ही विकृतियों को जन्म दिया। रूसो लिखता है कि बुद्धि भयानक है, क्योंकि वह श्रद्धा को न्यून स्थान देती है; विज्ञान विनाशक है, क्योंकि वह विश्वास को नष्ट करता है; विवेक बुरा है, क्योंकि यह नैतिकता के स्थान पर तर्क-

वितर्क को प्रतिपादित करता है; इसलिये रूसो सामाजिक या नागरिक दशा के स्थान पर प्राकृतिक दशा को पसन्द करता है, क्योंकि यह निर्दोष, निष्कपट और भोलेपन की दशा होने से परम सुख की दशा है। यह समानता और स्वतन्त्रता की दशा है। यह हॉब्स की असहाय दशा नहीं, यह संघर्षमय नहीं। मानव के लिए यह सर्वश्रेष्ठ दशा है। रूसो कहता है कि "हमें हमारा अज्ञान, हमारा भोलापन, हमारी गरीबी लौटा दो, जो हमें प्रसन्न रख सकती है।" रूसो इस बात को स्वीकार नहीं करता कि प्राकृतिक दशा में विवेक मानव जीवन को नियमित करता है। प्राकृतिक दशा का मानव दो ऐसे सिद्धान्तों पर कार्य करता है (आत्मरक्षा और करुणा) जो विवेक से पूर्ण हैं। इस तरह प्राकृतिक दशा में विवेक के स्थान पर भावनायें ही मानव आचरण को नियमित करती हैं। ग्रेशियस, हॉब्स, लॉक आदि लेखक प्राकृतिक दशा में व्यक्ति को विवेक से युक्त मानते हैं और इसी आधार पर उन्होंने सामाजिक और राजनीतिक संगठन की स्थापना की है, परन्तु रूसो के लिए प्राकृतिक दशा से सामाजिक दशा में परिवर्तन जनसंख्या की एकाएक वृद्धि सम्पत्ति के विकास, तर्क के उदय तथा इनके साथ उत्पन्न होने वाली नागरिक सहयोग और समानता की भावनाओं से हुए हैं। रूसो ने लिखा है कि "उस व्यक्ति ने, जिसने सर्वप्रथम भूमि के एक टुकड़े को घेरकर यह कहा कि यह मेरा है तथा जिसको दूसरों ने स्वीकार कर लिया, वह नागरिक समाज का वास्तविक संस्थापक था।"

प्राकृतिक दशा की आलोचना - रूसो की प्राकृतिक दशा की आलोचना मुख्यत: निम्नलिखित आधारों पर की जाती है-

(1) मानव स्वभाव की अपूर्ण धारण-रूसो की धारणा है कि मानव स्वभाव से अच्छा और गुणी प्राणी है और बाह्य परिस्थितियाँ ही सभी दोषों को जन्म देती हैं। यदि मानव वस्तुत: श्रेष्ठ है, जैसा कि रूसो उसे मानता है, तो सम्पत्ति जैसा बाह्य तत्त्व उसमें विकार उत्पन्न कर, उसकी श्रेष्ठता को नष्ट नहीं कर सकता। वस्तुत: स्थिति यह है कि मानव में आसुरी और दैवत्व, बुराई और अच्छाई दोनों गुणों का मिश्रण है।

(2) प्राकृतिक दशा का चित्रण काल्पनिक है- रूसो ने प्राकृतिक दशा का जो चित्रण किया है, वह काल्पनिक है, ऐतिहासिक नहीं। इतिहास इस बात का साक्षी नहीं कि मानव कभी ऐसी प्राकृतिक दशा में रहता था, जहाँ उसका जीवन शांतिमय, सुखमय और आदर्शमय था। यह मान लेना गलत है कि प्राकृतिक दशा में व्यक्ति को समाज, भाषा, बुद्धि, परिवार का ज्ञान नहीं था, उसमें इच्छा नहीं थी और उसका जीवन एकाकी था। ये तत्त्व मानव को पशु से भी निम्न बना देते हैं।

(3) सम्पत्ति की धारणा स्पष्ट नहीं - सम्पत्ति के सम्बन्ध में रूसो की धारणा स्पष्ट नहीं है। कहीं तो वह सम्पत्ति को सभी बुराइयों की जड़ मानता है और कही पवित्र।

जहाँ डिसकोर्सिस और कोर्सिका के संविधान में सम्पत्ति की आलोचना की गयी है, वहाँ पोलिटिकल इकॉनोमी में इसका समर्थन किया गया है।

सम्प्रभुता-आदर्श या यथार्थ? (Sovereignty-whether edeal or real?)

सम्प्रभुता के जिस रूप का प्रतिपादन रूसो ने किया है,उस के सिवाय में यह प्रश्न उठना स्वाभाविक है, कि वह रूप केवल एक आदर्श रूप है अथवा यथार्थ? दूसरे शब्दों में, उसके इस कथन से कि "सामान्य इच्छा सम्प्रभु होती है" क्या यह समझा जाना चाहिए कि वह सम्प्रभु होती है अथवा यह समझा जाना चाहिए कि से सम्पभु होना चाहिए? इस सम्बनध में रूसो का मत है कि सामान्य इच्छा की सम्प्रभुता प्रत्येक प्रकार की राजनीतिक व्यवस्था में सम्भव नहीं हो सकती तथा इसके लिए किसी ऐसी उचित राजनीतिक व्यवस्था का अस्तित्व आवश्यक है, जिससे उसका स्वस्थ निर्माण व उसकी उचित अभिव्यक्ति हो सके। इसलिए निष्कर्ष रूप से यह कहा जा सकता है कि सामान्य इच्छा के अस्तित्व होते हुए भी चूँकियह सम्भव है कि किसी समय पर विद्यमान राजनीतिक संगठन में वह पूर्णत: सशक्त न हो सके, सुरक्षित भाषा में हम यह कह सकते हैं कि सामान्य इच्छा प्राय: सम्प्रभु होती है। सम्प्रभु यथार्थ में सम्प्रभु होती है या उसकी सम्प्रभुता का रूप केवल आदर्श होता, इसका कोई निरपेक्ष उत्तर वस्तुत: नहीं दिया जा सकता है। एक और हम यह देखते हैं कि बहुत कम राजनीतिक संगठनों में कार्यपालिका पूरी तरह से सामान्य इच्छा के अनुसार चलने वाली होती है और बहुत कम राज्यों में उसकी अभिव्यक्ति के मार्ग पूरी तरह से खुले हुए होते हैं। ऐसी दशा में यह कहा जा सकता है कि व्यवहार में सभी राज्यों में कार्यपालिका पूरी तरह से सामान्य इच्छा के अनुसार कार्य नहीं करती और इसलिए रूसो के विचार के अनुसार वह केवल आंशिक रूप से सम्प्रभु होती है। दूसरी ओर हम यह भी देखते हैं कि कोई भी वास्तविक समप्रु चाहे वह कोई निरंकुश शाासक ही क्यों न हो, जन इस से पूरी तरह विमुख होकर नहीं ला सकता तथा उसका प्रभाव उनकी नीतियों व कार्यों पर पड़े बिना नहीं रहता, चाहे वह प्रभाव जनता में प्रचलित रीति-रिवाजों के प्रभााव के रूप में ही हो। अत: ऐसी दशा के लिए यह नहीं कहा जा सकता कि कार्यपालिका के कार्यों का जन इस कोई सम्बन्ध ही नहीं होता और इसलिए रूसो की कल्पना के अनुसार वह बिलकुल ही सम्प्रभु नहीं होता। ऐसी दशा में सामान्य इच्छा की सम्प्रभुता केवल आदर्श होती है या यथार्थ, इस सम्बन्ध में रूसो के विचारों के सार के रूप में हम यह कह सकते हैं कि सामान्य इच्छा प्राय सम्प्रभु होती है। सम्प्रभुता के सम्बन्ध में रूसो ने जो विचार व्यक्त किये हैं, उन पर राज्य के आंगिक सिद्धान्त (Organic Throry of State) की छाप स्पष्ट दिखाई देती है, क्योंकि रूसो के द्वारा भी सम्प्रभुता के वैसे ही निरंकुश रूप का प्रतिपादन किया गया है, जैसे निरंकुश रूप का प्रतिपादन राज्य के आंगिक-सिद्धान्त के अन्तर्गत किया जा सकता है। पर इस सब के होते हुए भी रूसो इस बात के प्रतिपादन के प्रति सजग है कि सम्प्रभु की

निरंकुशता सामान्य इच्छा पर आधारित है तथा सम्प्रभुता मूल रूप से जनता के सम्पूर्ण समाज में निहित होती है।

विधि के विषय में रूसो के विचार

(Rousseau's Ideas about Law)

रूसो के समाजिक समझौते द्वारा जिस राजनीतिक समाज का जन्म होता है, उसमें शासन किसी व्यक्ति या किन्हीं व्यक्तियों का नहीं, वरन् वह विधि का शासन (Rule of Law) होता है। सामाजिक समौते द्वारा जिस राजनीतिक समाज का निर्माण होता है, उसमें व्यक्ति अपनी सब शक्तियों व अधिकारों को समाज की सामान्य इच्छा के अधीन कर देता है तथा वही उस समाज की सर्वोच्च सत्ता होती है। इस सामान्य इच्छा के अधीन समाज की व्यवस्था की उन संविधानिक विधियों का निर्माण होता है, जो समाज के सभी सदस्यों को स्वतन्त्रता प्रदान करती है और इस प्रकार निर्मित विधियाँ चूँकि सामान्य इच्छा का परिणाम होती हैं, अत: वे आवश्यक रूप में जगहित में होती हैं।

विधि क्या होती है? (What is Law?)

विधि क्या होती है,इस प्रश्न का उत्तर देते हुए रूसो ने कहा है कि जब "जब सम्पूर्ण जनता के लिए कोई आदेश जारी करती है, वह केवल अपने (अर्थात जनता की समष्टि) पर ही विचार करती है।.....जब ऐसा होता है, तो जारी किये हुए आदेश का उद्देश्य इस इच्छा की ही तरह सामान्य होता है, जो इसे जारी करती है इस प्रकार के आदेश को ही मैं विधि मानता हूँ।"[1] रूसो के उक्त विचार से यह स्पष्ट है कि उसके अनुसार विधि का विषय सार्वजनिक होता है। अमुक विधि का रूप क्या होना चाहिए, इस पर विधि निर्माता व्यक्तिगत हितों को दृष्टिगत रखते हुए, वरन् सार्वजनिक हित को दृष्टिगत रखते हुए विचार करते हैं। इस तथ्य का स्पष्टीकरण करते हुए रूसो ने कहा है कि "यह सम्भव है कि विधि का यह आदेश हो की (जनता को) अमुक सुविधाएँ प्राप्त होंगी, पर उसके द्वारा वे सुविधाएँ किन्हीं विशेष व्यक्तियों को नहीं दी जा सकती। इस प्रकार (विधि द्वारा) नागरिकता के विविध वर्गों व उनमे प्रवेश पाने की शर्तों की व्यवस्था की जा सकती है, पर विधि द्वारा यह निर्धारित नहीं किया जा सकता कि अमुक-अमुक व्यक्ति अमुक-अमुक वर्ग के नागरिक वर्ग के माने जायेंगे। यदि एक शब्द में कहा जाय, तो कोई ऐसा कार्य जिसका सम्बन्ध किसी भी प्रकार से किसी व्यक्ति से हो, विधि निर्मात्री शक्ति के क्षेत्र में नहीं आ सकता।"

विधि के लक्षण (Attributes of Law)

विधि क्या होती है, इस सम्बन्ध में रूसो के जिन विचारों का विवेचन ऊपर किया गया है, उससे विधि की निम्न विशेषताएँ स्पष्ट हो जाती हैं :

1. विधि जन-समष्टि का निर्णय होती है। जन-समष्टि के अतिरिक्त अन्य किसी अभिकरण द्वारा जारी किया हुआ निर्देश विधि नहींहो सकता।

2. विधि का विषय कभी व्यक्तिगत न होकर सदा सार्वजनिक होता है। विधि की व्यवस्था सदा जनता की समष्टि के लिए ही होती है। वह कभी व्यक्ति विशेष के लिए ही हो सकती।

3.विधि कभी अन्यायपूर्ण नहीं हो सकती, क्योंकि रूसो के मतानुसार विधि का आधार सामान्य इच्छा होती है, जिसका स्वयं का आधार ही सबके प्रति न्याय होता है।

4. विधि का स्रोत सामान्य इच्छा (जो समाज में स्वयं सम्प्रभु होती है) तथा शासन के विविध अंग उसके निर्माण, उसकी अभिव्यक्ति व उसके क्रियान्वय मात्र होते हैं।

विधि निर्माता (Law Makers)

रूसो के विचार के अनुसार सम्पूर्ण जनता द्वारा समपूर्ण जनता के हित के लिए किये हुए निर्णयों से विधि का निर्माण होता है। अत: रूसो का मत है कि वे ही लोग जिनके लिए विधि का निर्माण किया जाता है, उसके निर्माता होने चाहिए। पर ऐसा यहायक व सरलता से नहीं हो सकता, क्योंकि अधिकांश जनता यह नहीं जानती कि किस प्रकार के व्यवस्थापन से ऐसे शासन सूत्र की स्थापना हो सकती है, जिसके माध्यम से समाान्य इच्छा के अनुसार समाज की व्यवस्था चल सके। ऐसी दशा में रूसो के अनुसार व्यक्ति व सम्पूर्ण जनता दोनों को ही किसी न किसी रूप में निर्देश की आवश्यकता होती है। व्यक्तिगत रूप में मनुष्य को यह जानने की आवश्यकता होती है कि व्यक्तिगत व सार्वजनिक कल्याण में सामंजस्य किस प्रकार उत्पन्न किया जाय और सम्पूर्ण जनता को यह जानने की आवश्यकता होती है कि जनता का वास्तविक हित क्या है। रूसो के अनुसार व्यक्तियों व जनता की इस आवश्यकता की पूर्ति के लिए विधि निर्माता की आवश्यकता होती है। इस विधि निर्माता कैसा होना चाहिए इस सम्बन्ध में रूसो के विचारों का सार निम्न प्रकार है :

1. विधि निर्माता की बुद्धि इतनी तीव्र होनी चाहिए कि वह स्वयं बिना अनुभव कियें ही मनुष्य की सब भावनाओं को समझ सके।

2. विधि निर्माता में इस बात की योग्यता होनी चाहिए कि वह व्यक्ति को सम्पूर्ण समाज का भाग बना सके। रूसोके शब्दों में, ''उसमें व्यक्ति को महत्तर समष्टि के एक अंग के रूप में बदल देने के क्षमता होनी चाहिए।''

3. विधि निर्माता को शासन का अंग नहीं होना चाहिए अन्यथा उसके द्वारा बनाई गयी विधि उसकी व्यक्तिगत इच्छाओं की ही पूर्ति करने वाली होगी। रूसो का तात्पर्य है

कि व्यवस्थापन व कार्यपालन दोनों से सम्बन्धित कार्य अलग-अलग हाथों में होना चाहिए।

रूसो के अनुसार शासन के विविध रूप

(Forms of Government according to Rousseau)

रूसो के प्रतिपादन के अनुसार सामाजिक समझौते के अनुसार किसी शासन की स्थापना नहीं होती, वरन् उसके द्वारा केवल एक ऐसे समाज की स्थापना होती है, जो स्वयं सम्प्रभु होता है तथा सरकार जिसकी इच्छा के क्रियान्वन एक अभिकरण के रूप में कार्य करती है। इस इच्छा को रूसो ने सामान्य इच्छा कहा गया है। इस सामान्य इच्छा के विषय में रूसो का मत है कि जनता के आकार व उसके चरित्र के अनुसार सामान्य इच्छा भिन्न-भिन्न हो सकती है। अत: उसका विचार यह है कि शासन का कोई एक प्रकार सब समाजों व सदा के लिए सर्वोत्तम नहीं हो सकता। अलग-अलग प्रकार के समाजों के लिए अलग-अलग प्रकार के शासन उपयुक्त हो सकते हैं। इसी प्रकार जैसे-जैसे लोगों की परिस्थितियाँ बदलती हैं, उसी प्रकार शासन के रूप भी बदलते हैं। रूसो के स्वयं के शब्दों में ''चूँकि हजारों प्रकार की बातों से लोगों की परिस्थितियों बदल सकती हैं, केवल यही नहीं होता कि विविध प्रकार के लोगों के लिए विविध प्रकार के शासन उत्तम हो सकते हैं, वरन् यह भी होता है कि किन्हीं एक ही लोगों के लिए भिन्न-भिन्न समयों पर भिन्न-भिन्न प्रकार के शासन आवश्यक हों।'' अत: राजनीति शास्त्र की समस्या उन सिद्ान्तों व विधियों का अध्ययन करना है, जिनसे यह निर्धारित किया जा सके कि किसी देश के लोगों के लिए वस्तुत: किस प्रकार का शासन उपयुक्त हो सकता है। रूसो के विचार के अनुसार संसार में शासन के जो अनेक रूप पाये जाते रहें है, उसका यही कारण है कि अलग-अलग प्रकार के लोगों के लिए और अलग-अलग समयों पर अलग-अलग प्रकार के शासनों की आवश्यकता होती है।

शासनतन्त्र के विविध प्रकार (Various Kinds of Government)

उपर्युक्त आधार को दृष्टिगत रखते हुए रूसो ने शासनतन्त्रों का वर्गीकरण किया है तथा शासनतन्त्रों के निम्न प्रकारों का वर्णन किया है :

1. **लोकतन्त्र**-रूसो के अनुसार लोकतन्त्र शासन का वह प्रकार है, जिसमें शासन की शक्तियों का प्रयोग सम्पूर्ण जनता करती है या उसका अधिकांश भाग करता है। इस प्रसंग में रूसो ने कहा है कि, ''सम्प्रभु सर्वप्रथम कार्यपालिका शक्ति सम्पूर्ण जनता या उसकी बहुसंख्या को प्रदान कर सकता है। इस दशा में अधिकारी नागरिक अन्य नागरिकों से अधिक होते हैं। शासन का यह प्रकार लोकतन्त्र कहलाता है।''

2. कुलीनतन्त्रों-रूसो के अनुसार, जब शासन की शक्तियों का प्रयोग अपेक्षाकृत छोटी जनसंख्या के हाथों में रहता है, तो उसके कुलीनतन्त्र कहते हैं। इस सम्बन्ध में रूसो का कथन है कि "संप्रभु शासन को एक छोटी संख्या के हाथों में दे सकता है और ऐसी दशा में सामान्य नागरिकों की संख्या अधिकारियों से अधिक होती है। इस प्रकार को कुलीनतन्त्र कहते हैं।"

3. राजतन्त्र-रूसो ने शासन के उस प्रकार को राजतन्त्र कहा है, जिससे शासन की शक्ति केवल एक व्यक्ति के हाथों में होती है। इस सम्बन्ध में रूसो ने कहा है कि "सम्प्रभु शासन को किसी एक ऐसे अधिकारी के हाथों में केन्द्रित कर सकता है, जिससे अन्य सब अपने अधिकार पाते हों। यह तीसरा प्रकार, जो बहुत प्रचलित है, राजतन्त्र कहलाता है।"

4. मिश्रित तन्त्र-उक्त तीन तन्त्रों का प्रतिपादन करने के बाद रूसो ने इस सबके व्यावहारिक पक्ष की बात करते हुए यह कहा है कि कोई भी तन्त्र पूरी तरह से उक्त प्रकारों में से किसी प्रकार का नहीं हो सकता। उदाहरणार्थ, हम यही होते हैं कि राजतन्त्र के एकमात्र शासक को अपने अधीनस्थ अनेक अधिकारियों की आवश्यकता होती है, जबकि लोकतन्त्रीय शासन को एक अध्यक्ष रखना पड़ता है। ऐसी दशा में व्यवहार में शासन का जो रूप प्राय: प्रचलित होता है यह उसका वह रूप होता है, जिसे रूसो ने मिश्रित तन्त्र (Mixed Government) कहा है।

शासन का सर्वोत्तम रूप (The best form of Government)

शासन के विविध रूप में से सर्वोत्तम कौन-सा हो सकता है, इस सम्बन्ध में रूसो का मत है कि यह देश-काल की परिस्थितियों पर निर्भर करता है। एक ही प्रकार का शासन सब देशों के लिए और एक ही देश के लिए सदा उपयुक्त नहीं हो सकता। फिर भी सामान्यत: रूसो ने लोकतन्त्र को अच्छा शासन माना है, क्योंकि इसमें जनता स्वयं समप्रभुता का उपभोग करती है। पर वे इस बात के प्रति सजग हैं कि इस प्रकार शासन आर्थिक सामाजिक समानता से युक्त छोटे-छोटे जन-समूहों में बसे हुए देशों में ही सम्भव हो सकता है। इसलिए उन्होंने कहा है कि "यदि सही कहा जाय, तो सच्चा प्रजातन्त्र न कभी हुआ और न कभी होगा।" वर्तमान समय के प्रतिनिध्यात्मक लोकतन्त्र वाले देशों के लिए यह सुझाव देता है कि उसमें समय-समय पर जनता की सभाएँ बुलायी जायें, "जिससे वह सामान्य इच्छा व्यक्त करके अपनी संप्रभुता का प्रदर्शन कर सके, शासन के रूप के विषय में निर्णय कर सके और यदि आवश्यक हो, तो तत्कालीन सरकार के बदलने का निर्णय ले सके।" उसका विचार है कि इस प्रकार की जन सभाओं से शासन पर अंकुश रह सकता है और जनता की सम्प्रभुता की रक्षा हो सकती है।

रूसों के कुछ अन्य प्रमुख विचार

(Some Other Important Thoughts of Rousseau)

कानून सम्बन्धी विचार

रूसो ने अपने निबन्ध 'राजनीतिक अर्थशास्त्र' में कानून का विशेष महत्त्व दर्शाया है। मनुष्यों की प्राकृतिक को कानून द्वारा नागरिक का रूप प्राप्त होता है। कानून ही से प्रत्येक व्यक्ति को यह शिक्षा मिलती है कि वह अपने निर्धारित विचारों के अनुरूप कार्य करे और अपने से असंगत रूप के कार्य से बचे। यदि कानून का पालन नहीं किया जाएगा तो नागरिक समाज की व्यवस्था समाप्त हो जाएगी और मनुष्य को पुनः प्राकृतिक अवस्था में लौट जाना पड़ेगा। अपने सुप्रसिद्ध ग्रन्थ 'सामाजिक अनुबन्ध' (Social Contract) में रूसो ने चार प्रकार के कानूनों का वर्णन किया है –(1) राजनीतिक या आधारभूत कानून जिनके द्वारा सम्प्रभूता का राज्य के साथ सम्बन्ध निर्धारण होता है, (2) दीवानी कानून जिनसे नागरिकों के पारस्परिक सम्बन्ध निर्धारित होते हैं, (3) फौजदारी कानून जो कानून की आज्ञा के उल्लंघन का दण्ड निश्चित करते हैं, और (4) जनमत नैतिकता तथा रीति-रिवाज। रूसो के मतानुसार ये ही राज्य के वास्तविक संविधान है और नागरिकों के हृदय-पटल पर अंकित है।

रूसो के अनुसार कानून सामान्य इच्छा की अभिव्यक्ति है। "एक कानून सम्पूर्ण जनता का सम्पूर्ण जनता के लिए प्रस्ताव है जिसका सम्बन्ध ऐसे विषय से होता है जिसका सम्बन्ध सबसे होता है।" कानून का सम्बन्ध सामान्य हित से होता है और उसका स्रोत समस्त समाज होना चाहिए। कानून का निर्माण न तो व्यक्ति-विशेष के लिए है, न कार्य विशेष के लिए। व्यक्ति की सत्ता, पक्षपात, संकीर्णता आदि की कोई गुँजाइश इसमें नहीं है। व्यापकता के आधार पर ही कानून बनता है अन्यथा वह कोरा आदेश है। कानून की मर्यादा केवल व्यापक स्वरूप दर्शाने की है, उसके बाहर वह नहीं जा सकता। सरकार या कोई राजकुमार किसी भी अर्थ में कानून के ऊपर नहीं माना जा सकता। सामान्य इच्छा सदैव जनता के कल्याण की कामना करती है, अतः यह कभी भी कानून द्वारा अन्याय करने की इच्छा नहीं कर सकती। "कानून हमारे आन्तरिक संकल्प की अभिव्यक्ति है अतः स्वतन्त्रता और कानूनों की आज्ञाकारिता में कोई विरोध नहीं है।" रूसों के इस महत्त्वपूर्ण मन्तव्य का कि सामान्य इच्छा या संकल्प ही कानून का निर्माण करता है, व्यावहारिक परिणाम भी निकला। सन् 1795 ई. में फ्राँसीसी संविधान की धारा 6 में यह घोषणा की गई कि कानून सामान्य संकल्प है और नागरिकों के बहुमत अथवा उनके प्रतिनिधियों द्वारा यह प्रकट होता है। रूसो का विश्वास है कि कानून की समाज में समानता स्थापित करता है और कोई भी राज्य केवल तभी तक वैध है जब तक वह कानून के अनुसार कार्य करता है। स्पष्ट है कि रूसो भी कानून को उसी प्रकार सर्वोच्चता

देता है जिस प्रकार प्लेटों ने दी थी। अन्तर केवल यही है कि रूसो अपने कानूनरूपी प्रभु को सामान्य इच्छा के अधीन कर देता है। कर्त्तव्य और अधिकार का योग भी कानूनों द्वारा ही सम्भव है और कानून द्वारा ही न्याय अपने लक्ष्य की पूर्ति कर सकता है। जब नागरिक समाज की व्यवस्था होती है तब समस्त अधिकारों का निर्धारण कानून द्वारा ही हो सकता है। कानून पर विचार करते समय रूसो ने विधि-निर्माता की आवश्यकता को नहीं भूलाया है। सही रूप में कानून की व्यापकता का उद्घाटन करने के लिए विधि-निर्माता तथा विधायक का होना जरूरी है। रूसो के अनुसार ल्यूमा, लाइकरगस, सोलेन मोछेस, काल्विन आदि की तरह प्रख्यात दार्शनिक ही कानून का सही अर्थ में निर्माण कर सकते हैं क्योंकि सामान्य इच्छा पहिचानने की अद्वितीय बौद्धिक क्षमता तथा प्रतिभा ऐसे व्यक्तियों में ही हो सकती है।

स्वतन्त्रता सम्बन्धी विचार

रूसो स्वतन्त्रता का महान् पैगम्बर था। जिस ओजस्वी भाषा में उसने स्वतन्त्रता का महत्त्व घोषित किया है उसका शिक्षित वर्ग पर सदैव प्रभाव बना रहेगा। 'Social Contract' में उसने लिखा है -"स्वतन्त्रता मानव का परम् आन्तरिक तत्त्व है।" स्वतन्त्रता मानवता का प्राण है जिसके अपहरण का अर्थ है मानवता का विलोप होना। स्वतन्त्रता ही नैतिकता का आधार है। स्वतन्त्र भाव से काम करने पर ही उत्तरदायित्व अभिव्यक्त होता है। जड़वत् कार्य करने में नैतिकता की अभिव्यञ्जना नहीं हो सकती। व्यक्ति यद्यपि सामाजिक अनुबन्ध करते हुए अपने अधिकार एक सामूहिक संस्था को अर्पित कर देते है किन्तु यह सामाजिक संस्था कोई बाह्य सत्ता न होकर अनुबन्ध-कर्ताओं का समुदाय मात्र होती है जिसके द्वारा व्यक्ति की स्वतन्त्रता पर लगाए गए प्रतिबन्ध वास्तविक नहीं होते। इनसे व्यक्ति की स्वतन्त्रता पर लगाए गए प्रतिबन्ध वास्तविक नहीं होते। इनसे व्यक्ति की स्वतन्त्रता को कोई क्षति नहीं पहुँचती, क्योंकि जिस कानून को हम स्वयं ही बनाते है उसके पालन से हमारी स्वतन्त्रता का हनन नहीं होता। इसका पालन करते हुए तो हम स्वयं की इच्छा का पालन करते हैं। यहाँ उल्लेखनीय है कि रूसो सम्प्रभु और सरकार में विभेद करता है। यदि सरकार सम्प्रभु की शक्ति का अपहरण कर ले तो सामाजिक अनुबन्ध टूट जाता है और समस्त नागरिक अपनी उस नैसर्गिक स्वतन्त्रता को प्राप्त कर लेते हैं जिसे नागरिक समाज में आने पर उन्होंने त्याग दिया था। पर चूँकि अनुबन्ध सहमति पर आश्रित है अत: अनुबन्धवाद का समर्थन वैयक्तिक स्वतन्त्रता का अनुमोदन है। रूसो स्वतन्त्रता का अर्थ स्वच्छन्दता या मनमाना कार्य करने की आजादी से नहीं लेता। सामाज द्वारा सामान्य हित की दृष्टि से बनाए गए नियमों का पालन व्यक्ति को अवश्यक करना चाहिए। यदि यातायात में व्यवस्था स्थापित करने के लिए और संभावित दुर्घटनाओं को रोकने के लिए सड़क पर बाई ओर चलने का नियम बनाया जाता है तो इस नियम का पालन करने से व्यक्ति की स्वन्त्रता का हनन नहीं होता। यदि व्यक्ति

स्वतन्त्रता का अनुचित अर्थ लेते हुए अपनी गाड़ी सड़क पर इधर-उधर घुमाते हुए चले तो इस आचरण से न केवल वह स्वयं को ही खतरे में डाल देगा अपितु दूसरों के जीवन को भी खतरा पैदा कर देगा। उनका यह आचरण सामान्य इच्छा की अवहेलना करने वाला होगा। यह स्वतन्त्रता नहीं उच्छंखलता होगी। स्मरणीय है कि रूसो लॉक की भांति स्वतन्त्रता, जीवन और सम्पत्ति के अधिकार को मनुष्य के प्राकृतिक नहीं अपितु राज्य-प्रदत्त नागरिक (Civil) अधिकार मानता है।

समानता विषयक विचार

रूसो की मान्यता है कि समानता के अभाव में स्वतन्त्रता नहीं टिक सकती। प्रकृति में सर्वत्र असमानता है और रूसो इस प्राकृतिक असमानता के बदले हमें सामाजिक अनुबन्ध-जनित नैतिक एवं विहित समानता के दर्शन कराता है। यद्यपि भौतिक असमानताएँ नष्ट नहीं हो सकतीं किन्तु मनुष्य कानूनी दृष्टि से समान बनाए जा सकते हैं। रूसो यह भी नहीं चाहताकि किसी को इतनी शक्ति प्राप्त हो जाए कि वह उसका निरंकुश प्रयोग कर सके। शक्ति का प्रयोग तो कानून और पद के अनुरूप ही करना होगा। धनिकों के लिए अपेक्षित है कि वे अपने धन और पद का प्रयोग संयम और समभाव से करें। इसी तरह सामान्य जन-समूह को भी चाहिए कि वह तृष्णा और लोलुपता के मार्ग पर न चलें। राज्य का आर्थिक स्वास्थ्य तभी बना रह सकता है जब न कोई नागरिक इतना धन-सम्पन्न हो कि वह दूसरे को खरीद ले और न गरीब एवं साधनहीन हो कि वह स्वयं को बिक जाने दे। रूसो के इन विचारों से धन की भयावह विषमताओं के प्रति उसकी घृणा प्रकट होती है। हमें यह मानने में दुविधा नहीं होती कि वह आर्थिक समानताओं का अन्त चाहता था।

धर्म एवं शिक्षा सम्बन्धी विचार

रूसो के धर्म सम्बन्धी विचार क्रान्तिकारी है। वह हॉब्स की तरह धर्म को राज्याधीन मानता है। उसने धर्म के तीन प्रकार बताए है-(1) वैयक्तिक धर्म, (2) नागरिक धर्म, एवं (3) पुरोहित धर्म।

वैयक्तिक धर्म मनुष्य की अपनी संस्थाओं और अपने आन्तरिक विश्वासों पर आधारित है। यह धर्म सर्वश्रेष्ठट है किन्तु साँसारिक दृष्टि से अव्यावहारिक है, अतः इसमें व्यक्ति अपने नागरिक कर्त्तव्यों का दुर्लक्ष्य करता है। वैयक्तिक धर्म ईश्वरीय नियमों पर आधारित आडम्बरहीन सहज धर्म है।

नागरिक धर्म राष्ट्रीय तथा ब्राह्य है और संस्कारों, रूढ़ियों तथा विधियों से निश्चित है। नागरिक धर्म रूसो की एक निराली कल्पना है जो सम्भवतः उसके मस्तिष्क में प्लेटों के 'लॉज' एवं अन्य यूनानी विचारकों के चिन्तन में आई है। यूनानियों का

विश्वास था कि सामूहिक चेतना की पुष्टि एवं तेजस्विता के लिए कुछ मौलिक अवस्थाओं का होना आवश्यक है और हम देखते हैं कि रूसो ने भी समाज को दृढ़ करने के लिए नागरिक धर्म की कल्पना की। रूसो ने इस धर्म के पाँच विधेयात्मक सूत्र बताए हैं- (1) ईश्वर की सत्ता में विश्वास करना और यह मानना कि वह परम ज्ञानी, दूरदर्शी और दयालु है, (2) पुर्नजन्मवाद में विश्वास, (3) पुन्यात्मा सुख पायेंगे, (4) पापात्मा दण्ड भोगेंगे, तथा (5) सामाजिक अनुबन्ध और विधियों की पवित्रता की रक्षा करना महत् कर्त्तव्य है। रूसो ने नागरिक धर्म का केवल एक निषेधात्मक सूत्र बतलाया है और वह है असहिष्णुता। इसका अभिप्राय है कि असहिष्णु व्यक्तियों के लिए राज्य में स्थान नहीं होना चाहिए। यह आश्चर्य की बात है कि रूसो नागरिक धर्म पर पूर्व सम्मति देकर फिर उसके प्रतिकूल आचरण करने वालों का वध करने का समर्थन करता है। "स्वतन्त्रता के महान् पैगम्बर का धर्मान्धता के नाम पर यह कहना कि जो व्यक्ति नागरिक धर्म की स्वीकृति देकर उसके विरोध में आचरण करे उसकी हत्या उचित है, सर्वथा असंगत और निन्दनीय है। यह तानाशाही और सर्वाधिकारवाद का सूचक है। यह ठीक है कि रूसो का उद्देश्य पवित्र है और वह समाज के आधार को मजबूत करना चाहता है किन्तु सामाजिक संगठन के नाम पर नागरिक धर्म नामक विश्वास को प्रश्रय देने वाले मन्तवयों को मजबूत करना सर्वथा कृत्रिम और उपहासास्पद मालूम पड़ता है। ऐसा प्रतीत होता है कि विशिष्ट संकल्पों (इच्छाओं) के सामान्य संकल्प द्वारा दमन का प्रस्ताव उपस्थित कर तथा नागरिक धर्म का संदेश घोषित कर रूसो उदारवाद का सर्वथा नाश कर रहा है।"

पुरोहित धर्म वह धर्म है जो पुरोहितों-पादरियों द्वारा दिया जाता है। यह धर्म सबसे निकृष्ट है क्योंकि यह दो तरह के प्रधानों अथवा दो सत्ताओं को जन्म देता है और जनसाधारण को परस्पर विरोधी कर्त्तव्यों में फँसा देता है। फलस्वरूप संघर्ष और कलह का वातावरण उत्पन्न होता है और राज्य की प्रगति को बाधा पहुँचती है।

रूसो के अनुसार इन सब धर्मों में दोष हैं अत: राज्य को नागरिक विश्वासों का धर्म (Civil religion) पर जो सामाजिकता और सज्जनता पर बना है, चलना चाहिए।

रूसो के शिक्षा सम्बन्धी विचार उसके 'Emile' नामक ग्रन्थ में है जिसमें शिक्षा का उद्देश्य 'मनुष्य को निर्वासित प्रकृति का पुर्नस्थापन' (Effectual rehabilitation of human nature) बतलाया गया है। इस ग्रन्थ के कारण उसे प्रगतिवादी शिक्षा (Progressive Education) का जनक माना जाता है। रूसो ने ऐसी शिक्षा का समर्थन किया है जो मनुष्य की आन्तरिक प्रकृति को संवार कर उसे वैभवशाली बनाए। उनका आग्रह है कि बचपन से युवावस्था तक गृह-शिक्षा और नागरिक शिक्षा दी जानी चाहिए। रूसो ने 'एमिल' (Emile) नामक व्यक्ति के शिक्षण का रूपक लेकर अपने ग्रन्थ में शिक्षा-दर्शन व्यक्त किया है। एमिल को पठन, लेखन, गायन, गणित, राष्ट्रीय इतिहास आदि की शिक्षा

दी जाती है। उसे शारीरिक एवं तकनीकी शिक्षा भी मिलती है। रूसो ने शिक्षा-योजना और शिक्षण विधि सम्बन्धी जो विचार दिए हैं, वे आज भी शिक्षा के क्षेत्र में पथ-प्रदर्शन कर रहे हैं। उल्लेखनीय है कि अपने समय की शिक्षा-व्यवस्था का विरोधी होने के कारण रूसो को कठोर प्रतिरोध का सामना करना पड़ा। उसके अनेक शत्रु हो गए। उसने लिखा था कि तात्कालीन शिक्षा ऐसे व्यक्तियों का निर्माण करती है जिनके पास न प्राकृतिक स्वाधीनता है, न पूर्ण नागरिक आश्रय। बाल-शिक्षा को पादरियों के हाथ से निकाल लेने तथा किशोरावस्था तक धर्म-शिक्षा का निषेध करने की उसकी प्रस्थापनाओं से पादरी वर्ग बहुत क्रोधित हो गया है, उसके ग्रन्थ 'एमिल' को अग्नि के भेंट चढ़ा दिया गया और फ्राँस की संसद तथा जेनेवा की सरकार ने भी उसकी निन्दा की। इसी कारण उसे फ्राँस छोड़कर भी भागना पड़ा।

7

थॉमस हॉब्स

थॉमस हॉब्स राज्य का अध्ययन मानव-स्वभाव के विश्लेषण से करता है। उसने मानव-स्वभाव की व्याख्या की है और अपने सभी सिद्धान्त उस पर आधारित किए हैं। अरस्तू के विपरीत वह मानता है कि "मनुष्य असामाजिक प्राणी है। मानव को वस्तुएँ या तो आकर्षित करती है या विकर्षित। आकर्षण को इच्छा कहा जाता है, विकर्षण को घृणा।" मनुष्य की प्रत्येक इच्छा में उसका स्वार्थ निहित है।" जिन वस्तुओं से वह आकर्षित होता है, उन्हें अच्छी कहता है, जिन्हें वह नापसन्द करता है, उन्हें बुरी कहता है। अच्छाई या बुराई वस्तुओं में नहीं बल्कि मानव-भावना में है।" मनुष्य के समस्त क्रिया-कलाप स्वार्थ-भावना से प्रेरित तथा संचालित हैं। सामान्यत: सामाजिक तथा लौकिक व्यवहार में मनुष्य सदैव यह प्रयत्न करता है कि उसकी सम्पत्ति आदि सुरक्षित रहे, उसका जीवन निर्बन्ध निर्द्वन्द्व रहे और उसकी एषणाएँ-वासनाएँ एवं क्षुधा पूरी होती रहे। युगों से भूखा और अतृप्त मानव अपनी अभिलाषाओं की तुष्टि में ही सतत् संलग्न रहता है। अवसर पाते ही सर्वग्राही पिशाच की तरह टूट पड़ता है और स्वयं को जीवित रखने तथा स्वयं की इच्छा-पूर्ति के लिए दूसरे को ध्वस्त करने से नहीं हिचकता। थॉमस हॉब्स के ही शब्दों में "प्रकृति ने सभी मनुष्यों को शारीरिक शक्तियों, मानसिक बुद्धि आदि में समान बनाया है अत: जिस लाभ-विशेष की माँग एक व्यक्ति करता है, उसकी माँग

दूसरा भी करता है। शारीरिक शक्ति में एक मनुष्य दूसरे से शक्तिशाली हो सकता है, परन्तु दूसरे लोग गुप्त छल से या गुटबन्दी करके उसे मार सकते हैं।" एक ही वस्तु को प्राप्त करने के दो अभिलाषी व्यक्ति परस्पर शत्रु बन कर एक-दूसरे पर विश्वास नहीं करते। थॉमस हॉब्स का कहना है कि लक्ष्य को प्राप्त करने की योग्यता सभी में लगभग बर बर होती है। शारीरिक बल की कमी की पूर्ति बौद्धिक योग्यता और बोद्धिक योग्यता की कमी की पूर्ति शारीरिक बली द्वारा हो जाती है। सामर्थ्य की कमी की इसी समता के कारण लक्ष्य-प्राप्ति की आशा की समता का उदय होता है और बराबरी में मनुष्यों में जब प्रतिद्वन्द्विता होती है की एक-दूसरे को विनष्ट किए बिना ही वे अपनी कीर्ति की स्वीकृति करा देना चाहते हैं। फलत: निरन्तर संघर्ष चलता है। दोनों प्रतिद्वन्द्वी आहत होकर मौत के भयानक साये में छटपटाते हैं। इस निरन्तर संघर्ष के तीन प्रमुख कारण है। थॉमस हॉब्स के ही शब्दों में- "हम मानव-स्वभाव में झगड़े के तीन प्रमुख कारण देखते हैं। पहला प्रतिस्पर्द्धा, दूसरा पारस्परिक अविश्वास और तीसरा वैभव। प्रतिस्पर्द्धा के कारण वे लाभ के लिए, विश्वास के अभाव के कारण रक्षा के लिए तथा वैभव-प्राप्ति के कारण प्रसिद्धि के लिए परस्पंर संघर्ष करते हैं। उनको वशवर्ती बनाए रखने वाली किसी शक्ति के अभाव में मनुष्य स्वभावत: निरन्तर संघर्ष में उलझे रहते हैं। मनुष्य पूर्णतया अहं-केन्द्रित है और जीवन की यह यथार्थ वास्वविकता सभी संवेगों-आवेगों को जन्म देती है।"

थॉमस हॉब्स मनुष्य की विविध भावनाओं की विवेचना करता हुआ अन्त में उन्हें दो भौतिक एवं प्रारम्भिक भावनाओं-इच्छा तथा अनिच्छा तक सीमित कर देता है। वह वैभव, ईर्ष्या, द्वेष, दया, नम्रता आदि सभी भावनाओं का आधार इन्हीं दो मूल प्रवृत्तियों को मानता है। "इस निश्रेयण की आधारभूत विशेषता यह है कि इसमें समस्त भावनाओं का केन्द्र स्वयं मनुष्य के अहंकार और स्वार्थपरता के ही विभिन्न रूप हैं। थॉमस हॉब्स की धारणा का मनुष्य पूर्णत: स्वार्थी है। समस्त मानव-व्यवहार को अहंभाव पर आधारित करने के प्रयास ने ही थॉमस हॉब्स की प्रणाली को एक निश्चित वैज्ञानिक रूप दिया है। थॉमस हॉब्स का इस निश्रेयण पद्धति की दो मुख्य विशेषताएँ है-प्रथम तो यह है कि निश्रेयण पद्धति निगमनात्मक है और द्वितीय यह है कि थॉमस हॉब्स का सिद्धान्त सुखवाद से एकदम भिन्न है। वह सुख देने वाली वस्तु या बात को शुभ और पीड़ादायक वस्तु या बात को अशुभ नहीं बतलाता और न ही यह कहता है कि हम केवल सुख की कामना करते हैं और दु:ख से त्राण चाहते हैं। उसकी दृष्टि में आधारभूत बात तो यह है कि मनुष्य सुखान्वेषी न होकर अपनी आवश्यकताओं की सन्तुष्टि करने वाली वस्तुओं की इच्छा करते हैं। इस तरह थॉमस हॉब्स "सुख-दु:ख की परिभाषा में न पड़कर उत्प्रेरणा सहोद्गार की परिभाषा में विचार करता है। प्रत्येक विस्फुरण जीव पर अनुकूल प्रभाव डालता है। यदि विस्फुरण अनुकूल है तो जीव की इच्छा होती है कि वह जारी रहे; यदि विस्फुरण प्रतिकूल है तो वह उससे मुक्ति चाहता है।" सेबाइन के शब्दों में-"समस्त

व्यवहार के पीछे एक नियम है और वह यह कि जीवित शरीर स्वभावत: ही अपनी प्राण-शक्ति को बनाए रखना अथवा उसे सम्बल पहुँचाना चाहता है। साराँश यह है कि समस्त व्यवहार के पीछे शरीर शस्त्र का एक सिद्धान्त रहता है और वह आत्म-संरक्षण; जिसका अर्थ है व्यक्तिगत जैविक अस्तित्व का बना रहना। शुभ वह है जो इस उद्देश्य की पूर्ति करे और अशुभ वह है जो इसके विपरीत हो अथवा जिसका प्रभाव इसके विरुद्ध हो।" इस आत्म-संरक्षण के लिए ही व्यक्ति शाश्वत संघर्ष में व्यस्त रहता है और उसका जीवन अधिकाधिक शक्ति प्राप्त करने की एक निरन्तर और निर्विश्राम इच्छा बन जाता है। अत: स्पष्ट है कि मानव-स्वभाव की मुख्य विशेषता शक्ति की प्राप्ति और प्राप्त शक्ति का निरन्तर संवर्द्धन है। थॉमस हॉब्स के विचारों से हमारे समक्ष मानव-स्वभाव के आसुरी लक्षणों का पहलू स्पष्ट हो जाता है लेकिन थॉमस हॉब्स ने मानव-स्वभाव की मुख्य विशेषता शक्ति की प्राप्ति और प्राप्त शक्ति का निरन्तर संवर्द्धन है। थॉमस हॉब्स के विचारों से हमारे समक्ष मानव-स्वभाव के आसुरी लक्षणों का पहलू स्पष्ट हो जाता है लेकिन थॉमस हॉब्स ने मानव-स्वभाव के दैवी लक्षणों वालें दूसरे पहलू की कल्पना भी की है। उसने कहा है- "मनुष्य में कुछ ऐसी इच्छाएँ भी होती हैं जो उसे युद्ध के लिए नहीं अपितु शान्ति एवं मैत्री के लिए प्रेरित करती हैं। आराम की इच्छा, ऐन्द्रिक सुख की कामना, मृत्यु का भय, परिश्रम से अर्जित वस्तुओं के भोग की लालसा मनुष्य को एक शक्ति की आज्ञा मानने के लिए बाध्य कर देती है।" इसका कारण यही है कि उसी (सामान्य शक्ति) के नियन्त्रण में रह कर ही मनुष्य की स्वार्थपूर्ण इच्छाओं की पूर्ति हो सकती है।

यद्यपि थॉमस हॉब्स ने मानव-स्वभाव के दैवी लक्षणों का आभास दिया है किन्तु प्रधानता उसने पूर्णत: आसुरी लक्षणों को ही प्रदान की है। मनुष्य सामान्यत: आसुरी लक्षणों के प्रभाव में ही रहता है। यदि उसमें दैवी लक्षणों का अंश है तो वह भी केवल इसीलिए कि उनकी स्वार्थ-सिद्धि में सहायता मिलती है। अत: मनुष्य में आधारभूत मूल प्रवृत्ति स्वार्थ की ही और स्वार्थ-पूर्ति के लिए ही बौद्धिक, मानसिक एवं शारीरिक सभी व्यापार केन्द्रित हैं। सहयोग का कोई स्थान जीवन में नहीं है, यदि है तो वह स्वार्थ-सिद्धि के लिए है। स्वार्थ की पूर्ति के लिए ही मनुष्य में शक्ति-संचय की ऐसी प्रबल इच्छा वर्तमान रही है जो उसकी शान्तिप्रियता की कब्र खोदती रहती है और जिसका अवसान उसकी (मनुष्य की) मृत्यु के साथ ही होता है। संघर्ष आधिपत्य-स्थापना की चेष्टा, भोग-लालसा, धन, ज्ञान, यश कामना, आपेक्षिक शौर्य आदि सभी इस मूल प्रवृत्ति के परिणाम हैं। मानव-स्वभाव में यदि सद्गुणों का कभी उदय होता भी है तो वह किसी स्वार्थ की पूर्ति की लालसा से ही होता है, अन्यथा नहीं। मुख्यत: मनुष्य स्वार्थी है और उनकी समस्त भावनाओं का केन्द्र उसका अहम् है। थॉमस हॉब्स के मानव-स्वभाव सम्बन्धी विचारों पर टिप्पणी करते हुए जोन्स ने लिखा है कि "थॉमस हॉब्स जो बातें कहता है उनमें नहीं पर जो बातें अस्वीकार करता है उनमें गलत है। मानव-दोषों की

अतिरंजना करके और उन पर अतिशय बल देकर उसने मानव-स्वभाव का मानव-द्वेषी चित्र अंकित किया है।"

सम्प्रभुता पर थॉमस हॉब्स के विचार

ग्रीक दर्शन की सबसे बड़ी त्रुटि यह है कि उसमें कहीं भी सम्प्रभुता, उसकी प्रकृति एवं स्थान को स्पष्ट नहीं किया गया। यद्यपि इसके अंश को प्लेटो और अरस्तू के राज्य सम्बन्धी "नियामक विचार" में देखा जा सकता है, परन्तु एक अवधारणा के रूप में सम्प्रभुता के विचार को रोमन विधिवेत्ताओं के 'मेजस्टम' सिद्धान्त में देखा जा सकता है, परन्तु यहाँ यह विचार व्यक्ति की निजी भक्ति के साथ जुड़ा हुआ था। रोमन विधिवेत्ताओं को इस बात का श्रेय अवश्य है कि उन्होंने इस शब्द को प्रचलित किया। बोदाँ ने सम्प्रभुता को आधुनिक परिभाषा तो दी, परन्तु उसे प्राकृतिक कानूनों, संवैधानिक कानूनों और सम्पत्ति के अधिकारों से मर्यादित कर दिया।

थॉमस हॉब्स के राजनीतिक दर्शन की प्रमुख विशेषता यह है कि उसने सर्वप्रथम सम्प्रभुता के महत्त्व को समझा, उसका विश्लेषण किया तथा उसका स्थान निश्चित किया और उसकी शक्तियों और सीमाओं को निर्धारित किया। वाहन ने लिखा है कि थॉमस हॉब्स वह दार्शनिक है, जिसने सर्वप्रथम इस बात को अनुभव किया कि राज्य के पूर्ण सिद्धान्त में मूल विचार सम्प्रभुता का है, उसने ही सर्वप्रथम इसके स्थान, कार्यों और सीमाओं को निश्चित करने की आवश्यकता पर बल दिया।" थॉमस हॉब्स लिखता है कि सम्प्रभुता राजनीतिक जीवन का आवश्यक तत्त्व है। इसके अभाव में कोई समाज या नागरिक समाज नहीं, कोई व्यवस्था नहीं, कोई कानून नहीं, कोई न्याय-अन्याय, उचित-अनुचित के नियम नहीं। सम्प्रभुता के सिद्धान्त द्वारा थॉमस हॉब्स कानूनों के ऐसे स्त्रोत को उत्पन्न करना चाहता है, जिसकी शक्ति उस क्षेत्र में अविभाज्य, अविच्छेद, असीमित, स्थिर और अदेय हो। थॉमस हॉब्स सम्प्रभु को अपनी शक्ति का निर्विवाद स्वामी बनाना चाहता है। थॉमस हॉब्स प्रथम दार्शनिक है जिसने सम्प्रभुता पर किसी प्रकार की सामाजिक, धार्मिक, नैतिक, प्राकृतिक या दैवी मर्यादाओं को स्वीकार नहीं किया। थॉमस हॉब्स लिखता है कि "जो लोग अपनी बर्बर स्थिति से ऊपर उठे हैं, वे राजनीतिक, नैतिक और धार्मिक कर्त्तव्यों के सम्बन्ध में निर्णायक निर्णय राज्य के प्रधान (सम्प्रभु) से प्राप्त करते हैं, विधर्मी भूत के बुद्धिमानों, दार्शनिकों और वक्ताओं या ईसाई युग के सन्तों और धर्म वैज्ञानिकों से नहीं।" राज्य (सम्प्रभु) इच्छा को सभी अधिकारों का स्त्रोत बनाकर थॉमस हॉब्स न केवल ग्रोशियस और उसके स्कूल से पृथक् हो जाता है, बल्कि राजनीतिक सत्ता को प्रतिष्ठित करने में मैकियावली से भी आगे बढ़ जाता है। जहाँ मैकियावली व्यवहार में राजनीति को धर्म और नैतिकता से पृथक् करता है, वहाँ थॉमस हॉब्स राजनीतिक सिद्धान्त के रूप में राजनीति को धर्म और नैतिकता से ऊपर रखता है। गेटल ने लिखा है

कि "जहाँ ग्रोशियस ने यह शिक्षा दी कि प्राकृतिक कानून और राष्ट्रों के कानून (अन्तर्राष्ट्रीय कानून) सभी राज्यों पर बाध्यकारी शक्ति रखते हैं, वहाँ थॉमस हॉब्स ने यह शिक्षा दी कि प्राकृतिक कानून, राष्ट्रों के कानून और दैवी कानूना राज्य के सम्प्रभु की इच्छा के माध्यम से ही व्यक्ति पर बाध्यकारी हो सकते हैं।" थॉमस हॉब्स की सम्प्रभुता निरपेक्ष, सर्वव्यापी, असीमित, अविभाज्य, अविच्छेद्य, स्थिर और अदेय है।

थॉमस हॉब्स की मान्यता है कि सभ्य समाज में व्यक्ति कानून के शासन के आधार पर ही एकत्रित या संगठित रह सकते हैं। जहाँ अरस्तू, सन्त थॉमस और मैकियावली ने मानव के पारस्परिक सम्बन्धों को कानून द्वारा निर्धारित करने का प्रयास किया, परन्तु वे उसकी विस्तृत व्याख्या न कर सके, वहाँ थॉमस हॉब्स कानून को ही मानव सम्बन्धों का आधार बनाता है। थॉमस ने लिखा है "भक्ति कानून के प्रति है, शक्ति के प्रति नहीं।" थॉमस हॉब्स राजनीतिक सत्ता को वैध सत्ता से सर्वोच्च नहीं मानता। वास्तव में थॉमस हॉब्स इन दोनों में कोई भिन्नता नहीं करता। ये दोनों एक व्यक्ति में केन्द्रित हैं। हेकर ने लिखा है कि "यदि शक्ति है तो वह वैध शक्ति ही है।"

थॉमस का सम्प्रभु वह व्यक्ति, व्यक्तियों का समूह या सभा है, जिसे नागरिकों ने अपने सब अधिकार समर्पित कर दियें। सम्प्रभु में सम्पूर्ण सामाजिक सत्ता केन्द्रित है। वही जन समूह का ऐसा प्रतिनिधि है, जिसे सबके लिए सोचने का कार्य करने का अधिकार है। वह युद्ध की घोषणा कर सकता है। वह सम्पूर्ण प्रशासनिक शक्तियों का स्त्रोत है। वह कानून का निर्माता है। वह न्याय की व्यवस्था करता है। वह विचारों पर नियंत्रण रखता है। वह परिवार, समुदाय, संघ एवं बिरादरी की सीमाएँ निर्धारित करता है। वह नैतिक मानदण्डों की व्याख्या करता है। वह राजनीतिक शिक्षा प्रदान करता है, आदि। सामाजिक और राजनीतिक जीवन का कोई ऐसा क्षेत्र नहीं है, जो सम्प्रभु की शक्ति से बाहर हो।

(1) सम्प्रभु के कार्य या शक्तियाँ–सम्प्रभु समस्त नागरिकों की इच्छा का एकमात्र प्रतीक है। सब नागरिक उसकी प्रजा है। सब उसके प्रति भक्ति रखते हैं। कोई उससे क्षति की शिकायत नहीं करता, क्यांकि प्रत्येक उसके कार्यों और निर्णयों को स्वीकार करता है। कोई राजाज्ञाओं की उल्लंघना नहीं करता, धर्म के आधार पर भी नहीं। थॉमस लिखता है कि "ईश्वर के साथ समझौते का बहाना कपटी [illegible] में भी साक्षात् झूठ है।"

(2) सम्प्रभु विधायक है–सम्प्रभु समाज में एकमात्र विधायक है। वह कानून का स्त्रोत है। कानून वही है, जो सम्प्रभु कहता है कि वह क्या है? समाज में कानून निर्माण की अन्य कोई सत्ताएँ नहीं और यदि हैं तो वे सम्प्रभु की आज्ञा से विद्यमान हैं। सम्प्रभु द्वारा निर्मित कानूनों में बाध्यकारी शक्ति है। वे परामर्श नहीं, आदेश है; उनको

मानना आवश्यक है। थॉमस ने लिखा है कि कानून "उस व्यक्ति का आदेश है; जिसमें आदेश का पालन कराने की क्षमता है।; कानून को लागू करने की शक्ति ही राजनीतिक समाज को स्थायी रख सकती है। इस शक्ति के अभाव में प्रकृति की अराजक स्थिति सर्वव्यापी हो जायेगी। कानून नागरिकों को सही और गलत, वैध और अवैध का ज्ञान कराते हैं। कानून नागरिक अधिकारों को निश्चित करते हैं। थॉमस उन सब लेखकों से भिन्न है, जो व्यक्ति के प्राकृतिक, स्वाभाविक या अलंघनीय अधिकारों में विश्वास करते हैं। थॉमस हॉब्स के लिए अधिकार सम्प्रभु द्वारा एक रियायत है। अधिकारों की यह कल्पना बीसवीं शताब्दी में फासीवाद और नाजीवाद का अंग बन गयी।

(3) **सम्पत्ति पर नियंत्रण**–बोदाँ ने सम्पत्ति के अधिकार को अलंघनीय मानकार सम्प्रभु की शक्तियों को सीमित कर दिया, परन्तु थॉमस हॉब्स इसे स्वीकार नहीं करता। वह इस बात को नहीं मानता कि सम्पत्ति प्राकृतिक कानून द्वारा सुरक्षित है। थॉमस हॉब्स कहता है कि सम्पत्ति को नियमित करना सम्प्रभु का कार्य है।

(4) **विचारों पर नियंत्रण**–थॉमस हॉब्स मिल्टन के इस कथन से सहमत नहीं है कि विचारों तथा उनके प्रकाशन की पूर्ण स्वतन्त्रता होनी चाहिए। थॉमस लिखता है कि विचारों और सिद्धान्तों के सम्बन्ध में अन्तिम निर्णय सम्प्रभु का है। सम्प्रभु ही इस बात का निर्धारक है कि कौन-सी विचारधाराएँ या सिद्धान्त नागरिक शांति और सुरक्षा के लिए आवश्यक अर्थात् सहायक हैं या कौन-सा खतरा हैं। अतः सम्प्रभु को विचारों पर नियंत्रण रखने का पूर्ण अधिकार है। थॉमस लिखता है कि विध्वंसक विचार ही विध्वंसक कार्यों की प्रेरणा देते हैं, अतः उन पर नियंत्रण आवश्यक है। थॉमस के शब्दों में, "व्यक्तियों के कार्य उनके विचारों से उत्पन्न होते हैं। व्यक्तियों के विचारों पर नियंत्रण जितना अच्छा होगा, उतना अच्छा उनके कार्यों पर नियंत्रण रहेगा।"

(5) **न्याय का स्त्रोत**–सम्प्रभु न्याय का स्त्रोत है। वह विवादों का निपटारा करता है तथा उचित-अनुचित, न्याय-अन्याय, अच्छे-बुरे, नैतिक-अनैतिक का अन्तिम निर्णय करता है।

(6) **युद्ध और शांति का निर्णायक**–सम्प्रभु दूसरे राज्यों से शांति या युद्ध के अधिकार का प्रयोग करता है। वह सेनाओं का निर्माण करता है तथा इस सम्बन्ध में सारी नीतियों को निर्धारित करता है।

(7) **प्रशासनिक शक्तियों का स्त्रोत**–सम्प्रभु दण्डाधिकारियों और परामर्शदाताओं की शक्तियों का स्त्रोत है। वह सब उपाधियों और विशेषाधिकारों को प्रदान करता है और उनका श्रेणीकरण करता है।

(8) अधिकार केवल सम्प्रभु में निहित–थॉमस हॉब्स राज्य में विद्यमान परिवार, संघ, समुदाय, चर्च, बिरादरी आदि संस्थाओं के किन्हीं अधिकारों को स्वीकार नहीं करता। वह राज्य में किसी प्रतिद्वन्दी शक्ति के निर्माण के विरुद्ध है। सभी पूर्णत: सम्प्रभु के अधीन है। सब सम्प्रभु की इच्छा द्वारा मर्यादित हैं। राज्य में अधिकार केवल सम्प्रभु के लिए हैं। थॉमस हॉब्स के लिए सम्प्रभुता अविभाज्य है। उसे विभाजिक करना उसे नष्ट करना है। सारांश में, थॉमस निरपेक्ष शासन के सिद्धान्त का प्रतिपादक है। उसके सम्प्रभु की शक्तियाँ असीमित, निरपेक्ष, सर्वव्यापी, अविभाज्य, अविच्छेद, स्थिर और अदेय हैं। वह समाज का एक मात्र प्रतिनिधि है। वह समाज के सभी अधिकारों-राजनीतिक, सामाजिक, धार्मिक, नैतिक का भण्डार है। प्रजा की भक्ति केवल राज्य के प्रति है। थॉमस हॉब्स बहुलवादियों के इस विचार से सहमत नहीं कि समुदायों के अधिकार स्वाभाविक होते हैं और न ही वह अरस्तू के इस विचार से सहमत है कि भिन्न-भिन्न संघ या समुदाय अत्याचार या उपद्रव के विरुद्ध दीवार हैं और न ही वह टॉकविल की भाँति संघों या समुदायों को स्वतन्त्र समाज की आधारशिला मानता है। थॉमस हॉब्स समुदायों को किसी प्रकार की शक्ति देने के लिए तैयार नहीं। थॉमस लिखता है कि "जिस मात्रा में संघ या समुदाय अपने सदस्यों से भक्ति प्राप्त करते हैं, वे उतनी ही मात्रा में सम्प्रभु के प्रति उन नागरिकों की भक्ति को निर्बल करते हैं।" थॉमस कहता है कि कोई व्यक्ति एक समय पर दो स्वामियों की सेवा नहीं कर सकता, अत: सभी को पूर्णत: राज्य के अधीन होना चाहिए।

थॉमस थॉमस की सम्प्रभुता सम्बन्धी विचारों की आलोचना

थॉमस थॉमस हॉब्स के संप्रभुता सम्बन्धी विचारों की निम्नलिखित आधारों पर आलोचना की जा सकती है–

(1) थॉमस थॉमस हॉब्स का संप्रभु निरंकुश तथा सर्वशक्तिमान है। ऐसा निरंकुश शासक जनता के लिए कल्याणकारी सिद्ध नहीं हो सकता है।

(2) प्राकृतिक नियमों और प्राकृतिक अधिकारों को ऐसे निरंकुश संप्रभु के अधीन कर देना न तो न्यायसंगत है और न ही तर्क-संगत है।

(3) थॉमस थॉमस हॉब्स की संप्रभु की यह अवधारणा अलोकतांत्रिक है।

सारांश में यही कहा जा सकता है कि थॉमस थॉमस हॉब्स ने सशक्त तथा सुदृढ़ शासन की स्थापना करने के लिए ही ऐसे निरंकुश शासक की परिकल्पना की।

राजनीतिक अवधारणा की शुरूआत द्वितीय विश्वयुद्ध के बाद से मानी जाती है। यद्यपि इसे 16वीं सदी के पुनर्जागरण के समय से भी माना जा सकता है। जिसमें बुद्धिवाद की स्थापना की गयी थी। जिसके आधार पर तर्क और कार्य-कारण सम्बन्धों पर

बल दिया जाने लगा। धीरे-धीरे मानव जीवन के आर्थिक, राजनीतिक, सामाजिक, सांस्कृतिक आदि सभी क्षेत्रों में मूल्यात्मक परिवर्तन शुरू हुए। जिसके फलस्वरूप विवेक आधारित परिवर्तन के द्वारा किसी भी रूप में इतिहास की किसी समृद्धि अवस्था में श्रेष्ठ समाज की स्थापना की जाती रही है। इस तरह सामाजिक परिवर्तन की दिशा निरन्तर प्रगति तथा विकास की ओर उन्मुख मानी जाती है। सिरिल ब्लेक (Cyril Black) ने आधुनिकीकरण में प्राकृतिक शक्तियों पर मानव प्रभाव का बढ़ता प्रभाव अथवा मानवीय विजय को शामिल किया है।

राजनीतिक व्यवस्थाओं में अनेक व्यवस्थायें अथवा अवधारणायें प्रचलित हैं। इनमें एक प्रमुख राजनीतिक अवधारणा आधुनिकीकरण की अवधारणा भी है। यह अवधारणा पश्चिमी देशों की देन मानी जाती है। धीरे-धीरे यह अवधारणा अन्य देशों में फैलती चली गयी है। कुछ विचारक इसे राजनीतिक विकास की प्रक्रिया का परिणाम मानते हैं। राजनीतिक व्यवस्थाओं में निरन्तर परिवर्तन की प्रक्रिया चलती रहती है जिसमें अनेक निश्चित लक्ष्य, उद्देश्य तथा मूल्य शामिल होते हैं। द्वितीय विश्वयुद्ध के बाद एशिया तथा अफ्रीका में साम्राज्यवाद और उपनिवेशवाद की समाप्ति के बाद नये स्वतन्त्र राष्ट्रों की स्थापना हुई। इन नव स्वतन्त्र देशों ने आधुनिक संरचना वाली राजनीतिक व्यवस्थाओं को अपनाया तथा इन्हीं व्यवस्थाओं के माध्यम से अपने परम्परागत सामाजिक तथा आर्थिक ढाँचे का आधुनिकीकरण करने की कोशिश की लेकिन ज्यादातर देशों में आधुनिकीकरण की प्रक्रिया में अनेक समस्यायें उत्पन्न हुई हैं। जैसे- इन देशों में-

(1) नेतृत्व उन लोगों को मिला जिन्होंने अपने राजनीतिक प्रतिद्वन्द्वियों के दमन में विश्वास किया तथा आर्थिक क्षेत्र में विवेकपूर्ण नीतियों को लागू करने में असमर्थ रहे।

(2) कई देशों में सैनिक क्रान्तियाँ हुई,

(3) राजनीतिक अस्थिरता उत्पन्न हुई,

(4) समाज के विभिन्न वर्गों में संघर्ष शुरू हुये,

(5) राजनीतिक नेतृत्व और नौकरशाही भ्रष्ट एवं अकुशल रही है,

(6) राजनीतिक दलों में उठा-पटक बनी रही,

(7) जनसंख्या वृद्धि गति तीव्र रही है, एवं

(8) आर्थिक विकास की गति अपेक्षाकृत धीमी रही है।

(9) व्यवस्थापिका तथा न्यायपालिका के अधिकार क्षेत्र में बदलाव आता रहा है,

(10) जनमत के साधनों पर सरकारी नियन्त्रण बढ़ा है,

इस प्रकार ये देश उपर्युक्त प्रकार की समस्याओं से ग्रसित रहे हैं तथा वर्तमान में भी अनेकों ऐसी ही समस्याओं से जूझ रहे हैं तथा आधुनिकीकरण की दिशा में प्रयासरत हैं। सामान्यतया तीसरी दुनिया के देशों के (एशिया, अफ्रीका तथा लेटिन अमेरिकी देश) इस राजनीतिक घटनाक्रम को समझने के लिये ही राजनीतिक आधुनिकीकरण की अवधारणा की स्थापना की गयी है। आधुनिक अनेक विचारक तो आधुनिकीकरण को एक जटिल, मिश्रित तथा बहुस्तरीय सम्प्रत्य कहते हैं। यह साामाजिक विकास की एक ऐसी प्रक्रिया है जिसके द्वारा अविकसित अथवा विकासशील देश अपने से अधिक विकसित देशों के संरचनात्मक लक्षणों को प्राप्त करने की कोशिश करते हैं।

राजनीतिक आधुनिकीकरण एक विकासोन्मुखी प्रक्रिया मानी जाती है। यह एक व्यापक तथा बहुस्तरीय अवधारणा का एक अंग भी मानी जाती है। आधुनिकीकरण की प्रक्रिया जब राजनीति में आती है तो इसे राजनीतिक आधुनिकीकरण के नाम से जाना जाता है। राजनीतिक आधुनिकीकरण की प्रक्रिया में पुरानी एवं परम्परागत राजनीतिक व्यवस्था को आधुनिक राजनीतिक व्यवस्था में रूपान्तरित करने की कोशिश करते हैं अर्थात् जब कोई अविकसित या विकासशील राजनीतिक व्यवस्था स्वयं को अपने से अधिक विकसित राजनीतिक व्यवस्था में परिवर्तित करने की कोशिश करती है तो उसके इस क्रियात्मक प्रयास को राजनीतिक आधुनिकीकरण की प्रक्रिया कहा जाता है। इसे विभिन्न विद्वानों ने निम्न प्रकार परिभाषित किया है-

के.ई.वेल्श जूनियर के शब्दों में, "राजनीतिक आधुनिकीकरण साधनों के विवेकपूर्ण उपयोग पर आधारित एक प्रक्रिया है जिसका लक्ष्य एक आधुनिक समाज की स्थापना करना है।"

एडवर्ड शिल्स के अनुसार,"आधुनिकीकरण, सामाजिक एवं आर्थिक क्षेत्रों में परम्परागत जीवन पद्धति के स्थान पर जीवन की आधुनिक पद्धति को अपनाना है। यह पश्चिमीकरण भी कहा जा सकता है यद्यपि नये राष्ट्र पश्चिमी राष्ट्रों के प्रभाव से स्वतन्त्र रहना चाहते हैं।"

एडम स्मिथ के शब्दों में,"आधुनिकीकरण की प्रक्रिया में यह जानकारी निहित होती है कि इतिहास एक निश्चित दिशा की ओर बढ़ रहा है तथा इस दिशा को खोजने का सतत् प्रयास किया जाता है।"

कौलमैन के मतानुसार,"राजनीतिक आधुनिकीकरण में राजनीति तथा शासकीय संरचनाओं में अपेक्षाकृत अधिक मात्रा में विभेदीकरण, सुस्पष्टता तथा कार्यात्मक विशिष्टता उत्पन्न करना है जिसकी वजह से राजनीतिक तन्त्र में कार्यों को सम्पन्न करते समय उसमें नियमितता पायी जाती है। ..... इसे राजनीतिक आधुनिकीकरण के नाम से जाना जाता है।"

ल्युसियन पाई के अनुसार,"राजनीतिक आधुनिकीकरण में शासकीय शासन एवं सत्ता में कार्यों के सम्बन्धों में विशिष्टता की मात्रा निहित होती है। इसमें शासन-तन्त्र में राष्ट्रीय प्रयत्नों के माध्यम से जनसाधारण को एक करने की क्षमता बढ़ती जाती है। इसके साथ-साथ जनता में सहभागिता की प्रक्रिया का विस्तार होता है। इस तरह शासकीय निर्णय को प्रभावित करने की क्षमता का नाम ही राजनीतिक आधुनिकीकरण है।"

हन्टिंगटन के अनुसार, "राजनीतिक आधुनिकीकरण एक बहुमुखी प्रक्रिया है जिसका सम्बन्ध मानवीय चिन्तन तथा गतिविधियों के सभी क्षेत्र में परिवर्तन से है।"

मॉर्टन आर.डेविस और वाहन ए.लेविस के अनुसार," ....उद्देश्य आधुनिक होना है। गतिशील जनता के हितों के प्रति रुचिवान, लोकतान्त्रिक, समाजवादी, वैज्ञानिक, आर्थिक दृष्टि से विकसित प्रभुसत्ता सम्पन्न एवं प्रभावशाली होना।"

राबर्ट वार्ड के शब्दों में, "राजनीतिक आधुनिकीकरण आधुनिक समाज की प्राप्ति के लिये एक ऐसा आन्दोलन है जिसका प्रमुख लक्षण है अपने पर्यावरण की भौतिक एवं सामाजिक परिस्थितियों को नियन्त्रित अथवा प्रभावित करने की दूरगामी क्षमता तथा ऐसी मूल्य व्यवस्था जो इस क्षमता की जरूरत तथा इससे प्राप्त होने वाले परिणाम के बारे में मूलरूप से आशावादी होती है।"

ईजन स्टेड ने राजनीतिक आधुनिकीकरण में तीन प्रकार के आधुनिकीकरण की चर्चा की है-

(a) राजनीतिक आधुनिकीकरण में राजनीतिक भूमिकाओं, संस्थाओं में विभेदीकरण, केन्द्रीकरण तथा एकीकरण की शक्ति निहित होती है।

(b) राजनीतिक आधुनिकीकरण में राष्ट्र के प्रशासन तथा राजनीतिक संगठनों के कार्यों का विस्तार पाया जाता है।

(c) राजनीतिक आधुनिकीकरण में वयस्क नागरिकों में नागरिकता का विस्तार पाया जाता है। नागरिकों में शासन तन्त्र के प्रति पूरी आस्था पायी जाती है। सैद्धान्तिक विचारों तथा राजनीतिक उत्तरदायित्वों में वृद्धि पायी जाती है।

राजनीतिक आधुनिकीकरण की विशेषतायें :- राजनीतिक आधुनिकीकरण के अर्थ एवं परिभाषाओं के आधार पर विभिन्न विद्वानों ने अनेक विशेषतायें बतायी हैं-

ऑमण्ड और पावेल के अनुसार राजनीति आधुनिकीकरण की निम्नलिखित विशेषतायें हैं-

- राजनीतिक आधुनिकीकरण में नयी मान्यताओं की स्थापना होती है,

- राजनीतिक आधुनिकीकरण में भौतिक सुविधाओं को नागरिकों द्वारा स्वीकार किया जाता है,

- राजनीतिक आधुनिकीकरण में शासन तन्त्र में विशिष्टता का प्रयास किया जाता है,

- राजनीतिक आधुनिकीकरण में राजनीतिक माँगें जनसाधारण द्वारा रखी जाती हैं, एवं

- राजनीतिक आधुनिकीकरण में महिलाओं की राजनीति में सहभागिता पर ध्यान दिया जाता है।

- राजनीतिक आधुनिकीकरण में केन्द्रीकरण की प्रवृत्ति पायी जाता है,

- राजनीतिक आधुनिकीकरण में राजनीतिक शक्ति की क्षमता में लगातार बढ़ोत्तरी होती है,

- राजनीतिक आधुनिकीकरण में राजनीति और शासन तन्त्र में नागरिकों की सहभागिता राष्ट्रीय स्तर पर पायी जाती है,

आर.ई.वाई. तथा डी.ए. रुस्टोव के अनुसार- रातनीतिक आधुनिकीकरण की ये विशेषताएँ है -

- राजनीतिक आधुनिकीकरण में जनसाधारण का भारी दबाव रहता है,

- राजनीतिक आधुनिकीकरण राष्ट्रीय इतिहास, परिचय, लोकप्रिय तथा समन्वयवादी विचारधारा के आधार पर पाया जाता है,

- राजनीतिक आधुनिकीकरण में शासन तन्त्र की विविधता बढ़ जाती है,

- राजनीतिक आधुनिकीकरण में शासन तन्त्र की संरचना में राष्ट्रीय एकीकरण का प्रयास किया जाता है,

- राजनीतिक आधुनिकीकरण में शक्तियाँ देते समय राजनीतिक भूमिकाओं का ध्यान रखा जाता है,

- राजनीतिक आधुनिकीकरण में राजनीतिक तथा प्रशासनिक निर्णयों की सर्वोच्चता तथा प्रभावशीलता काफी पायी जाती है तथा सर्वव्यापकता का प्रयास किया जाता है

- राजनीतिक आधुनिकीकरण में राजनीतिक निर्णय करने के लिये विवेक का सहारा लिया जाता है, एवं

- राजनीतिक आधुनिकीकरण में तटस्थ तथा अवैयक्तिक विधि सम्मत न्यायिक व्यवस्था का निर्माण किया जाता है।

इस तरह राजनीतिक आधुनिकीकरण की विभिन्न विशेषतायें पायी जाती हैं। इनमें निम्नलिखित विशेषतायें मुख्य हैं-

(1) विभेदीकरण:- राजनीतिक आधुनिकीकरण राजनीतिक व्यवस्था के कार्यों में निरन्तर वृद्धि मानता है। इससे राजनीतिक व्यवस्था के कार्यों में विशिष्टीकरण उत्पन्न होता है। विशिष्ट कार्यों की पूर्ति हेतु राजनीतिक व्यवस्था की संस्थाओं भी श्रम विभाजन के सिद्धान्त के अनुसार विशिष्टीकरण होता है। यह विशिष्टीकण विभिन्न स्तरों पर होता है। इसी कारण इसे राजनीतिक कार्यों तथा संस्थाओं का बहुस्तरीकरण कहा जाता है।

(2) समाज के सभी क्षेत्रों में :- राजनीतिक आधुनिकीकरण में सकारात्मक कार्यों में तीव्रगति से वृद्धि पायी जाती है। राज्य व्यक्ति के हित में अनेक आर्थिक, सामाजिक, शैक्षणिक तथा कल्याणकारी कार्य सम्पन्न करता है। इससे यह जीवन के सभी पक्षों से सम्बन्धित हो जाता है तथा सभी पक्षों को प्रभावित करता है।

(3) एकीकृत शासन व्यवस्था :- राजनीतिक व्यवस्था के स्थायित्व तथा राजनीतिक आधुनिकीकरण की प्रक्रिया की निरन्तरता हेतु यह जरुरी है कि राजनीतिक व्यवस्था के कार्यों तथा संस्थाओं में उचित प्रकार की एकता स्थापित रहे। यह कार्य राजनीतिक आधुनिकीकरण द्वारा होता है। राजनीतिक आधुनिकीकरण ऐसी व्यवस्था का विकास करता है जो संस्थाओं के कार्यात्मक विशेषीकरण तथा उनकी स्वायत्तता की रक्षा कर एकीकरण स्थापित करे।

(4) समानता :- यह नागरिक समानता पर बल देता है। यह राजनीति तथा प्रशासनिक पदों के लिये योग्यता पर बल देता है। यह धर्म, जाति, वर्ग, सम्प्रदाय, भाषा, लिंग आदि के आधार पर भेदभाव नहीं करता है। परिणामस्वरूप समाज में समानता आती है।

(5) जन सहभागिता में वृद्धि :- राजनीतिक आधुनिकीकरण की प्रक्रिया सामान्य नागरिकों की सक्रियता में विश्वास करती है। साधारण जनता स्थानीय, प्रान्तीय एवं सामुदायिकता की तुलना में राष्ट्रीय राजनीति में अधिक रुचि लेने लगती है। परिणामस्वरूप जन सहभागिता में वृद्धि हो जाती है।

(6) सार्वभौमिकता :- राजनीतिक आधुनिकीकरण में कानूनों की सार्वभौमिकता पायी जाती है। इसमें कानून की सर्वोच्चता को स्वीकार किया जाता है। कानून के समक्ष सभी समान होते हैं। सभी कानून के प्रति उत्तरदायी होते हैं।

(7) जनता के प्रति दायित्वों में वृद्धि:- राजनीतिक आधुनिकीकरण के अर्न्तगत शासकों की शक्तियों एवं प्रभाव में वृद्धि होती है लेकिन जनता के प्रति शासकों के उत्तरदायित्वों में वृद्धि हो जाती है। यह अनुत्तरदायित्वपूर्ण आचरण को नियन्त्रित करता है। राजनीतिक आधुनिकीकरण के द्वारा नये अभिजात वर्गों की स्थापना भी होती है। यह अभिजात वर्ग शासक के उत्तरदायित्व के सिद्धान्त में विश्वास करता है।

(8) परिवर्तन की क्षमता :- राजनीतिक आधुनिकीकरण के साथ ही समाज में दबाव समूहों तथा हित समूहों का भी जन्म होता है। राजनीतिक दल दबाव की राजनीति द्वारा अपनी माँगों को पूरा करने का प्रयास करते हैं। इस तरह समाज में हित संघर्षों का भी जन्म होता है। राजनीति आधुनिकीकरण में ऐसी क्षमता भी होगी जो अनुचित माँगों से इन्कार कर सके तथा सार्वजनिक हितों वाली नीतियों का समर्थन कर सके।

राजनीतिक आधुनिकीकरण के आयाम (Models of Political Modernisation) :- राजनीतिक आधुनिकीकरण का प्रतिमान विभिन्न देशों में भिन्न-भिन्न होता है। इसलिये इसका कोई एक प्रतिमान नहीं दिया जा सकता है। **एडवर्ड शिल्स** ने विभिन्न देशों की राजनीतिक व्यवस्थाओं के आधार पर राजनीतिक आधुनिकीकरण के पाँच मुख्य प्रतिमान दिये गये हैं-

(1) राजनीतिक लोकतन्त्र :- राजनीतिक आधुनिकीकरण के इस रूप में शासन कार्यों में पर्याप्त जन सहभागिता देखी जा सकती है। यह शासन नागरिक शासन के नाम से भी जाना जाता है। इस व्यवस्था के निम्नलिखित लक्षण हैं:-

- सार्वभौमिक मताधिकार द्वारा निर्वाचित सरकार,
- राजनीतिक बहुदलीय व्यवस्था या बहुमत प्राप्त दल की सरकार,
- अल्प या निश्चित अवधि के लिए सत्ता,

- सरकार पर संवैधानिक नियन्त्रण, एवं
- स्वतन्त्र एवं निष्पक्ष न्यायपालिका।

यह प्रतिमान मुख्य रूप से आंग्ल अमेरिकी देशों में पाया जाता है। विकासशील राष्ट्र ज्यादातर इस प्रतिमान की आकांक्षा कर रहे हैं। राजनीतिक लोकतन्त्र के लिये निम्नलिखित लोकतान्त्रिक मूल्यों में भी विश्वास किया जाता है-

- विरोधी दलों का प्रभाव या नियन्त्रण,
- लोकतान्त्रिक साधनों में विश्वास,
- तटस्थ नौकरशाही, एवं
- स्वतन्त्र एवं निष्पक्ष चुनावों की व्यवस्था।

(2) अभिभावकीय लोकतन्त्र :- यह आधुनिकीकरण का ऐसा प्रतिमान है जिसमें राजनीतिक लोकतन्त्र की समस्त संस्थायें शामिल होती हैं। इसमें कार्यपालिका पर्याप्त प्रभावी होती है। सत्ता का केन्द्रीकरण होता है। निर्वाचित व्यवस्थापिका होती है। राजनीतिक दलों की शक्तियाँ सीमित होती हैं। प्रेस एवं जनमत निर्माण के साधन सक्रिय रहते हैं। नागरिक स्वतन्त्रता पर आवश्यक प्रतिबन्ध लगे होते हैं। परम्परागत समाज में नवीन परिवेश की पृष्ठभूमि निर्मित करने में लोकतन्त्र की स्थापना तथा रक्षा करने में, नेताओं को अभिभावकों के रूप में भूमिका निभानी होती हैं। कुछ लोगों की धारणाओं, आदर्शों, विचारों के आधार पर लोकतान्त्रिक भावना का निर्माण होता हैं ये लोकतन्त्र के प्रहरी की तरह काम करते हैं। यह व्यवस्था उन्हीं देशों में लागू हो पाती है जहाँ लोकतान्त्रिक व्यवस्थायें भी पायी जाती हों। इसकी श्रेष्ठ व्यवस्था सामाजिक और आर्थिक विकास वाले राष्ट्रों में यह अधिक प्रभावी रहता है।

(3) सर्वाधिकारवादी अल्पतन्त्र :- इसका संगठनात्मक रूप शक्तिशाली होता है। इसमें शक्ति केन्द्रीय स्तर पर होती है। यह शक्ति के द्वारा ही सामाजिक एवं आर्थिक नियन्त्रण स्थापित करता है। यह अपने विरोधियों का दमन करता है। राष्ट्रीयता श्रेष्ठरूप में देखी जा सकती है। ये हिंसा एवं अनैतिकता का भी सहारा ले सकते हैं। तानाशाही प्रवृत्तियाँ भी पायी जाती हैं।

सर्वाधिकारवादी वर्गतन्त्र की निम्नलिखित मान्यतायें तथा लक्षण हैं-

- सर्वाधिकारवादी राज्य में विश्वास,
- शासन का संचालन एक कठोर दल-व्यवस्था द्वारा,
- प्रशासक वर्ग की श्रेष्ठता,

- सत्तारूढ़ शासक वर्ग ही सत्ता का केन्द्र,

- विरोध को कठोरता से दबाना,

- एक ही राजनीतिक दल,

- शासन की निर्वाचित प्रतिनिधि संस्थायें लेकिन प्रभावहीन, एवं

- विधि के शासन, स्वतन्त्र न्यायपालिका, उत्तरदायी शासन, जनमत निर्माण के स्वतन्त्र साधन आदि का कोई खास महत्त्व नहीं।

बीसवीं सदीं में सर्वाधिकारवादी अल्पतन्त्र के दो रूप माने जाते हैं -

(1) दक्षिणपंथी (फासीवादी) सर्वाधिकारवादी वर्गतन्त्र, एवं

(2) वामपंथी (साम्यवादी) सर्वाधिकारवादी वर्गतन्त्र।

(4) आधुनिक अल्पतन्त्र :- इस अल्पतन्त्र में राजनीतिक आधुनिकीकरण का ऐसा प्रतिमान है जिसमें सम्पूर्ण शासन सत्ता पर छोटे समूह का पूर्ण अधिकार होता है। यह वर्ग देश के आर्थिक एवं सामाजिक आधुनिकीकरण का पूर्ण पक्षपाती होता है व इस दिशा में यह प्रयास भी करता है। ऐसे अल्पतन्त्र की स्थापना उन विकासशील देशों में हुई है जिनमें राजनीतिक लोकतन्त्र का प्रयोग न केवल असफल रहा है, वरन् इसके कारण राजनीतिक अस्थिरता, तनाव, संघर्ष तथा आर्थिक अव्यवस्था भी हुई है। इन देशों में राजनीतिक लोकतन्त्र को राष्ट्रीय संकट उत्पन्न करने वाला माना जाता है तथा उनके विरोध में ऐसा अल्प वर्ग शासन सत्ता पर अधिकार कर लेता है जो राजनीतिक लोकतन्त्र के स्थान पर एक सत्तावादी राज्य की स्थापना ठीक मानता है। यह अल्प वर्ग जन सामान्य की राजनीतिक योग्यता को नहीं मानता है तथा अपने विरोधों को कुचलने में यह विश्वास रखता है। इसमें मताधिकार का अधिकार अपेक्षाकृत सीमित होता है। व्यवस्थापिका के अधिकार नाममात्र के होते हैं। वह परामर्श का भी कार्य करती है। न्यायपालिका भी पूर्णत: स्वतन्त्र एवं निष्पक्ष नहीं होती है। इससे सरकार को कानूनी स्तर पर अपने विरोधियों से निपटने में सरलता रहती है। कुछ विचारक इस अल्पतन्त्र को नागरिक या सैनिक वर्गतन्त्र भी कहते हैं। इसमें शासक वर्ग अन्य वर्गों के हितों का भी ध्यान रखता है। इसमें सफलता प्रतिबद्ध नौकरशाही की सहायता से मिलती है। यह व्यवस्था एक स्थायी, ईमानदार एवं शक्तिशाली सरकार की स्थापना की कोशिश करती है।

(5) परम्परावादी अल्पतन्त्र :- यह ऐसी राजनीतिक व्यवस्था है जिसका आधार परम्परागत धार्मिक विश्वासों पर आधारित राजवंशीय शासन होता है। राजनीतिक आधुनिकीकरण का आधार पंथ निरपेक्षता, आधुनिक सामाजिक संरचना, राज्य कार्यों

में वृद्धि होती है लेकिन इनका परम्परागत अल्पतन्त्र में अभाव होता है। यह अल्पतन्त्र अपनी मूल प्रकृति से राजनीतिक आधुनिकीकरण की प्रक्रिया से मेल नहीं खाता है। यह परम्परागत संस्कृति की रक्षार्थ सामाजिक एवं राजनीतिक जीवन में आधुनिकीकरण की प्रक्रिया का विरोधी होता है। इस तन्त्र में आधुनिकीकरण की गति धीमी होती है।

परम्परागत अल्पतन्त्र के मुख्य लक्षण निम्नलिखित हैं-

- राज्य का कार्यक्षेत्र सीमित होता है,

- केन्द्रीय सरकार की शक्ति सीमित होती है, एवं

- सामाजिक समूहों के प्रति व्यक्ति निष्ठा रखते हैं।

- इसका विश्वास धार्मिक तथा रक्त सम्बन्धी श्रेष्ठता का सिद्धान्त है,

- यह परम्परावादी नैतिक सिद्धान्त है,

- शासक उत्तराधिकार से बनता है,

- यह जनता के सामाजिक एवं आर्थिक जीवन में अहस्तक्षेप की नीति अपनाता है,

- यह नये कानून कम से कम बनाता है,

अन्तत: कह सकते हैं कि इस अल्पतन्त्र में आधुनिकीकरण के दर्शन न्यूनतम होते हैं। लेकिन अब इस व्यवस्था में भी आर्थिक आधुनिकीकरण के प्रति आकर्षण बढ़ा सकते हैं।

राजनीतिक आधुनिकीकरण के अभिकरण (Agencies of Political Modernisation)-राजनीतिक आधुनिकीकरण एक प्रक्रिया मानी जाती है। जिसके संचालन के लिये अभिकर्त्ताओं की आवश्यकता होती है। जिन्हें राजनीतिक आधुनिकीकरण के उद्देश्य एवं लक्ष्य की प्राप्ति के उपकरण या अभिकरण कहते हैं। राजनीतिक आधुनिकीकरण में इनकी विशिष्ट भूमिका होती है। ये अभिकरण ही आधुनिकीकरण की प्रक्रिया को गतिशील बनाये हुये हैं। इस तरह के मुख्य अभिकरण निम्नलिखित हैं:-

(1) बुद्धिजीवी वर्ग :- किसी समाज तथा राजनीतिक व्यवस्था के आधुनिकीकरण में बुद्धिजीवी वर्ग की अहम् भूमिका निभाते हैं। यह चिन्तक वर्ग कहलाता है। यह अपने समय के मूल्यों तथा संस्थाओं की समीक्षा करके उनमें आवश्यक परिवर्तनों के विवेकपूर्ण सुझाव देता है तथा परिवर्तन के साधनों को भी स्पष्ट करता है। बुद्धिजीवी वर्ग के पास प्रत्यक्षत: कोई सत्ता नहीं होती है। लेकिन

यह अपना प्रभाव स्थापित रखता है। व्यवहार में शासक इनसे परामर्श करते रहते हैं। इस तरह बुद्धिजीवी वर्ग राजनीतिक आधुनिकीकरण की प्रक्रिया को गतिशील बनाने में मदद देता है। लोकतान्त्रिक व्यवस्था में बुद्धिजीवी वर्ग राजनीतिक आधुनिकीकरण के पक्ष में जनमत तैयार कराने में भी मदद करता है।

(2) आर्थिक विकास :- आर्थिक विकास के उपकरण भी राजनीतिक आधुनिकीकरण को लाने में सहायता करते हैं। आर्थिक विकास का आशय किसी राजनीतिक व्यवस्था में स्थित उत्पादन की तकनीक तथा उत्पादन की मात्रा से है अर्थात् आर्थिक विकास किसी भी समाज के औद्योगिकीकरण की स्थिति को स्पष्ट करता है। इसमें प्रति व्यक्ति आय, कैलोरी की मात्रा तथा सामान्य व्यक्ति के जीवन स्तर की स्थिति आदि को देखा जाता है। प्राचीन यूरोपीय क्रान्ति ने आधुनिकीकरण को जन्म दिया। आर्थिक विकास की गति तभी से विश्व में तेज हुई है और धीरे-धीरे आधुनिकीकरण की प्रक्रिया ने गति पकड़ी। परिणामस्वरूप नये मूल्यों तथा संस्थाओं का महत्त्व बढ़ा है।

(3) अभिजात वर्ग (Elite Class):- सभी समुदायों और समाजों में ऐसे सम्पन्न एवं योग्य वर्ग या लोग होते हैं जो संख्या की दृष्टि से बहुत छोटे होते हैं। जो सामान्य लोगों पर अपना प्रभाव रखते हैं। ये वर्ग राजनीतिक नेतृत्व भी करते हैं। ऐसे छोटे आकार वाले वर्ग को उस समाज एवं राजनीतिक व्यवस्था का अभिजन वर्ग कहा जाता है। शेष जनता सामान्यतया इस अभिजन का सभी क्षेत्रों में अनुकरण करती है। अभिजन वर्ग समाज तथा राजनीतिक व्यवस्था में अपने प्रभाव तथा नेतृत्व को बनाये रखने का सदा प्रयास करता रहता है। इस दृष्टि से जन आकांक्षाओं की पूर्ति के लिये अनुपयोगी, परम्परागत मूल्यों तथा संस्थाओं की जगह उपयोगी नवीन मूल्यों तथा संस्थाओं के निर्माण का प्रयास करता है। उनके द्वारा स्वीकृत बदलाव को जन सामान्य उनके प्रभाव के कारण स्वीकार कर लेते हैं। इस तरह अभिजन वर्ग आधुनिकीकरण की प्रक्रिया को गति देता है। राजनीतिक आधुनिकीकरण की प्रक्रिया के कारण परम्परागत अभिजात वर्ग का स्थान नया अभिजन वर्ग लेता है जो इस राजनीति के आधुनिकीकरण को नेतृत्व भी प्रदान करता है।

(4) राजनीतिक विचारधारा :- आधुनिक युग में किसी राजनीतिक व्यवस्था के राजनीतिक आधुनिकीकरण में राजनीतिक विचारधारा की आधारभूत एवं प्रत्यक्ष भूमिका देखी जा सकती है। राजनीतिक दल राजनीतिक विचारधाराओं के आधार पर आधुनिकीकरण की प्रक्रिया को तीव्र बनाने के लिये इनका इस्तेमाल करते हैं। राजनीतिक दल विचारधाराओं के माध्यम से ही जनता के विभिन्न वर्गों में मूल्यात्मक एकता स्थापित करते हैं तथा राजनीतिक आधुनिकीकरण के पक्ष में जनमत तैयार करते

हैं। कभी उदारवादी विचारधारा ने, कभी साम्यवादी विचारधारा ने ऐसे प्रभावी कार्य किये हैं। वर्तमान में तो लोककल्याणकारी राज्य के सिद्धान्त जैसी विचारधाराओं ने ही आधुनिकीकरण की दिशा में प्रभावी कार्य किये हैं।

(5) संचार के साधन :- राजनीतिक आधुनिकीकरण के क्षेत्र में संचार के साधनों की भी अहम् भूमिका होती है। इन साधनों में आज प्रभावी साधन हैं- प्रेस, रेडियो, दूरदर्शन, सिनेमा, समाचार-पत्र/पत्रिकायें आदि। इन साधनों की सहायता से आधुनिकीकरण की प्रक्रिया को और सरल बनाया गया है। ये साधन समाज के विभिन्न वर्गों में मूल्यात्मक एकता स्थापित करते हैं। समाज में एकीकरण की भावना पैदा करते हैं। सार्वजनिक हितों को बढ़ावा देते हैं। इन संचार माध्यमों से आधुनिकीकरण के समर्थन में जनमत तैयार किया जा सकता है।

(6) सरकार की शक्तियाँ (Powers of Government):- राजनीतिक आधुनिकीकरण के लिये सरकार की शक्तियों का भी कुछ देश प्रयोग करते हैं। खासकर ऐसा विकास देशों में किया जाता है। तानाशाही वाले देशों में सरकार ने बाध्यकारी शक्ति के द्वारा अपने समाज का औद्योगीकरण करने का प्रयास किया है। सामाजिक कुरीतियों को दूर करने तथा शिक्षा के प्रसार हेतु दण्डात्मक साधनों का भी कुछ राष्ट्र प्रयोग करते हैं लेकिन कुछ प्रमुख विचारक तानाशाही के द्वारा किये गये प्रयासों को आधुनिकीकरण का अंग नहीं मानते हैं। हन्टिंगटन के मतानुसार लोकतान्त्रिक शासन तथा मूल्य एवं राजनीतिक नीति-निर्माण में जन सहभागिता आदि राजनीतिक आधुनिकीकरण के मुख्य लक्षण होते हैं। इनके अभाव के कारण ही तानाशाही के राजनीतिक आधुनिकीकरण के प्रयासों को हम राजनीतिक आधुनिकीकरण में शामिल नहीं करते हैं।

(7) सामाजिक गतिशीलता :- किसी भी देश में आर्थिक विकास के फलस्वरूप समाज की भौतिक परिस्थितियों में अनेक बदलाव आये हैं जो सामाजिक गतिशीलता लाते हैं। आर्थिक विकास के फलस्वरूप ग्रामीण जीवन पर नगरीय जीवन की परम्परागत मूल्यों पर नये मूल्यों की और परम्परागत समूहों पर व्यावसायिक तथा ऐच्छिक समूहों की श्रेष्ठता स्थापित होती है। सामाजिक गतिशीलता को सभी अभिकरणों ने उपयुक्त माना है। सामाजिक गतिशीलता अनेक सामाजिक परिवर्तनों की कल्पना करती है जो राजनीतिक व्यवस्था के आधुनिकीकरण को जनता की तीव्र आकांक्षा के रूप में प्रकट करती है। वस्तुतः अपने प्रभाव की दृष्टि से सामाजिक गतिशीलता ऐसी विशिष्ट प्रक्रिया है जिसका चरम विकास राजनीतिक आधुनिकीकरण की प्रक्रिया के रूप में होता है। इस प्रकार सामाजिक गतिशीलता राजनीतिक आधुनिकीकरण के लिये प्रभावी कार्य करती है।

विकासशील देशों में लोकतान्त्रिक शासन तथा मूल्यों को अपनाया जाता है। इन देशों में भी राजनीतिक आधुनिकीकरण लाने के लिये सरकारी प्रयास किये जाते हैं। ऐसे लोकतान्त्रिक विकासशील देशों की सरकारों के लोकप्रिय तथा प्रभावशाली नेतृत्व ने राष्ट्रीय विकास के नारे के आधार पर आर्थिक, सामाजिक, एवं सांस्कृतिक क्षेत्रों में बाध्यकारी सत्ता का प्रयोग किया है। जैसे भारत में सती प्रथा जैसी समस्याओं के समाधान हेतु सरकार ने ही नियम कानून बनाकर नियन्त्रण स्थापित किया है। इसी तरह लोकतान्त्रिक कल्याणकारी कार्यों को भी सम्पन्न किया जाता है।

राजनीतिक आधुनिकीकरण के सन्दर्भ में विकासशील राजनीतिक व्यवस्थाओं की विशेषतायें - द्वितीय विश्वयुद्ध के बाद स्वतन्त्र हुये राष्ट्रों ने अपने विकास के निरन्तर प्रयास किये। उन्होंने विकसित राष्ट्रों के स्तर वाली राजनीतिक आधुनिकीकरण की स्थिति को प्राप्त करने की निरन्तर कोशिश की। लेकिन तब से अभी तक कोई खास सफलता प्राप्त नहीं हो सकी है। इन राष्ट्रों की व्यवस्थाओं को आज न तो परम्परागत और न ही आधुनिक राजनीतिक व्यवस्थायें कह सकते हैं। यद्यपि ये राष्ट्र आज भी राजनीतिक आधुनिकीकरण की दिशा में निरन्तर प्रयास कर रहे हैं। राजनीतिक आधुनिकीकरण के सन्दर्भ में विकासशील राजनीतिक व्यवस्थाओं की निम्नलिखित प्रमुख विशेषतायें हैं-

(1) आधुनिकीकरण विकास का पर्याय - अनेक विकासशील देशों में राजनीतिक आधुनिकीकरण तथा विकास को परस्पर पर्याय माना जाता है। कुछ राष्ट्रों ने अपनी समस्त शक्ति अपनी परम्परागत अर्थव्यवस्था के आधुनिकीकरण के लिये प्रयोग की इसके लिये कुछ राष्ट्रों ने अधिनायकतन्त्र को भी अपनाया। राष्ट्रीय आय बढ़ाने, विकास की दर बढ़ाने, प्रति व्यक्ति आय बढ़ाने,जीवन-स्तर सुधारने आदि पर ये राष्ट्र ध्यान देते रहे हैं। कुछ विचारक मानते हैं कि इस तरह के आर्थिक विकास के लक्ष्यों की प्राप्ति होने पर उनको विकसित राष्ट्र माना जायेगा। उनकी मान-मर्यादा बढ़ेगी। इस तरह आर्थिक उपलब्धियों को ही ये विकासशील राष्ट्र राजनीतिक आधुनिकीकरण मानते हैं।

(2) पश्चिमी देशों की प्रक्रिया से भिन्न - विकासशील राष्ट्रों की राजनीतिक आधुनिकीकरण की प्रक्रिया अपनी प्रकृति से पश्चिमी देशों की इस प्रक्रिया से भिन्न है। पश्चिमी देशों में विकासवादी पद्धति पूर्ण हो चुकी है। पश्चिमी देशों के क्रमशः सामाजिक विकास तथा परिवर्तन ने राजनीतिक आधुनिकीकरण की प्रक्रिया को पूर्णता दी है। इन राष्ट्रों ने अपने उपनिवेशों के आर्थिक साधनों की मदद से इन पश्चिमी देशों ने उदारवादी मूल्यों के सहारे लोकतान्त्रिक शासन प्रणाली की मदद से अपनी राजनीतिक आधुनिकीकरण की प्रक्रिया को पूर्ण किया। विकासशील देशों में पायी

जाने वाली राजनीतिक आधुनिकीकरण की प्रक्रिया पशिचमी देशों से भिन्न है। इन्होंने पशिचमी देशों से सामान्यतया राजनीतिक आधुनिकीकरण को प्राप्त किया है। इस दिशा में अभी इन देशों को बड़ा लम्बा सफर तय करना होगा।

(3) प्रक्रिया का विभाजन – परम्परागत दृष्टि से विकासशील देशों में से राजनीतिक आधुनिकीकरण की प्रक्रिया को स्वतन्त्रता से पूर्व तथा स्वतन्त्रता पश्चात् दो भागों में विभाजित करके देखा जा सकता है। विकासशील देशों में से राजनीतिक आधुनिकीकरण का प्रारम्भ सामान्यतया दासता के काल में हुआ था। जैसे सभी के लिये समान कानूनों का प्रचलन, राजनीतिक दलों का निर्माण आदि। स्वतन्त्रता पश्चात् इन देशों में लोकतान्त्रिक व्यवस्था अपनाकर राष्ट्रीय संविधानों का निर्माण किया गया। कुछ राष्ट्रों ने गैर लोकतान्त्रिक शासन तथा विकास पद्धति को अपनाया है।

(4) परम्परागत ढ़ाचे के नकारात्मक प्रभाव – विकासशील देशों में परम्परागत आर्थिक ढ़ाँचे ने राजनीतिक आधुनिकीकरण की गति पर निम्नलिखित नकारात्मक प्रभाव छोड़े है–

– अधिकतर विकासशील देशों में उत्पादन के परम्परागत तरीकों का प्रयोग,

– अधिकतर विकासशील देशों की अर्थव्यवस्था कृषि आधारित है,

– अधिकतर विकासशील देशों में कृषि आधारित उद्योगों का पूर्ण विकास नहीं हुआ है,

– अधिकतर विकासशील देशों में पर्याप्त प्राकृतिक साधन तो है लेकिन उनका पूर्ण शोधन नहीं किया जा सकता है,

– अधिकतर विकासशील देशों की पशिचमी राष्ट्रों की मदद लेकर ही विकास कर सकते हैं। क्योंकि इन देशों की तकनीकी तो पिछड़ी हुई है। इसलिये अन्ततः इनका विकास पशिचमी देशों की मदद से ही हो सकेगा,

(5) विकासशील देशों की सामाजिक संरचना परम्परागत रूप में है जिसने राजनीतिक आधुनिकीकरण पर विपरीत प्रभावा डाला है, एवं

(6) अधिकांश विकासशील देशों की राजनीतिक व्यवस्था की संरचना ऐसी है जो राजनीतिक आधुनिकीकरण में बाधा उत्पन्न करती है। कहीं तानाशाही राजतन्त्र, सैनिकतन्त्र, अधिनायक तन्त्र है तो कहीं नियन्त्रित एवं सीमित लोकतन्त्र को अपनाया गया है। ये समस्त व्यवस्थायें सत्ता के केन्द्रीकरण में विश्वास रखती हैं और शासन तथा निर्णय–प्रक्रिया में जनभागीदारी में इनकी कोई आस्था नहीं है। जबकि भारत जैसे देशों में लोकतान्त्रिक शासन व्यवस्था स्थापित है। जहाँ समानता पर बल दिया

जाता है लेकिन यहाँ भी जातीय बन्धन अथवा संकीर्णता भी बाधा उत्पन्न करती है। इसी कारण सभी वर्गों तक आर्थिक विकास का लाभ नहीं पहुँचा है। इसी कारण कुछ वर्गों में असन्तोष भी देखा जा सकता है। इससे लोकतान्त्रिक व्यवस्थाओं में अनेक नकारात्मक आन्दोलन भी हुये हैं। इससे सामाजिक वर्गों के संघर्षों को बढ़ावा मिलता है। इस प्रकार स्पष्ट होता है कि विकासशील देशों में राजनीतिक आधुनिकीकरण के मार्ग में अनेकों बाधायें देखी जा रही हैं। फिर भी आधुनिकीकरण धीमी गति से आ रहा है।

राजनीतिक आधुनिकीकरण उपागम का महत्त्व :- राजनीतिक आधुनिकीकरण के महत्त्व को निम्न आधारों पर स्वीकार किया जा सकता है-

(1) इस उपागम की सहायता से राजनीतिक विकास का ज्ञान प्राप्त होता है।

(2) इस उपागम ने तुलनात्मक राजनीति का विस्तार किया है।

(3) यह उपागम राजनीतिक व्यवस्थाओं और दबावों को समझने में भी मदद करता है।

(4) राजनीतिक आधुनिकीकरण उपागम की सहायता से राजनीतिक व्यवस्थाओं में पायी जाने वाली आधुनिकीकरण की प्रक्रिया की दिशा और प्रवृत्ति का तुलनात्मक अध्ययन सम्भव हो सकता है।

(5) इस उपागम की सहायता से राजनीतिक आधुनिकीकरण की दिशा में आगे बढ़ने में मदद मिलती है।

राजनीतिक आधुनिकीकरण के उपागम की सीमायें :- अनेक आलोचकों ने इस उपागम के अनेक दोषों की चर्चा की है जिनमें से मुख्य दोष या इसकी सीमायें निम्नलिखित हैं-

(1) राजनीतिक आधुनिकीकरण के सम्बन्ध में सभी विद्वानों में एकमतता नहीं पायी जाती है।

(2) विकास तथा आधुनिकीकरण को ही राजनीतिक आधुनिकीकरण मान लिया जाता है।

(3) राजनीतिक आधुनिकीकरण के मुख्य लक्षणों पर भी सभी विद्वान एकमत नहीं हैं।

(4) इस उपागम का एक दोष यह है कि राजनीतिक आधुनिकीकरण के लक्षणों का सही मापन सम्भव नहीं होता है।

(5) इस उपागम पर समाजशास्त्र तथा अर्थशास्त्र का अत्यधिक प्रभाव पड़ता है। इसलिये राजनीति विज्ञान की स्वायत्तता के लिये खतरा उत्पन्न हो सकता है। इस प्रकार इस उपागम में अनेक दोष या सीमायें हैं। लेकिन फिर भी इसके महत्त्व तथा उपयोग से इन्कार नहीं किया जा सकता है। यह उपागम वास्तव में विकासशील देशों की राजनीतिक व्यवस्थाओं को समझने में सहायता करता है। थॉमस हॉब्स के अनुसार सामान्य नागरिक विधियाँ सम्प्रभु की इच्छा का प्रतिनिधित्व करती हैं। विधियों में पुरातन नियमों अथवा ऐतिहासिक परम्पराओं का नहीं वरन् सम्प्रभु की दृढ़ संकल्प-क्रिया ही प्रधान है। विधि सम्प्रभु की शक्ति की द्योतक है जो प्रजाजन के लिए कर्त्तव्यों की घोषणा करती है। इन विधियों से ही व्यक्ति को यह ज्ञात होता है कि किसे उनका कहें और किसे दूसरे का; क्या न्यायपूर्ण है और क्या अन्यायपूर्ण; क्या ईमानदारी और क्या बेईमानी तथा क्या शुभ है और क्या अशुभ? इस प्रकार विधियाँ मानव-व्यवहार को विनियमित करने के साथ ही उसका मानदण्ड भी प्रस्तुत करती हैं। साथ ही ये उस सम्प्रभु का आदेश हैं जिसमें अपने आदेशों का पालन कराने की क्षमता है। प्रजा इन विधियों को नैतिक मूल्य की दृष्टि से नहीं बल्कि इसलिए मानती है कि वे सम्प्रभु की इच्छा की अभिव्यक्ति हैं। थॉमस हॉब्स के अनुसार विधि के दो विभाग हैं- वितरणात्मक या निषेधात्मक एवं आज्ञात्मक या दण्डात्मक। प्रथम विभाग में नागरिकों को वैध-अवैध कार्यों का ब्योरा बतलाया जाता है और दूसरे विभाग में राज्य के मन्त्रियों को, जनता के प्रति अपराधनुसार क्या दण्डविधान है, इसकी व्याख्या की जाती है? सम्प्रभु ही विधि का एकमात्र स्त्रोत और व्याख्याकार है।

थॉमस हॉब्स ने नागरिक विधि और प्राकृतिक विधि में अन्तर किया है। सेबाइन के शब्दों में "नागरिक विधि प्रभुसत्ता का आदेश है जिसे बलपूर्वक लागू किया जा सकता है जबकि प्राकृतिक विधि विवेक का आदेश है जिसका केवल आलंकारिक महत्त्व है। नागरिक विधि का मूल तत्त्व यह है कि उसमें आदेश का अथवा बल-प्रयोग का भाव निहित है। थॉमस हॉब्स के मतानुसार संसदज्ञों तथा कोक जैसे सामान्य विधि-वेत्ताओं की स्थिति में यही भ्रम है। संसदज्ञ समझते हैं कि प्रतिनिधिक-संस्था की सहमति में कुछ गुण हैं और सामान्य विधि-वेत्ताओं का विचार है कि प्रथा में कुछ वैधता है। वस्तुस्थिति यह है कि बल-प्रयोग करने वाली शक्ति ही विधि को बंधनकारी बनाती है। विधि उसी की है जिसके हाथ में शक्ति है। सत्ता-सम्पन्न व्यक्ति प्रथा को जारी रहने दे सकता है किन्तु उसकी गर्भित स्वीकृति की प्रथा को विधि शक्ति देती है। कोक का यह अन्धविश्वास मूर्खतापूर्ण है कि सामान्यविधि का अपना विवेक होता है।"

थॉमस हॉब्स द्वारा विधियों के उचित-अनुचित होने के अधिकार से जनता को वंचित कर देना किसी दृष्टि से न्याय-संगत नहीं माना जा सकता। फिर भी यह समझ से परे है कि मनुष्य का वह सद्विवेक जिसे वह प्राकृतिक अवस्था में व्यवहार में लाता था,

राज्य की स्थापना होते ही एकाएक लुप्त कैसे हो गया? राज्य में तो उस सद्विवेक को अधिक प्रभावशाली होना चाहिए था क्योंकि मनुष्य तब प्राकृतिक अवस्था की अपरिष्कृत भावनाओं से बहुत ऊपर उठ चुका था। सम्प्रभु की इच्छा को ही सद्विवेक की अभिव्यक्ति मानना और प्रजा को इस दृष्टि से कोई महत्त्व न देना आज के प्रजातान्त्रिक युग में स्वीकार नहीं किया जा सकता। इसके अतिरिक्त यदि मान भी लिया जाए कि सम्प्रभु द्वारा निर्मित कानून उसकी इच्छा को नहीं वरन् उसके विवेक को अभिव्यक्त करते हैं तो इसका अर्थ यह होगा कि सम्प्रभु विधि निर्माण में पूर्ण स्वतन्त्र नहीं है, क्योंकि उसे यह ध्यान रखना पड़ता है कि निर्मित-विधि सद्विविक के अनुरूप हो। पुनश्च, थॉमस हॉब्स ऐसे राज्यादेशों की अवहेलना की अधिकार देता है जो व्यक्ति की आत्म-रक्षा के उद्देश्य का हनन करने वाले हों। थॉमस हॉब्स के इस विचार में यह निष्कर्ष निकाला जा सकता है कि सम्प्रभु का विवेक सद्विवेक ही हो यह आवश्यक नहीं है, वह केवल दुराग्रह हो सकता है। प्रत्यक्ष रूप में सम्प्रभु को विधि का अन्तिम स्त्रोत और व्याख्याकार मानना तथा परोक्ष रूप में विधि के औचित्य अनौचित्य का अधिकार व्यक्ति को देना (क्योंकि तभी तो व्यक्ति राज्यादेश को अपनी आत्म-रक्षा के उद्देश्य विपरीत मानते हुए इसकी अवहेलना करने का निश्चय करता है) थॉमस हॉब्स के चिन्तन में एक गम्भीर दोष है।

थॉमस हॉब्स का सम्प्रभु को यह भी परामर्श है कि उसे बहुत अधिक विधियों का निर्माण नहीं करना चाहिए क्योंकि एक तो उन्हें लागू करना बड़ा कठिन हो जाता है और दूसरे जनता के हृदय में विधियों के प्रति सम्मान में कमी आ जाती है। थॉमस हॉब्स के इन विचारों से उसका यह सन्देह छिपा नहीं रहता है कि राजकीय विधि और प्राकृतिक विधि में पूर्ण तद्नुरूपता नहीं भी हो सकती है। वह इस बारे में सुनिश्चित नहीं था कि क्या प्रजा को सम्प्रभु के प्रत्येक कानून को शुभ मानना चाहिए। वस्तुतः थॉमस हॉब्स का निरंकुशतावाद उतना निरपेक्ष और अशर्त नहीं है जितना सामान्यतः वह दिखलाई देता है। "उपयोगितावाद के आधार पर निरंकुशतावाद का समर्थन करके वह उदारवाद के लिए एक आधार प्रस्तुत करता है।" उसके चिन्तन में संविधानवाद के तन्तु विद्यमान हैं जिनका वह स्वयं आदरपूर्वक करना चाहता है।

राज्य तथा चर्च

सम्प्रभुतावादी थॉमस हॉब्स यह स्वीकार नहीं करता कि अन्य कोई संस्था राज्य के समकक्ष है अथवा उसके मुकाबले खड़ी हो सकती है। हुड के शब्दों में, "थॉमस हॉब्स ने एक ऐसे राज्य का निर्माण किया जो केवल सर्वोच्च सामाजिक शक्ति के रूप में ही नहीं वरन् सर्वोच्च आर्थिक शक्ति के रूप में भी निरपेक्ष था।" सभी संस्थाएँ-निगम, संवास, संघ राज्य के अन्तर्गत हैं, उसकी कृपा पर आश्रित हैं। थॉमस हॉब्स प्रत्येक क्षेत्र को सम्प्रभुता के अधीन लाना चाहता है, चाहे वह कोई धार्मिक संस्थान ही क्यों न हो। सर्व-

प्रभुत्वपूर्ण राज्य में स्थानीय और स्वतन्त्र चर्च के लिए जो राज्य का प्रतिद्वन्द्वी हो, कोई स्थान नहीं हो सकता। थॉमस हॉब्स की दृष्टि में चर्च, राज्य की समशक्तिमति (समान शक्तिवाली) संस्था न होकर उसके अधीनस्थ एक विभाग था। जिस सार्वभौमिक चर्च का स्वप्न ग्रेगरी सप्तम, इन्नोसेन्ट तृतीय और बोनीफेस अप्टम देखा करते थे, थॉमस हॉब्स ने उसका बौद्धिक निराकरण किया। उसने कहा पोपशाही, रोमन साम्राज्य का प्रेत है और उसकी कब्र पर बैठा है।" उसकी मान्यता थी कि यदि विभिन्न धार्मिक सम्प्रदायों को स्वछन्द रूप से मत-प्रचार की छूट दी जाएगी तो राज्य की सुरक्षा और कल्याण के प्रति संकट उत्पन्न हो जाएगा। वह इस बात से अपरिचित न था कि तत्कालीन पादरी और पोप अपने असीमित दावों द्वारा समाज में अव्यवस्था फैलाएँ। धार्मिक क्षेत्र से आगे बढ़कर वे शासकों को पदच्युत् करने का अधिकार भी अपने हाथ में रखना चाहते थे। उनके ऐसे अप्रतिबन्धित विचारों और प्रयासों ने सम्पूर्ण यूरोप में अराजकता की सी स्थिति पैदा कर दी थी। कैथोलिकों और प्रोटेस्टेन्टों के आपसी खूनी-संघर्ष ने सम्पूर्ण फ्राँस को अशान्त बना दिया था। इन परिस्थितियों में यह अस्वाभाविक न था कि थॉमस हॉब्स ने चर्च पर सम्प्रभु के पूर्ण अधिकार का समर्थन किया। उसे यह स्वीकार्य नहीं हुआ कि सम्प्रभु के कानूनों पर शक्तिधारक के रूप में बाइबिल के नियमों की प्रभुता रहे। उसने यही माना कि धार्मिक सत्ता पूरी तरह राजसत्ता के वशवर्ती है आध्यात्मिक शासन जैसी कोई वस्तु नहीं है। राज्य में केवल राजनीतिक प्रभुता रखने वाले का ही शासन होता है। राज्य में सम्प्रभु ही सर्वोच्च आध्यात्मिक शक्ति है और बिशप उसकी ही कृपा से (ईश्वर की कृपा से नहीं) आध्यात्मिक सत्ता ग्रहण करते हैं। जब लोग शिक्षा और बुद्धि की उपेक्षा करते हुए यह आग्रह करते हैं कि केवल अलौकिक अनुभवों से ही सत्य-असत्य का वास्तविक ज्ञान प्राप्त हो सकता है, तो राज्य में अव्यवस्था और अराजकता का वातावरण पनपता है। थॉमस हॉब्स ने रोमन कैथोलिक चर्च को अन्धकार का राज्य कहा तथा स्कॉटिश प्रेसबिटेरियनिज्म एवं साधारण एंग्लीकन हाई चर्च का विरोध किया।

थॉमस हॉब्स ने कहा कि धर्म का आधार अदृष्ट शक्ति का भय है। मनुष्य शाश्वत नरक के भय से काँपता है और आध्यात्मिक सत्ता उसकी इस कमजोरी से लाभ उठाती है। अत: राज्य को इस खतरे से अपनी प्रजा की रक्षा करनी चाहिए। जो अदृष्ट शक्तियाँ राज्य द्वारा स्वीकृत हैं उनसे भय करना धर्म है और जो अदृष्ट शक्तियाँ राज्य द्वारा स्वीकृत नहीं है उनसे भय का नाम अन्धविश्वास है।

थॉमस हॉब्स के इन विचारों ने क्रान्तिकारी विस्फोटक चिंगारी छोड़ दी। थॉमस हॉब्स को नास्तिक गिना जाने लगा जबकि उसका कहना केवल यही था कि ईश्वर का वस्तुगत ज्ञान नहीं हो सकता, उसकी पूजा हो सकती है। वह भौतिकवादी अथवा गतिवादी था किन्तु उसने खुल्लम-खुल्ला निरीश्वरवाद का समर्थन कदापि नहीं किया।

स्पष्ट है कि थॉमस हॉब्स ने चर्च को पूरी तरह नागरिक शक्ति के अधीन कर दिया। मार्सीलियो ऑफ पेडुआ ने आध्यात्मिक एवं लौकिक शक्तियों को एक-दूसरे से पृथक् करके चर्च को नागरिक शासन की अधीनता में रखने की प्रक्रिया प्रारम्भ कर दी थी। थॉमस हॉब्स ने इस प्रक्रिया को पूरा कर दिया। उसने स्पष्ट शब्दों में घोषित किया- "यदि धार्मिक विधि-निषेधों, धार्मिक पुस्तकों के सिद्धान्तों, धर्म-तत्त्वों और चर्च शासन को कोई सत्ता प्राप्त नहीं होती है तो वह प्रभु द्वारा प्राधिकृत होती है। चूँकि धार्मिक विधि का कोई वस्तुपरक मापक नहीं है, अत: किसी धर्म अथवा उपासना पद्धति की स्थापना प्रभु की इच्छा के ऊपर आधारित होनी चाहिए एवं चर्च एक निगम मात्र है। किसी भी निगम की भाँति उसका एक प्रधान होना चाहिए और उसका यह प्रधान प्रभु है। यह कई व्यक्तियों की एक कम्पनी है जो प्रभु के व्यक्तित्व में संगठित है और इसलिए इसे स्वयं राज्य से भिन्न अथवा अलग नहीं किया जा सकता। लौकिक एवं आध्यात्मिक शासन समरूप है।" धर्म-ग्रन्थ की व्यवस्था करने का एकमात्र उचित अधिकार शासक को ही है। राजकीय विधि और दैवी विधि में कोई विरोध नहीं हो सकता। दैवि विधि वही है जिसकी सम्प्रभु व्याख्या करे।

साराँशत: थॉमस हॉब्स के अनुसार, चाहे किसी भी दृष्टि से देखा जाए, धर्म पूरी तरह से विधि एवं शासन के नियन्त्रण में है। मार्सीलियो की भाँति वह चर्च का काम शिक्षा देना मानता है, लेकिन वह यह भी कहता है कि कोई भी शिक्षण तभी विधि-संगत है जब सम्प्रभु उसे प्रमाणित कर दे। धर्म-बहिष्कार का अथवा चर्च द्वारा दिया जाने वाला कोई अन्य दण्ड सम्प्रभु ही आरोपित करता है। थॉमस हॉब्स ने अपने ग्रन्थ 'लेवियाथान' के लगभग आधे भाग में धर्म-शास्त्र और चर्च से सम्बन्ध रखने वाले प्रश्नों की मीमाँसा की है और विशुद्ध तर्क की कसौटी पर कसा है।

8

जॉन स्टुअर्ट मिल

जेम्स मिल शिक्षा के महत्व के प्रति भी उतना ही सजग था जितना बेन्थम। उसने निम्न और उच्च दोनों ही वर्गों की शिक्षा पर समान बल दिया और यह मत व्यक्त किया कि शिक्षा का उद्देश्य व्यक्तियों तथा समाज को समग्र रूप से सुख प्रदान करना है। बाह्य परिस्थिति और शिक्षा मानव-समाज को प्रभावित करने वाले महत्वपूर्ण तत्व हैं। यद्यपि जन्म के समय लोगों की योग्यता समान होती है, तथापि पालन-पोषण, शिक्षा और परिस्थितिवश उनके जीवन में परिवर्तन और असमानता का समावेश हो जाता है। व्यक्ति की शिक्षा पर समुचित ध्यान देकर हम उसकी तथा समाज की उन्नति का मार्ग प्रशस्त करते हैं, अत: यह आवश्यक है कि व्यक्ति की रुचि के अनुसार ही शिक्षा दी जाए ताकि उसकी सुप्त मानसिक शक्तियों का सही ढंग से विकास हो सके।

जेम्स मिल ने कहा कि शिक्षा के दो प्रमुख उद्देश्य हैं-(1) व्यक्ति स्वयं सुख प्राप्त करे, एवं (2) वह अपने अर्जित ज्ञान को दूसरों में बाँट कर उन्हें सुख दे। अत: स्पष्ट है कि मिल का दृष्टिकोण उपयोगितावादी था। उसकी आकाक्षाँ थी कि शिक्षा ऐसी होनी चाहिए जिससे वैयक्तिक और सार्वजनिक दोनों प्रकार के सुखों के प्रसार हो। व्यक्ति की बौद्धिक और आध्यात्मिक दोनों ही प्रकार की उन्नति होनी चाहिए। शिक्षा का उद्देश्य

चरित्र-निर्माण होना चाहिए। शिक्षा पर एक निश्चित आयु पर ही पूरी नहीं हो जाती, अतः वह जीवनपर्यन्त चलनी चाहिए। शिक्षा के उद्देश्य प्राप्ति के साधनों पर विचार करते हुए मिल ने कहा है कि बुद्धि को जितना उर्वर बनाया जाएगा और व्यक्ति के सामने विभिन्न रूपों में जितना ज्ञान प्रस्तुत किया जाएगा, उसकी बौद्धिक प्रतिभा का उतना ही अधिक विकास होगा। जिस प्रकार खेत को जितना अधिक जोता जाता है वह उतना ही उपजाऊ हो जाता है, उसी तरह विभिन्न विचारों से मानव-मस्तिष्क को जितना परिपूर्ण किया जाएगा, उतना ही उसमें निखार आएगा और वह उद्देश्यों की प्राप्ति की दिशा में आगे बढ़ सकेगा। मिल ने शिक्षा को सर्वाधिक शक्तिशाली तत्व मानते हुए कहा कि -''समाज में जितने भी वर्ग देखने को मिलते हैं, वे सब शिक्षा के ही परिणाम हैं। शायद ही कोई कार्य होगा जिसे शिक्षा न करती हो।''

मिल ने अपने समकालीन सभी विचारकों को प्रभावित किया। जॉन स्टुअर्ट मिल अपने पिता के विचारों से बहुत ही प्रभावित हुआ। डेबिडसन ने ठीक ही लिखा है कि -''जेम्स मिल बेन्थम के बाद आतंकवादी उपयोगितावादियों का नेता था और इस राजनीतिक सम्प्रदाय के व्यावहारिक सुधारों को कार्य-रूप देने में वह प्रधान सक्रिय व्यक्ति था।'' जेम्स मिल के प्रयत्नों और बेन्थम के प्रति उसकी श्रद्धा ने स्टुअर्ट मिल को कट्टर उपयोगितावादी बना दिया। बेन्थम के उपयोगितावादी सिद्धान्त पर आलोचकों ने निकृष्टता और हेयता के आरोप लगाये थे। मिल ने आलोचकों के प्रहारों का जोरदार उत्तर देते हुए उपयोगितावाद में अनेक महत्वपूर्ण संशोधन किए तथा उसमें अनेक नए सुखवादी तत्त्वों का समावेश कर दिया जिसके फलस्वरूप मूल सिद्धान्त प्रायः समाप्त-सा हो गया। वर्डस्वर्थ, कॉलरिज, कॉम्टे, डार्विन, स्पेंसर आदि के प्रभाव तथा इंग्लैण्ड की परिवर्तित परिस्थितियों के कारण मिल के प्रारम्भिक बेन्थमवादी विचारों में शनैः-शनैः परिवर्तन आता गया और उसने नवीन सिद्धान्तों पर बल देना शुरू कर दिया। उपयोगितावाद की रक्षा करने के प्रयत्नों में उसने इतने संशोधन कर दिए कि उसका स्वरूप ही बदल गया। वेपर के अनुसार ''उपयोगितावाद पर लगाए गए आरोपों से उसकी रक्षा करने की इच्छा से मिल ने सम्पूर्ण उपयोगितावाद को ही एक तरफ फैंक दिया।'' उसने उपयोगितावाद के स्थान पर व्यक्तिवाद पर अधिक बल दिया और इसलिए राजनीतिक चिन्तन के क्षेत्र में उसे प्रायः 'अन्तिम उपयोगितावादी' तथा 'प्रथम व्यक्तिवादी' दार्शनिक माना जाता है। मिल ने उपयोगितावाद पर जो विचार प्रकट किए वे उसके प्रख्यात निबन्ध में 'Utilitarianism' उपलब्ध है।

मिल द्वारा उपयोगितावाद की पुनर्समीक्षा

आरम्भ में मिल बेन्थम के सिद्धान्त के आधार पर आगे बढ़ा। उसने बेन्थम के समान ही सुख की प्राप्ति और दुःख की विमुक्ति को व्यक्ति का अभीष्ट माना। उपयोगितावाद

की परिभाषा देते हुए उसने लिखा–'वह मत, जो उपयोगिता अथवा अधिकतम सुख के सिद्धान्त को नैतिकता का आधार समझता है, यह मानता है कि प्रत्येक कार्य उसी अनुपात में सही है जिस अनुपात में वह सुख की वृद्धि करता है और जो भी कार्य सुख से विपरीत दिशा में जाता है वह गलत हैं। सुख का अर्थ है आनन्द की प्राप्ति और दुःख का अभाव। दुःख का अर्थ है पीड़ा या कष्ट तथा आनन्द का अभाव। इस सिद्धान्त द्वारा स्थापित नैतिक मापदण्ड को अधिक स्पष्ट करने के लिए इससे अधिक कहना अनावश्यक है, विशेष रूप से यह कि सुख और दुःख की धारणाओं में क्या बातें सम्मिलित है और उनका उद्देश्य क्या है? यह एक खुला प्रश्न है। परन्तु ये पूर्ण व्याख्याएँ जीवन के उस सिद्धान्त को प्रभावित नहीं करती जिस पर नैतिकता का यह सिद्धान्त आधारित है कि सुख और दुःख से मुक्ति ही जीवन का एकमात्र लक्ष्य है तथा समस्त वाँछनीय वस्तुएँ, जिनका उपयोगितावादी योजना में भी वही स्थान है, जितना अन्य किसी योजना में वाँछनीय इसलिए है किया तो उनमें ही सुख का निवास है अथवा वे सुख-वृद्धि या दुःख निवृत्ति का साधन हैं।''

स्पष्ट है कि मिल ने बेन्थम के सुखवाद को स्वीकार किया, किन्तु कालान्तर में उसके विचारों में शनैः-शनैः एक क्रान्ति हुई तथा उसका विवरण ऐसा हो गया जिसमें बेन्थम तथा उसके उपयोगितवादी चिन्तन में गहरे अन्तर अभर आए। यह देखना उपयुक्त होगा कि कहाँ तक वह बेन्थम के साथ और कहाँ तक उससे पृथक रहा। उसके द्वारा किया गया बेन्थम के सिद्धान्त का रूपान्तर निम्नलिखित वर्णन से स्पष्ट हो सकेगा-

1. सुखों में मात्रात्मक ही नहीं, गुणात्मक अन्तर भी है-बेन्थम सुखों और दुःखों के मात्रात्मक भेद को ही स्वीकार करता था, गुणात्मक भेद को नहीं। किन्तु मिल ने इन दोनों भेदों को स्वीकार किया। उसने कहा कि सुख और दुःख के गुणात्मक अन्तर को मानना पूर्णतः उचित है। कुछ सुख मात्रा में कम होने पर भी इसलिए प्राप्त करने योग्य है क्योंकि वे श्रेष्ठ और उत्कृष्ठ है। निश्चय ही तुलसी और कीट्स के कार्यों का आनन्द गुल्ली-डण्डा खेलने के आनन्द से अधिक उत्तम है। शारीरिक सुखों की तुलना में मानसिक सुख अधिक श्रेष्ठ होते हैं क्योंकि वे अधिक स्थायी और सुरक्षित होते हैं। मिल ने बतलाया कि सुखों में केवल कम या अधिक का ही अन्तर नहीं होता, बल्कि उनके गुणों का भी अन्तर होता है। वे अपने महत्व के आधार पर उच्च अथवा निम्न भी हो सकते हैं। सुसंस्कृत और परिमार्जित रुचियों वाले व्यक्तियों को जिन बातों से सुख मिलता है वह सुख मूढ़ व्यक्तियों के इन्द्रियोंन्मुख आनन्द से निश्चय ही अधिक श्रेष्ठ होता है। सुखों के गुणात्मक अन्तर की हम उपेक्षा नहीं कर सकते। सुख का मूल्याँकन केवल मात्रा के ही आधार पर करना अनुचित और अवाँछनीय है। मिल के ही शब्दों में, ''एक सन्तुष्ट शूकर की अपेक्षा एक असन्तुष्ट मनुष्य होना कहीं अच्छा है, एक सन्तुष्ट मूर्ख की अपेक्षा एक असन्तुष्ट सुकरात होना कही अच्छा है और यदि मूर्ख और शूकर का मत इसके विपरीत है तो इसका कारण यह है कि वे केवल अपना पक्ष ही जानते हैं, जबकि दूसरा

पक्ष दोनों ही पक्षों को समझता है।'' मिल ने सुख और दु:ख के मध्य गुणात्मक भेद मानकर उपयोगितावाद को अधिक तर्कसंगत अवश्य बना दिया किन्तु इससे बेन्थम का उपयोगितावादी दर्शन छिन्न-भिन्न हो गया।

2. सुखों की गणना पद्धति में परिवर्तन-मिल द्वारा सुखों में गुणात्मक भेद मान लेने से बेन्थम का सुखवादी मापदण्ड पूर्णत: खण्डित हो जाता है। सुखों को नापने अथवा निष्पक्ष रूप में उनका मूल्याँकन करने के बेन्थमवादी प्रयत्नों का कोई मूल्य नहीं रहता। बेन्थम सुख की मात्रा को सुखवादी गणना पद्धति से मापना चाहता था जबकि मिल का मत था कि विद्वानों के प्रमाण ही सुखों की जाँच अथवा निर्णय के सही आधार है। ''दो सुख प्रदान करने वाली विभूतियों की प्रगाढ़ता का निर्णय उन्हीं व्यक्तियों द्वारा हो सकता है जिन्हें दोनों अनुभूतियों का ज्ञान हो।''

3. बेन्थम के सिद्धान्त का उद्देश्य सुख या आनन्द-प्राप्ति था और मिल का शालीनता और सम्मान पर बल-बेपर के अनुसार, ''मिल की धारणा थी कि आनन्द गुण तथा मात्रा दोनों में ही भिन्न होते हैं।'' उसके अनुसार जीवन का अन्तिम उद्देश्य उपयोगितावादी नहीं, वरन् शालीनता है। अपनी पुस्तक 'ऑन लिबर्टी' में वह लिखता है कि व्यक्तिवाद का प्रभाव सामान्य विचारधारा द्वारा कठिनाई से ही पहचाना जाता है। वह हम्बोल्ड के 'स्वयं अनुभूति' के सिद्धान्त को स्वीकार करता है। मिल का कथन है, ''केवल यही महत्वपूर्ण नहीं है कि मनुष्य क्या करता है, यह भी महत्वपूर्ण है कि उसके वह खास काम करने के तरीके क्या है।'' बेन्थम आदि सिद्धान्तों का उद्देश्य आत्मानुभूति नहीं वरन् आनन्द-प्राप्ति है, जबकि मिल इसके विपरीत यह बताता है कि ''वह आनन्द, जो शालीनता अथवा सम्मान की वृद्धि करे, दूसरे आनन्द से श्रेष्ठ है। इस प्रकार श्रेष्ठता का मापदण्ड उपयोगिता का सिद्धान्त नहीं। अत: हमें यह कहना चाहिए कि शालीनता अथवा सम्मान की वृद्धि करने वाले श्रेष्ठ होते हैं। मिल यहाँ श्रेष्ठ जीवन का विचार प्रस्तुत कर रहा है। उसके लिए जीवन आनन्द-प्राप्ति के साधन से कुछ अधिक है।'' वेपर के अनुसार, ''मिल नैतिक उद्देश्यों को सुख या प्रसन्नता से ऊँचा मानता है। जब कोई व्यक्ति नैतिक उद्देश्यों की प्राप्ति कर लेता है तो प्रसन्नता स्वयं उसके कदम चूमती है। उपयोगितावाद में मिल की नैतिकतावाद की अवधारणा से बेन्थम की विचारधारा में एक क्रान्तिकारी परिवर्तन हुआ है। मिल ने राज्य को नैतिक उद्देश्यों की पूर्ति के लिए एक नैतिक संस्थान घोषित किया है। राज्य का उद्देश्य उपयोगिता नहीं, वरन् व्यक्ति में नैतिक गुणों का विकास करना है। इस प्रकार मिल उपयोगितावाद की रक्षा इसमें पूर्ण परिवर्तन लाकर ही कर सका है।''

4. मिल की नैतिकताएँ बेन्थम से अधिक सन्तोषजनक-सम्मान अथवा शालीनता का उपयुक्तवादी विचार मिल को नैतिक बाधा के अनुपयोगितावादी विवेचन की भी

प्रेरणा देता है। बेन्थम ने नैतिक बाधा का कारण केवल मनुष्य की स्वार्थपरता को माना है, परन्तु मिल का विचार इससे भिन्न है। उसके अनुसार भय, स्मृति, स्वार्थ, नैतिकता में उसी प्रकार बाधा पहुँचाते हैं जिस प्रकार प्रेम, सहानुभूति तथा धार्मिक भावनाएँ। मिल कुछ अधिक यथार्थवादी प्रतीत होता है। वह टी.एच. ग्रीन के विचार को स्वीकार करता है जिसके अनुसार सार्वजनिक कर्त्तव्यों तथा उत्तरदायित्यों का जन्म तार्किक आधार पर व्यक्तिगत अधिकारों तथा हितों से नहीं हो सकता। मिल ने अनुसार नैतिक बाधा की भावना उपयोगितावादी सिद्धान्त द्वारा स्पष्ट नहीं की जा सकती। इस प्रकार उसकी नैतिकताएँ बेन्थम से अधिक सन्तोषजनक हैं।

5. स्वतन्त्रता उपयोगिता से अधिक उच्च और मौलिक–बेन्थम के उपयोगितावाद में मिल एक और भी परिवर्तन के लिए उत्तरदायी है। जैसा कि वेपर ने लिखा है–''मनुष्य की आत्मा को श्रेष्ठ बनाने का विचार उसे स्वतन्त्रता के अनुपयोगितावादी विश्लेषण की ओर अग्रसर करता है। सच्चे उपयोगितावादियों के लिए स्वतन्त्रता उपयोगिता से निम्न है, परन्तु मिल के लिए स्वतन्त्रता उपयोगिता से अधिक उच्च और अधिक मौलिक है।''

6. सुखों की प्राप्ति अप्रत्यक्ष ढंग से होती है–मिल ने 'अधिकतम व्यक्तियों के अधिकतम सुख' की कल्पना को स्वीकार करते हुए इसमें बेन्थम की व्याख्या की त्रुटि को दूर करने की चेष्टा की। बेन्थम ने कहा था कि राज्य के कार्यों की नाप-तौल करते समय अन्य बातों के साथ ही विस्तार पर भी बल दिया जाना चाहिए अर्थात् यह देखना चाहिए कि राज्य की कितनी अधिक जनसंख्या को उस कार्य से सुख पहुँचेगा। पर यह प्रश्न अविचारित रह गया था कि एक व्यक्ति के सुख की खोज में लगे रहने पर वह अन्य व्यक्तियों को सुख किस तरह पहुँचा सकेगा। मिल ने इसका समाधान करते हुए बतलाया कि यद्यपि अपना ही अधिकतम सुख प्राप्त करने की लालसा व्यक्ति का एकमात्र उद्देश्य रहता है तथापि तुरन्त ही वह सामाजिक हित के रूप में प्रत्येक व्यक्ति के अधिकतम सुख का रूप धारण कर लेता है। प्रारम्भ में व्यक्ति किसी कार्य को इसलिए करता है कि उसे उससे सुख प्राप्त होता है, किन्तु बाद में वही सुख साध्य बन जाता है। उदाहरण के लिए, किसी व्यक्ति को कष्ट में देखकर मनुष्य उसकी सहायता करता है और इस कार्य से उसको स्वयं सुख प्राप्त होता है। इससे उसे दूसरे व्यक्ति की सेवा में सुख मिलने लगता है और कालान्तर में वह निजी सुख को भुलाकर भी दूसरों की सेवा में लगा रहता है।

7. मिल का सिद्धान्त नैतिक, बेन्थम का राजनीतिक–एक अन्य दृष्टिकोण से भी मिल की धारणा बेन्थम की धारणा से भिन्न है। बेन्थम अधिकतम सुख के सिद्धान्त को एक राजनीतिक सिद्धान्त समझता था, नैतिक नहीं। उसकी रुचि इस बात में अधिक थी कि ''विधि-निर्माता और शासक सामाजिक नीतियों के निर्धारण तथा विधि-निमार्ण में इसका प्रयोग करें।'' उसे इसे व्यक्तिगत आचरण का सिद्धान्त बनाने में विशेष रुचि नहीं

थी। बेन्थम की मान्यता थी कि यदि कानून को निष्पक्ष होना है तो वह गुणात्मक भेद की बारीकियों में नहीं जा सकता। एक ईमानदार और नेक विधि-निर्माता के सामने इसके अलावा और कोई उपाय नहीं है कि वह यह मान कर चले कि विभिन्न व्यक्तियों के सुखों की तुलना केवल मात्रा की दृष्टि से की जा सकती है। पर मिल के हाथों में स्थिति उल्टी हो गई। उपयोगिता का सिद्धान्त विधि-निर्माता के लिए व्यक्तिगत नैतिकता पथ-प्रदर्शक सिद्धान्त बन गया। इसके द्वारा प्रत्येक व्यक्ति को स्वयं यह निर्णय करना है कि उसके लिए क्या करना उचित है। इस प्रकार इस सिद्धान्त का राजनीतिक पहलू धूमिल होकर पृष्ठभूमि में पड़ गया। अपने विचार को मिल ने इन शब्दों में व्यक्त किया है-"जहाँ तक व्यक्ति के अपने और दूसरों के आनन्द की तुलना का प्रश्न है, उपयोगितावाद की माँग है कि व्यक्ति को पूर्ण रूप से निष्पक्ष रहना चाहिए जैसे कि एक निष्काम तथा करुणाशील दर्शक हो। ईसा मसीह के स्वर्णिम नियम में हमें उपयोगितावादी आचार-शास्त्र की पूर्ण आत्मा के दर्शन होते हैं। जैसा आचरण आप दूसरे से चाहते हैं वैसा ही आचरण दूसरों के साथ करना और अपने पड़ौसियों से वैसा ही प्रेम करना जैसा आप स्वयं अपने से चाहते हैं, यही उपयोगितावादी नैतिकता का सर्वोत्कृष्ठ आदर्श है।"

उपर्युक्त विचारों में इस सिद्धान्त के राजनीतिक पहलू का जिसमें बेन्थम की इतनी अधिक रुचि थी, उल्लेख तक नहीं किया गया है। वास्तव में मिल के उपयोगितावाद में बेन्थम का राजनीतिक चरित्र धुँधला पड़ गया है। बेन्थम के 'अधिकतम संख्या के अधिकतम सुख' का राजनीतिक सिद्धान्त मिल के हाथों में पहुँच कर व्यक्तिगत नैतिकता का सिद्धान्त बन गया है।

8. मिल द्वारा अन्तःकरण के तत्व पर बल-बेन्थम ने उपयोगितावाद के भौतिक पक्ष पर बल देते हुए बाह्य बातों पर अधिक ध्यान दिया जबकि मिल ने आन्तरिक पक्ष को अधिक महत्व दिया। उसने बेन्थम के व्यक्तिगत और सामाजिक हितों में एकता एवं सम्बन्ध स्थापित करने का प्रयास किया। बेन्थम ने व्यक्ति को सुख प्राप्ति के लिए प्रेरित करने वाले चार बाह्य दबावों-शारीरिक, सार्वजनिक, धार्मिक और नैतिक की चर्चा की थी। उसने यह सब अति विशेष सुखों और दुःखों तथा व्यक्तिगत एवं सार्वजनिक हितों में एकरूपता स्थापित करने की समस्या के निराकरण के लिए किया था। किन्तु मिल ने इस निराकरण को अपर्याप्त मानते हुए विश्वास प्रकट किया कि इस प्रकार कृत्रिम साधन द्वारा स्थापित की हुई हितों की एकरूपता स्थायी नहीं हो सकती। उसने ऐसा आधार ढूँढने के प्रयत्न में, जो व्यक्ति को अपने स्वार्थों की बलि देकर भी सामान्य हित-साधना की ओर उन्मुख करे, अन्तःकरण के तत्व पर विशेष बल दिया। जहाँ बेन्थम ने इस तत्व की उपेक्षा की वहाँ मिल ने दृढ़तापूर्वक कहा कि हमारा अन्तःकरण सुख-दुःख का अनुभव करता है। नैतिक एवं शुभ कार्यों से हमारे अन्तःकरण को शान्ति और सुख प्राप्त होता है जबकि नीच और पापपूर्ण कार्यों से उसे पश्चाताप की अग्नि में जलना पड़ता है। सुख केवल

सामाजिक, राजनीतिक, धार्मिक और शारीरिक ही नहीं, वरन् आत्मिक, मानसिक और आध्यात्मिक भी होता है। आखिर प्रभु ईसा मसीह को हँसते-हँसते सूली पर चढ़ने में कौन-सा सुख मिला? क्या वे बाह्य सुख की प्राप्ति के लिए सूली पर चढ़े? नहीं, उनका सुख आन्तरिक था और यही वास्तविक सुख होता है।

मिल ने अन्त:करण का अर्थ आत्मानुभूतिवादियों की तरह किसी अन्त: नैतिक शक्ति से नही लिया। उसने कहा कि अन्त:करण तो भावनाओं का एक पिण्ड है जिसे हमारे पापाचार के कारण दु:ख पहुँचता है व सदाचार के नियमों का उल्लंघन करने से हमें पश्चाताप की आग में जलना पड़ता है। यही अन्त:करण का तत्व को 'मानवता के कल्याण की भावना' की संज्ञा दी और इसे दूसरों के दु:ख-सुख की चिन्ता कहकर पुकारा। उसने इसे एक स्वाभाविक भावना माना।

मिल द्वारा अन्त करण के तत्व पर बल दिए जाने में निहित अर्थ यह है कि व्यक्ति को केवल स्वार्थी समझना भ्रामक है वह परमार्थ-भावना से भी कर्म के लिए प्रेरित होता है। मिल का यह विचार बेन्थम की इस धारणा के विपरीत है कि समाज स्वार्थी लोगों का समूह है और मनुष्य अपनी अहंवादित के कारण अपने निजी लाभ के लिए ही कर्म करता है। मिल ने बेन्थम के समान वैयक्तिक सुख पर अधिक बल न देकर सामाजिक हित को उच्चतर माना और सामाजिक सुख की स्थिति में व्यक्तिगत सुख की कल्पना की है। सुख साध्य है और उसकी प्राप्ति का साधन है नैतिकता/नैतिकता पूर्णता सामाजिक है। न्याय और सहानुभूति उसके आधार हैं। स्वस्थ सामाजिक वातावरण में 'अधिकतम व्यक्तियों का अधिकतम सुख' सम्भव है। अत: एक व्यक्ति को अपना सुख वाँछित है तो उसे सामान्य सुख के लिए प्रयास करना चाहिए। एक व्यक्ति का सुख अच्छा है, हरेक व्यक्ति का सुख अच्छा है और इसलिए सामान्य सुख सभी व्यक्तियों के लिए सामूहिक रूप से अच्छा है। अपने विचार को अधिक स्पष्ट कहते हुए उसने 'Letters' में एक स्थल पर लिखा है, जब मैं यह कहता हूँ कि सामान्य सुख संयुक्त रूप से सभी व्यक्तियों का सुख है, तो यह मेरा आशय नहीं है कि प्रत्येक व्यक्ति का सुख प्रत्येक अन्य व्यक्ति का सुख है। यद्यपि में अच्छे समाज और शिक्षित अवस्था में इसे ऐसा मानता हूँ, तथापि मेरा अभिप्राय केवल यह है कि 'अ' का सुख अच्छा है, 'ब' का सुख अच्छा है, 'स' आदि का सुख अच्छा है; और इस प्रकार इन सभी की अच्छाइयों का योग अवश्य ही सामान्य रूप से अच्छा होगा।''

फ्रांस से आने के बाद उन्होंने बेन्थम के ग्रन्थों का अध्ययन किया और पिता के अनुसार वे बेन्थम के अनुयायी बन गये। बाद में 17 वर्ष की आयु में उन्होंने एक संस्था की स्थापना की, जिसका कार्य उपयोगितावादी प्रगतिवाद (Utilitarianist Radical-ism) का प्रचार करना था। वे लन्दन रिव्यू (London Review) (बाद में लन्दन एण्ड

वेस्टमिन्सटर रिव्यू) के भी सम्पादक बने। ऐसा प्रतीत होता है कि इतनी छोटी सी आयु में इतने अधिक व शुष्क बौद्धिक दबाव के कारण, जॉन स्टुअर्ट मिल हृदय रोग से पीड़ित हो गये, जिसे उन्होंने स्वयं अपने बौद्धिक इतिहास का एक गम्भीर संकट माना है। अपने अध्ययन की शुष्कता से छुटकारा पाने के उद्देश्य से मिल ने इसके बाद वर्डसवर्थ व कालरिज की सरल रचनाओं का अध्ययन किया, जिनसे उनके ह्दय में सरसता व मानवीयता का संचार हुआ। 25 वर्ष की आयु में मिल का सम्पर्क एक अत्यन्त प्रतिभाशाली व सुन्दर महिला श्रीमती हेरयट टेलर से हुआ, जिन्होंने सन् 1851 में अपने पति की मृत्यु के बाद मिल से विवाह कर लिया। मिल ने जैसा अपनी आत्मकथा में लिखा है उनके विचारों पर उनकी मित्र एवं बाद में पत्नी रीमत हेरयट टेलर का अत्यधिक प्रभाव पड़ा तथा उनकी रचनाओं में मानव सहानुभूति का जो तत्त्व पाया जाता है, उसे उन्होंने पत्नी के संसर्ग का परिणाम माना है। उन्होंने अपने प्रसिद्ध निबन्ध स्वतन्त्रता (On Liberty) को उन्हीं को समर्पित किया है और लिखा है कि "मेरे लेखों में जो भी सर्वोत्तम है, उसकी वे प्रेरक तथा आंशिक रूप से लेखिका हैं, जो मेरी मित्र व पत्नी हैं, जिनकी सहृदयता की सत्य व उत्कुष्ट भावना मेरी सबसे प्रबल अधिक प्रेरणा रही है और जिनके द्वारा की गयी मेरी प्रशंसा मेरे लिए सबसे बड़ा पुरस्कार रही है।"

मिल ने कुछ दिनों के लिए ईस्ट इण्डिया कम्पनी की सेवा भी की थी और सन् 1858 में उन्होंने वहां से अवकाश प्राप्त कर लिया था। सन् 1865 में मिल ब्रिटिश संसद के सदस्य चुने गये। संसद सदस्य के रूप में उन्होंने दलीय अनुशासन के बन्धन की तुलना में अपने विवेक पर चलना ही अधिक श्रेयस्कर समझा तथा अपनी अत्यन्त स्वतन्त्र प्रवृत्ति के कारण वे पुन: निर्वाचित नहीं हो सके। संसद सदस्य के रूप में श्रमिक वर्ग के हितों की साधना, महिला मताधिकार एवं आयरलैण्ड के भूमि सुधार के लिए सदा प्रयत्नशील रहे लेखक होने के साथ-साथ मिल बड़े गम्भीर व कुशल प्रवक्ता थे। संसद के मिल के भाषणों के विषय में प्रधानमन्त्री ग्लैडस्टन का कहना था कि "जब जॉन मिल बोलते थे, तो मुझे सदैव ऐसा प्रतीत होता था कि मैं एक सन्त की वाणी सुन रहा हूँ।"

मिल का विश्वास था कि सभी व्यक्ति सुख चाहते हैं और कष्ट से बचना चाहते है। चूँकि सुख की सामग्री सीमित है, अत: इसका संचय करने के लिए व्यक्तियों में आपस में संघर्ष और स्पर्द्धा होती है। व्यावहारिक रूप से शक्तिशाली दुर्बलों को दबाकर उनके द्वारा उत्पन्न सुख की सामग्री हथियाने में आनन्द अनुभव करते हैं। इस प्रक्रिया में सबको आनन्द मिलता हो, ऐसा सम्भव नहीं होता। अत: सब व्यक्तियों की सम्पत्ति और स्वतन्त्रता को रक्षा के लिए आवश्यक है कि सब मिलकर कुछ व्यक्तियों को सब की सुरक्षा के उद्देश्य के शासन की शक्ति प्रदान कर दें। उन लोगों द्वारा सरकार का निर्माण हो और वे 'अधिकतम व्यक्तियों के अधिकतम सुख' की व्यवस्था करें। मिल यह जानता था

कि शासन करने का अधिकार प्राप्त होने पर व्यक्ति अपनी शक्ति का प्रयोग स्व-सुख-प्राप्ति के लिए ही कर सकता है, अत: उसका विचार था कि उस पर प्रतिबन्ध लगना चाहिए, क्योंकि सरकार का मुख्य कार्य व्यक्ति के हस्तक्षेप से बचना हैं। सरकार की आखिर व्यक्तियों से बनती है और उन व्यक्तियों में स्वार्थ की कमजोरी आना स्वाभार्ा त्रिक है। यदि सरकार पर प्रतिबन्ध न लगाया जाए तो वह निरंकुशता की ओर अग्रसर होगी, लोगों का दमन करने लगेगी और राज्य में आतंक फैल जाएगा। ऐसी दशा में सत्ता के दुरुपयोग को रोकने के लिए सरकार पर नियन्त्रण लगाना अनिवार्य हो जाता है। मिल ने कहा कि इन्हीं बातों को ध्यान में रखते हुए यह निश्चय किया जाना चाहिए कि कौन-सी सरकार आदर्श है। राजतन्त्र श्रेणीतन्त्र और लोकतन्त्र में से किसी में भी किसी में भी जनता के अधिकार वास्तविक अर्थ में सुरक्षित नहीं होते। प्रत्येक में स्वार्थ-भावना का समावेश करता है। मिल ने यह भी कहा कि इंग्लैण्ड की भाँति राजतन्त्र, श्रेणीतन्त्र और लोकतन्त्र का समन्वय भी समस्या का सही निदान नहीं है, क्योंकि इन तत्त्वों में से कोई भी दो तत्व मिलकर जनता के अधिकारों को आघात पहुँचा सकते हैं फिर भी लोकतान्त्रिक शासन सर्वोत्तम है, क्योंकि उसमें उद्देश्य से विचलित होने पर सरकार को अपदस्थ किया जा सकता है। मिल चाहता था कि ब्रिटिश लोकसभा इतनी सशक्त हो, जो राजा और लार्डसभा की सम्मलित शक्ति से टक्कर ले सके। वह लोकसभा को ही जनता की सभा मानता था। लॉर्डसभा के प्रति उसका रुख कठोर था। उसने यह भी सुझाव दिया था कि यदि लोकसभा किसी अधिनियम को लॉर्डसभा द्वारा ठुकरा दिए जाने पर तीन विभिन्न सत्रों में पारित कर दे तो वह अधिनियम लॉर्डसभा स्वीकृति के बिना ही कानून बन जाना चाहिए। आज जेम्स मिल की धारणा बहुत कुछ सत्य हो गई है। लॉर्डसभा की शक्तियाँ लगभग इस प्रकार सीमित कर दी गई हैं और वह लोकसभा की इच्छा के सामने झुकने के लिए बाध्य है।

राज्य के कार्यक्षेत्र पर विचार प्रकट करते हुए मिल ने कहा था कि राज्य का प्रमुख कार्य ऐसी व्यवस्था करना है जिससे कोई अपने सुख के लिए दूसरों का अहित न कर सके। राज्य को ऐसा कानून बनाना चाहिए जिससे व्यक्ति की अवाँछनीय कुचेष्टाओं पर प्रभावशाली नियन्त्रण रहे। यह कहना उपयुक्त होगा कि मिल ने सार्वजनिक हित की दृष्टि से राज्य का कर्त्तव्य व्यक्तियों के कार्यों को मर्यादित करना माना था। मिल यह भी चाहता था कि जनता के प्रतिनिधि वस्तुत: जन-भावनाओं का प्रतिनिधित्व करें और स्वयं को जनता के हितों के अनुरूप ही समझें। उसने सुझाव दिया कि प्रतिनिधियों का कार्यक्रम सीमित कर दिया जाना चाहिए और जनता को समय-समय पर अपनी इच्छा व्यक्त करने का अधिकार मिलना चाहिए। इस प्रकार की व्यवस्था से जनता में अपने उत्तरदायित्व के प्रति सजगता का विकास होगा, वह समय-समय पर अपने प्रतिनिधियों से प्रश्न कर सकेगी और उनसे कार्यों का विवरण भी माँग सकेगी। मिल का विचार था कि प्रतिनिधियों की संख्या अधिक नहीं होनी चाहिए। प्रतिनिधि कम संख्या में होने पर

ही अपने पर योग्यतापूर्वक कार्य कर सकेंगे और उन्हें यह ध्यान रहेगा कि अच्छा कार्य करने पर ही वे पुन: निर्वाचित हो सकेंगे। मिल ने उन व्यक्तियों को मताधिकार देने का विरोध किया जो अन्योन्याश्रित हों अथवा किसी भी रूप में दूसरों के प्रभाव में हों। ऐसे व्यक्ति स्वविवेक से और स्वतन्त्रतापूर्वक अपने मताधिकार का प्रयोग नहीं कर सकते। इसी अधिकार पर मिल ने स्त्रियों और पराश्रित व्यक्तियों के मताधिकार का समर्थन नहीं किया। उसने व्यापक वयस्क मताधिकार को भी ठीक नहीं समझा क्योंकि सब व्यक्तियों में मताधिकार का प्रयोग करने की समान योग्यता नहीं होती। उसने मध्यम वर्ग के लोगों को मताधिकार और शासनाधिकार प्रदान करने का पक्ष लिया। उसका विचार था कि मध्यम वर्ग ही राष्ट्र को उचित नेतृत्व दे सकता हे। उसका उपयोगितावाद मध्यम वर्ग की सर्वोच्चता का दर्शन था।

जेम्स मिल ने उपयोगितावादी मापदण्ड को लोकप्रिय बनाने का पूरा प्रयास किया और अपने विचारों को मानव-प्रकृति पर आधारित किया लेकिन उसकी सबसे बड़ी कमी यह थी कि उसने मानव-स्वभाव की केवल एकतरफा व्याख्या की और व्यक्ति में स्वार्थी तत्त्वों का ही दर्शन किया। उसने इस तथ्य की उपेक्षा कर दी कि मनुष्य एक सामाजिक प्राणी है जो अपने कार्य के साथ न केवल दूसरों के हित का ध्यान ही रखता है, वरन् अनेक अवसरों पर दूसरों के हित के लिए अपना बलिदान भी कर देता है।

बेन्थम और जेम्स मिल के शासन सम्बन्धी विचारों पर तुलनात्मक टिप्पणी करते हुए सेबाइन ने लिखा है कि ''जेम्स मिल के शासन सम्बन्धी विचार बेन्थम के शासन सम्बन्धी विचारों से बहुत भिन्न थे। जेम्स मिल ने अपने ग्रन्थ 'ऐसे ऑन गवर्नमेंट' में इन विचारों के दार्शनिक आधार को अधिक स्पष्टता से व्यक्त किया है। उसने इस बात को विशेष रूप से सिद्ध किया है कि बेन्थम उदारवासियों का राज-दर्शन ह्यूम की अपेक्षा हॉब्स पर अधिक निर्भर था। हॉब्स की भाँति मिल का भी विश्वास था कि सभी मनुष्यों में शक्ति प्रदान करने की एक अदम्य इच्छा होती है और संस्थाओं के प्रतिबन्ध इस इच्छा को नहीं रोक सकते। यद्यपि बेन्थम की भाँति उसने भी उदारवादी और स्वेच्छाचारी दोनों प्रकार की शासन-प्रणालियों के लिए शक्तियों के विभाजन अथवा सन्तुलन की कल्पना को अस्वीकार कर दिया, तथापि वह यह मानता था कि शासन-सम्बन्धी सबसे जटिल प्रश्न शासकों की शक्ति को मर्यादित करने से सम्बन्धित होता है। उसके विचार से इस समस्या का एकमात्र समाधान यह था कि एक ऐसे विधानमण्डल की स्थापना की जाए जिसके हित देश के हितों के अनुरूप हों। विधानमण्डल के सदस्य अपनी शक्ति का प्रयोग केवल सर्वसाधारण के हित के लिए करें और विधानमण्डल का कार्यपालिका पर नियन्त्रण हो। उसे आशा थी कि जब सार्वभौम मताधिकार के आधार पर प्रतिनिधि-शासन व्यवस्था की स्थापना होगी और सीमित पदावधि रखी जाएगी तब यह उद्देश्य प्राप्त हो जाएगा। यद्यपि मिल अपने प्रत्येक तर्क को इस ढंग से प्रस्तुत करता था मानों वह एक सार्वभौम

और शाश्वत सिद्धान्त हो, तथापि मिल के राजनीतिक चिन्तन का एक तात्कालिक उद्देश्य यह था कि औद्योगिक मध्यम वर्ग को मताधिकार प्राप्त हो। मिल इस वर्ग को सबसे अधिक बुद्धिमान् समझता था। उसका यह भी विचार था कि निम्न वर्ग को इस वर्ग से मार्गदर्शन प्राप्त होगा। मिल ने इस सम्भावना पर कभी विचार नहीं किया कि मध्यम वर्ग राजनीतिक शक्ति का अपने हित के लिए भी प्रयोग कर सकता है।''

मिल की रचनाएँ

मिल की रचनाएँ आचारशास्त्र, न्यायशास्त्र अर्थशास्त्र और राजनीतिशास्त्र सभी विषयों पर हैं। राजनीतिक चिन्तन की दृष्टि से उनकी जिन दो रचनाओं का महत्त्व है, वे **'स्वतन्त्रता'** (On Liberty-1859), व **'प्रतिनिधि शासन पर विचार'** (Considration on Representative Govenment—1860) हैं। उनकी प्रमुख रचनाएँ निम्नलिखित हैं:

1. तर्क की पद्धति (The System of Logic—1843)

2. राजनीतिक अर्थ-व्यवस्था के कुछ अनिर्णीत प्रश्न (Some Unsettled Questions in Political Economy—1844)

3. राजनीतिक अर्थ-व्यवस्था के सिद्धान्त (The Principles of Political Economy—1848)

4. संसदीय सुधारों के विचार (Thoughts on Parliamentary Reforms—1859)

5. स्वतन्त्रता (On Liberty—1859)

6. प्रतिनिधि शासन पर विचार (Consideration on Repesentative Government—1860)

7. उपयोगितावाद (Utilitarianism—1863)

8. सर विलियम हैमिल्टन के दर्शन की समीक्षा (Examination of Sir Hamilton's Philosophy—1865)

9. संस्कृति के मूल्य पर उद्घाटन अभिभाषण (Inaugral Address on the Value Centre—1867)

10. नारी की पराधीनता (Subjection of Women—1869)

11. आत्मकथा (Autobiography—1873)

12. धर्म पर तीन लेख (Three Essays on Religion—1874)

13. पत्र (Letters—1910)

मिल की अध्ययन पद्धति

अपनी रचना तर्क की पद्धति (System of Logic) में मिल ने इस बात पर विचार किया है कि राजनीतिशास्त्र एवं समाजशास्त्र, जैसे मानवीय शास्त्रों के अध्ययन के लिए हमें किस प्रकार की अध्ययन पद्धति अपनानी चाहिए, जिससे प्रतिपाद्य विषय का ज्ञान हमें सर्वश्रेष्ठ ढंग से हो सके। अध्ययन की कुछ प्रमुख पद्धतियों के विषय में उसके विचार निम्न प्रकार हैं :

1. राजनीतिक अथवा प्रयोगात्मक पद्धति

रासायनिक या प्रयोगात्मक पद्धति का प्रयोग मिल के अनुसार सामाजिक शास्त्रों के अध्ययन के लिए सफलतापूर्वक नहीं किया जा सकता। मिल का विचार है कि रसायनशास्त्री विभिन्न पदार्थों को मिलाकर उसके परिणामो की खोज करता है। वे पदार्थ ऐसे होते हैं, जिनमें स्वय कोई परिवर्तन नहीं होते। अत: रसायनशास्त्री के प्रयोगों के परिणाम सदा एक से निकलते हैं। राजनीतिशास्त्र अथवा अन्य समाज विज्ञानों में इस प्रकार के प्रयोग, जिनके परिणाम राजनीतिशास्त्र के प्रयोगों की तरह शुद्ध हो सकें, सम्भव नहीं होते, क्योंकि उसमें प्रयोग के काम लाये जाने वाले तत्त्व अथवा पदार्थ शरीर व आत्माधारी मनुष्य होते हैं और प्रयोगकर्ता भी मनुष्य होता है। मनुष्य के ह्रदय की आत्मगत विशेषताओं के कारण यह प्रयोग परिणामाओं की दृष्टि से उस प्रकार शुद्ध व एक से नहीं रह पाते, जिस प्रकार रसायनशास्त्र के प्रयोग होते हैं। मनुष्य के ह्रदय पर भिन्न-भिन्न वस्तुओं व कार्यों का प्रभाव मनुष्य से मनुष्य तथा समय से समय भिन्न-भिन्न होता है। इसीलिए हम यह देखते हैं कि एक देश में या एक समय पर यदि लोकतन्त्रात्मक शासनन सफल हो जाता है, तो दूसरे देश में या दूसरे समय वह असफल हो जाता है अथवा सार्वभौमिक मताधिकार किसी देश में एक शक्तिशाली व जनप्रिय शासन की स्थापना का कारण बन जाता है, जो अधिनायकतन्त्र से भी बुरा होता है। इस प्रकार मिल के विचारों का सार इस पद्धति के विषय में यह है कि प्रयोगकर्त्ता की अपनी स्वयं की भावनाओं तथा प्रयोग के पदार्थ-मनुष्य के क्रिया-कलाप-दोनों की प्रकृति के कारण रासायनिक या प्रयोगात्मक पद्धति का प्रयोग राजनीतिशास्त्र जैसे सामाजिक शास्त्रों में किया जाना ठीक नहीं होता।

2. ज्यामिति अथवा भावात्मक या विचारात्मक पद्धति

मिल के मतानुसार ज्यामिति अथवा भावात्मक पद्धति का प्रयोग भी राजनीतिशास्त्र जैसे समाजशास्त्रों के अध्ययन के लिए उपयुक्त नहीं है। यह पद्धति निगमनात्मक आधार पर चलती है तथा इसके अन्तर्गत कुछ पूर्व निर्धारित नियमों के द्वारा दृश्य जगत के तथ्यों को सिद्ध करने का प्रयत्न किया जाता है। मिल का विचार है कि समाज एक निरन्तर विकासशील संस्था है, जिसमें दृश्य जगत निरन्तर बदलता रहता है तथा उसका नियमन

किन्हीं उन पूर्व निर्धारित सिद्धान्तों के आधार पर नहीं किया जा सकता, जो विकास की प्रक्रिया की किसी पूर्व स्थिति के पर्यवेक्षण को आधार मानकर बनाये गये हों। चूँकि ज्यामिति अथवा विचारात्मक पद्धति पूर्व निर्धारित सिद्धान्तों को ही आधार मानकर चलती है, अत: मिल का विचार है कि यह पद्धति सामाजिक विज्ञानों के अध्ययन के लिए उपयुक्त नहीं है।

3. भौतिक अथवा ठोस निगमनात्मक पद्धति

मिल का विचार है कि राजनीतिशास्त्र में इस पद्धति का प्रयोग किया जा सकता है, यद्यपि इसके द्वारा निकाले गये सिद्धान्त पूर्णत: विशुद्ध नहीं हो सकते। जिल के अनुसार यह प्रणली निगमनात्मक (Deductive) और आगमनात्मक (Inductive) दोनों ही प्रणालियों की एक मिश्रित प्रणाली है। इस पद्धति में सर्वप्रथम प्रकृति के सिद्धान्तों का परीक्षण किया जाता है और उससे निकले हुए परिणामों के आधार पर सिद्धान्तों का निर्माण किया जाता है। समाजशास्त्रों के सिद्धान्त मानव प्रकृति व मानव व्यवहार के आधारभूत नियम होते हैं। अत: मिल का विचार है कि उनका परीक्षण करके मानव व्यवहार के सम्बन्ध में कुछ सिद्धान्तों का निर्माण किया जा सकता है, यद्यपि यह ध्यान रखने की बात है कि समाज विज्ञान अन्य भौतिक विज्ञानों की तरह ऐसे पूर्व निर्धारित सिद्धान्त प्रदान नहीं कर सकते, जिनके परीक्षण के परिणाम सदैव एक से ही निकलें। अत: यह पद्धति के विषय में मिल का यह विचार है कि उक्त प्रतिबन्ध को रखते हुए उसका प्रयोग राजनीतिशास्त्र के अध्ययन के लिए किया जा सकता है।

4. ऐतिहासिक पद्धति

मिल ने इस पद्धति को राजनीतिशास्त्र के अध्ययन के लिए उपयुक्त माना है और स्वयं भी उसका प्रयोग किया है। मिल का विचार है कि मनुष्य समाज का निरन्तर विकास होता आया है तथा विकास की प्रक्रिया में एक अवस्था के बाद दूसरी अवस्था आने की परिस्थितियों के साधारणीकरण से मानव व्यवहार के सम्बन्ध में कुछ ऐसे उपयोगी सिद्धान्तों का निर्माण किया जा सकता हैं, जिनके आधार पर समाज के भावी विकास की गति का नियमन किया जा सकता है। ऐतिहासिक पद्धति द्वारा हम राजनीतिक संस्थाओं के भूतकालीन रूप का अध्ययन करके यह देखते हैं कि उनका वर्तमान स्वरूप किस प्रकार बना और इस प्रक्रिया में सम्मुख आये हुए विकास के ऐतिहासिक तथ्यों के आधार पर उसके भावी विकास की गति प्रदान करने का प्रयत्न करते हैं। मिल ने भौतिक एवं ऐतिहासिक पद्धति को सबसे अधिक उपयुक्त माना है तथा अपने अध्ययन में उन्होंने उन्हीं का प्रयोग किया है।

मिल का मनोविज्ञान

बेन्थम मनोविज्ञान के प्रति उदासीन था, लेकिन जेम्स मिल ने उपयोगितावाद को मनोवैज्ञानिक आधार प्रदान किया। उसकी पुस्तक 'Analysis of the Phenomena of the Human Mind' उपयोगितावाद को स्पष्टता मनोवैज्ञानिक आधार प्रदान करती है मिल की विधि निष्कर्षात्मक और प्रयोगात्मक है। मानव-मस्तिष्क के अध्ययन के लिए अन्तर्दर्शन एवं प्रयोगात्मक विधि का समर्थन करते हुए उसने कहा कि जैसे आणविक सिद्धान्त द्वारा विज्ञान का अध्ययन किया जा सकता है, वैसे ही ज्ञानेन्द्रिय अणुओं द्वारा मस्तिष्क की व्याख्या सम्भव है। जेम्स मिल की गणना साहचर्यवादी मनोविज्ञान के प्रवर्तकों में की जाती है। इस क्षेत्र में वह टॉमस, हॉब्स और डेविड हार्टले का ऋणी था। साहचर्य की धारणा द्वारा उसने कल्पना, विचार और मस्तिष्क की अन्य परिस्थितियों की तथा साथ ही आध्यात्मिक प्रकृति की व्याख्या की। मिल ने बतलाया कि किसी कार्य की नैतिकता और अनैतिकता से ही उसकी उपयोगिता सिद्ध होती है। सुख और दु:ख नैतिकता के सार है। साहचर्यवादी मनोविज्ञान व्यक्ति को एक चेतन-प्राणी मानता है जो बुद्धि द्वारा अपने सुख-दु:ख की नाप-जोख करके कार्य करता है अत: स्पष्ट है कि जेम्स मिल के इन विचारों से वैयक्तिक सुखवादी उपयोगितावाद और उदारवाद को बल मिला।

मिल का राजनीतिक अर्थशास्त्र

राजनीतिक अर्थशास्त्र में जेम्स मिल पर एडम स्मिथ, माल्थस तथा रिकोर्डो का प्रभाव था। उसने माल्थस के जनसंख्या सिद्धान्त का समर्थन किया। यह उसके राजदर्शन का अंग बन गया। मिल का स्पष्ट विचार था कि प्रतिबन्ध लगाकर बढ़ती हुई जनसंख्या को रोका जाना चाहिए। यद्यपि प्रकृति स्वयं जनसंख्या-वृद्धि पर अंकुश रखती है, तथापि विवेक द्वारा भी उसे नियन्त्रित किया जा सकता है। सामाजिक शान्ति के लिए मिल ने यह आवश्यक समझा कि श्रम द्वारा उत्पादित वस्तुओं की अधिकतम मात्रा लोगों को प्राप्त हो और सरकार आर्थिक तथा अन्य संघर्षों द्वारा कमजोर पक्ष की रक्षा करें।

मिल के उपयोगितावादी विचारों का मूल्याँकन

स्पष्ट है कि मिल और बेन्थम के उपयोगितावादी विचारों में गहरा अन्तर है। मिल बेन्थम के विचारों में परिष्कार और संशोधन करते हुए बेन्थम की मौलिक मान्यताओं पर ही कुठराघात कर देता है। मिल ने उपयोगितावाद के राजनीतिक स्वरूप को भुलाकर उसे नैतिक जीवन के अनुकूल बनाने की चेष्टा में बेन्थम के सुखवाद के मौलिक विचारों को ही अस्वीकार कर दिया। उपयोगितावाद की पुनर्समीक्षा करने में उसने उसका स्वरूप ही विकृत कर दिया। यद्यपि गुणात्मक पहलू पर जोर देने से उपयोगितावादी विचारधारा में मानवीयता का अधिक समावेश हुआ, तथापि इससे बेन्थम का मापक चक्र अस्त-

व्यस्त हो गया। सुखों के गुणात्मक अन्तर को किस प्रकार नापा जाए, यह भी एक जटिल प्रश्न बन गया। प्रो. सेबाइन ने इस पर टिप्पणी करते हुए लिखा है कि-

''उसने अपने सुखवाद में सुख में सुख के उच्च और निम्न स्तर का नैतिक सिद्धान्त और जोड़ दिया। इसका अभिप्राय यह था कि मिल एक मानक को नापने के लिए एक मानक की माँग कर रहा था। यह एक तरह का विरोधाभास था और इसने उपयोगितावाद का पूर्णरूप से एक अनिश्चित सिद्धान्त बना दिया। सुखों के गुण को परखने का कभी कोई मानक निर्धारित नहीं किया गया था और यदि यह किया भी जाता तो वह सुख नहीं होता है।'' इसी सन्दर्भ में सेबाइन का कथन है कि-

''इस भ्रम की जड़ यह थी कि मिल बेन्थम के अधिकतम सुख के सिद्धान्त के व्यावहारिक पक्ष को स्वीकार करने के लिए प्रस्तुत नहीं था। बेन्थम का अधिकतम पक्ष यह था कि उसने आधार पर विधान की उपयोगिता को परखा जा सकता था। वह अधिकतम सुख के सिद्धान्त को मुख्य रूप से विधान पर लागू करना चाहता था। उसे इस बात की चिन्ता नहीं थी कि व्यक्तिगत नैतिकता में किन मानकों का प्रयोग किया जाता है। इसके विपरीत मिल ने उपयोगितावाद की विशेषता यह थी कि उसने अपने व्यक्तिगत आदर्शवाद के अनुसार ही नैतिक चरित्र की एक संकल्पना प्रस्तुत की। बेन्थम का कहना था कि ''पुष्पिन उतना ही अच्छा है जितना काव्य; शर्त यह है कि वह समान सुख देता हो।'' मिल के अनुसार यह कथन मूर्खतापूर्ण है। उसका मत यह था कि एक सन्तुष्ट मूर्ख की अपेक्षा एक असन्तुष्ट सुकरात श्रेष्ठ है। मिल का कथन एक सामान्य नैतिक प्रतिक्रिया को अवश्य व्यक्त करता है, लेकिन वह सुखद नहीं है। मिल के नीतिशास्त्र का उदारवाद के लिए महत्व यह है कि उसने अहंकारिता का त्याग किया और यह स्वीकार किया कि सामाजिक कल्याण एक ऐसा विषय है जिसके बारे में सभी सदाशय लोगों को चिन्ता होनी चाहिए। मिल स्वतन्त्रता, ईमानदारी, आत्मसम्मान और व्यक्तिगत अभ्युदय को अपने-आप में ही अच्छी चीजें मानता था। ये चीजें अवश्य ही सुख की वृद्धि करती हैं। यदि इनसे सुख वृद्धि न भी हो तब भी ग्राह्य है। मिल का इस तरह का नैतिक विश्वास उदारवादी समाज की सम्पूर्ण संकल्पना में निहित है।'' यद्यपि बेन्थमवाद की रक्षा के प्रयत्न में मिल अपने परिवर्तनों में वास्तव में उसे नष्ट करने की ओर अग्रसर होता है, तथापि यह भी सब है कि मिल बेन्थमवाद में एक शक्तिशाली परिवर्तन लाता है जो बेन्थमवाद से कहीं अधिक उपयोगितावादी है। वेपर के अनुसार, ''उसकी रचनाओं में राज्य का नकारात्मक चरित्र लोप हो जाता है। अपनी पॉलिटिकल इकॉनामी में वह स्पष्ट कहता है कि व्यक्तिगत प्रसन्नता के अनुगमन का परिणाम सामाजिक प्रसन्नता ही होगी। यह कथन मनुष्यों की शक्ति सम्बन्धी विभिन्नताओं तथा ऐतिहासिक प्रभावों को नगण्य कर देता है। यदि मनुष्यों का वातावरण चिरकाल से असमान है, तो वे प्रतियोगिता की

दोड़ में बराबर नहीं आ सकते। भूमि, उद्योग और ज्ञान पर अल्पसंख्यकों का एकाधिकार होता है। विधि सम्बन्धी सम्पूर्ण योजना उन्हीं अल्प-संख्यकों के द्वारा निर्धारित होती है। इस कारण मिल समाजवाद के प्रति बहुत सहानुभूति रखता है और चाहता है कि राज्य को व्यक्ति के विकास की बाधाओं को हटाकर बहुसंख्यकों के जीवन को सुखमय बनाने का एक साधन बनाना चाहिए। मिल बेन्थम के धन या सम्पत्ति के महत्व को कोई स्थान नहीं देता। जमींदारी में उसे कोई भलाई दिखाई नहीं देती। मिल अनिवार्य शिक्षा का समर्थन करता है। वह उत्तराधिकारजन्य अधिकार को सीमित करने को सहमत है। वह शिशुओं के लिए औद्योगिक कानून का समर्थन करता है। उसकी धारणा है कि प्रयोगात्मक एकाधिकारियों पर राज्यों का नियन्त्रण होना चाहिए। आर्थिक विषयों में वह मजदूरों के कार्य करने के घण्टों को सीमित कर देना चाहता है। इन सब में वह बेन्थम से अधिक उपयोगितावादी सिद्ध हुआ है।''

यदि देखा जाए तो बेन्थम का उपयोगितावाद परम्परागत नैतिक मान्यताओं के मूल्याँकन की कसौटी है जबकि मिल का उपयोगितावाद एक ऐसा सिद्धान्त है जिससे उनके बौद्धिक-स्वरूप की व्याख्या की जा सकती है। इसीलिए मैक्सी ने लिखा है कि ''मिल की उपयोगितावाद की पुनर्समीक्षा में बेन्थम की मान्यताओं का बहुत कम अंश रह गया है।'' अवश्य ही मिल ने अपनी विशाल-ह्रदयता से उपयोगितावाद को नैतिक जीवन के अधिक अनुकूल बनाया और कुछ काल के लिए जनता को मुग्ध कर लिया, किन्तु अन्त में इसके कारण उत्पन्न असंगतियों ने उसकी ख्याति को बहुत ठेस पहुँचाई। उपयोगितावाद की रक्षा में तर्कशास्त्र का खजाना खाली करने वाले मिल से उपयोगितावाद का पक्ष प्रबल न हो सका। उसने बेन्थम द्वारा प्रतिपादित उपयोगितावाद के आलोचकों को शान्त कर दिया, परन्तु बदले में बहुसंख्यक आलोचकों को जन्म दिया जो इस परिवर्तित और संशोधित उपयोगितावाद के विरुद्ध तर्कों की बौछार करने लगे। मिल ने बेन्थम के उपयोगितावाद में नैतिक सिद्धान्तों का समावेश कर उसे मानवीय बनाने का सराहनीय कार्य अवश्य किया, लेकिन दार्शनिकता की ओर बढ़ने का दुष्परिणाम यह हुआ कि उपयोगितावाद की व्यावहारिकता ही समाप्त हो गई। बेन्थम के उपयोगितावाद को मिल ने एक दर्शन, एक विश्वास और एक धर्म के रूप में ग्रहण किया और उसके प्रसार के लिए उन्होंने भरसक प्रयत्न किया। किन्तु उन्होंने बेन्थमवाद का प्रतिपादन जिस प्रकार किया, उससे यह प्रतीत होता है कि उन्होंने उसका प्रतिपादन करने में दृष्टिकोण की व्यापकता व मानवता का परिचय दिया तथा बेन्थम के विचारों का स्पष्टीकरण उन्होंने इस प्रकार किया, जिससे उसे उन आलोचनाओं से बचाया जा सके, जो उसके विरुद्ध की जा रही थीं। मिल ने बेन्थम के उपयोगितावाद में जो प्रमुख संशोधन किये, उनका विवेचन हम निम्न शीर्षकों में कर सकते हैं :

1. विविध प्रकार के सुखों में गुणात्मक भेद की स्वीकृति (Acceptance of Qualitative Difference in Various Plesures)-बेन्थम का विचार था कि विविध प्रकार के सुखों में अन्तर केवल मात्रा का ही होता है, गुणों का नहीं। उनका कहना था कि "सुखों की मात्रा बराबर होने के कारण, पुशपनि नामक बच्चों का खेल भी उतना ही श्रेष्ठ है, जितना श्रेष्ठ काव्य-पाठ है।" पर मिल ने बेन्थम के उक्त विचार में यह संशोधन किया कि गुणों में मात्रात्मक भेद के अतिरिक्त गुणात्मक भेद भी माना जाना चाहिए। उन्होंने कहा है कि "इस बात को मानना उपयोगितावादी सिद्धान्त के अनुरूप ही कि कुछ प्रकार के सुख कुछ अन्य प्रकार के सुखों से अधिक वांछनीय व महत्त्वपूर्ण होते हैं। इस कारण जहाँ अन्य वस्तुओं के मूल्यांकन में हम गुण व मात्रा दोनों में ध्यान रखते हैं, यह एक अजीब बात होगी कि सुख के मूल्यांकन को हम केवल मात्रा पर ही आधारित करें।"[1] मिल का विचार था कि सुख उच्च कोटि व निम्न कोटि दोनों ही प्रकार के होते हैं तथा यह सम्भव है कि उच्च कोटी के सुखों की प्राप्ति पूर्ण रूप से न होने के कारण ऐसे सुखों की प्राप्ति के इच्छुक व्यक्ति किसी सीमा तक असन्तुष्ट रहें। पर इससे यह नहीं समझा जाना चाहिए कि ऐसे सुखों की प्राप्ति के इच्छुक व्यक्ति किसी सीमा तक असन्तुष्ट रहें। पर इससे यही नहीं समझा जाना चाहिए कि एसे सुखों की प्राप्ति की कोई कामना नहीं करता। इस सम्बन्ध में उनका मत है कि उच्च स्तर का व्यक्ति उच्चस्तरीय सुखों की प्राप्ति में आंशिक अथवा पूर्णरूप से असन्तुष्ट रहते हुए भी उन्हीं की प्राप्ति के लिए सचेष्ट रहता है तथा सामाजिक व्यवस्था के नियमन में इस बात को पूरी मान्यता मिलनी चाहिए। इस प्रसंग में उनकी यह उक्त बड़ी प्रसिद्ध है कि "एक सन्तुष्ट शूकर की अपेक्षा एक असन्तुष्ट मानव होना श्रेष्ठ है। एक सन्तुष्ट मूर्ख की अपेक्षा असन्तुष्ट सुकरात होना श्रेष्ठ है। तथा यदि मूर्ख व शूकर (विद्वान व मनुष्य) के भिन्न मत के हैं, तो इसका कारण है कि वे (मूर्ख व शूकर) केवल अपने पक्ष को ही जानते हैं, जबकि दूसरे पक्ष (विद्वान व मनुष्य) को दोनो पक्षों (दोनों प्रकार के सुखों) का ज्ञान होता है।" इस प्रकार विविध प्रकार के सुखों में मात्रात्मक भेद के साथ-साथ गुणात्मक भेद को स्वीकार करके मिल ने उपयोगितावाद को अधिक मानवीय बनाने का उपयोगी कार्य किया है, यद्यपि ऐसा करने में वे बेन्थम के प्रतिपादन के विरुद्ध चले गये हैं।

2. स्व-सुख के साथ-साथ पर सुख को मानव-जीवन के लक्ष्य के रूप में मान्यता (Recognition of Other's Plesure along with Ones own pleasure as the Aim of Human Life)-बेन्थम के अनुसार मनुष्य केवल अपना सुख चाहने वाला व स्व-केन्द्रित प्राणी है तथा उसका लक्ष्य प्रत्यक्ष रूप से अपने लिए सुख की प्राप्ति करना है। वह केवल अपने ही सुख-दुख को समझता है वह दूसरों के सुख-दुख को नहीं समझ सकता। मिल ने बेन्थम के विपरीत यह प्रतिपादित किया कि व्यक्ति अपने सुख के साथ साथ दूसरों के सुख का भी महत्त्व समझता है तथा वास्तव में वही व्यक्ति सुखी होता है

जो अन्यों के सुख की भी चिन्ता रहता है। उन्होंने कहा है कि मैं "मैं इस विश्वास से वस्तुत: कभी नहीं डिगा कि व्यवहार के सभी नियमों की कसौटी तथा जीवन का लक्ष्य प्रसन्नता है। पर अब मैं सौचने लगा हूँ कि इस लक्ष्य की प्राप्ति सीधी उसे ही लक्ष्य मानकर नहीं हो सकती। सुखी व्यक्ति वे ही होते हैं, जो अपनी प्रसन्नता के स्थान पर दूसरों की प्रसन्नता एवं मानव-जीवन की उन्नति पर अपना ध्यान केन्द्रित करते हैं।" इस प्रकार मिल ने अपने सुख के साथ-साथ अन्यों के सुख को भी मनुष्य के कृत्यों की प्रेरक शक्ति माना है, यद्यपि ऐसा करके वे बेन्थमवादी उपयोगितावादी की मूल मान्यता से आगे बढ़ गये हैं।

3. बाह्य स्त्रोतों के अतिरिक्त सुख के आन्तरिक स्त्रोत की मान्यता (Recognition of Internal Source of Pleasure besides External Sources)-बेन्थम ने प्राकृतिक, राजनीतिक, धार्मिक, लौकिक और नैतिक सुख व दुख के स्त्रोत माने थे। पर मिल ने इनके अतिरिक्त मनुष्य की कर्तव्य भावना को भी सुख-दुख का स्त्रोत माना है तथा कहा है कि जब हम कोई अकार्य करते हैं, तो हमारी आन्तरिक भावना को आघात पहुँचता है और जब हम कोई कार्य करते हैं, तो हमारी आन्तरिक भावना की सन्तुष्टि होती है। इस प्रकार, मनुष्य की आनतरिक भावनाओं को सुख व दुख का स्त्रोत मानकर मिल ने बेन्थम की उस उपयोगितावादी मान्यता को समाप्त कर दिया हे, जिसके अनुसार बाह्य स्त्रोतों की प्राप्ति व दुखों की निवृत्ति को ही व्यक्ति को ही व्यक्ति के कृत्यों की प्रेरणा शक्ति माना जाता है।

4. अधिकतम संख्या के अधिकतम सुख के सिद्धान्त की सार्वजनिक के अतिरिक्त वैयक्तिक नैतिकता के सिद्धान्त के रूप में मान्यता (Recognition of the Principle of the Greatest Happiness of the Greatest Number as the Principle of Individual as Well as Public Morality)-बेन्थम ने अधिकतम संख्या के अधिकतम सुख के सिद्धान्त को मुख्यत: सार्वजनिक जीवन का सिद्धान्त माना है और इसीलिए उन्होंने यह प्रतिपादित किया है कि राज्य द्वारा उसका प्रयोग अधिकतम संख्या के अधिकमत सुख की साधना के लिए किया जाना चाहिए। पर मिल का विचार है कि इस सिद्धान्त का महत्त्व वैयक्तिक नैतिकता की दृष्टि से और भी अधिक है, क्योंकि केवल राज्य को ही नहीं, व्यक्ति को भी अपने कार्यों का आधार अधिकतम संख्या के अधिकतम सुख की साधना को मानकर चलना चाहिए।

5. व्यक्ति की स्वतन्त्रता की स्वयं साध्य के रूप में मान्यता (Recognition of Individual Freedom as an End)-बेन्थम के विचार से उपयोगिता व स्वतन्त्रता दोनों में से उपयोगिता का महत्त्व अधिक है। उनका मत है कि स्वतन्त्रता को उपयोगिता की दासी होना चाहिए। पर मिल के विचार से स्वतन्त्रता प्रसन्नता का साधन न होकर स्वयं

एक साध्य है और निश्चित रूप से उपयोगिता से अधिक महत्त्व की है। मिल का मत है कि व्यक्ति के व्यक्तित्व का विकास सर्वोपरि है, और वह विकास स्वतन्त्रता के बिना सम्भव नहीं हो सकता। इस प्रकार मिल ने स्वतन्त्रता की उपयोगितावादी मान्यता को नैतिकतावादी बनाने का कार्य किया है।

6. उपयोगितावाद की ऐतिहासिक व परम्परागत सीमाओं की मान्यता (Recognition of Historical and Traditional Limitation of Utalitarianism)–बेन्थम का विचार था कि उपयोगिता का सिद्धान्त सार्वदेशिक व सार्वकालिक है तथा उसे मन्तव्य सब समयों व सब देशों के लिए समान रूप से लागू किये जा सकते हैं। पर मिल ने यह प्रतिपादित किया है कि अलग-अलग क्षेत्रों का अपना-अपना इतिहास व अपनी-अपनी परम्पराएँ होती हैं और उन पर आधारित उनकी अपनी चरित्र की विशेषताएँ होती हैं। अतः कोई भी राजनीतिक व्यवस्था तथा उससे सम्बन्धित कोई भी सिद्धान्त ऐसे नहीं हो सकते, जो सब क्षेत्रों के लिए समान रूप से उपयोगीा या अनुपयोगी हों। इस आधार पर मिल की यह धारणा थी कि किसी सार्वभौम धारणा या व्यवस्था का प्रतिपादन न करके हमें इतिहास व परम्पराओं की विविधता और उनके महत्त्व को ध्यान में रखना चाहिए।

▣▣▣

९

प्रमुख विचारक

सर टॉमस मूर (Sir Thomas Moor)

मूर के अनुसार सच्चा सुख बुद्धि व आत्मा की संतुष्टि में अन्तर्निहित है। शाश्वत आत्मा को आनन्द, परोपकारी कार्यों व सद्‌गुणों से मिलता है। धन-सम्पत्ति से मिलने वाला सुख असत्य व क्षणिक होता है। इसलिए मूर कहता है कि 'सोने-चाँदी (Gold-Silver) के पीछे भागना मूर्खता है।' यद्यपि मूर के आदर्श राज्य में विदेशी व्यापार का प्रचलन होगा लेकिन व्यक्तियों की आर्थिक आवश्यकताएँ प्रधानत: कृषि व शिल्प से पूरी की जाएगी। उसने इस काल्पनिक राज्य की संरचना का भी वर्णन किया है। इसका स्वरूप संघात्मक होगा जिसमें 34 शायर (Shire) सम्मिलित होंगे और प्रत्येक 'शायर' में लगभग 6000 परिवार होंगे जो भौतिक ऐश्वर्य के स्थान पर आध्यात्मिक व बौद्धिक आनन्द को अपना लक्ष्य बनाएँगे।

ब्रिटिश विचारक मूर ने अपनी सुविख्यात पुस्तक "Utopia" के माध्यम से तत्कालीन ब्रिटिश समाज की राजनीतिक, सामाजिक व आर्थिक व्यवस्था की असंगतियों पर प्रहार करते हुए काल्पनिक समाजवादी चिन्तन का सूत्रपात किया। 1515 AD में प्रकाशित इस पुस्तक में एक ऐसे आदर्श राज्य की रूपरेखा प्रस्तुत की गई है जो

सामन्तवादी व्यवस्था के शोषण, दमन, भ्रष्टाचार व आर्थिक विषमता की बुराइयों से पूर्णतः मुक्त है। यह एक ऐसा समाज है जो अपने आदर्श शासक यूटोपस (Utopus) के क्रान्तिकारी परिवर्तनों के परिणामस्वरूप मानवीय जीवन के प्रत्येक पहलू में समानता के सिद्धान्त की व्यावहारिक उपलब्धि हासिल करने में सफल होता है। इसमें प्रत्येक व्यक्ति को भोजन, आवास, शिक्षा व मनोरंजन की समान व्यवस्था स्थापित की जाती है ताकि सभी व्यक्ति वास्तविक सुख की प्राप्ति कर सकें।

यद्यपि मूर का 'समाज' पूर्णतः काल्पनिक है तथापि 16वीं शताब्दी के प्रारम्भ में आर्थिक विषमता व धन की शोषणकारी प्रवृत्ति की तरफ लोगों का ध्यान आकर्षित करने के लिए उसे सदैव याद किया जाएगा। उसने अपने आदर्श समाज को समाजवादी नहीं कहा और न ही राज्य के उन्मूलन की बात की तथापि सामन्तवादी व्यवस्था में निर्धन कृषकों के शोषण व धनिक वर्ग के ऐश्वर्य के अन्तर्विरोध को उजागर करके, मूर ने भावी समाजवादी चिन्तन के लिए 'वैचारिक' आधार प्रस्तुत किया।

राबर्ट ओवन (1771-1858 AD)

पूँजीवादी व्यवस्था के विश्लेषण को दार्शनिक आधार प्रदान करते हुए राबर्ट ओवन अपनी बात मानव चरित्र से प्रारम्भ करता है। उसके अनुसार व्यक्ति के लिए सर्वाधिक महत्व उसके 'चरित्र' का है किन्तु यह चरित्र व्यक्ति की 'स्व-इच्छा' पर निर्भर नहीं है। मानव चरित्र (Human Character) उन परिस्थितियों के अनुरूप निर्मित होता है जिससे मानव घिरा होता है। दूसरे शब्दों में, अच्छी परिस्थितियाँ अच्छे चरित्र को तथा बुरी परिस्थितियाँ बुरे चरित्र को निर्मित करती हैं। वर्तमान पूँजीवादी व्यवस्था जिस सामाजिक, सांस्कृतिक व आर्थिक वातावरण को कायम रखती है वह चरित्र-निर्माण (Character-building) के दृष्टिकोण से हानिकारक है क्योंकि यह सर्वत्र अशिक्षा, अज्ञानता, स्वार्थपरता, विद्वेष व संघर्ष को जन्म देती है।

आधुनिक समाजवादी चिन्तन की वास्तविक शुरूआत राबर्ट (Robert Owen) के चिन्तन से होती है। समाजवाद शब्द का प्रथम प्रयोगकर्ता भी राबर्ट ओवन को ही माना जाता है। नाम मात्र की शिक्षा प्राप्त करने वाले ओवन का प्रारम्भिक जीवन दुकान पर एक नौकर के रूप में प्रारम्भ हुआ और अन्त एक ऐसे ब्रिटिश पूँजीपति दार्शनिक के रूप में हुआ जो मज़दूरों के कल्याण के लिए अपनी सम्पूर्ण सम्पत्ति व जीवन को समर्पित कर देता है। मज़दूर से पूँजीपति बनने की इस प्रक्रिया में ओवन ने श्रमिक वर्ग की दयनीय स्थिति को बहुत नज़दीक से देखा और महसूस किया। समय के साथ मज़दूर वर्ग के साथ उसकी सहानुभूति और पूँजीवादी व्यवस्था के प्रति विकर्षण निरन्तर बढ़ता गया। मज़दूर इन्हीं परिस्थितियों में रहता है। अतः उसका चारित्रिक पुनर्निर्माण सबसे बड़ी प्राथमिकता होनी चाहिए लेकिन पूँजीवादी समाज में, जो मज़दूरों

के पतन व दरिद्रता के लिए मूलतः उत्तरदायी है, शासन व्यवस्था मज़दूरों के कल्याण की उपेक्षा करती है। पूँजीवादी वर्ग इस वास्तविकता को भी नज़रअंदाज़ कर देता है कि उसकी सुख-समृद्धि का आधार यह बहुसंख्यक किन्तु ग़रीब श्रमिक वर्ग ही है। ओवन के शब्दों में, ''मनुष्य प्रसन्नता लेकर पैदा होता है। मिथ्या विचार उसकी दुनिया में दुःख व दुर्गुण उत्पन्न करते हैं और उसका प्रधान कारण मनुष्य स्वभाव की अज्ञानता है। जनसंख्या का अधिकतर भाग श्रमिक वर्ग का ही है और उसी के द्वारा ऊँचे से ऊँचे लोगों की सुख-सुविधा प्रभावित होती है।'' अतः सरकार का उद्देश्य शासक व शासित दोनों को ही प्रसन्न रखना है। ओवन इस बात पर बल देता है कि मज़दूरों की भलाई व समाज के कल्याण में कोई विरोधाभास नहीं है। अतः आवश्यकता इस बात की है कि श्रमिक वर्ग की दरिद्रता व अशिक्षा को समाप्त करने की प्रभावशाली योजना निर्मित की जाए जिसके लिए शासन द्वारा प्रत्येक व्यक्ति को शिक्षा व रोज़गार की गारन्टी मिलनी चाहिए। दूसरी सबसे बड़ी जरूरत यह है कि औद्योगिक जगत् (Industrial World) में मज़दूरों के कार्य करने की परिस्थितियों को सुधारा जाए। इसके लिए ओवन व उसके समर्थकों ने न केवल 'उपदेश' दिया बल्कि हृदयहीन कारखाना-मालिकों के समक्ष उदाहरण प्रस्तुत कर मज़दूरों की भलाई की आवश्यकता व संभावना को दर्शाने का प्रयत्न भी किया।[1]

इस दिशा में पहला प्रयास था– 'New Lenark'। ओवन ने 1779 में अपने श्वसुर से 'New Lenark' की कम्पनी खरीदकर उसे अपने विचारों के अनुरूप आदर्श स्वरूप प्रदान करने का प्रयत्न किया। अपने सुधारों के माध्यम से ओवन ने यूरोप सहित सम्पूर्ण विश्व को यह दिखा दिया कि कारखानों का एक मानवीय चेहरा (Human Face) भी होता है। उसने श्रमिकों के लिए चरित्र-निर्माण संस्थान (Institution for the formation of Character) स्थापित किया। इसमें क्यस्कों के लिए व्याख्यान व नृत्य और अबोध बच्चों के लिए गीत व अन्य मनोरंजन के साधनों की व्यवस्था की गई थी। ओवन अशिक्षा को चरित्र-निर्माण के मार्ग की सबसे बड़ी बाधा मानता था। अतः 'New Lenark' के सभी बच्चों के लिए आदर्श स्कूल की स्थापना भी की गई। बारह वर्ष से अधिक आयु के बच्चे ही कारखाने में काम कर सकते थे। श्रमकाल अधिकतम साढ़े दस घण्टा प्रतिदिन हो सकता था। उस युग के हिसाब से यह एक प्रगतिशील कदम था क्योंकि तब 10–12 वर्ष के बच्चों से भी 16–18 घण्टे काम लिया जाता था। यहाँ मज़दूरी की दर इंग्लैण्ड के किसी भी अन्य क्षेत्र से अधिक थी। 'New Lenark' में शराब पर पूर्ण पाबन्दी लगा दी गई। देखते ही देखते श्रमिकों का कायाकल्प हो गया। उसने सिद्ध कर दिया कि श्रमिकों को सुविधा देने से उत्पादन पर नकारात्मक प्रभाव नहीं पड़ता।

अपने कारखाने के सह–हिस्सेदार मित्र के साथ असहमति के कारण ओवन ने 'New Lenark' को छोड़ दिया और अमेरिका के इण्डियाना प्रान्त में 'New Harmony' के नाम से एक नई बस्ती स्थापित कर अपने समाजवादी विचारों को कार्यरूप देने का प्रयत्न किया। प्रो. डनिंग के अनुसार, "ओवन के कार्यों की सर्वाधिक महत्वपूर्ण विशेषता श्रमिक वर्ग की आवश्यकताओं की पूर्ति हेतु सहकारी समितियों (Co-operative Societies)' को स्थापित करना था। बीस व तीस के दशक में वस्तुओं (Commodities) के उत्पादन व विनिमय के लिए स्वैच्छिक संगठनों (Voluntary Associations) के इस रूप को व्यापक महत्ता मिली। पूँजी व श्रम (Capital and Labour) के आपसी संघर्ष की बुराई से बचने के लिए 'सहयोग' (Co-operation) को सर्वाधिक इच्छित साधन (Much Desired Expedient) के रूप में स्वीकार किया जाने लगा।"[1]

यहाँ महत्वपूर्ण है कि राबर्ट ओवन ने अपने आदर्श सुधारों को लागू करने के लिए वर्तमान पूँजीवादी राज्य के उन्मूलन या क्रान्ति की बात नहीं की बल्कि वर्तमान आर्थिक राजनीतिक व्यवस्था को इस प्रकार परिवर्तित करने की आवश्यकता पर बल दिया ताकि श्रमिक भी अपना चरित्र निर्माण कर सकें। इस सुधार का केन्द्रीय तत्व होगा–अशिक्षा व दरिद्रता (Poverty) का उन्मूलन।

सेण्ट साइमन (Saint Simon)

प्रो. डनिंग ने कहा है, "सेण्ट साइमन ने यह प्रमाणित किया कि परिश्रमी वर्ग (Industrial Class) ही एक मात्र लाभदायक वर्ग (Useful Class) है और इसे ही अन्तत: एक वर्ग बनकर रहना चाहिए। शासन के प्रशासनिक व विधायी उद्देश्यों का मापदण्ड यह होगा कि वे उनके उद्यम पर कितना अनुकूल प्रभाव डालते हैं।"[1] सेण्ट साइमन अपने अध्ययन से इस निष्कर्ष पर पहुँचा कि समाज में दो वर्ग हो गए हैं– पहला वर्ग 'उत्पादक वर्ग' (Productive Class) है जिसमें 'उत्पादक उद्योगों' (Productive Industries) में सक्रिय कार्य करने वाले आते हैं। जैसे विज्ञान, कला व उद्योग से जुड़े लोग। दूसरा वर्ग 'अनुत्पादक वर्ग या प्रत्यक्षत: विध्वन्सक गतिविधियों' (Non-productive or Positively Distructive Activities) में सम्मिलित व्यक्ति आते हैं। जैसे प्रशासनिक, न्यायिक, कार्यपालिकीय व बिना मेहनत के धनवान बने लोग। सैनिक सेवा के लोग विध्वन्सक गतिविधि वाले हैं। इस विभाजन के बाद साइमन अपना ध्यान धनिक व निर्धन वर्ग पर केन्द्रित करता है और कहता है कि श्रमिकों (Workers) की तुलना में इस अकर्मण्य (Idle) लोगों का महत्व लगभग नहीं के बराबर है।

जिस समय इंग्लैण्ड में राबर्ट ओवन अपने प्रसिद्धि के चरम बिन्दु पर था उसी समय फ्रांस में सेण्ट साइमन व चार्ल्स फ्यूरिए भी समाजवादी चिन्तन के विशिष्ट व्यक्तित्व के रूप में स्थापित हो चुके थे। हेनरी डी. सेण्ट साइमन (1760-1825) के समय फ्रांस में पूँजीवादी व्यवस्था अपने प्रारम्भिक दौर में थी। वहाँ उस मात्रा में औद्योगिकीकरण नहीं हुआ था जिस मात्रा में इंग्लैण्ड में हो चुका था। फिर भी साइमन की महत्ता इसमें है कि वह समाज के वर्ग-भेद (Class-division) को पहचाने में सफल रहा जिसे कालान्तर में कार्ल मार्क्स ने साम्यवादी क्रान्ति के हथियार के रूप में विकसित किया।

साइमन के आदर्श राज्य में सभी व्यक्ति अपनी ईश्वर प्रदत्त योग्यता के अनुसार कार्य करेंगे तथा कार्य के अनुसार ही प्राप्त करेंगे। वह एक ऐसी सामाजिक-राजनीतिक व्यवस्था की स्थापना करना चाहता है जिसमें उत्पादक वर्ग-वैज्ञानिक, कलाकार व श्रमिक-अर्थात् परिश्रमी व बुद्धिमान व्यक्तियों के हाथों में राजनीतिक नेतृत्व होगा, न कि अनुत्पादक वर्ग (Non-productive) के हाथ में।

साइमन ने सामाजिक प्रगति के लिए सम्पत्ति की व्यवस्था में अपरिहार्य परिवर्तन पर जोर दिया। उसके शब्दों में, ''सम्पत्ति की व्यवस्था में परिवर्तन के बिना सामाजिक व्यवस्था में कोई परिवर्तन नहीं हो सकता (There can be no change in the social order without a change in property)''[2] इस संदर्भ में सामान्य सिद्धान्त यह होना चाहिए कि परिश्रम न करने वाले के पास सम्पत्ति नहीं हो सकती। इसका सीधा अर्थ यह भी है कि उत्तराधिकार के आधार पर कोई व्यक्ति सम्पत्ति का अधिकारी नहीं हो सकता क्योंकि उसके निर्माण में उसका परिश्रम शून्य रहा है।

साइमन द्वारा लिखित प्रमुख पुस्तकें निम्नवत् हैं-

(i) Letters of a Resident of Geneva.

(ii) The rorganization of juropean society (1814).

(iii) The Industrial System.

(iv) The New Christianity (1825)

चार्ल्स फ्यूरिए (1772-1837)

सेण्ट साइमन के समान चार्ल्स फ्यूरिए (Charles Fourier) ने अपनी किशोरावस्था में फ्रांसीसी क्रान्ति (French Revolution) को घटित होते देखा लेकिन वह क्रान्ति के प्रति उदासीन है। वह इस बात से परेशान नहीं है कि राज्य-क्रान्ति अपना मूल पथ छोड़कर पुनः निरंकुशता के जंगल में भटकने के लिए तैयार है। उसे

चिन्ता इस बात की है कि सामाजिक, आर्थिक, राजनीतिक व नैतिक जीवन में व्यापक अव्यवस्था (Disorder) फैली हुई है जिसका मूल कारण निजी सम्पत्ति के अधिकारों का विसंगतिपूर्ण अनुप्रयोग है। इस अधिकार ने समाज में घोर आर्थिक विषमता (Economic Inequality) उत्पन्न करके न केवल एक बड़े वर्ग को दरिद्र बना दिया है बल्कि समाज में सर्वत्र प्रतिद्वन्द्विता, संघर्ष, युद्ध व सम्पत्ति के अपव्यय को भी जन्म दिया है। सम्पत्तिशाली वर्ग का मूल उद्देश्य लाभ (Profit) कमाना हो गया है किन्तु वह स्वयं ऐसे कार्यों को नहीं करता जो अत्यन्त कठिन अथवा निकृष्ट माने जाते हैं। ग़रीब वर्ग अपनी इच्छा या पसन्द के विपरीत कार्य करने के लिए विवश किया जा रहा है।

लोगों को उनकी भावना या इच्छा के अनुरूप कार्य सौंपना चाहिए ताकि उस कार्य में उनका आकर्षण बना रहे। इस आकर्षण को बनाए रखने का दूसरा साधन यह है कि किसी भी व्यक्ति को बहुत लम्बे समय तक कोई एक ही कार्य करने के लिए बाध्य न किया जाए बल्कि कुछ दिनों बाद उसकी अभिरुचि के अनुरूप कोई दूसरा कार्य सौंपना चाहिए। इस प्रक्रिया के अनुकरण से श्रमकर्ता को अपने कार्य से आनन्द (Pleasure) प्राप्त होगा जो उत्पादन की दृष्टि से भी महत्वपूर्ण है। इससे यह निष्कर्ष नहीं निकालना चाहिए कि फ्यूरिए निजी सम्पत्ति की संस्था को ही समूल नष्ट कर देना चाहता है। निश्चित रूप से वह व्यक्तिवाद के अहस्तक्षेप की नीति (Laissez Faire) का विरोधी है किन्तु वह साम्यवादी भी नहीं है। वह शासन व सम्पत्ति के शोषणकारी रूप का विरोध करता है। वह एक ऐसी आदर्श सामाजिक व्यवस्था की स्थापना का स्वप्न बुनता है जिसमें राजनीतिक संस्थाओं का दमन व निजी सम्पत्ति से उत्पन्न सामाजिक बुराइयों–शोषण, ग़रीबी व अशिक्षा–का अभाव हो। इस आदर्श व्यवस्था को उसने 'फैलेंक्स' (Phalanx) की संज्ञा दी है। इस सामाजिक व्यवस्था का दार्शनिक आधार 'भावात्मक आकर्षण' (Passionat Attraction) का सिद्धान्त है। उसने यह मत व्यक्त किया कि मानव समाज में व्याप्त समस्त बुराइयों को समाप्त करने के लिए सामाजिक व्यवस्था को भी ब्रह्माण्ड व्यवस्था (Cosmic Order) के अनुरूप संगठित करना होगा। जगत् कुछ विशिष्ट भौतिक नियमों से संचालित होता है जिसका सबसे प्रमुख नियम है–गुरुत्वाकर्षण का नियम (Law of Gravity) । आदर्श सामाजिक व्यवस्था का नियम है– 'भावात्मक आकर्षण का नियम'। उसके अनुसार मनुष्य स्वभावतः 'अविच्छिन्न एकरस श्रम' (Incessant Monotonous Labour) के प्रति विकर्षण (Dislike) प्रदर्शित करते हैं।

कार्ल मार्क्स ने फ्यूरिए को स्वप्नदर्शी कहकर उसकी आलोचना की है फिर भी फ्यूरिए को विश्वास था कि यदि 'भावात्मक आकर्षण' के नियम के आधार पर वर्तमान सामाजिक–आर्थिक व्यवस्था को बदल दिया जाए तो सम्पूर्ण अव्यवस्थाएँ समाप्त

हो जाएँगी। व्यक्ति पारस्परिक सहयोग पर आधारित एक ऐसी सामाजिक व्यवस्था में प्रवेश कर सकेंगे जहाँ श्रम का उद्देश्य लाभ नहीं बल्कि श्रम का आनन्द (Pleasure of Labour) होगा। फलतः सर्वत्र सुख, शान्ति व व्यवस्था का साम्राज्य होगा।

प्रो. डनिंग के अनुसार, "फ्यूरिए मानता है कि 'दासता, अर्द्धदासत्व, मज़दूरी प्रणाली (Slavery, Serfage and Wages System)' व इनका सहयोग व संरक्षण करने वाली शासकीय संस्थाएँ कुछ निश्चित वर्गों के उन प्रयासों के परिणाम हैं जिसके तहत उन्होंने प्रतिकर्षक श्रम (Repellent Labour) का भार दूसरों पर लाद दिया और अपने लिए आनन्दकर (Agreeable) कार्यों को बचा लिया।"[1] अतः 'फैलेंक्स' की सामाजिक व्यवस्था की सर्व प्रमुख विशेषता यह होगी कि वहाँ प्रतियोगिता के स्थान पर सहयोग (Co-operation in the Place of Competition) को सामाजिक आर्थिक व्यवस्था का आधार बनाया जाएगा। इस समाज में 400 से 500 परिवार होंगे जिनकी कुल जनसंख्या 1500 से 1800 के मध्य होगी। फैलेंक्स के समस्त व्यस्क स्त्रियों व पुरुषों को तीन श्रेणियों में विभक्त किया जाएगा–श्रमिक, पूँजीपति व व्यापारी, जो वस्तुतः श्रम, पूँजी व प्रतिभा (Labor, Capital and Talent) के प्रतीक हैं। ये तीनों वर्ग मिलकर समाज की आवश्यकताओं की पूर्ति करेंगे। जो कुछ अतिरिक्त लाभ होगा उसे तीनों वर्गों में क्रमशः 5/12 (श्रम), 4/12 (पूँजी) व 3/12 (प्रतिभा) के अनुपात में वितरित कर दिया जाएगा। इसके अतिरिक्त प्रत्येक परिवार को इतना वेतन अवश्य प्रदान किया जाएगा कि वह अपनी आवश्यकता की पूर्ति करता रहे।

सामान्य रूप से मार्क्स के पूर्व के स्वप्नदर्शी विचारकों के अनुसार–

(i) आर्थिक विषमता समस्त बुराइयों की जड़ है।

(ii) कृषकों–मज़दूरों की दशा सुधारने के लिए वर्तमान आर्थिक, सामाजिक व्यवस्था में परिवर्तन आवश्यक है।

(iii) परिवर्तन का आधार शिक्षा व सहयोग है, हिंसक क्रान्ति नहीं।

(iv) राज्य व निजी सम्पत्ति की व्यवस्थाएँ कायम रहेंगी।

निःसन्देह, 1848 में 'The Communist Manifesto' के प्रकाशन के साथ समाजवादी चिन्तन एक आन्दोलन का रूप ग्रहण करता है। कार्ल मार्क्स (1818-83 AD) ने न केवल पूँजीवादी व्यवस्था का विकल्प दिया बल्कि इस वैकल्पिक व्यवस्था–साम्यवादी समाज–की स्थापना का व्यवस्थित साधन भी प्रस्तुत किया। एक वैज्ञानिक के समान उसने सामाजिक विकास के नियमों व प्रक्रियाओं की खोज की। हीगल की भाँति वह भी इस निष्कर्ष पर पहुँचा कि विकास की यह प्रक्रिया 'सरल' न होकर 'टेढ़ी-मेढ़ी' (Zig-Zag) प्रकृति रखती है। इस प्रक्रिया को ही द्वन्द्वात्मक पद्धति

(Dialectical Method) का नाम दिया गया है। यह परस्पर विरोध व संश्लेषण (Synthesis) की प्रक्रिया है। सामाजिक संदर्भों में इस प्रक्रिया का तात्पर्य यह है कि इतिहास वर्ग-संघर्षों के माध्यम से आगे बढ़ता है। उत्पादन की प्रणाली (Mode of Production) में विसंगति उत्पन्न होने के परिणामस्वरूप उत्पादन के साधनों (Means of Production) पर मुट्ठी भर लोगों का आधिपत्य हो जाता है जबकि शेष समाज के पास अपने 'श्रम' के अतिरिक्त और कुछ भी नहीं होता है। उत्पादन के साधनों पर नियन्त्रण रखने वाले वर्ग को प्रभुत्वशाली वर्ग (Dominent Class) तथा साधनहीन वर्ग को पराधीन वर्ग (Dependent Class) कहा जाता है। इन दोनो वर्गों के हित एक-दूसरे के पूर्णत: विपरीत होते हैं अत: इनमें शान्ति व सामन्जस्य का सवाल ही नहीं उठता। दास युग में यह संघर्ष स्वामी व दास; सामन्त युग में सामन्त व अर्द्धदास (Self) तथा पूँजीवादी समाज में पूँजीपति व सर्वहारा (मज़दूर) के मध्य है।

कार्ल मार्क्स अपना सम्पूर्ण ध्यान पूँजीवादी व्यवस्था पर ही केन्द्रित करता है। उसका मानना है कि अन्य पूर्ववर्ती युगों के समान वर्तमान युग में भी वर्ग-संघर्ष अनिवार्य रूप से होगा। सर्वहारा वर्ग (Protectariaals) पूँजीपति वर्ग के विरुद्ध क्रान्ति (Revolution) करेगा तथा अपना अधिनायकत्व (Dictatorship) स्थापित करेगा। यह अधिनायकवादी शासन अपनी सम्पूर्ण शक्ति का इस्तेमाल करते हुए पूँजीवाद के अवशेष तत्वों को नष्ट करेगा। जिस समय यह कार्य पूरा हो जायेगा, उस समय समाज का वर्ग-विभाजन भी समाप्त हो जायेगा। परिणामस्वरूप राज्य का भी स्वत: विलोपन हो जायेगा और इस प्रकार एक वर्गविहीन एवं राज्यविहीन समाज (Classless and Stateless Society) की स्थापना होगी जिसमें शोषण, दमन व असमानता के स्थान पर पारस्परिक सहयोग, न्याय व समानता की स्वतंत्र परिस्थितियाँ होगी।

कार्ल मार्क्स का सर्वश्रेष्ठ अनुदाय यह है कि उसने काल्पनिक समाजवाद को वैज्ञानिक समाजवाद (Scientific Socialism) में बदल दिया। उसका उद्देश्य स्पष्ट था-पूँजीवादी व्यवस्था का उन्मूलन व साम्यवादी समाज की स्थापना; उसका साधन निश्चित था-क्रान्ति। उसने देखा कि अपनी सुनिश्चित प्रवृत्ति व स्पष्टता के साथ "एक प्रेत यूरोप को भयभीत करने लगा है-साम्यवाद का प्रेत (A spectre is haunting Europe - the spectre of Communism)।"[1] यह 'प्रेत' जहाँ लाखों लोगों के लिए दु:स्वप्न बन गया वहीं दूसरी ओर करोड़ों लोग देवता के समान उसकी पूजा करने लगे। किन्तु समाजवाद के विश्लेषण में समस्याओं का प्रवेश भी यहीं से हुआ।

कार्ल मार्क्स के विचार एशिया, यूरोप व अमेरिकी महाद्वीप में फैले जहाँ प्रत्येक समाजवादी ने अपने देश की सामाजिक परम्पराओं के अनुरूप मार्क्सवाद (साम्यवाद) की नवीन व्याख्या की जिसके कारण समाजवादी विचारधाराओं का अलग-

अलग स्वरूप सामने आया। रूस का समाजवाद चीन के समाजवाद (माओवाद) से पृथक् हो गया। फ्रांस के श्रमिक संघवाद (Syndicalism), इंग्लैण्ड के फेबियनवाद (Febianism) व श्रेणी समाजवाद (Guild Socialism), जर्मनी के राज्य समाजवाद (State Socialism) तथा प्रूधाँ तथा रूसी विचारकों–बाकुनिन व प्रिंस क्रोपाटकिन के अराजकतावाद (Anarchism) में उद्देश्यगत समानताओं के बावजूद अनेक विभिन्नताएँ देखी जा सकती हैं। इनमें से कुछ विचारधाराओं का विस्तृत वर्णन इस पुस्तक के अलग-अलग अध्यायों में किया गया है। 20वीं शताब्दी में समाजवादी चिंतन के स्वरूप में मौलिक परिवर्तन हुआ। कार्ल मार्क्स के बाद के इस समाजवादी प्रवाह को सामान्य रूप से विकासवादी या लोकतांत्रिक समाजवाद (Evolutionary or Democractic Socialism) के रूप में जाना जाता है। मार्क्स ने पूँजीवादी व्यवस्था के विनाश के लिए वर्ग संघर्ष व क्रान्ति को लगभग अनिवार्य आवश्यकता के रूप में पेश किया।[1] उसके अनुसार, "क्रान्ति सामाजिक परिवर्तन का अनिवार्य माध्यम है (Revolution is the indispensable midwife of social change)।" किन्तु अब समाजवादियों की एक नई पीढ़ी सामने थी जो समाजवादी लक्ष्यों को प्राप्त तो करना चाहती थी। लेकिन इसे मार्क्स के क्रान्तिकारी साधनों में आस्था नहीं थी। उसके ठीक विपरीत इन्होंने इस बात पर बल दिया कि समाजवादियों के लिए सर्वाधिक महत्वपूर्ण है–समाजवाद का लक्ष्य। यदि यह लक्ष्य शांतिपूर्ण व लोकतान्त्रिक माध्यमों से प्राप्त किया जा सकता है तो क्रान्ति का विध्वन्सकारी मार्ग अपनाने की आवश्यकता बिल्कुल नहीं है। जरूरत इस बात की है कि मज़दूरों को संगठित कर उनके लिए राजनीतिक अधिकारों व आर्थिक सुरक्षा की माँग की जाए। इस आन्दोलन में केवल मज़दूर ही नहीं बल्कि कृषक, शिल्पकार व मध्यवर्गीय बुद्धिजीवी भी सम्मिलित किए जाएँ। समाज में समाजवादी कार्यक्रमों के प्रति रुझान पैदा किया जाए; साथ ही धनिकवर्ग में व्याप्त (समाजवाद के प्रति) भय को निकाला जाए।

इसकी शुरुआत जर्मनी के ही विचारक एडवर्ड बर्न्सटीन (Edward Bernstein) के संशोधनवाद (Revisionism) से हुई। बर्न्सटीन (1850–1953) ने मार्क्सवादी समाजवाद की सैद्धान्तिक व व्यावहारिक विसंगतियों को दिखलाते हुए मार्क्सवाद में समयानुकूल तार्किक परिवर्तन करने का आग्रह किया। उसने अपने विश्लेषण में इस तथ्य की तरफ ध्यान आकर्षित किया कि पूँजीपतियों व श्रमजीवी वर्ग के मध्य संघर्ष बढ़ने की अपेक्षा घटा है; सुधार कानूनों के परिणामस्वरूप श्रमजीवी (मज़दूर) वर्ग की दशा में सुधार हुआ है; समय के साथ सम्पत्तिशाली वर्ग का आकार घटने के बजाय विस्तृत हुआ है; मध्यम वर्ग–जिसके विनाश की घोषणा की गई थी–न केवल समृद्ध हुआ है बल्कि शक्तिशाली भी बना है। ऐसे परिवेश में पूँजीवाद के विनाश का सिद्धान्त अव्यावहारिक हो जाता है। इसके अतिरिक्त, किन्तु सर्वाधिक महत्वपूर्ण तथ्य

यह है कि श्रमजीवी वर्ग की आर्थिक स्थिति में सुधार क्रान्ति या हिंसा के द्वारा नहीं होगा। इसके लिए 'श्रमिक वर्ग को अपना विकास-क्रम धीरे-धीरे कार्यरूप में बदलना चाहिए जो निश्चित रूप से लोकतांत्रिक होगा।[1] इंग्लैण्ड व अमेरिका जैसे प्रजातांत्रिक देशों के लिए बर्न्सटीन की विचारधारा अपेक्षाकृत अधिक आकर्षक व ग्राह्य थी, विशेष रूप से परम्परा प्रेमी ब्रिटिश समाज में विकासवादी समाजवाद का व्यापक प्रसार हुआ। फेबियन समाजवाद व श्रेणी समाजवाद इसके प्रमुख उदाहरण हैं। 1900 AD में स्थापित ब्रिटिश लेबर पार्टी (British Labour Party) के प्रधानमंत्री टोनी ब्लेयर वर्तमान में (2006 AD) में ब्रिटिश सरकार के प्रमुख हैं।

इस प्रकार समाजवाद के विविध रूप हैं। कहीं राज्यविहीन समाज की बात की जाती है तो कहीं राज्य के माध्यम से ही समाजवाद स्थापित करने का लक्ष्य घोषित किया जाता है। समाजवादियों का एक वर्ग क्रान्ति को अनिवार्य साधन मानता है तो दूसरा वर्ग लोकतांत्रिक निर्वाचन पद्धति से शासन पर नियन्त्रण स्थापित करना चाहता है। कुछ विचारक निजी सम्पत्ति (Private Property) के उन्मूलन की इच्छा रखते हैं तो कुछ अन्य निजी सम्पत्ति को कायम रखते हुए इससे उत्पन्न विसंगतियों को समाप्त करने की आकांक्षा व्यक्त करते हैं। वास्तव में समाजवाद के प्रत्येक विचारक ने अपने अनुरूप इसकी व्याख्या की है जिसके परिणामस्वरूप इसको किसी निश्चित परिभाषा में बांधना लगभग असंभव है। सी.ई.एम.जोड (C.E.M.Joad) के शब्दों में, "समाजवाद, संभवत: किसी भी अन्य सिद्धान्त की तुलना में अधिक, अपने प्रत्येक प्रवर्तक के हाथ में पड़कर एक अलग तरह का वाद (Creed) बन गया, जो अपने समर्थकों की प्रवृत्ति व उन दुर्भावनाओं (Abuses) के अनुरूप भिन्न होते गए हैं जिनसे उनकी तर्कबुद्धि उत्प्रेरित हुई है। चूँकि समाजवाद के असंख्य समर्थक हुए हैं, और उनमें से अनेक प्रथम श्रेणी के राजनीतिक पैम्पलेटबाज रहे हैं, इसलिए इसका साहित्य भी अत्यधिक है, जिसके परिणामस्वरूप यह कहना कठिन हो गया है कि वास्तव में समाजवाद किससे निर्मित होता है। समाजवाद संक्षेप में, एक ऐसे 'टोप' (Hat) की तरह है जिसने अपना आकार खो दिया है क्योंकि प्रत्येक व्यक्ति इसे धारण करता है

कार्ल मार्क्स अपने पूर्ववर्ती समाजवादियों से अपने अलगाव को गर्व के साथ स्वीकार करता है। लेनिन (Lenin) ने रूस में सर्वहारा क्रान्ति के लिए मार्क्सवाद को आधार बनाया लेकिन एक सामन्तवादी समाज में साम्यवादी क्रान्ति के औचित्य को सिद्ध करने की प्रक्रिया में उसने मार्क्स के विचारों में इतना मौलिक परिवर्तन कर दिया कि मार्क्सवाद को पहचानना मुश्किल हो गया। ट्राटस्की (Trotsky) के सतत् क्रान्ति के सिद्धान्त (Doctrine of Permanent Revolution) का समर्थन, विचारधारा (Ideology) की भूमिका और मध्यमवर्गीय बुद्धिजीवियों का नेतृत्व स्वीकार कर लेनिन

(कालान्तर में स्टालिन भी) मार्क्सवादी समाजवाद से बहुत अधिक दूर हो गया। यह अलग बात है कि वह अपने आप को अन्त तक मार्क्सवादी ही मानता रहा, वैसे ही जैसे जे.एस.मिल, बेंथम के उपयोगितावाद (Utilitarianism) में आधारभूत परिवर्तन करने के बाद भी स्वयं को बेंथमवादी कहता रहा। माओ-त्से-तुंग (1893-1976 AD) ने चीन में वही कार्य किया जो लेनिन ने रूस में किया था। माओ ने मार्क्सवाद-लेनिनवाद को अपना पथ प्रदर्शक माना लेकिन न तो वह मार्क्सवादी रहा और न ही लेनिनवादी बल्कि उसने जिस विचारधारा को जन्म दिया उसे चीनी समाजवाद कहा जा सकता है। यही नहीं, हिटलर व मुसोलिनी ने भी अपने-अपने राज्य में समाजवाद की नई रूपरेखा प्रस्तुत की। समाजवाद की सभी शाखाओं में पूँजीवादी व्यवस्था के निजी स्वामित्व के सिद्धान्त का विरोध किया जाता है क्योंकि इस प्रवृत्ति के कारण ही समाज धनिकों (Haves) व निर्धनों (Have-nots) में विभाजित हो जाता है, इस बिन्दु को ध्यान में रखते हुए ही **प्रो. पीगू** कहते हैं कि ''उत्पादन के साधनों पर व्यक्तिगत स्वामित्व को ही पूँजीवाद और सार्वजनिक स्वामित्व को समाजवाद कहा जाता है।'' लगभग इसी विचार को व्यक्त करते हुए प्रो. **बर्ट्रेण्ड रसेल** (Bertrand Russell) का कहना है कि ''यदि हम समाजवाद की, भूमि व सम्पत्ति के सार्वजनिक स्वामित्व के रूप में व्याख्या कर सकें तो हम समाजवाद की मूल भावना के नज़दीक पहुँच जाते हैं, ऐसा मैं सोचता हूँ।''

निजी स्वामित्व का सीधा अर्थ है-निजी लाभ (Private Profit)। इस स्थिति में वास्तविक लाभ केवल उन्हीं लोगों को प्राप्त होता है जिनके पास उत्पादन के साधन हैं। समाजवाद सार्वजनिक हित की बात कहता है और इसके लिए सामाजिक नियन्त्रण आवश्यक मानता है। **प्रो. ह्यूबर्ट ब्लाण्ड (Hubert Bland)** के शब्दों में, ''समाजवाद, उत्पादन व विनिमय के साधनों का सामूहिक नियन्त्रण है, और यह नियन्त्रण सबके समान लाभ के लिए होता है ।''

अलक्जेण्डर ग्रे के अनुसार, ''समाजवाद, संक्षेप में, सम्पत्ति के निज़ी स्वामित्व के अधिकाधिक (यदि पूर्णतः नहीं तो) उन्मूलन की माँग करता है और चाहता है कि इस प्रकार से हस्तान्तरित सम्पत्ति का उपभोग व उसका परिचालन एक सम्पूर्ण के रूप में समाज द्वारा किया जाना चाहिए इसी प्रकार **रैम्से मैकडॉनल्ड** (Ramsay Macdonald) का कहना है कि ''साधारण शब्दों में समाजवाद की इससे बेहतर परिभाषा नहीं दी जा सकती कि इसका लक्ष्य समाज की भौतिक आर्थिक शक्तियों का मानवीय शक्तियों द्वारा संगठन व नियंत्रण करना है ।''

इस प्रकार स्पष्ट है कि समाजवाद की कोई सर्वमान्य परिभाषा देना कठिन है। प्रो. जी.डी.एच. कोल के अनुसार समाजवाद में चार परस्पर सम्बद्ध चीजें हैं -

(i) एक मानवीय साहचर्य (Human Fellowship), जो वर्गभेद को अस्वीकृत तथा बहिष्कृत (Expel) करता है;

(ii) एक ऐसी सामाजिक व्यवस्था, जिसमें कोई भी व्यक्ति इतना अधिक धनवान या ग़रीब नहीं होगा कि वह अपने पड़ोसी के साथ समान शर्तों पर सम्बन्ध बनाने में असमर्थ हो जाए;

(iii) उत्पादन के समस्त महत्वपूर्ण साधनों (Vital Instruments) का सामूहिक स्वामित्व व उपयोग; और

(iv) प्रत्येक नागरिक पर बाध्यकारी उत्तरदायित्व कि वे अपनी क्षमतानुसार एक-दूसरे की सेवा करें।

सैद्धान्तिक मतभेदों के बावजूद, प्रो. सी.ई. एम.जोड के अनुसार, "प्रत्येक समाजवादी निम्नलिखित तीन कार्यक्रमों को सामान्यत: स्वीकार करता है –

(1) उत्पादन के साधनों के निजी स्वामित्व का उन्मूलन और इस उद्देश्य हेतु महत्वपूर्ण उद्योगों व सेवाओं को सार्वजनिक स्वामित्व व नियंत्रण के अधीन लाना;

(2) उद्योगों का संचालन व्यक्तियों के लाभों के लिए न किया जाकर समुदाय की आवश्यकताओं की पूर्ति के उद्देश्य से किया जाना; इसलिए, उत्पादन की सीमा व स्वरूप (Extent and Character) का निर्धारण लाभ की पूर्णधारणा के बजाय समाज की आवश्यकताओं की दृष्टि से करना;

(3) व्यक्तिगत लाभ के उत्प्रेरक (Incentive) को सामाजिक सेवा की भावना से, जो कि वर्तमान में उद्योगों के पूँजीकरण द्वारा खण्डित

संक्षेप में जितने समाजवादी हैं उतनी ही इसकी व्याख्याएँ हैं, जिसके कारण समाजवाद सामाजिक चिन्तन का सर्वाधिक जटिल, बहुपक्षात्मक व भ्रामक प्रश्न बन गया है। अलग-अलग स्थानों से देखने पर इसका रंग भी अलग-अलग दिखलाई देता है। इसी कारण **रैम्जेम्योर** (Ramsay Muir) ने इसकी तुलना गिरगिट (Chameleon) से की है। उसके शब्दों में, "समाजवाद एक गिरगिट-सदृश मत है (Socialism is a chameleon like creed)।" लेकिन इस विकट परिस्थिति में भी समाजवाद की कुछ परिभाषाएँ दी गई हैं।

परिभाषाओं के इस क्रम में सर्वप्रथम **इन्साइक्लोपेडिया ब्रिटानिका** (Encyclopaedia Britannica) का ज़िक्र किया जा सकता है जिसमें समाजवाद के केन्द्रीयकरण की प्रवृत्ति को आधार बनाकर इसे परिभाषित करते हुए कहा गया है,

"समाजवाद वह नीति या सिद्धान्त है जिसका उद्देश्य एक केन्द्रीय लोकतांत्रिक सत्ता के क्रिया (Action) द्वारा वर्तमान में प्रचलित व्यवस्था की अपेक्षा सम्पत्ति का श्रेष्ठतर वितरण तथा उसके उचित अधीनता में सम्पत्ति का श्रेष्ठतर उत्पादन संरक्षित करना है

जॉन लॉक (John Locke)

राज्य को सामाजिक समझौते की उत्पत्ति बता कर लॉक ने यह सिद्ध किया कि राज्य या शासन व्यक्ति के हितों के विरुद्ध कार्य नहीं कर सकता क्योंकि राज्य का निर्माण व्यक्तियों के द्वारा अपने प्राकृतिक अधिकारों की रक्षा के लिए किया गया है। जीवन, स्वतन्त्रता व सम्पत्ति को प्राकृतिक कह कर, लॉक ने इन्हें व्यक्ति के लिए अनिवार्य व पावन अधिकार घोषित कर दिया जिसका अपहरण किसी शासक या शासन द्वारा नहीं किया जा सकता और यदि कोई शासन व्यक्तियों के प्राकृतिक अधिकारों का उल्लंघन करता है तो समाज को यह अधिकार है वह ऐसी सरकार को बदल दे। उसने ऐसी स्थिति में विद्रोह का अधिकार ही नहीं दिया बल्कि उसे 'पवित्र-कर्त्तव्य' की संज्ञा दी।

प्रो. सी.ई. वान (C.E. Vaughan) ने लॉक की 'The Treatises' को दो नली वाली बन्दूक (Gun with two barrels) कहा है जिसमें से एक फिल्मर द्वारा प्रतिपादित राजाओं के दैवीय अधिकार और दूसरी हॉब्स के विरुद्ध तनी हुई है। लॉक प्राकृतिक अधिकारों के सिद्धान्त से राज्य की निरंकुशता को पूर्णतः निषेधित कर देता है।

इस परिवेश में जब मध्ययुगीन राजनीतिक, सामाजिक, आर्थिक और यहाँ तक कि नैतिक व्यवस्थाएँ व मान्यताएँ विघटित हो रही थीं और एक नवीन आर्थिक वर्ग (जिसे बाद में मार्क्सवाद में 'मध्यम वर्ग' का नाम मिला) का उदय हो रहा था, वैचारिक जगत् किसी ऐसे चिन्तक की राह देख रहा था जो इन नवीन आवश्यकताओं को दार्शनिक स्वरूप प्रदान कर सामाजिक, राजनीतिक व आर्थिक क्षेत्र में उठने वाली माँगों को ठोस वैचारिक आधार प्रदान कर सके। इस इन्तज़ार का अन्त ब्रिटिश दार्शनिक जॉन लॉक (1632-1704) के 1690 में प्रकाशित पुस्तक 'The Two Treatises on Civil Government' से होता है। जॉन लॉक के दो विचार व्यक्तिवाद के लिए बहुत अधिक सहायक हुए–

(1) राज्य का आधार सामाजिक-समझौता (Social Contract) है।

(2) जीवन, स्वतन्त्रता और सम्पत्ति व्यक्ति के प्राकृतिक अधिकार हैं। (Life, liberty and property are the natural rights of men.)

एडम स्मिथ (Adam Smith)

निश्चित रूप से जिस एक व्यक्ति ने व्यक्तिवाद को सर्वाधिक प्रभावित किया, वह व्यक्ति है–अर्थशास्त्र का जनक 'एडम स्मिथ' (1723–90)। स्कॉटलैण्ड के इस प्रोफेसर ने फ्रांस के प्रकृतिवादी अर्थशास्त्रियों द्वारा अपनाए जा रहे अहस्तक्षेप के सिद्धान्त को अपनी पुस्तक "Inquiry into the Nature and Causes of the Wealth of Nations" जो 1776 में प्रकाशित हुई, के द्वारा, आर्थिक क्षेत्र का सर्वाधिक अधिकृत व स्वीकृत सिद्धान्त के रूप में स्थापित कर दिया। जिस प्रकार जॉन लॉक ने 'जीवन, स्वतन्त्रता व सम्पत्ति को प्राकृतिक अधिकार घोषित किया था, उसी तरह एडम स्मिथ ने उद्योग व व्यापार की स्वाधीनता (Freedom of Commerce and Trade) को प्राकृतिक अधिकार माना। स्मिथ के निष्कर्षों को निम्नलिखित बिन्दुओं के माध्यम से समझ सकते हैं–

1. प्रत्येक व्यक्ति में 'स्व-हित' (Self-interest) की स्वाभाविक प्रवृत्ति होती है।
2. 'स्व-हित' की भावना उसे स्व-लाभ (Self-profit) की तरफ ले जाती है।
3. लाभ के लिए प्रत्येक व्यक्ति में व्यापार की सहज प्रकृति (Natural Propensity to Trade) पाई जाती है।
4. व्यक्तियों का निजी लाभ (Private-profit) ही राष्ट्र का लाभ (National-profit) होता है।

प्रत्येक स्त्री-पुरुष को अपनी योग्यतानुसार कार्य करने की पूर्ण स्वतन्त्रता होनी चाहिए। इस प्रक्रिया में उसे सकारात्मक (लाभ) या नकारात्मक (हानि) जो कुछ भी प्राप्त होता है, इसका उत्तरदायित्व भी उसी पर होगा। चूँकि व्यक्ति स्वभावत: लाभ का इच्छुक होता है अत: वह सदैव ही अपनी सम्पूर्ण क्षमता का प्रयोग करेगा ताकि हानि से बच सके। स्वयं स्मिथ के ही शब्दों में, "स्त्री व पुरुष अपना सर्वोत्तम तब करते हैं जब वे परिश्रम या बुद्धिमत्ता के पुरस्कारों और आलस्य के दण्डों, दोनों प्रतिफल भोगते हैं। यह भी समान रूप से महत्वपूर्ण था कि उन लोगों को उस कार्य को खोजने या उस व्यापार को करने की स्वतन्त्रता होती जो उनके प्रयासों को पुरस्कृत कर सकते थे। " स्मिथ ने व्यक्तिवाद की सामान्य मान्यता के विपरीत राज्य के समझौतावादी सिद्धान्त का खण्डन किया तथा राज्य व शासन को ऐतिहासिक विकास का परिणाम बतलाया तथापि वह राज्य के न्यूनतम हस्तक्षेप के सिद्धान्त का ही समर्थन करता है। उसके अनुसार राज्य का मुख्य कार्य शान्ति, व्यवस्था व सुरक्षा को बनाए

रखता है। अन्य क्षेत्रों, विशेष रूप से आर्थिक क्षेत्र में राज्य को अहस्तक्षेप की नीति अपनानी चाहिए क्योंकि उत्पादन व श्रम के स्वतन्त्र विनिमय को नियन्त्रित करना समाज के आर्थिक समृद्धि के लिए विध्वन्सकारी सिद्ध होगा।

एडम स्मिथ का कहना था कि प्रत्येक व्यक्ति को वह कार्य करने की पूरी स्वतन्त्रता होनी चाहिए जो उसकी योग्यता के अनुरूप है और जिसे वह अपने लिए लाभप्रद समझता है। इससे व्यक्ति अपने कार्य से अधिक लगाव अनुभव करेगा एवं उसे श्रेष्ठ ढंग से सम्पादित भी करेगा। जब कार्य का सम्पादन श्रेष्ठ तरीके से होगा तो न केवल उस 'विशेष' व्यक्ति को अधिकाधिक लाभ होगा बल्कि सम्पूर्ण समाज की सम्पदा में भी वृद्धि होगी क्योंकि सभी व्यक्तियों की सम्पत्ति ही राष्ट्र की सामूहिक सम्पत्ति है। अतः व्यक्तिगत सम्पत्ति में वृद्धि से राष्ट्रीय सम्पदा में भी वृद्धि होती है। उदाहरण के लिए यदि किसी समाज के 10 व्यक्ति आज 100–100 रु. कमाते हैं तो इस समय समाज की सामूहिक सम्पत्ति 100 × 10 = 1000 रु. है। यदि व्यक्तियों की आमदनी 200–200 रु. हो जाए तो समाज की कुल सम्पत्ति भी बढ़कर 200 × 10 = 2000 रु. हो जायेगी।

जे. एस. मिल (J.S. Mill)

मिल के अनुसार व्यक्तियों को स्वतन्त्रता प्रदान करना समाज के हित में है क्योंकि समाज व्यक्तियों के समूह के अतिरिक्त और कुछ नहीं है। 'सामाजिक व राजनीतिक प्रगति व्यक्ति की मौलिकता तथा क्षमता पर बहुत अधिक निर्भर करती है। व्यक्तियों के सुख के स्रोतों, दुःखों की अनुभूतियों तथा शारीरिक व नैतिक क्षमताओं में इतना अन्तर होता है कि जब तक उनको अपना विशिष्ट जीवन जीने की छूट नहीं मिलेगी तब तक वे न तो सुख प्राप्त कर सकते हैं, और न ही मानसिक, नैतिक या भौतिक विकास के उस स्तर को स्पर्श कर सकते हैं जहाँ पहुँचना उनका लक्ष्य है। अतः समाज व व्यक्ति के पूर्ण विकास हेतु वैचारिक मौलिकता व विविधता का होना आवश्यक है।'

जिस 'स्वतन्त्रता' को व्यक्तिवादी विचारधारा में सर्वाधिक महत्व दिया जाता है, उसे मानव व्यक्तित्व का 'प्राण-तत्व' सिद्ध करने का श्रेय जॉन स्टुअर्ट मिल को जाता है। मिल (1806–73) ने अनुभव किया कि इंग्लैण्ड में व्यक्ति की स्वतन्त्रता संकट में है क्योंकि शासन जन-कल्याण (Public Welfare) के नाम पर व्यापक विधि-निर्माण के द्वारा अपने कार्यक्षेत्र का प्रसार कर रहा है। उसे भय था कि तथाकथित लोकतान्त्रिक 'बहुमत' अपनी निरंकुशता से व्यक्तियों के चिन्तन व कार्य की स्वाधीनता को समाप्त कर सकता है। इस परिवेश में ही 1859 में 'On Liberty' का प्रकाशन हुआ जिसके सम्बन्ध में वेपर ने कहा है कि "विचार स्वातन्त्र्य की रक्षा के लिए

इससे श्रेष्ठतर रचना कभी नहीं की गई।'' व्यक्तिवाद की मूल भावना को स्वर देते हुए मिल ने प्रस्तावित किया कि व्यक्ति का सर्वोच्च उद्देश्य अपने व्यक्तित्व का अधिकतम विकास करना है। मानव व्यक्तित्व के सर्वांगीण उन्नति के लिए स्वतन्त्रता अपरिहार्य है क्योंकि केवल स्वतन्त्र वातावरण में ही व्यक्ति अपनी योग्यताओं व अभिवृत्तियों को स्वाभाविक अभिव्यक्ति दे सकते हैं। इसलिए मिल ने अनावश्यक कानूनों, बहुमत की निरंकुशता और रूढ़ियों व प्रथाओं के रूप में प्रचलित अनेक मान्यताओं का विरोध किया। उसकी मान्यतानुसार व्यक्ति विवेकवान प्राणी है, अत: अपने स्व-हित (Self-interest) का सर्वश्रेष्ठ निर्णायक भी वह स्वयं ही है। इसलिए प्रत्येक व्यक्ति को अपने विवेक व क्षमतानुसार कार्य करने की छूट मिलनी चाहिए बशर्ते वह अन्य लोगों के अधिकार व स्वतन्त्रताओं में हस्तक्षेप न कर रहा हो।

इसके लिए मिल ने दो स्वतन्त्रताओं को आवश्यक बतलाया-

1. विचार व वार्तालाप की स्वतन्त्रता (Freedom of Thought and Discussion)
2. कार्य की स्वतन्त्रता (Freedom of Action)

प्रथम स्थिति में वैचारिक स्वतन्त्रता के दमन से समाज 'सत्य' की प्राप्ति से वंचित हो जाएगा। दूसरी स्थिति में भी स्वतन्त्रता रहनी चाहिए क्योंकि इससे मानवता या बहुमत की मान्यताएँ (Beliefs) असत्य मत से टकराकर पहले की अपेक्षा अधिक दृढ़ होकर सामने आएँगी। तीसरी स्थिति में समाज में जहाँ असत्य का अंश नहीं आ पाएगा वहीं अर्द्धसत्य विचार के दमन से सत्य का अंश भी नष्ट हो जायेगा। अत: प्रत्येक स्थिति में, प्रत्येक व्यक्ति को विचार व अभिव्यक्ति की स्वतन्त्रता मिलनी चाहिए। मिल के शब्दों में, ''जहाँ दस झक्की लोगों में से नौ हानि रहित मूर्ख हों, वहाँ दसवाँ मानवता के लिए अति मूल्यवान हो सकता है, अपेक्षाकृत उन समस्त सामान्य व्यक्तियों से जो उनका दमन करना चाहते हैं। जहाँ तक विचार-विमर्श या अभिव्यक्ति की स्वतन्त्रता का प्रश्न है, मिल की मान्यता है कि इस पर किसी प्रकार का कोई प्रतिबन्ध नहीं होना चाहिए। सुकरात व ईसा मसीह के उदाहरण को प्रस्तुत करते हुए कहता है कि ''यदि एक व्यक्ति को छोड़कर शेष मानवता एकमत हो और वह व्यक्ति विपरीत मत रखता हो, तो भी सम्पूर्ण मानवता उस एक व्यक्ति को चुप कराने में उससे अधिक न्यायसंगत नहीं होगी जितना कि वह एक व्यक्ति, यदि उसमें मानवता को चुप कराने की शक्ति हो तो, न्यायसंगत होगा " यह आवश्यक नहीं है कि भिन्न विचार व्यक्त करने वाला व्यक्ति वास्तव में सही हो, वह ग़लत भी हो सकता है फिर भी मानवता उसके विचारों का दमन नहीं कर सकती क्योंकि स्वयं मानवता भी अभ्रान्त (Infallible) नहीं है। सुकरात को 'ज़हर' देकर व ईसा मसीह को 'सलीब' पर चढ़ाकर उसने

सिद्ध कर दिया है कि वह हमेशा सत्य नहीं होती। अतः व्यक्ति भले ही 'अकेला' हो, उसके विचारों को दबाना उस व्यक्ति के साथ-साथ समाज के लिए भी हानिकारक है। स्व-विषयक कार्य वे कार्य हैं जो व्यक्ति के निजी जीवन से सम्बन्धित हैं और दूसरों पर इसका प्रभाव नहीं पड़ता है। इस कार्यक्षेत्र में समाज द्वारा व्यक्ति के आचरण पर किसी प्रकार का प्रतिबन्ध नहीं लगाना चाहिए। वस्तुतः समाज को ऐसा करने का अधिकार भी नहीं है। समाज को व्यक्ति के व्यवहार (कार्य) को सीमित करने का अधिकार केवल उस स्थिति में है जब कोई व्यक्ति अपने कार्यों से समाज या अन्य लोगों की स्वतन्त्रता को आघात पहुँचा रहा हो। मिल के शब्दों में, "जहाँ तक किसी व्यक्ति के आचरण का कोई अंश पक्षपातपूर्ण ढंग से (Prejudicially) अन्य व्यक्तियों के हितों को प्रभावित करता है, वहाँ समाज को उस व्यक्ति के ऊपर अधिकार है, और यह प्रश्न कि इस प्रकार के हस्तक्षेप से सामान्य कल्याण को बढ़ावा मिलता है या नहीं, बहस के लिए खुला (Open to Discussion) होगा। लेकिन जब व्यक्ति का आचरण उसके अतिरिक्त अन्य किसी व्यक्ति के हित को प्रभावित नहीं करता है तो इस प्रकार के प्रश्न के लिए कोई स्थान नहीं है।..........इस प्रकार की समस्त परिस्थितियों में व्यक्तियों को कार्य करने व उसका परिणाम सहने की पूर्ण स्वतन्त्रता मिलनी चाहिए-समाज द्वारा और कानून द्वारा भी।" मिल को विश्वास है कि यदि व्यक्तियों को विचाराभिव्यक्ति व कार्य की स्वतन्त्रता मिलेगी तो समाज में नवीन विचारों का आगमन होगा और सम्पूर्ण मानवता उन्नति के पथ पर अग्रसर होगी। व्यक्ति की स्वतन्त्रता को निम्नलिखित स्थितियों में ही सीमित किया जा सकता है-

(i) यदि उसका आचरण अन्य व्यक्तियों की स्वतन्त्रता पर नकारात्मक प्रभाव डालता है,

(ii) यदि व्यक्ति की स्वतन्त्रता उसके सार्वजनिक कर्त्तव्यों की अनुपालना में बाधक बनती है, तथा

(iii) राष्ट्रीय संकट की स्थिति में।

इस स्वतन्त्रता की सुरक्षा के लिए प्रतिनिध्यात्मक लोकतन्त्र (Representative Democracy) सर्वश्रेष्ठ शासन व्यवस्था है। लेकिन मिल निरपेक्ष लोकतन्त्र का समर्थक नहीं है। वह मताधिकार उन्हीं व्यक्तियों को प्रदान करना चाहता है जो न्यूनतम शैक्षिक योग्यता (पढ़ना, लिखना व अंकगणित का ज्ञान) रखते हों। यहाँ इस तथ्य को ध्यान में रखना आवश्यक है कि मिल ने बैंथम के विरुद्ध स्त्री-मताधिकार का समर्थन किया जो तत्कालीन ब्रिटिश समाज के लिए एक क्रान्तिकारी विचार था। मिल के विचारों का प्रतिनिधित्व करने वाली प्रमुख राजनीतिक रचनाएँ निम्नलिखित हैं-

1. Utilitarianism (1863).
2. The Subjection of Women (1869).
3. Principles of Political Economy (1848).
4. On Liberty (1859).
5. Considerations on Representative Government (1861).

हरबर्ट स्पेन्सर (Herbert Spencer)

स्पेन्सर ने आदर्शवादी विचारकों की इस मान्यता का खण्डन किया कि अधिकार राज्य या समाज की देन होते हैं। उसका कहना था कि व्यक्ति के अधिकार प्राकृतिक हैं। दूसरे शब्दों में, व्यक्ति मानव के रूप में जन्म लेते ही कुछ अधिकारों का स्वामी हो जाता है जिसे कोई भी शक्ति या संस्था छीन नहीं सकती। जीवन, स्वतन्त्रता व सुख की प्राप्ति (Life, Liberty and Pursuit of Happiness) ऐसे ही प्राकृतिक अधिकार हैं जिनके उपभोग की पूर्ण स्वतन्त्रता प्रत्येक व्यक्ति को प्रकृति से ही प्राप्त है। चूँकि राज्य अधिकारों का निर्माता नहीं है अत: उसे इसमें हस्तक्षेप करने का कोई अधिकार भी नहीं है। समान स्वतन्त्रता (Equal Freedom) प्रत्येक व्यक्ति का अनन्य अधिकार है, और राज्य का एकमात्र कर्त्तव्य है इस अधिकार की सुरक्षा करना। मानव जीवन के प्रत्येक क्षेत्र को खुला व स्वतन्त्र छोड़ देना चाहिए। जो योग्य होगा वह स्वत: ही आगे बढ़ेगा। जिस प्रकार कार्ल मार्क्स को वैज्ञानिक समाजवाद का प्रर्वतक माना जाता है, उसी प्रकार हरबर्ट स्पेन्सर को वैज्ञानिक व्यक्तिवाद का जनक कहा जा सकता है क्योंकि इसने डार्विन के अस्तित्व के लिए संघर्ष (Struggle for Existence) और 'योग्यतम की अतिजीविता' (Survival of the Fittest) के सिद्धान्तों को मानव जीवन व समाज पर लागू करते हुए व्यक्तिवादी मान्यताओं को अपने विकास के चरम बिन्दु पर अधिष्ठित कर दिया।

इसलिए उसने निर्धनों (Poors), निर्बलों, वृद्धों, रोगियों आदि की राज्य द्वारा की जाने वाली सहायता की आलोचना की। अस्तित्व के लिए संघर्ष प्रकृति का नियम है, इसमें किसी तरह का हस्तक्षेप अनुचित होगा। स्पेन्सर के शब्दों में–"प्रकृति के अनुशासन की दु:सहता में हस्तक्षेप करने का कोई काम नहीं है, जो अनुशासन हमें उस समय अधिक अच्छा बनाता है जिस समय हम अपना काम अपने लिए करते हैं और इसके अतिरिक्त हमारे द्वारा अपने लिए किए जाने वाले कामों को सरकार द्वारा किए हुए उन्हीं कामों की अपेक्षा अधिक बढ़िया तरह से किया हुआ बताता है।"

राज्य का कार्य शान्ति व सुरक्षा की परिस्थितियों का निर्माण कर व्यक्ति को अधिकतम स्वतन्त्रता प्रदान करना है। विकास का प्राकृतिक नियम यह कहता है कि प्रकृति (Nature) को अपना कार्य करने दो। राज्य का एकमात्र कार्य है प्रकृति की सहायता करना जिसका अर्थ है–व्यक्तियों को अपनी योग्यता व क्षमता के अनुसार अस्तित्व की लड़ाई जीतने दो। अतः ''प्रत्येक व्यक्ति वह करने के लिए स्वतन्त्र है जिसकी वह इच्छा रखता है बशर्ते वह किसी अन्य व्यक्ति की ऐसी ही स्वतन्त्रता का उल्लघंन न करता हो।''

स्पेन्सर के राजनीतिक व आर्थिक दर्शन की समग्र जानकारी हेतु उसके द्वारा लिखित निम्नलिखित पुस्तकों का अध्ययन महत्वपूर्ण है–

(1) Social Statics (1892).

(2) Justice (1879).

(3) First Principle (1862).

(4) Principle of Sociology (1978-80).

(5) The Man Vs the State (1884).

विलियम ग्राहम समनर (William Graham Sumner)

प्रकृति अन्य सभी प्रकार के आधारों की उपेक्षा करते हुए केवल उन लोगों को अपना पुरस्कार (Reward) देती है जो सर्वाधिक योग्य (The Fittest) प्रमाणित होते हैं। इसका निहितार्थ यह है कि समाज के स्वाभाविक विकास की प्रक्रिया में बाहरी हस्तक्षेप हानिप्रद है क्योंकि समाज की भलाई इस बात में है कि 'अयोग्य' इस प्रतियोगिता में समाप्त हो जाएँ। सामाजिक विकास की यह प्रक्रिया ग़रीबी, बीमारी से लेकर उद्योग व स्वास्थ्य सभी क्षेत्रों में लागू होती है। अतः राज्य को सामाजिक जीवन के नियमन हेतु क़ानून नहीं बनाने चाहिए। समनर अमेरिकी व्यक्तिवादी विचारक है, जिसके चिन्तन पर स्पेन्सर के विचारों की स्पष्ट छाप परिलक्षित होती है। उसने स्पेन्सर के समान ही डार्विन के विकास सिद्धान्त को सामाजिक व आर्थिक क्षेत्रों में लागू करने का प्रयास किया। उसके अनुसार, 'प्रतियोगिता प्रकृति का एक नियम है' ।[1] इस प्रतियोगिता में प्रकृति उनका ही पक्ष लेती है ''जो सर्वाधिक कर्मठता व दृढ़ता से उस पर आक्रमण करते हैं ।''

समनर के अनुसार, पूँजी पर आक्रमण करना 'सभ्यता के आधारों' (The Foundations of Civilization) पर आक्रमण करने के समान है। इसलिए उसने अमेरिकी सरकार द्वारा औद्योगिक, सामाजिक व नैतिक जीवन में व्यवस्थापन

(Legislation) के माध्यम से किए जाने वाले हस्तक्षेप का कड़ा विरोध किया। उसके शब्दों में, "समस्त अनुभव राज्य के नियमन के विरुद्ध है (All experience to against state regulation.)"[1] यही बात आर्थिक क्षेत्र में भी लागू होती है। समनर के अनुसार आर्थिक क्षेत्र का प्राकृतिक नियम है–माँग व आपूर्ति (Demand and Supply) का सम्बन्ध तथा अपने आर्थिक हितों की प्राप्ति हेतु समाज के विभिन्न सदस्यों में आपसी प्रतियोगिता। मज़दूरी प्रथा व पूँजी का व्यक्तिगत स्वामित्व आधुनिक औद्योगिक संगठन के आवश्यक अंग (Essential Parts) हैं।

पियरे जोजफ प्रूधाँ (Pierre Joseph Proudhon)

दर्शन से अराजकतावाद अपना औपचारिक व्यवस्थित स्वरूप प्राप्त करने की दिशा में ठोस कदम उठाता है। प्रूधाँ वह प्रथम दार्शनिक है जो स्वयं को 'अराजकतावादी' कहता है[2] तथा इस शब्द-अराजकतावाद का प्रयोग करता है। उसके पूर्व के विचारकों ने राज्य, शासन के कानूनों व व्यक्तिगत सम्पत्ति की आलोचना अवश्यक की किन्तु अपने दर्शन को अराजकतावादी दर्शन घोषित नहीं किया। वस्तुतः वे व्यक्तिवादी (Individualist) थे जो राज्य के अत्यधिक हस्तक्षेप को संदेह की दृष्टि से देखते थे। प्रूधाँ के राजनीतिक विचार केवल अराजकतावाद के दृष्टिकोण से ही महत्वपूर्ण नहीं हैं बल्कि मार्क्सवाद से अराजकतावाद के सम्बन्धों को समझने के लिए भी अत्यन्त आवश्यक हैं। प्रूधाँ (1809-65) से कार्ल मार्क्स (1818-83) की पहली मुलाकात 1844-45 में हुई थी। उस समय मार्क्स एक सामान्य जर्मन पत्रकार थे जो जर्मनी से निष्कासित होकर पेरिस (फ्रांस) से 'Franco German Year Book' का सम्पादन कर रहा था; और जो मूलतः हीगलवादी प्रत्ययवाद का विरोधी था। जबकि प्रूधाँ यूरोप के प्रमुख दार्शनिक के रूप में स्थापित हो चुके थे–फ्रांस के श्रमिक संघवादियों व अमेरिका के वारेन, टकर व जर्मनी के शिमट (Schmidt) पर प्रूधाँ के विचारों का स्पष्ट प्रभाव देखा जा सकता है। प्रूधाँ के राजनीतिक, आर्थिक व धार्मिक विचारों के विशद् अध्ययन के लिए उसकी निम्नलिखित रचनाएँ महत्वपूर्ण हैं–

1. What is Property?
2. Philosophy of Poverty (1846).
3. The Solution of Social Problems (1848).
4. Of Justice in the Revolution and the Church (1958).
5. Political Capacity of Working Classes.

'What is Property' में प्रूधाँ सम्पत्ति व राज्य, दोनों ही संस्थाओं को अपनी

आलोचना का शिकार बनाता है। राज्य व्यक्तिगत सम्पत्ति की उपज है। किन्तु सम्पत्ति क्या है? प्रूधाँ निःसंकोच कहता है– चोरी (Theft)। सम्पत्ति एक चोरी है। प्रकृति का स्वर्ण-नियम (Golden Rule) के अनुसार प्रत्येक व्यक्ति को अपने परिश्रम का पूरा फल मिलना चाहिए किन्तु वर्तमान आर्थिक राजनीतिक व्यवस्था में यह संभव नहीं। अतः इन व्यवस्थाओं को बदलना होगा।

कार्ल मार्क्स भी मानता था कि पूँजीपति जिस अतिरिक्त मूल्य (Surplus Value) को अपना लाभ (Profit) कहकर अपनी ज़ेब में रख लेता है वह वास्तव में श्रमिकों की मज़दूरी है। इस प्रकार 'पूँजी' वस्तुतः शोषण की प्रतिफल है। प्रूधाँ से मार्क्स की असहमति उस बिन्दु पर शुरू होती है जब निजी सम्पत्ति के उन्मूलन का सवाल खड़ा होता है। मार्क्स 'वर्ग-भेद' व 'शोषण' की प्रतीक निजी सम्पत्ति की संस्था का पूर्ण अन्त चाहता है। इसके त्रिपरीत प्रूधाँ जब सम्पत्ति को चोरी कहता है तब उसका अर्थ यह नहीं है कि वह व्यक्तिगत सम्पत्ति की अवधारणा का ही विरोधी है या व्यक्तिगत सम्पत्ति रूपी संस्था को समाज से समाप्त कर देना चाहता है। इस संदर्भ में हमें दो तथ्यों को नज़रअंदाज़ नहीं करना चाहिए–

(1) जब वह सम्पत्ति की आलोचना करता है तो उसका तात्पर्य सम्पत्ति के उस रूप से होता है जो लाभ (Profit) ,ब्याज (Interest) व भूमिकर या लगान (Rent) के एकत्रित होने से बनती है;

(2) वह व्यक्तिगत सम्पत्ति की संस्था का उन्मूलन नहीं चाहता बल्कि इसके अन्यायपूर्ण व अनुचित दुष्प्रभावों को समाप्त करना चाहता है।

इसका तात्पर्य यह हुआ कि वह निजी सम्पत्ति की व्यवस्था में सुधार करना चाहता है ताकि समाज में आर्थिक विषमता व शोषण को समाप्त किया जा सके। इसके लिए उसने 'लोगों के बैंक' (Bank of the People) की अवधारणा प्रस्तुत की जो किए गए श्रम की अवधि (Duration of Labour) के आधार पर लोगों को 'Labour Notes' प्रदान करेंगे। सबसे उल्लेखनीय व्यवस्था यह थी कि 'Labour Notes' के आधार पर लोगों (श्रम करने वालों) को ब्याजरहित ऋण (Loan Without Interest) प्रदान किया जायेगा। प्रूधाँ को विश्वास था कि इस प्रक्रिया से निजी सम्पत्ति की बुराइयों का समापन हो जायेगा क्योंकि 'Bank of the People' की क्रान्तिकारी ऋण योजना के चलते व्यक्तिगत सम्पत्ति से ब्याज या लाभ कमाना असंभव हो जायेगा। इन बैंकों के सहयोग से व्यक्ति समाज के स्वायत्त समुदायों (Voluntary Associations) के साथ पारस्परिकता (Mutualism) के आधार पर उत्पादक उद्यमों को चलाएँगे। इसे प्रूधाँ ने 'सकारात्मक अराजकता' (Positive Anarchy) का नाम दिया है।

कार्ल मार्क्स ने प्रूधाँ द्वारा निजी सम्पत्ति पर प्रदर्शित उदारता को पसन्द नहीं किया और न ही उसे 'सकारात्मक अराजकता' में व्यक्तिगत सम्पत्ति की बुराइयों का अन्त नज़र आता था। यही कारण है कि उसने प्रूधाँ की सम्पत्ति विषयव मान्यताओं का खूब मज़ाक उड़ाया। उसकी रचना 'The Poverty of Philosophy' वास्तव में प्रूधाँ की पुस्तक 'The Philosophy of Poverty' की व्यंग्यात्मक आलोचना है। इसके बावजूद प्रूधाँ की महत्ता को कम नहीं आँका जा सकता था। फलत: मार्क्स चाहता था कि उसे प्रूधाँ का सहयोग मिले किन्तु स्वयं प्रूधाँ का विचार था कि मार्क्स के साथ काम करना संभव नहीं है। उसने अपने परवर्ती (मार्क्स) के सम्बन्ध में एक बार कहा था कि "मार्क्स के कार्यों का सही अर्थ यह है कि वह पश्चाताप करता है कि मैंने प्रत्येक जगह उसके समान सोचा और कि मैं ऐसा कहने वाला पहला व्यक्ति था। (The true meaning of Marx's work is that he regrets that I thought like him every where and that I was the first to say it.)।"

मार्क्स ने प्रूधाँ की इस बात के लिए प्रशंसा की कि उसने व्यक्तिगत सम्पत्ति की बुराइयों को पहचाना किन्तु वह प्रूधाँ के इस विचार से सहमत नहीं है कि स्वाधीनता के अधिकार (Right to Independence) के लिए सीमित मात्रा में निजी सम्पत्ति आवश्यक है। मार्क्स ने प्रूधाँ के इस विचार से असंतुष्ट होकर उसको क्षुद्र-बुर्जुआ दृष्टिकोण (Petty Bourgeois Vision) का धारक बताया। जहाँ तक प्रूधाँ का सवाल है वह साम्यवाद को काल्पनिक विचार मानता था। उसके शब्दों में, "मैं साम्यवाद का विरोधी हूँ। यदि आज मुझे एक कम प्रगतिशील समाजवादी माना जाता है तो इसका कारण यह है कि मैंने स्वप्नलोक का त्याग कर दिया है जबकि अनेक समाजवादी अब भी काल्पनिक जगत् में हैं

उसके अनुसार मार्क्स का साम्यवाद भी काल्पनिक है क्योंकि जब कभी साम्यवाद को लाने का प्रयास किया गया है उसका परिणाम सदैव ही सम्पत्ति का मज़ाक रहा है । जबकि मार्क्स के साम्यवाद को वैज्ञानिक समाजवाद की संज्ञा दी जाती है क्योंकि स्वयं मार्क्स भी दावा करता है कि उसने इतिहास की व्याख्या का सही नियम द्वन्दात्मक भौतिकवाद ढूँढ़ लिया है। प्रूँधाँ इसका खण्डन करता है-"यह विज्ञान नहीं है बल्कि विज्ञान का विनाश है। यह संगठन व वितरण का कोई सूत्र पाने में असमर्थ है। यह इधर-उधर के विचारों का संकलन मात्र है, और अविवेकपूर्ण है।...... यह दरिद्रता का मज़हब (Religion of Misery) है। न तो यह विचार करता है और न ही तर्क। इसे नहीं मालूम की संगठन, उत्पादन व वितरण कैसे किया जाता है। यह श्रमिकों पर संदेह करता है और न्याय से डरता है। इसने अपने विचार अत्यधिक प्राचीन, रहस्यवादी, अस्पष्ट व निरर्थक अपरिभाष्य प्रथाओं (Undefinable Customs)

से ग्रहण किया है। साम्यवाद का अर्थ है सर्वत्र व सतत् कष्ट । फिर भी राज्य व शासन की आलोचनाओं में प्रूधाँ व मार्क्स में व्यापक सहमति है। उसे दृढ़ विश्वास है कि –शासन या राज्य सत्ता के अधीन न्याय व स्वतंत्रता की प्राप्ति की आशा नहीं की जा सकती। प्रूधाँ को 'शक्ति' मात्र से घृणा है। इसीलिए वह राजनीतिक क्रिया के उन समस्त रूपों का विरोध करता है जो 'सत्ता' के प्रतीक हैं अथवा जो व्यक्तियों की स्वतंत्रता के लिए हानिकारक हैं। उसके मतानुसार 'व्यक्तियों का व्यक्तियों द्वारा शासन अपने किसी भी रूप में दमन है। समाज की सर्वोच्च पूर्णता की प्राप्ति व्यवस्था व अराजकता के संघ में पाई जाती हैं (Government of man by man in every form is oppression. The highest perfection of society is found in the union of order and anarchy.)'। प्रूधाँ द्वारा मार्क्सवाद की आलोचना का एक बड़ा कारण यह भी था कि उसे पूँजीवादी व्यवस्था के साथ-साथ समाजवादी व्यवस्था अर्थात् सर्वहारा की तानाशाही में भी स्वतंत्रता की संभावना नहीं दिखाती थी।

प्रूधाँ के अनुसार, 'व्यक्ति द्वारा व्यक्ति का शोषण व शासन का अन्त एक ही बात है।' इसी आधार पर उसने राजनीतिक दलों का भी विरोध किया। उसके शब्दों में, ''बिना किसी अपवाद के सभी दल, जहाँ तक वे शक्ति प्राप्त करने की इच्छा रखते हैं, सर्वसत्तावाद (Absolutism) के विभिन्न स्वरूप हैं। और ऐसी स्थिति में व्यक्तियों के लिए कोई स्वतंत्रता नहीं होगी; समाज के लिए कोई व्यवस्था नहीं होगी ...। अब और अधिक दल नहीं, और अधिक सत्ता नहीं, बल्कि व्यक्तियों व नागरिकों के लिए निरपेक्ष स्वतंत्रता–यही है मेरे राजनीतिक व सामाजिक आस्था की स्वीकारोक्ति।

संक्षेप में प्रूधाँ के विचारों को इस प्रकार भी प्रस्तुत किया जा सकता है–

(i) स्वतंत्रता प्रत्येक व्यक्ति का स्वाभाविक अधिकार है।

(ii) स्वतंत्रता का अर्थ है-किसी भी प्रकार की बाधाओं (Hinde-rances) का अभाव।

(iii) स्वतंत्रता की उपलब्धि उसी समाज में संभव है जहाँ समाज स्वामी (धनवाद) व दासों (निर्धनों) में विभाजित न हो।

(iv) वर्तमान पूँजीवादी व्यवस्था में समाज सम्पत्तिधारकों व ग़रीबों में विभाजित है। अत: इस व्यवस्था को बदलना होगा।

(v) एक नवीन राजनीतिक व आर्थिक व्यवस्था की स्थापना करनी होगी जो न्यायसंगत आधारों पर अवस्थित हो अर्थात् जिसमें व्यक्ति द्वारा व्यक्ति का शोषण न किया जा रहा हो।

(vi) इस न्यायपूर्ण समाज की स्थापना वर्ग-संघर्ष या क्रान्ति के माध्यम से राज्य या पूँजीपतियों के बलात् उन्मूलन द्वारा नहीं होगी बल्कि 'वर्तमान समाज के अंतर्गत ही सहकारी संस्थाओं व विनिमय बैंकों के निर्माण' (Creation of Co-operatives and Exchange Banks within the Capitalist Society) के माध्यम से होगी।

इसके बावजूद प्रूधाँ ने अपने विचारों को व्यवस्थित स्वरूप प्रदान नहीं किया। इस कार्य को सम्पन्न किया-रूसी अराजकतावादी विचारक माइकेल बाकूनिन (Michael Bakunin) ने।

बाकूनिन (1814-76)

19वीं शताब्दी के उत्तरार्द्ध में अराजकतावादी आन्दोलन को यूरोप में व्यावहारिक स्वरूप प्रदान करने का प्रयत्न किया। अपनी क्रान्तिकारी गतिविधियों के कारण इन्हें न केवल कई वर्षों कारावास में व्यतीत करने पड़े बल्कि ड्रेस्डन विद्रोह के आरोप में उन्हें 'मृत्युदण्ड' की सज़ा भी सुनाई गई थी। साइबेरिया से बचकर निकलने के बाद वे जापान, अमेरिका होते हुए इंग्लैण्ड पहुँचे। इस बीच 1843 में पेरिस में बाकूनिन की मुलाकात प्रूधाँ से हुई जिसका उस पर व्यापक प्रभाव पड़ा। बाकूनिन की मुलाकात कार्ल मार्क्स से भी होती रही किन्तु प्रूधाँ व मार्क्स के मध्य जो वैचारिक अन्तर था वह बाकूनिन व मार्क्स के बीच और भी गहरा होता चला गया। प्रथम इन्टरनेशनल (1864) में दोनों का विवाद इतना अधिक तीक्ष्ण हो गया कि अन्ततः 1872 में बाकूनिन को 'इन्टरनेशनल' से बहिष्कृत कर दिया गया।

फिर भी बाकूनिन को इस बात का श्रेय जाता है कि उसने उन अराजकता-वादी विचारों को सैद्धान्तिक आधार प्रदान किया जो प्रूधाँ की रचनाओं में बिखरे हुए से थे। किन्तु इससे यह निष्कर्ष नहीं निकाल लेना चाहिए कि बाकूनिन अपने पूर्ववर्ती के विचारों का संकलनकर्ता मात्र है। अनेक स्थलों पर बाकूनिन की मान्यताएँ प्रूधाँ की मान्यताओं से पृथक हैं। सबसे बड़ा मतभेद था-अराजकतावादी समाज की स्थापना के साधन के प्रश्न पर। प्रूधाँ पूँजीवादी राजनीतिक व आर्थिक व्यवस्था की आलोचना करने के बाद भी क्रान्ति या वर्ग-संघर्ष को स्वीकार नहीं करता। वह चाहता है कि सहकारी संस्थाओं (Co-operatives) व 'लोगों के बैंकों (Banks of People)' द्वारा बिना ब्याज व बिना लाभ के ऋण वितरण से व्यक्तिगत पूँजी निरर्थक हो जायेगी। बाकूनिन ने विकासवादी (Evolutionary) और क्रान्तिकारी (Revolutionary), दोनों साधनों का उल्लेख किया है किन्तु कार्ल मार्क्स के समान उसकी सामान्य निष्ठा 'क्रान्ति' में है जो निर्विवाद रूप से हिंसक होगी। इस प्रकार बाकूनिन के आगमन के साथ अराजकतावाद, 'क्रान्तिकारी' भी बनता है। वह अपने लिए 'हम क्रान्तिकारी

अराजकतावादी' (We revolutionary anarchists) शब्द का प्रयोग करता है जो 'क्रान्ति' में उसके विश्वास को प्रदर्शित करती है।

एक अराजकतावादी के अनुरुप बाकूनिन राज्य, व्यक्तिगत सम्पत्ति व धर्म का विरोध करता है। उसने तर्क दिया है कि ये तीनों संस्थाएँ मानव विकास के उस प्रारम्भिक स्तर से सम्बद्ध हैं जब व्यक्ति पाशविक प्रवृतियों (Animal Impulses) व भौतिक प्रतिबंधों (Phisical Restaints) के अधीन आचरण करते थे। किन्तु मानव इतिहास की प्रगति मनुष्य की मौलिक पशुता (Original Bestility) से मानवता (Humanity) की दिशा में होती है। मानवता के अन्तिम चरण में व्यक्ति सभी प्रकार के बंधनों से मुक्त होकर अपने आदर्श लक्ष्यों (Ideal Ends) के अनुरूप स्वतंत्र आचरण करेगा। राज्य, सम्पत्ति व धर्म के बाध्यकारी बंधनों का मानव इतिहास के इस चरण में कोई अस्तित्व नहीं होगा। बाकूनिन की मान्यता है कि ये तीनों संस्थाएँ एक-दूसरे से सम्बन्धित व एक-दूसरे की पोषक हैं। अत: इन सबका ही उन्मूलन होना चाहिए ताकि मानव विकास अपनी पूर्णावस्था को प्राप्त कर सके। तार्किक दृष्टि से यही अवस्था 'अराजकता' होगी।

प्रिंस क्रोपॉटकिन (Prince Peter Kropotkin)

रचनाएँ, जैसा कि प्रो. सी.एफ.कोकर का कहना है, सजीव व दिलचस्प (Vivid and Interesting) हैं तथा वैज्ञानिक प्रकृति (Scientific Temper) को अभिव्यक्त करती हैं। रूस के सम्भ्रान्त परिवार के सदस्य क्रोपॉटकिन (1842-1921) को प्राकृतिक विज्ञानों, विशेष रूप से जीव विज्ञान, के प्रति गहरा लगाव था। यह लगाव उसके इस विश्वास से इंगित होता है जब वह कहता है कि "व्यक्ति व समाज के वास्तविक स्वभाव (Nature)" को प्राकृतिक विज्ञानों की सहायता से ही समझा जा सकता है। प्रूधाँ व बाकूनिन के समान क्रोपॉटकिन भी कुछ समय तक सैनिक सेवा में रहा। 1872 में उसने स्विट्जरलैण्ड की यात्रा की और यहीं से उसका अराजकतावादी जीवन व दर्शन प्रारम्भ होता है। यहीं पर उसने 'Le Revotte' नामक क्रान्तिकारी समाचार पत्र की स्थापना की किन्तु 1881 में उसे स्विट्जरलैण्ड से निष्कासित कर दिया गया। अन्तत: मार्क्स की तरह उसे भी लन्दन में शरण मिली।

अराजकतावाद को वैज्ञानिक आधार प्रदान करते हुए 'प्रिंस' ने कहा कि विकास का एक प्राकृतिक नियम (Natural Law of Evolution) है-'निम्न स्तर से उच्च स्तर की तरफ गति'। यह प्राकृतिक विकास (Natural Evolution) जिस प्रकार पशु जगत् पर लागू होता है उसी प्रकार मानव व समाज पर भी लागू होता है। विकास की यह प्रक्रिया सामान्यत: मन्द व सतत् (Slow and Steady) होती है किन्तु जब कभी इस प्रक्रिया में अवरोध उत्पन्न होता है तब प्रकृति इन अवरोधों को हटाने के

लिए मौलिक परिवर्तनों को जन्म देती है। सामाजिक क्षेत्र में ये परिवर्तन ही 'क्रान्ति' की संज्ञा प्राप्त करते हैं। उदाहरण के लिए जब कुछ लोग अपने निजी स्वार्थों के चलते समाज में नवीन विचारों (New Ideas) के आगमन को बाधित करते हैं तो 'महान् घटनाओं (Great Events) की आवश्यकता पड़ती है। इसका निहितार्थ है कि एक सीमा के बाद विकास (Evolution) को क्रान्ति (Revolution) में परिवर्तित करना स्वाभाविक हो जाता है। इस विकास प्रक्रिया की दूसरी विशेषता है–सहयोग (Co-operation) अर्थात् प्राकृतिक विकास संघर्ष नहीं अपितु पारस्परिक सहायता (Mutual Aid) पर अवलम्बित है। जीवों की जो जातियाँ कम विकसित होती हैं, उनमें 'सहयोग' कम पाया जाता है। व्यक्ति सर्वोच्च विकसित प्राणी है अत: आपसी सहयोग की भावना उसके स्वभाव में सर्वाधिक मात्रा में पाई जाती है। प्राकृतिक विकास के प्रथम नियम से 'प्रिंस' पूँजीवादी व्यवस्था के बदलाव की आवश्यकता को सिद्ध करता है जबकि दूसरे सिद्धान्त से वह अराजकतावादी समाज की पूर्ण स्वतंत्रता का औचित्य प्रमाणित करता है।

मुख्य रूप से राज्य व व्यक्तिगत सम्पत्ति इस प्राकृतिक विकास की अवरोधक शक्तियाँ हैं। किन्तु ऐसा नहीं कि 'प्रिंस' को धर्म या चर्च के साथ कोई लगाव है। प्रूधाँ व बाकूनिन के समान वह भी धर्म का आलोचक है। क्योंकि धर्म राज्य के दमन व सम्पत्ति की विषमता को उचित सिद्ध करते हुए पूँजीपतियों के शोषण को दृढ़ करता है। अत: प्राकृतिक नियम की माँग यह है कि मानव विकास के स्वाभाविक दिशा को बाधित करने वाली इन अवरोधक संस्थाओं को समाप्त कर दिया जाए। आर्थिक विषमता और धार्मिक अन्ध-विश्वास के विलोपन के उपरान्त व्यक्ति राज्य-विहीन समाज में स्वतंत्र व सुखी जीवन व्यतीत करेंगे क्योंकि 'सहयोग की भावना' उनकी प्रकृति में है। 'प्रिन्स' ने न केवल पूँजीवादी व्यवस्था को बदलने के लिए क्रान्तिकारी अराजकतावादी सिद्धान्तों का प्रतिपादन किया बल्कि बाकूनिन के समान स्वयं भी विभिन्न क्रान्तिकारी गतिविधियों में सम्मिलित हुआ। फलत: मार्क्स के समान उसे भी विभिन्न देशों-स्विट्जरलैण्ड, फ्रांस व इंग्लैण्ड-में भटकना पड़ा। 'प्रिंस' 1917 की क्रान्ति के उपरान्त ही अपने 'देश' आ सके। उसकी मृत्यु पर तत्कालीन रूसी शासन ने राजकीय सम्मान के साथ अन्तिम संस्कार करने का ऐलान किया जिसे 'प्रिंस' के परिवार वालों ने अस्वीकार कर दिया। 'शासन' मात्र के विरोधी 'प्रिंस' का शासन द्वारा दिया जाने वाला 'राजकीय सम्मान' वस्तुत: इस अराजकतावादी का 'सैद्धान्तिक अपमान' हो जाता।

काउन्ट लियो टॉलस्टाय (1828-1910)

एक अराजकतावादी दार्शनिक होने के साथ-साथ ऐसे महान साहित्यकार भी थे जिनकी कृतियाँ विश्व साहित्य की अनुपम धरोहर हैं। 'War and Peace' के

सृजनकर्ता टॉलस्टाय (Count Leo Tolstoi) को ईसाई अराजकतावादी (Christian Anarchist) भी कहा जाता है जिससे स्पष्ट होता है कि उनका दृष्टिकोण बाकूनिन व क्रोपॉटकिन से कितना भिन्न हो सकता है। टॉलस्टाय को ईसाई धर्म से जोड़ने का तात्पर्य यह नहीं है कि वे 'अन्ध-भक्त' हैं। उन्होंने ईसाई धर्म के ट्रिनिटी (Trinity) , यीशू के देवत्व (Divinity of Christ) व व्यक्तिगत अमरता (Personal Immoratality) को अस्वीकार किया है। उनकी मान्यता है कि यीशू के उपदेशों का सार है-प्रेम, मानवता व परोपकारिता (Love, Humanity and Charity)।

टॉलस्टाय ने नैतिकता (Morality) के आधार पर ही राज्य व निजी सम्पत्ति का विरोध किया है। 'शोषण' अपने आप में बुराई है। जिस संस्था का आधार बल (Force) है वह निश्चित रूप से 'शोषक' होती है। राज्य शक्ति के आधार पर ही शासन करता है अत: यह तार्किक दृष्टि से शोषक है और शोषणकर्ता होने के कारण अनैतिक है। इसलिए इसका अन्त होना चाहिए। निजी सम्पत्ति का उन्मूलन भी इसी आधार पर होना चाहिए क्योंकि यह भी 'शोषण' का साधन है। इन दोनों ही संस्थाओं की ईसाई धर्म की मूल भावना के साथ कोई संगति नहीं है। किन्तु नैतिकतावादी होने के कारण टॉलस्टाय 'हिंसा या क्रान्ति' को राजनीतिक-आर्थिक व्यवस्था के परिवर्तन का साधन बनाने के लिए तैयार नहीं है। उनका साधन है-प्रेम व शान्ति द्वारा शोषणकर्ताओं का हृदय परिवर्तन करना। इस पद्धति को महात्मा गाँधी ने भी स्वीकार किया किन्तु अधिकांश प्रमुख अराजकतावादियों ने इस साधन को कोई महत्व नहीं दिया।

जोसिया वारेन (Josiah Warren)

प्रूधाँ से प्रभावित एक अमेरिकी अराजकतावादी हैं। वारेन (1799-1874) ने इस बात पर बल दिया कि व्यक्तियों में आत्म-सुरक्षा की प्राकृतिक प्रवृत्ति होती है। व्यक्तियों को आदर्श स्थिति में राज्य के संरक्षण की कोई आवश्यकता नहीं होगी। उसके मतानुसार यदि व्यक्तियों को वर्तमान में राज्य द्वारा प्रदत्त सुरक्षा की आवश्यकता है तो इसलिए नहीं व्यक्ति स्वभाव से बुरे होते हैं बल्कि इसलिए कि हमारे पूर्वजों ने निजी सम्पत्ति व बाध्यकारी शासन की संस्थाओं को स्थापित करके दुर्भाग्यपूर्ण ग़लतियाँ (Unfortunate "Errors") कर दी जिससे समाज में बुराइयों का जन्म हुआ। इस प्रकार 'शासन' मानव की स्वाभाविक प्रवृत्ति के विरुद्ध है। यदि लोग विशेषत: कामगार (Working Men) राजनीतिक मसलों (Political Affairs) में अपनी सम्पूर्ण अभिरुचियाँ समाप्त कर लें और केवल स्वैच्छिक सहकारी प्रयासों (Voluntary Co-operative Efforts) तक सीमित हो जाएँ तो लाभ व दरिद्रता (Profits & Poverty) क्रमश: घटती जायेगी और अन्तत: शासन की आवश्यकता भी समाप्त हो जायेगी।

बेन्जामिन आर. टकर (Benjamin R. Tucker)

मतानुसार व्यवस्था की स्थापना व सुख की प्राप्ति के लिए सर्वाधिक महत्वपूर्ण साधन है–स्वतंत्रता (Liberty)। टकर को विश्वास है कि प्रत्येक व्यक्ति में प्राकृतिक दृष्टि से 'विवेकपूर्ण आत्म-हित' (Intelligent Self-interest) की प्रवृत्ति होती है जो उसे एक स्वतंत्र समाज (Free Society) की तरफ निर्देशित करती है। स्वतंत्रता का तात्पर्य है–'अधिकारों (Rights)' का उपभोग। किन्तु यह स्वेच्छाचारिता नहीं है क्योंकि अधिकारों की उपस्थिति कुछ 'व्यावहारिक सीमाओं (Practical Limits)' की माँग करती है। सामाजिक स्थिरता के लिए ये सीमाएँ आवश्यक हैं किन्तु जब अधिकारों के क्षेत्र में सामाजिक हस्तक्षेप 'आवश्यक सीमा' से अधिक होने लगता है तो वह 'आक्रामक' कहलाता है और निश्चित रूप से स्वतंत्रता का हनन करता है। राज्य की उपस्थिति ही हस्तक्षेप की निरन्तर संभावना को बनाए रखती है। अत: राज्य को समाप्त किया जाना चाहिए। टकर ने करारोपण (Taxation), सैनिक सुरक्षा (Military Protection) व न्याय के प्रशासन (Administration of Justice) को राज्य द्वारा सम्पादित सर्वाधिक आक्रामक कार्यों में गणना किया। वह इन कार्यों के विरुद्ध है और चाहता है कि व्यक्तियों द्वारा स्थापित स्वैच्छिक समुदाय (Voluntary Associations) राज्य का विकल्प बनें। जर्मन अराजकतावादी विचारकों में **जोहान कैस्पर श्मिट (Johann Kasper Schmidt)** सर्वाधिक महत्वपूर्ण हैं। इन्होंने मैक्स स्टर्नर (Max Stirner) के छद्म नाम (Pseudonym) से अपने विचार व्यक्त किये। श्मिट उर्फ़ स्टर्नर की अराजकतावादी राजनीतिक मान्यताएँ उग्र व्यक्तिवाद पर अवलम्बित हैं। प्रो. कोकर ने श्मिट के व्यक्तिवाद का संकेत करते हुए लिखा है कि "उसके लिए व्यक्ति ही एकमात्र वास्तविकता है, और प्रत्येक व्यक्ति के लिए उसका हित व सुख ही सर्वोच्च नियम है।[1] (To him the individual is the only reality; and the supreme law for every individual is his own interest and pleasure.)।" राज्य व्यक्ति के हितों के विरुद्ध है क्योंकि राज्य का सदैव एक ही लक्ष्य रहा है व्यक्तियों को सीमित, अधीन व पराधीन बनाए रखना। इसलिए श्मिट कहता है कि "मैं राज्य का घातक शत्रु हूँ (I am the mortal enemy of the state.)।" जर्मनी के ही जॉन मोस्ट (John Most) ने अपने देश के अतिरिक्त इंग्लैण्ड व अमेरिका में भी अराजकतावादी विचारों का प्रसार किया। उन्होंने अनेक ऐसे संगठन भी स्थापित किए जो सक्रिय क्रान्तिकारी गतिविधियों में संलग्न रहते थे। मोस्ट ने स्पष्ट रूप से 'क्रान्ति' को अराजकतावादी समाज की स्थापना का साधन घोषित किया।